고대 한·중 교유시

古代韓中交遊詩

이충양

고려대학교출판부
KOREA UNIVERSITY PRESS

이 책은 고려대학교 특별연구비 지원을 받아 집필하였습니다.

《예빈도礼宾图》에서 보여지는 당대 복식服饰

高句麗墓室壁画(고구려 묘실 벽화)

王建墓拍板
(왕건 묘의 박자를 치는 판 모양의 악기인 박판을 연주하는 석조)

砖雕筚篥
(고대 관악기인 필률을 부는 모습의 벽돌 조각)

唐腰鼓俑
(당대 북 치는 모습의 인형)

宴舞(연회에서 춤추는 모습)

骑鹤(학을 타는 모습)

后梁散乐之伎石雕
(후량의 악기를 연주하는 기녀들 모습을 새긴 석조)

구화산九华山의 김지장金地藏

구화산九华山 육신전肉身殿

終南山至相时(종남산 전경)

시안성西安城 흥교사兴教寺

자은사慈恩寺 대안탑大雁塔

고대한·중교유시

책머리에

역사적으로 우리나라와 중국은 떼려야 뗄 수 없는 불가분의 관계를 맺어 왔다. 역사의 전환기마다 서로에게 창을 겨누며 전쟁을 벌이던 시절도 있었고, 사신을 보내 내왕하며 문물을 교환하고 형제처럼 우정을 쌓기도 하였다. 나라가 바뀌고 혹은 정권이 바뀔 때마다 이러한 관계는 변화하며 되풀이되어 왔다.

하지만 역사는 어디까지나 역사일 뿐이다. 최근에는 오랜 이데올로기의 상처를 털어내고 양국이 상호 협력하는 발전적인 동반자 관계로 나아가고 있다. 중국은 우리나라의 최대 무역국으로 떠올랐고, 남북관계를 비롯 외교전선에서 적극적인 영향력을 행사하는 강국이 되어 있다. 많은 한국 기업들이 중국에 들어가 사업을 펼치고, 중국 역시 한국 시장에 적극인 투자를 하고 있으며 해마다 많은 유학생을 보내오고 있다. 새로운 동북아 시대를 맞아 양국의 지속적이며 우호적인 교류의 중요성은 점중할 것이다.

이 시선집은 한국과 중국의 관계를 먼 과거로부터 더듬어 보고자 기획되었다. 삼국시대 이전부터 우리 조상들은 빈번히 중국을 왕래해 왔고 상호 우정을 쌓아 왔다. 특히 삼국시대에 이르러 고구려, 백제, 신라 삼국은 더욱 활발하게 당唐에 사신이나 유학생을 파견하였는데 이때 주고받은 편지들이 이 시선집의 근간을 이룬다.

선집에 수록되는 시편은 당오대唐五代 시기로 한정하였고, 주로 자청편의《전당시》와《전당시 외편》등에서 선택하였으며, 진이흔陳貽焮이 편한《증정주석전당시增訂註釋全唐詩》를 참고하였다. 상편에는 한반도와 관련하여 중국인들이 남긴 시 62편을, 하편에는 중국인과 교류하며 한반도인들이 남긴 시 100편을 수록하였는데, 일부는 우리에게 알려지지 않았던 작품을 새로 발굴한 것도 있고 번역을 현대적 감각에 맞게 달리한 것도 있다.

작품별 주석은 일반인들도 이해하기 쉽게 상세하게 밝혔으며, 작품에서 언급하고 있는 역사적 사실 및 신화전설 내용, 불교 및 도가의 전문용어는 반드시 원서적과 대조 조사하는 과정을 거쳤다. 또한 난자難字〔주석(이체어), 고금어古今語, 속어, 경말어敬末語 등을 포함〕, 난사難詞는 문헌상의 예문을 많이 열거하여 설명하였다. 지명地名, 관명官名의 해석은 모두 역사적 근거에 기초하였다. 주석 및 기타 원본의 자체字體는 번체자로 통일을 기하였고, 시어의 한자 본문은 전해지는 원전의 내용을 가급적 충실히 따랐다. 따라서 현대적인 해석 과정에서 일부 바로잡지 않은 오자나 오역이 있을 수 있음을 밝힌다.

이 시선집은 중국에서《중·한조 당대우호시가선수中韓朝·唐代友好詩歌選粹》란 제목으로 먼저 출간하였으며, 출간 후 보다 완성도를 높이는 작업을 거쳐 한글판을 내놓게 되었다. 무엇보다 이 시선집은 중국《전당시집全唐詩集》을 중심으로 하여, 최초로 양국 간 관련 시를 찾아 편編, 역譯, 주註를 했다는 점에서 그 의의가 있다. 각 작품을 통해 당시의 시대상과 지배 계층의 생활관, 양국의 정치적 관계를 엿볼 수 있는 계기가 되었으면 한다.

이 시선집을 엮는 데 베이징 위옌대학 양경화 전 총장과 베이징대학, 상하이 지역 등의 대학에서 재직한 바 있는 노교수님들의 적극적 협조가 없었다면 자료 수집에

크나큰 어려움을 겪었을 것이다. 다시 한 번 깊이 감사드린다. 또한 제주도 문화재위원 김익수, 성균관대학교 대학원 강사 조규백 선생은 교열 및 감수 과정에서 큰 도움을 주셨다. 두 분 선생의 정성 어린 노고에 감사드린다. 아울러 제자 김규진과 권정현이 자료를 분류하고 수집하는 일에 도움을 주었다. 모쪼록 이 한 권의 책이 당대 중국과 한반도를 이해하고, 나아가 중국과 한국이 더 가까워지는 데 일조했으면 하는 바람이다.

2010년 봄 이충양

목차

上. 사절로 떠나는 벗을 배웅하며—중국인들이 남긴 시

下. 섣달 그믐밤에 시 지어 마음을 읊다 — 한반도인들이 남긴 시

上

사절로 떠나는 벗을 배웅하며

중국인들이 남긴 시

신라법사의 귀국을 배웅하며

손적

온 이역異域이 한 천하인데
고승만은 대대로 드물었네
노력하며 도를 닦더니
좌선으로 미묘한 경지를 터득했구나
바리때 들고 언제 가나 했더니
불법 전하려 오늘에야 돌아가네
고관들 이별의 글 짓기 바쁘고
궁전에선 선의禪衣를 내렸네
넓은 바다 잔배 타고 건너
먼 구름 속 석장錫杖 짚고 날아가리
이제 미망迷妄한 곳으로 떠나니
어떻게 경건히 기도하며 위로하랴

送新羅法師還國[1]

孫逖[2]

異域今無外[3]
高僧代所稀[4]
苦心歸寂滅[5]

宴坐得精微[6]

持鉢何年至[7]

傳燈是日歸

上卿揮別藻[8]

中禁下禪衣[9]

海闊杯還度[10]

雲遙錫更飛[11]

此行迷處所

何以慰虔祈[12]

註

1 《全唐詩》 제2함 제7책, 276쪽.

신라新羅 : 수도는 경주慶州. 진한辰韓 12국 가운데 사로국斯盧國으로 한반도 동남쪽에 위치하였다. 서기 57년 박혁거세朴赫居世가 맨 처음 신라를 창건했다. 그 후 300여 년 전후 인근 각 부락을 정복하고 4세기 중기에 한반도 동남부의 강국으로 부상한다. 이때부터 백제, 고구려와 함께 한반도에 삼국시대가 도래했다. 세 나라의 치열했던 패권다툼은 7세기 중기 신라가 백제와 고구려를 멸망시키고 한반도 대부분을 통일하면서 신라의 승리로 끝났다. 강성하던 신라는 9세기 초부터 점차 쇠약해져 서기 935년 고려高麗 왕건王建에게 나라를 내주었다. 신라는 특히 당나라(唐朝)와 관계가 밀접하였고 교류도 잦았다. 《三國史記》〈聖德三條〉에 의하면, 당 현종은 조서를 내려, "신라는 어진 나라다, 옷차림에서 예禮를 숭배함을 알 수 있다(衣冠知奉禮). 충신함에서 유가儒家에 대한 존경심을 엿볼 수 있다(忠信識尊儒). 이러한 모든 성과는 하늘이 다 보고 계신다(誠矣天其鑒)"고 평가했다. 《三國史記》 권4에 의하면 신라의 '신新'은 덕으로 이룬 사업이 날로 새롭다, '라羅'는 사방을 망라한다는 뜻의 함의含義를 지니고 있다.

법사法師 : 불법佛法에 정통하고 능히 불법을 연설함은 물론 모든 힘을 다하여 전법傳法하는 승인僧人에 대한 존칭이다. 법法은 본보기, 법칙이다. 사師는 훈도訓導하는 장인匠人이다. 정묘精妙한 방법으로 가르쳐 사람마다 자연히 성취를 얻게 한다. 그리하여 그들을 법사法師라고 한다(《法華文句》 第8上). 《法華經》〈法師品〉은 법사를 5종五種으로 나누었다. 수지법사受持法師, 독경법사讀經法師, 송경법사誦經法師, 해설법사解說法師와 서사법사書寫法師가 그것이다.

2 손적孫逖(691-761년) : 노주潞州 섭현涉縣, 지금의 산동山東 요성聊城 서남 사람이다. 어렸을 때 공현鞏縣에

거주하였기에 하남河南 공인鞏人이라고도 불렸다. 어려서부터 총명하였고 문장 사유가 민첩했다. 15세 때 옹주雍州 장사長史 최일용崔日用을 접견했다. 최일용은 그에게 〈土火爐賦〉를 쓰라고 시험했다. 손적은 즉석에서 붓을 휘둘러 단숨에 문장을 썼는데, 그 내용이 비범했다. 당唐 현종玄宗 개원開元 2년(서기 714년) 철사기인哲士奇人에 급제하여 산음위山陰尉가 되고 후엔 비서정자秘書正字가 되었다. 개원 10년(722년) 문조굉려과文藻宏麗科에 급제하여 좌습유左拾遺가 되었다. 그 당시 중서령中書令 장열張說이 손적의 재주를 중하게 여겨 그를 좌보궐左補闕로 추천했다. 개원 15년(727년)에 이직하여 이고李暠의 태원막부太原幕府에서 관리를 역임했다. 개원 18년(730년) 집현원集賢院에 들어가 수찬학사修撰學士가 되었다. 개원 21년(733년) 고공원외랑考功員外郎이 되고 개원 24년(736년) 중서사인中書舍人으로 승급했다. 이때부터 조정제고朝廷制誥의 제작을 8년간 담당했다. 문장은 문리文理가 유창하고 세련되어 당시 사람들의 칭찬을 받았다. 천보天寶 3년(744년) 형부시랑刑部侍郎이 되었다. 2년 후 병으로 산질散秩을 청구한 뒤 자리를 내놓고 태자좌서자太子左庶子 직을 맡았다가 후엔 태자첨사太子詹事로 옮겼다. 숙종肅宗 상원上元 2년(761년)에 세상을 떠났다. 손적은 문장에 능통할 뿐 아니라 시詩 재주도 훌륭했다. 안진경顔眞卿은 그를 '인문의 종사宗師, 국풍國風의 거장'이라고 높이 평가했다. 20권의 문집을 남겼는데 흩어져 분실되고 지금은 시 한 권卷만 보존되어 전한다. 그 외《全唐書》에 문장 여섯 권이 보존되어 있다. 사적은《新舊 唐書》〈本傳〉,《唐詩紀事》,《唐才子傳》, 안진경의《尙書刑部侍郎贈右僕射孫逖公集》序 등 참고.

3 이역異域 : 신라를 가리킨다.

무외無外 : 온 천하는 한 집〔一家〕이라는 뜻이다.

4 고승高僧 : 범속을 초월한 고승. 일반 승려에 대한 존칭으로도 쓴다.

승僧 : 범문梵文으로 승가僧伽의 약칭簡稱. 군중 혹은 화합이라는 뜻으로 의역한다. 4인 이상 출가인이 같이 결합된 것을 승가라고 한다. 즉 승인 단체를 의미한다. 후엔 보편적으로 남성 불교도를 가리키는 용어가 되었다.

대代 : 세世, 당 태종太宗 이세민李世民의 이름 중 세世 자를 피하기 위해 '대代'라 한다.

5 고심苦心 : '고심궁적멸苦心窮寂滅'이라고도 한다. '적멸寂滅'은 불교 용어, 즉 범어梵語로 열반涅般이다. 음역하면 니환泥洹이라 하고 의역하면 멸도滅度, 적멸이 된다. 불교의 이치를 다 깨닫고 도를 닦아 생사를 초탈한 경지를 실현한 것을 가리킨다.

6 연좌宴坐 : 편안히 앉다〔安坐〕. 조용히 앉아서 수행하는 좌선을 가리킨다. 안좌安坐, 정좌靜坐 등의 좌선坐禪은 불교 교도들이 수도하는 방식 중의 하나이다.

정미精微 : 불교의 깊고도 미묘한 도리.

7 발鉢 : 밥사발. 승인僧人의 식기. '발다라鉢多羅', '발화라鉢和羅'라고도 한다. '발우鉢盂', '응기應器'라고도 한다. 흙 혹은 철로 제작한다. 원형이고 납작하며, 밑은 평평하고 입구는 좀 작다. 비구의 육기六器 중 하나다. '지발持鉢', 즉 탁발하며 보시를 구하는 것이다.

8 상경上卿 : '상경휘별조上卿揮別操'라고도 한다. 주周나라 때, 제후신하 중 가장 존귀한 자를 가리켰다. 여기에선 조정에서 높이 벼슬을 하는 사람을 가리킨다.

휘별조揮別藻 : 이별에 관한 어구를 붓 휘날리며 쓴다.

조藻 : 아름다운 문사文詞.

9 중금中禁 : 금중禁中, 황궁중皇宮中, 대궐大闕, 궁중宮中.

하下 : 사하賜下. 하사하다.

선의禪衣 : 불교 승려들이 입는 옷.

10 배환도杯還度 : 즉 배도杯度이다. 전설에 의하면 남조南朝 송宋 때 한 고승이 살았는데 이름도 내력도 알 수 없지만 신기한 힘을 지녀 나무로 만든 잔을 타고 물을 건넜다. 후세인들은 '배도杯度'를 배 타고 강을 건너는 것을 비유했다. 慧皎《高僧傳》 참고.

11 석錫 : 석장錫杖, 선장禪杖이다. 범문梵文에는 극기라隙棄羅라고 의역되었는데, 성장聲杖, 명장鳴杖이라고도 한다. 석장 높이는 눈썹 높이와 같고 석장 끝에는 굴렁쇠〔錫環〕를 달았다. 본래는 스님들이 탁발할 때 굴렁쇠를 울리어 소리를 내어 문을 두드리는 것을 대체하였다. 또한 사나운 개들을 방비하는 데도 썼다. 스님들이 평상시 지니는 18물十八物 중의 하나이다. 석경비錫更飛, 즉 비석飛錫, 순석巡錫이라고도 한다. 전설에 의하면 당나라 고승 은봉隱峰이 오대산五臺山을 유람할 때, 석장을 하늘에 던져 휘날리면서 갔다고 한다. 이후 스님의 유람을 '비석飛錫'이라고 하게 되었다.

12 건기虔祈 : 경건하게 기도드리는 자. 법사의 신도를 가리키거나 평안하게 귀국하기를 기도하는 시인을 뜻한다.

신라 왕께

당 현종

《동국통감東國通鑑》 신라기新羅紀, 당唐 천보天寶 15년 신라 왕은 사신을 파견하여 촉蜀 사천四川에서 황제 당 현종玄宗을 배알하였다. 사신은 양자강을 거슬러 올라 성도에 도착했다. 황제는 친필 십운시十韻詩를 지어 신라 왕께 하사하였다. “신라 왕께서 해마다 조공의 예를 올려 예악과 명의名義를 실천함을 가상히 여겨 시 한 수를 하사하노라.” 그 시는 다음과 같다.

사방에 해와 별 나누어 떴고
만백성은 조정에 머리 숙이네
온 천하의 옥백玉帛들
산 넘고 물 건너와 조공 바치니
과거엔 아득히 떨어졌던 신라도
세월 따라 부지런히 중국에 입조하누나
가없이 넓은 땅 끝 창망한 바다로 이어진 곳
세상에 예악명의禮樂名義의 나라로 일컬어지니
어찌 산천인들 다르랴만
사신이 가면 풍교風敎를 전할 것이며
사람이 오면 경전의 뜻을 알게 되리라
벼슬아치는 예를 받들 줄 알고
정성으로 신의 지켜 현유賢儒를 존숭하니
어진 뜻 하늘이 굽어보시리라

현명하니, 덕 있는 자 외롭지 않으리라
깃발을 잡고 함께 진작하여 백성을 다스리고
후히 베풀어 깊은 뜻 이어가야 하리
푸르고 푸른 뜻 더욱 중히 하여
온갖 어려움에도 영원히 변치 마세나

賜新羅王[1]

唐 玄宗[2]

東國通鑑新羅紀, 唐天宝十五年,[3] 遣使朝帝于蜀. 使泝江至成都, 帝親製十韻詩,[4] 手札賜王曰[5]：“嘉新羅王歲修朝貢,[6] 克踐禮樂名義,[7] 賜詩一首.” 其詩曰：

四維分景緯[8]
萬衆含中樞[9]
玉帛遍天下[10]
梯杭歸上都[11]
緬懷阻靑陸[12]
歲月勤黃圖[13]
漫漫窮地際[14]
蒼蒼連海隅[15]
興言名義國[16]
豈謂山河殊[17]
使去傳風教[18]

人來習典謩[19]

衣冠知奉禮[20]

忠信識尊儒[21]

誠矣天其鑑

賢哉德不孤

擁旄同作牧[22]

厚貺比生蒭[23]

益重青青志

風霜恒不渝

註

1 《東國通鑑》新羅紀 景德王, 경인문화사, 1989, 227쪽.

2 당 현종玄宗(685-762년) : 당 명황明皇이다. 성은 이씨李氏, 이름은 융기隆基. 당 예종睿宗의 셋째 아들로 태어났다. 무측천武則天 수공垂拱 3년(687년) 초왕楚王에 책봉되고, 장수長壽 2년(693년)에 임치군왕臨淄郡王으로 강직되었다. 당 중종中宗 경용景龍 4년, 소제少帝 당융唐隆 원년(710년) 거병擧兵하여 위후韋后와 그의 무리를 주살하고 당 예종을 영립한 공으로 평왕平王에 책봉되고, 얼마 안 되어 황태자가 되었다. 예종 경운景雲 2년(711년) 황태자 신분으로 감국監國을 맡았다. 선천先天 원년(712년)에 즉위했다. 선천 2년 태평공주太平公主가 권력을 찬탈하려는 음모를 막았다. 천보天寶 15년(756년) 안사지란安史之亂이 일어나 촉蜀의 사천四川으로 피난을 떠났다. 그 해 7월 태자 이형李亨이 영무靈武에서 황제로 즉위하였다. 새 황제 이형〔肅宗〕은 그를 태상황太上皇에 봉하고 존경하며 높이 모셨다. 숙종肅宗 지덕至德 2년(757년) 장안長安과 낙양洛陽을 반란군으로부터 되찾았다. 그 이후 장안, 즉 서안으로 돌아왔으나 우울증으로 사망했다. 사망 후 '지도대성대명효황제至道大聖大明孝皇帝'라는 시호諡號를 받았다. 역사적으로 그는 '명황明皇'이라 불렸고 묘호廟號는 현종玄宗이다. 그는 45년간 집권하였는데 전기에는 힘을 다하여 애써 나라를 다스리며 국력을 전례 없이 강성하게 닦아 당 왕조 정관貞觀 이후 개원開元까지 황금기를 이루었다. 그러나 개원 말기부터 의지가 점차 오만해지고 간신들을 중용하여 조정이 날로 황폐해지고 백성들의 원한도 들끓어 끝내 화란禍亂을 빚었다. 현종은 음율音律에 능숙하고 서예를 잘했을 뿐만 아니라 시와 문장도 뛰어났으며 당대 문학예술의 번영을 주도한 공로가 매우 크다. 유가, 노가, 불가 등의 경전 정리, 주소注疏에도 큰 성취를 이뤘다. 시문집詩文集이 있었는데 유실되고 현재 보존된 시는 65수뿐이다. 《全唐書》에 그의 문장 25권이 보존돼 있다. 사적은 《舊唐書》 권8, 《新唐書》 권5와 본기本紀 등 참고.

3 천보십오년天宝十五年 : 756년 안사의 난〔安史之亂〕, '안녹산安祿山, 사사명史思明의 반란'으로 인한 촉〔蜀, 四川〕 피난기.

4 명 황제가 친히 십운시十韻詩를 지어서 신라 왕께 증송贈送했다. 당시 신라 왕은 경덕왕景德王으로 재위

기간은 742년에서 765년이다. 그가 왕으로 추대되자 당 현종은 사신을 보내어 조서를 전하고 책립했다.

5 수찰手札 : 친필 편지로 '수찰手扎', '수차手箚'라고도 한다. 唐 杜甫〈暮秋注裴道州手札率爾遣興寄遞呈蘇渙侍卿〉: "道州手札適復至 紙長要自三過讀".

6 조공朝貢 : 고대 제후諸侯 나라 혹은 외국 사신들이 입조할 때 헌납하는 방물方物. 宋 周輝《請波雜志》別卷 : "國朝承平日, 外國朝貢, 間數年必有之, 史策但書其國貢方物而已".

7 극천克踐 : 이행履行, 실천實踐.

8 사유四維 : 동남쪽, 서남쪽, 동북쪽, 서북쪽 등의 네 방향.《淮南子》〈天文訓〉: "帝張四維……, 運之以斗…… 日冬至, 日出東南維, 入西南維……, 夏至, 出東北維, 入西北維".

경위景緯 : 해와 별.《文選》〈王融〉편의 〈三月三日曲水詩〉序 : "求中和而經處, 揆景緯以裁基".

9 만중萬衆 : 뭇 백성. 우주의 뭇 사물, 경물景物. 南朝 宋 謝靈運〈游京口北固應詔〉詩 : "皇心美陽澤, 萬象咸光昭".

중추中樞 : 천체天體가 운행하는 중심, 즉 중천中天. 漢 楊雄《太玄經》〈周〉: "植中樞, 周無隅. 范望注 : 正午爲中, 樞立則運, 言二極相當, 爲天杠抽運".

10 옥백玉帛 : 옥과 비단. 고대 제사, 회맹會盟, 조빙朝聘할 때 쓴다. 옛날 국가 간의 외교에 예물로 사용되었다. '타간과위옥백他干戈爲玉帛'의 의미는 관계가 옥백으로 되다. 즉 적대관계가 우호관계로 바뀐다는 뜻이다. 唐 常建〈塞外曲〉: "玉帛朝四望帝鄉, 烏孫歸去不稱王".

11 제항梯杭 : '제항梯杭'이라고도 한다. '제산항해梯山航海'를 생략한 말이다. 산 넘고 물 건너다, 고생스럽게 먼 길 가다. 宋 張孝祥《念奴嬌》〈仲欽提刑仲冬行邊〉詞 : "梯山入貢, 路經頭痛身熱". 육로와 수로라는 뜻도 있다.

상도上都 : 고대 수도〔京城〕에 대한 통칭.《文選》, 班固〈西都賦〉: "寔用西遷, 作我上都". 당 대종代宗 보응寶應 원년 동서남북 네 곳에 배도陪都를 설정하고 장안長安을 상도上都라고 했다.

12 면회緬懷 : 회고하다. 추억하다. 멀리 아득하게 길이길이 그리다. 晉 陶潛〈扇上畵贊〉: "緬懷天載, 託契孤游".

청육靑陸 : 동방, 즉 신라를 가리킨다. 宋 高似孫《緯路》〈靑陸〉:《易通統統圖》曰 : "日行東方, 靑道曰靑陸".

13 황도黃圖 : 중심. 중국을 가리킨다. 唐 楊炯〈和輔先入昊天觀〉: "碧落三乾外, 黃圖四海中".

14 만만漫漫 : 넓고 끝없이 먼 모양. 宋 范成大〈題山水橫看詩〉: "烟水漠漠水漫漫, 老柳知秋渡口寒".

지제地際 : 땅 변두리. 땅의 끝.

15 창창蒼蒼 : 끝없이 넓다. 五代 齊已〈送人潤州尋兄弟〉詩 : "閒游登北固, 東望海蒼蒼".

해우海隅(海嵎) : 바다의 끝. 머나먼 곳. 南朝 宋 謝靈運〈九日從宋公戲馬集 送孔令詩〉: "歸客遂海嵎 脫冠謝朝列".

16 흥언興言 : 일컬어지다. 마음의 감정을 언어로 표현하다. 晋 陸雲〈答兄機〉詩 : "銜思變行邁, 興言在臨觴".

17 수殊 : 특출하다. 탁월하다.《樂府詩集》〈相和歌辭三·古辭〉'陌上桑' : "坐上數千人, 皆言夫壻".

18 풍교風敎 : 풍속 교화.《詩大序》: "風, 風也, 敎也. 風以動之, 敎以化之".

19 모전謨典 : 경전의 뜻. 경전의 문장.《尙書》중〈堯典〉,〈舜典〉,〈大禹謨〉등 편장篇章의 병칭이다.〈書序〉: "典謨訓誥誓命之文, 凡百篇, 所以恢弘至道, 示人主以規范也".

20 의관衣冠 : 사대부나 벼슬아치의 문명, 예절, 교육을 가리킨다. 清 兪正燮《癸巳類稿》〈誦佛經說〉下 :

"知大地之廣, 則能敬佛知聖王之道, 行於衣冠文物之邦, 則不爲怪謬之謬, 謂三教同源".

21 충신忠信 : 충성, 신실. 《易》〈乾〉 : "君子進德修業, 忠信所以進德也".

22 모旄 : 소의 꼬리털로 장식을 단 깃발. 唐 岑參〈論臺歌奉送封大人出師西征〉詩 : "上將擁旄出征 平明吹笛大軍行".

23 황貺 : 하사한 증물贈物. 증물을 하사하다. 《魏書》〈世祖太武帝紀〉上 : "天降嘉貺, 將何德以酬之?". 추추蒭芻 : 사료, 풀. 唐 韓愈〈駑驥〉詩 : "渴飮一斗水, 飢食一束芻". 이 어구는 현인이 멀리 감을 애석해 하여 생추(꼴)라도 한 묶음 주어 끌고 가는 백구를 먹이게 한다는 뜻이다.

김경金卿의 신라 귀환을 전송하며

도한

의리를 받들어 중국을 방문하니
각별한 은총 베풀어 환영하네
고향 그리며 먼 바다를 건너야 하니
객로에서 또 새 봄을 맞겠구나
지는 해 누구와 함께 바라보랴
외로운 배 한 척에 의지하여
나무 물고 파도 거스르는 정위精衛되었다가
민가에 들어가 눈물로 진주 만들어 준 인어도 되었다가
예절과 음악은 변방의 풍속을 바꾸었고
의관衣冠은 중국의 제도 따라 새로워졌네
계절은 비바람 순조로워 잘 어울리니
그대 빈객賓客되어 다시 돌아올 줄 알고 있다네

送金卿歸新羅[1]

陶翰[2]

奉義朝中國[3]
殊恩及遠臣
鄉心遙渡海[4]

客路再經春[5]

落日誰同望

孤舟獨可親

拂波銜木鳥[6]

偶宿泣珠人[7]

禮樂夷風變[8]

衣冠漢制新

青雲已干呂[9]

知汝重來賓

註

1 《全唐詩》 제2함 제10책, 337쪽.
김경金卿 : 혹은 김지렴金志廉이다. 현종玄宗 개원 22년 신라 왕은 자기 조카 김지렴을 당나라에 보냈다. 김지렴은 금 백 냥, 은 이천 냥을 당에 헌납했다. 당은 그에게 '홍려소경원외치鴻臚少卿員外置'를 제수했다. 《冊封元龜》〈外臣部〉에 관련 내용이 기재돼 있다. 《全唐詩人名考證》에 의하면 김경은 김사란金思蘭이라고도 불렸다.

2 도한陶翰 : 윤주潤州, 지금의 강소江蘇 진강鎭江 사람이다. 현종 개원 18년(730년) 진사進士에 급제하고 이듬해 박학굉사과博學宏詞科에 급제했다. 천보天寶 시기 발췌과拔萃科에 합격했다. 이후 태상박사太常博士를 거쳐 예부원외랑禮部員外郎을 역임했다. 은번殷璠은 《河岳英靈集》에서 도한의 시는 '생동감 있고 불굴의 기개도 있다'고 칭송했다. 문장 20편과 시 17수가 보존되어 전한다. 사적은 고황顧況의 《禮部員外郎陶氏集》 序, 《唐會要》, 《唐詩紀事》와 《唐才子傳》 등을 참고 바람.

3 조朝 : 알현, 방문, 배방, 배알하다.

4 향심鄕心 : 고향을 그리는 마음.

5 경춘經春 : 한 해 봄이 지났다. 한 해가 지났다.

6 함목조銜木鳥 : 신화에 나오는 새〔鳥〕 이름이다. 정위精衛, 원금冤禽이라고도 한다. 고대 염제炎帝의 작은 딸 여와〔女娃〕가 동해에서 유람하다가 익사하여 집으로 다시는 돌아가지 못했다. 그는 정위라는 한 마리 새로 변신했다. 정위는 늘 서산의 나무와 돌을 입으로 물어다가 동해를 메웠다. 사적은 《山海經》〈北山經〉과 〈述異記〉에 적혀 있다. 도연명은 《讀山海經》에서 '精衛銜微木, 將以塡滄海〔정위는 입으로 작은 나무 물어 와서 큰 바다 메운다〕'고 묘사했다. 이후 '정위 바다 메우네〔精衛塡海〕', '정위 나무와 돌 물어오네〔精衛銜木(石)〕' 등으로 기정된 목표를 따라 견인불발堅韌不拔하며 끝까지 분투하는 상황을 비유하는 문장이 되었다.

7 읍주인泣珠人 : 교인鮫人(혹은 蛟人)을 가리킨다. 바다 밑에서 사는 기이한 사람이다. 張華《博物志》 : "南

海外有鮫人, 水居如魚, 不費織績, 其眼能泣珠" 又 : "鮫人從水中出, 寓人家積日, 賣絹將去, 從主人索一器, 泣而成珠滿盤, 以與主人".

8 예악禮樂 : 예절과 음악. 고대 제왕은 늘 예악을 불러일으키는 수단으로, 존귀와 비천함을 구분하고 원근의 사람을 화합하는 목적을 달성하려 했다. 《禮記》〈樂記〉 : "樂者也, 情之不可變者也, 禮也者, 理之不可易者也. 樂統同, 禮辨異. 禮樂之說, 管乎人情矣" 孔穎達疏 : "樂主和同, 則遠近皆合, 禮主恭敬, 則貴賤有序". 《呂氏春秋》〈孟夏〉 : "及命樂師習合禮樂" 高誘注: "禮所以經國家, 定社稷, 利人民, 樂所以移風俗, 蕩人之邪, 存人之正性".

이夷 : 중국 고대 중원中原 지구의 화하족華夏族이 동방 각 민족, 각국을 부르는 호칭이다. 《禮記》〈王制〉 : "東方曰夷".

9 청운간여青雲干呂 : 계절의 순조로운 조화. 東方朔《海內十洲記》 : "臣國去此三十萬里, 國有常占, 東風入律, 百旬不休, 青雲干呂, 連月不散者, 謂中國有好道之君".

간여干呂 : 입여入呂한다는 뜻이다. 고대 때 '율律'을 '양陽', '여呂'를 '음陰'이라고 했다. 그렇기 때문에 '간여干呂'를 '음기조화陰氣調和'라고 했다. 北周 庾信 〈羽調曲〉 : "旣浮干呂之氣, 還吹入律之風".

고구려

이백

금화金花 꽂은 바람막이 절풍모

멈칫 멈칫 배회하는 하얀 말〔馬〕

넓은 옷소매 펄럭이는 춤사위

마치 해동의 매가 날아오르는 듯

高句麗[1]

李白[2]

金花折風帽[3]

白馬小遲回[4]

翩翩舞廣袖[5]

似鳥海東來[6]

註

1 이백,《이백 오칠언절구》, 황선재 역, 문학과지성사, 2006, 45쪽.
고구려高句麗(BC 37-AD 668년) : 약칭으로 '구려句麗', '고려高麗'라고 불렀다. 주몽朱蒙이 압록강 지류인 가강佳江 부근에 건국 후 국호를 고구려라고 명명했다. 주몽의 성은 고高씨이며 곧 동명성왕東明聖王이다. 악부樂府《雜曲歌辭》중에 '고구려高句麗'라는 것이 있다. 이것은 고구려의 한 민간 무도舞蹈를 가리킨다. 중국인은 고구려 혹은 고구려를 계승받은 고려라는 의미에서 이 둘을 혼용하기도 한다.

2 이백李白(701-762년) : 자는 태백太白, 호는 청련거사淸蓮居士. 조적祖籍은 농서隴西 성기成紀, 지금의 감숙성甘肅省 천수天水 부근, 즉 중아시아 쇄엽성碎葉省, 지금의 키르키스스탄 토크마크 부근에서 출생했다. 5세 때 부모님을 따라 면주綿州 창융현昌隆縣, 지금의 사천강유四川江油란 곳으로 옮겼다. 이백은 촉蜀에서 청소년 시절을 보내며 다양한 책을 많이 읽었고 기이한 풍경을 찾아 자주 유람했다. 당 현종 개원

12년(724년)에 촉중蜀中을 떠났다. '검을 차고 집 떠나 친지들과 하직하고 멀리 가서 유람하려〔仗劍去國, 辭親遠游〕'하였다. 그 후 안육安陸 즉 지금의 안육현安陸縣과 지금의 산동성인 조래산徂徠山에서 은거했다. 현종 천보天寶년(742년) 친구 오균吳筠의 추천으로 황제의 조서를 받고 수도 장안長安에 와서 한림학사翰林學士를 역임했다. 이때부터 이백을 '이한림李翰林'이라고도 불렀다. 하지장賀之章은 그를 '하늘에서 내려온 선인仙人'이라 칭찬했다. 이로 인해 이백은 이적선李謫仙이라고도 불렀다. 장안에 머물 당시 그는 권력자들의 눈 밖에 나 비난과 참언에 모함 당했다. 천보 3년(744년) 그들은 이백에게 금을 주며 장안 성내에서 떠나도록 종용했다. 수도를 떠난 후, 이백은 또다시 떠돌이가 되었다. 먼저 양梁, 송宋을 경유하고 후에는 제노齊魯(산동)에 갔고 다음은 남쪽 오월吳越로 떠다니다가 북상하여 유연幽燕에 갔다. 천보 말기 안녹산安祿山이 반란을 일으키자 이백은 선성宣城, 지금의 안휘성安徽省을 떠나 여산廬山에서 은거했다. 영왕永王 이린李璘이 군사를 거느리고 여산을 경유하는 도중 이백을 산에서 불러 내려와 자기의 막부幕府에서 일을 하게 했다. 그러나 얼마 안 되어 왕실에 분쟁이 생겼고, 영왕은 싸움에 져 살해당했다. 이백도 연루되어 감옥에 갇혔다. 석방된 후 얼마 안 되어 야랑夜郎, 지금의 귀주貴州 동재桐梓 일대에 유배되었다가 숙종肅宗 건원乾元 2년(759년) 3월 사면되었다. 강하江夏 즉 지금의 호북湖北 무한武漢에 돌아와 동정洞庭, 완남皖南을 다시 유람했다. 숙종 상원上元 2년(761년) 태위太尉 이광필李光弼이 임회臨淮에서 군사를 거느리고 반란을 평정할 때였다. 이백은 비록 늙었으나 여전히 입대하여 종군하려다가 도중에 병으로 돌아왔다. 대종代宗 보응寶應 원년(762년), 당도當塗 즉, 지금의 안휘성 마안산시馬鞍山市에서 세상을 떠났다. 《李太白文集》 30권이 있다. 사적은 魏顥 〈李翰林集序〉, 李陽泳 〈草堂集序〉, 范傳正 〈唐左拾遺翰林學士李公新墓碑幷序〉와 新舊 《唐書》 本傳 등에 기재돼 있다.

3 금화구金花句 : 절풍모折風帽. 당시 고려 사람이 쓰던 모자 가운데 하나로, 모자 꼭대기는 뾰족하고 둥글다. 그 형상은 중국 한漢, 당唐 시기의 고깔모자와 비슷하다. 신분에 따라 모자 꼭대기의 장식도 다르다. 예를 들면 새 날개 깃털, 자색 비단 혹은 금은 등으로 장식한다. 그중 가장 귀한 것은 금화金花로 장식한 것이다. 《北史》 〈高句麗傳〉 : "人皆頭著折風, 將如弁, 士人加揷兩鳥羽. 貴者其冠爲蘇骨, 多用紫羅爲之, 飾以金銀".

4 지회遲回 : 오가면서 망설이고 주저하는 모양.

5 편편翩翩 : 훨훨 날다. 나풀나풀 나는 모양. 경쾌하게 춤추는 모양.

광수廣袖 : 넓고 긴 옷소매.

6 해동海東 : 바다 건너 동쪽 나라. 역사적으로 볼 때 보통 일본이나 신라, 고구려를 가리킨다. 唐 李肇 《唐國外補》 참고. 唐 張喬 〈送朴侍御歸海東〉에 나오는 '해동海東'은 신라를 가리키는 것이다. 또한 '해동'은 '해동청海東青'이란 새〔鳥〕를 상징하기도 한다. 해동청은 육식류에 속한다. 해동청은 동해의 수려한 새이다. 이 시에서는 해동청이라는 새가 몸을 뒤집으며 경쾌하게 춤추는 자세가 아주 아름답고 그 동작이 아주 민첩한 것을 비유한다. 宋 莊季裕 《鷄肋編》 卷下 : "鷙禽來自海東, 唯青鵁最嘉, 故號海東青". 元 柯九思 〈宮詩〉 十四 : "元戎承命獵郊坰, 勅賜新羅白海青". 淸 揆敍 〈鷹房歌〉 : "中有海青最神後".

지장보살의 서언에 대한 찬송

이백

대웅大雄(釋迦牟尼)의 빛 뿌리네. 일월日月이 꺼지어 추락한들 부처님〔佛, 釋迦牟尼〕의 지혜는 크고, 그의 광망光芒은 생사의 구름〔生死雲〕을 흩어 버린다. 부처님의 자비심慈悲心과 그의 신력神力에 의탁하면 뭇 중생들을 고해에서 능히 구할 수 있다. 부처님은 헤아릴 수 없는 오랜 옛날에 태어나 자비항선慈悲航船의 배에 뭇 중생을 실어서 고해를 건너, 그들을 재앙과 동란動亂에서 구해냈다. 지장보살地藏菩薩은 이 같은 일은 자기가 져야 할 책임이기에 딴 사람에게 떠맡길 수 없다고 했다. 부풍扶風 출신인 제자 두도竇滔는 어려서부터 영민하고 출중하였다. 그는 왕후들과 교제하길 즐겼다. 그는 청풍같이 맑은 호걸협객이었다. 그는 과분하게 즐기었기에 도리어 질환疾患을 얻었다. 그리하여 그는 부처님에게 '지혜검智慧劍'을 얻고 허공 속에서 본심을 더욱 맑게 하였다. 또 지장보살 화상畵相을 뫼시고 기도드리며 큰 복을 바랐다. 그는 저승 신력神力의 도움을 받아 병이 낫고 고통이 제거될 것을 희망하였다. 나는 비록 큰 재간이 없으나 그의 청을 사양할 수 없어 비로소 이 같은 문장을 쓰게 되었다. 찬贊에 말하기를,

칭송사稱頌詞

허공에 견줄 본마음
맑고 깨끗하여 아무 잡질雜質 없고
음淫, 노怒, 치痴를 불에 태워 없애면
뭇 죄악이 적멸寂滅하니 부처님을 볼 수 있도다

오색채필五色彩筆로 지장보살을 그리어 모시니
불성을 진정으로 깨달음은 허망한 소리가 아니다
눈 쓸어내듯 만병을 제거하니
청량한 날씨 같이 상쾌하도다
바다처럼 깊은 공덕 널리 칭송하여
영원토록 길이 드날리리라

地藏菩薩贊幷序[1]

李白

大雄掩照, 日月崩落, 惟佛智慧大而光生死雪.[2] 賴假普慈力, 能救無邊苦.[3] 獨出曠劫, 導開橫流.[4] 則地藏菩薩爲當仁矣. 弟子扶風竇滔, 少以英氣爽邁, 結交王侯.[5] 淸風豪俠, 極樂生疾.[6] 乃得惠劍於眞宰, 湛本心於虛空.[7] 願圖聖容, 一祈景福.[8] 庶冥力憑助, 而厥苦有瘳.[9] 爰命小才, 式贊其事.[10] 贊曰：

本心若虛空 淸淨無一物[11]
焚蕩淫怒痴 圓寂了見佛[12]
五綵圖聖像 悟眞非妄傳[13]
掃雪萬病盡 爽然淸凉天[14]
贊此功德海 永爲曠代宣[15]

註

1 《全唐文》 권350, 상해고적출판사, 1993, 1,568쪽.
이 문장은 첨영詹鍈 주편主編인 《李白全集校注彙釋集評》에 의하면 숙종肅宗 상원上元 원년에 씌어졌다. 당시 섬서陝西 부풍扶風의 두도竇滔는 크게 앓고 병이 낫지 않았다. 그는 지장보살을 그려 놓고 종일 모시며 병 나으라고 부지런히 기도를 드렸다. 그리고 이백을 청하여 그 그림의 칭송문을 썼다.

지장보살地藏菩薩 : 불교 보살의 이름으로 범문梵文을 의역한 것이다. 음역은 치차디네퍼乞叉底蘗婆라고 한다. 《地藏十輪經》은 지장보살을 "마음을 누르고 인내함이 마치 대지와 같고, 조용하고 깊게 사려함은 마치 지장地藏인 듯하다"고 적었다. 그리하여 지장보살이라고 이름을 지었다. 그는 석가모니釋迦牟尼가 세상을 뜨고 미륵彌勒이 출생하기 전, 맹세코 육도六道 즉, 지옥과 아귀, 축생畜生, 수라修羅, 인간, 천상天上의 중생을 고해에서 구하고 불佛 보살이 되겠다고 맹세했다. 중국 불교는 그를 사대四大 보살 중의 하나로 본다. 역자 주해담은 적기를 "인체와 우주를 이루는 모든 원소를 사대라 한다. 불교 사찰 문 앞에는 사대천왕상四大天王像이 있다. 그들을 사대왕, 사금강四金剛, 사천왕四天王이라고 한다. 도교에서는 땅, 물, 불, 바람을 사대라고 한다"고 하였다. 설에 의하면 보살이 현령顯靈하는 도장道場은 안휘성安徽省 청양青陽 구화산九華產이라고 한다. 《宋高僧傳》 권20에는 "지장보살은 신라 왕족으로 태어났다. 성은 김金씨, 이름은 교각喬覺이다. 출가 후 항해하여 중국 안휘성 지주부池州府 청양현 구화산에 왔다. 그는 산봉우리에 단정히 앉아 75년간 도를 닦다가 99세 때 앉아서 성도成道했다. 원적圓寂 후 몸은 썩지 않았다. 듣건대 3년이 지나도 육신은 썩지 않았고 그의 면모는 불경 중의 지장보살과 비슷했다"고 적혀 있다. 불서佛書에는 이 같은 기록도 있다. "부처님이 세상 뜬 지 1,500년 후 지장은 신라국에 강탄降誕했다. 그의 성은 김金이요, 호는 교각喬覺이었다. 세상 사람들은 모두 그를 지장보살의 화신이라 하고, 그를 김지장金地藏이라고 불렀다. 거사居士 승려僧侶들은 그의 매장지에 지장탑地藏塔을 건립하여 예배케 하였다. 지금의 구화산 월신전月身殿(肉身殿)은 지장이 성도한 곳이라고 전하여 왔다." 이백은 이곳에서 멀지 않은 곳에 기거한 적이 있다는 설이 있다. 이백의 이 글은 김교각이 서거한 후에 쓴 것이며 '지장보살의 서언誓願'에 대한 찬송이다. 지장은 맹서하기를 "衆生度進方證菩提, 地獄未空誓不成佛", 즉 "중생을 남김없이 초월 시켜야만 보살이란 것을 증명할 수 있고 지옥이 텅 비지 않으면 결코 성불하지 않겠다"고 말했다. 신라 김교각이 구화산에서 수신하여 성불하고, 이백이 시를 써서 송양頌揚하면서 구화산은 명성을 크게 떨쳐 중국 불교 사대 명산 중의 하나로 지정되었다.

찬讚 : 문체의 일종. 인물 칭송을 취지趣旨로 한 찬송사讚頌詞. 《後漢書》〈皇甫規傳〉: "賦, 銘, 碑, 贊, 禱文, 吊, 章表, 教令, 書, 檄, 箋記, 凡二十七篇." 南朝 梁 劉勰《文心雕龍》〈祝盟〉: "太史所讀之讚, 固周之祝文". 찬讚은 이 문장에서 불교를 찬송하는 뜻도 있다. 불교에서 무릇 석가모니와 그의 불타佛陀를 노래하는 문장을 모두 찬이라고 한다. 南朝 梁 慧皎《高昇傳》〈經師論〉: "然天竺方俗, 凡是歌詠法言, 皆稱爲唄, 至於此土詠經, 皆稱爲轉讀, 歌贊則號爲梵音, 昔諸天贊唄, 皆以韻入管弦". 唐 段成式《西陽雜俎讀集》〈寺塔記〉上 : "僧守行建道場, 出舍利俾士庶觀之, 唄贊未畢, 滿地現舍利".

2 대웅大雄 : 범어 '마가비라摩訶毗羅'의 의역이다. 원래는 고인도古印度 지나교耆那教 교주에 대한 존칭이다. 전하는 바에 의하면, 그는 기원전 6세기부터 기원전 5세기 사이의 사람이다. 그는 폐사리吠舍離의 한 왕족 가정에서 태어났다. 살제리종剎帝利種 성姓에 속한다. 서른 살에 출가하여 수행을 시작해 마흔두 살에 성도成道했다. 30여 년간 전도傳道하였고 일흔두 살에 백파白婆에서 원적圓寂했다. 불교 중의 대웅大雄은 석가모니에 대한 존호로 일반적으로 쓰였다. 이 글에서 대웅은 불교에 큰 지력智力이 있고 사마四魔를 정복할 수 있는 것을 가리킨다. 《法華經》〈從地涌出品〉: "善哉, 善哉, 大雄世尊". 唐 王勃〈梓州慧義寺碑銘序〉: "仁義沸騰, 則大雄拯橫流之弊".

붕락崩落 : 붕괴하여 떨어진다. 갈라져 추락한다. 北魏 酈道元《水經注》〈河水〉: "其山岸崩落者, 聲聞數百里".

유惟 : 오직. 《論語》〈述而〉: "子謂顔淵曰, 用之則行, 舍之則藏, 惟我與爾有是夫".

불佛 : 범어 불타佛陀의 약칭이다. '佛馱', '佛陀', '佛屠', '佛圖' 등으로도 번역한다. 의역으로는 '각覺', '각자覺者', '지자 知者(잘 아는 사람)'로 번역된다. 각覺은 세 가지 뜻이 있다. 첫째 자각自覺, 둘째 각타覺他, 즉 중생들을 각오覺悟하게 한다는 뜻, 셋째 원만圓滿, 이것은 불교 수행에서 최고의 열매와 성과로 본다. 듣건대 보통 사람들은 이 세 가지가 다 결핍되었다고 한다. 소리도 들리고 환각도 생기지만, 오직 세 항목 중 최후 항목인 '원만'이 결핍된 이는 보살이다. 유독 부처님, 즉 석가모니만이 이 세 개 항목이 다 구비되었다 한다. 《小乘》에 말하기를 부처님(佛)은 일반적으로 석가모니에 대한 존칭으로 썼다. 《大乘》에 말하기를 석가모니를 제외하고 각성과 행실이 원만한 자들도 부처라고 한다. 그들은 삼세십방三世十方 도처에 부처가 있다고 한다. 그 숫자는 항하恒河의 모래알 마냥 많고도 많아 헤아릴 수 없다고 선양宣揚했다. 예를 들면 과거에는 칠불七佛, 연등불燃燈佛이 있었고, 미래에는 미륵불彌勒佛이 있다. 동방東方에는 아축불阿閦佛, 약사불藥師佛이 있고, 서방西方에는 아미타불阿彌陀佛이 있다. 만약 불신佛身으로 말하자면 법신불法身佛, 보신불報身佛, 응신불應身佛 등이 있다.

지혜智慧 : 불가佛家의 명사. 그 의미는 셋이다. 첫째, 대소승大小乘 5위五位 법法 중 심소법心所法의 하나이다. 사람이 보편적으로 구비한 사물을 변인辨認하고 시비선악是非善惡을 판정하는 시비 능력을 가리킨다. 둘째, 불경佛經을 습독하며 자아낸 현상現象을 판별하고 시비선악을 판정하는 인식 능력을 가리킨다. 여기엔 누지漏智와 무누지無漏智, 근본지根本智와 후득지後得智, 일절지一切智, 도종지道種智와 불지佛智 등이 있다. 셋째는 육도六度의 하나인 반야般若, 파약波若이다. 이것은 가유성공假有性空 이론으로 일체의 현상을 관찰, 인식하는 특수한 관점과 방법이다. 《佛性論》: "般若有二： 一无分別眞智；二有分別俗智". 《大乘義章》 卷18 : "言般若者, 此飜各慧".

운雲 : 生死雪 중의 '雪'은 '雲'이 아닌가 한다. '雪', '雲' 두 글자의 형상이 비슷하여 잘못 쓴 것 같다. 반드시 '生死雲'이어야 한다. '生死雲'은 생사의 맹목盲目과 우매愚昧가 마치 안개구름처럼 희미하다는 것을 비유한 것이다. 《無量壽經》 下 : "慧日照世間, 消除生死雲".

3 보자普慈 : 불경에서 불佛 보살은 자비심을 베풀어 뭇 중생을 '생사고해生死苦海'로 건너게 하여 일체의 고통에서 벗어나게 한다는 것이다. 즉 '보도자항普渡慈航'이란 의미이다. '보자 普慈'는 '배船'를 비유하는 것이다. 《萬善同歸集》 卷下 : "駕大般若之慈航, 越三優質苦津". 이상의 어구는, 불佛은 자항慈航의 힘을 빌어서 모든 중생을 증구拯救하여 고통의 바다(苦海)를 떠나게 하여 그들을 피안彼岸으로 순조롭게 이끈다는 뜻이다. 보자普慈, 자항慈航은 모두 배(船)를 비유한다.

4 광겁曠劫 : 불교어. 구원의 겁(久遠之劫). 南朝 宋 朱昭之《難顧道士》〈夷夏論〉: "閉睛開照, 期神曠劫, 以長其心, 推而遠之".

광曠 : 구원久遠하다. 오래고 멀다. 《文選》〈陸机〉, 〈爲顧彦先贈婦〉 詩之二 : "形影參商乖, 音息曠不達". 李善 注引 《廣雅》: "曠, 久也".

겁劫 : 불교어. 《釋迦氏譜》: "劫爲何名? 猶云時也. 若依西梵名曰 : 劫派, 此土譯之名大時也, 此一大時其年無數".

횡류橫流 : 재앙과 병난兵難. 《文選》〈謝靈運〉〈述祖德詩〉 之二 : "中原昔喪亂, 喪亂豈解已…… 莫邦咸震慴, 橫流賴君子". 李善 注引 謝靈運 〈山居賦〉 自注 : "余祖車騎, 建大功, 淮肥左右, 得免橫流之禍". 唐 王維 〈謝除太子中允表〉: "孝德動天, 聖功冠古. 復宗社爲墜地, 救塗炭於橫流". 《止觀》 卷5 : "彌生曠劫, 不覩界內一隅, 况夏界外邊表". 王云 : "曠劫, 彌久遠之劫也 ; 橫流謂苦海也".

5 부풍扶風 : 지명으로 지금의 섬서성陝西省 부풍현扶風縣.

두도竇滔 : 사람 이름. 이백의 시 〈扶風豪士歌〉 중에서 호사豪士는 이 사람을 가리키는 것이다.

영기英气 : 영무英武하다. 영민하다. 용맹스럽다. 《三國志》〈吳志〉, 〈孫策傳〉 : "策英气杰濟, 猛銳冠世".

왕후王侯 : 본래는 천자天子와 제후諸侯를 가리켰다. 후에는 왕작王爵과 후작侯爵을 가리켰다. 혹은 현귀顯貴한 자들도 가리킨다. 唐 杜甫 〈秋興〉 詩之四 : "王侯第宅皆新主, 文武衣冠異昔時".

6 극락생질極樂生疾 : 극히 즐기어 도리어 질환疾患과 재난災難으로 변했다.

7 혜검惠劍 : 즉 혜검慧劍, 지혜의 검. 불가佛家는 지혜로 예리한 칼날도 조각낼 수 있다고 한다. 그 뜻은 지혜검으로 일체의 번뇌와 마장魔障을 부수어 버린다 한다. 그리하여 지혜를 검으로 비유한 것이다. 《維摩詰經》〈菩薩行品〉 : "以智慧劍, 破煩惱賊".

진재眞宰 : 조물주造物主. 우주의 주재(宇宙的主宰). 《莊子》〈齊物論〉 : "若有眞宰, 而特不得其聯".

담湛 : 징澄. 맑게 하다. 맑다. 《文選》〈謝混〉, 〈游西施〉 詩 : "景昃鳴禽集, 水木湛清華". 唐 王揆 〈長沙六快〉 詩 : "衡峰排古清, 湘水湛寒綠".

허공虛空 : 즉 '無', 없다. 아무 형상도 없고, 아무 장애도 없다. 텅 비었다. 《楞嚴經》 卷9 : "當知虛空生汝內心, 猶如片雲点太清里. 況諸世界在虛空耶". 《俱舍論》 卷1 : "虛空但以無碍爲性 ; 由無碍故, 色於中行".

8 성용聖容 : 지장보살의 화상畫像.

경복景福 : 큰 복. 《詩》〈小雅〉, 〈小明〉 : "神之聽之, 介爾景福". 毛傳 : "介. 景皆大也". 이 두 마디는 지장보살의 화상을 한 폭 그려 놓고 그에게 기도 드리어 복을 구한다는 말이다. 《地藏普薩本願經》 卷上 : "未來世界中若有善男子, 善女人聞是地藏菩薩摩訶薩名者, 或合掌贊嘆者, 作禮者, 戀慕者, 是人超越三十劫罪. 普广, 若有善男子, 善女子或彩畵形象, 或土石膠漆金銀銅鐵作此菩薩一瞻一禮者, 是人百返生於三十三天, 永不墮于惡道. ……何況善男子, 善女人自書此經, 或教人書, 或自塑, 畵菩薩形像, 乃至教人塑, 畵, 所受果報, 必獲大利".

9 서庶 : 희망한다. 다만 원한다. 許沖 《說文解字》〈后序〉 : "序有達者, 理而董之". 段玉裁 注 : "庶, 冀也".

명冥 : 음부陰府, 음간陰間. 저승. 인세화복人世禍福을 주재하는 신령 세계를 가리킨다. 宋 沈作喆 《寓簡》 卷1 : "豈人之禍福吉凶自有定數存子冥冥之中, 雖聖與智不可得而逃耶?".

추瘳 : 병이 낫다. 唐 韓愈 〈赴江陵途中寄三學士〉 詩 : "癘疫忽潛遘 十家無一瘳". 이상 두 마디 말은 저승 신력神力의 도움을 받아 병이 낫고 고통을 제거해 버린다는 뜻이다.

10 원爰 : 조사助詞. 일반적으로 한 어구의 앞에 혹은 중간에 두어서 어세를 조절하는 작용을 한다. 여기에서는 접속사 '그리하여' 등의 뜻을 나타낸다. 《書》〈無逸〉 : "作其卽位, 爰知小人之依, 能保惠於庶民". 孔傳 : "於是知小人之所依".

소재小才(小材) : 재능이 비교적 낮다. 겸손謙遜하게 쓰는 어사.

식式 : 어조사. 《詩》〈大雅〉, 〈蕩〉 : "式號式呼, 俾晝作夜". 이 구절은 두도竇淘가 병으로 신불神佛을 믿고 한 장의 '지장보살' 화상을 모시고 기도 드려 병을 낫게 하고 복을 얻자는 것을 썼다. 이 문장은 두도의 요청에 응하여 쓴 것이다. 이상은 이 문장의 서언이다.

11 청정清淨 : 마음이 맑고 깨끗하다. 악惡과 번뇌를 멀리 떠났다. 南朝 梁 王僧儒 〈禮佛唱導發願文〉 : "願現前衆等, 身口清淨".

12 음淫, 노怒, 치痴 : 삼독三毒이라 한다. 음淫은 음탕淫蕩하다. 노怒는 화를 내다. 치痴는 무식무지하다는 뜻이다. 불교는 이 셋을 중생을 독화毒化시키고 일체의 번뇌를 초래하는 근원이라고 본다. 이를 '삼불선근三不善根', 즉 세 가지 착하지 않은 근원이라고 한다. 《涅般經》 卷5 : "无量劫中, 被淫怒痴煩惱毒箭, 受大苦切". 王琦 云 : "人心虛靜, 本无一物, 耽著於色, 則起而爲淫 ; 触於忿戾, 則發而爲怒 ; 蔽於邪見, 昧於大道, 則流而爲痴. 三者謂之三毒, 皆心之累也. 苟能一切捐弃, 若火之焚, 若水之

蕩而盡去之, 不使一毫累其心, 則心之本体見矣. 心, 則佛也. 見心不卽見眞佛哉!"

원적圓寂 : 열반涅槃, 멸도滅度. 뭇 도덕을 다스리고, 뭇 죄악을 적멸寂滅시켰다는 뜻이다. 그리고 불교에서는 스님의 사망에 대한 일종의 존칭이다.《釋氏要覽》卷下 : "釋氏死, 謂涅槃, 圓寂. 歸眞, 歸寂, 滅度, 遷化, 順世, 皆一義也, 隨便稱之, 盖異俗也". 賢首《心經略疎》: "涅槃, 此云圓寂, 謂德無不備, 稱圓; 障無不進, 名寂".

13 성상聖像 : 이것은 두도竇滔가 그린 지장보살 화상을 가리킨다.

오진悟眞 : 조물주를 깨닫다. 구체적으로 자연의 성질을 깨닫는다는 의미이다. 南朝 梁 劉勰《文心雕龍》〈情采〉: "有志深軒冕, 而迅詠皐壤, 心纏幾務, 而虛述人外; 眞宰弗存, 翩其反矣".

14 청량清凉 : 열병熱病은 다 없어지고 신체는 시원하고 상쾌하다. 이것은 번뇌를 제거하여 마음이 청량하고 창쾌한 것을 비유한다.

15 공덕해功德海 : 공덕의 깊고 넓기가 바다 같음을 비유한 것이다.《八十華嚴經》卷7 : "智慧甚深功德海, 普觀十方無量國".《大乘義章》〈十功德三門分別〉: "功謂功能, 能破生死, 能得涅槃, 能渡衆生, 名之爲功. 其功是其善行家德, 故云功德".

광대曠代 : 광세曠世. 연대가 구원久遠하다. 자고이래 유래가 없다. 비교할 수 없다. 唐 白居易〈騶虞畵贊序〉: "予愛其外猛而威, 內仁而信, 又嗟曠代不覿, 引筆贊之".

신라로 돌아가는 김문학金文學을 배웅하며

심송

그대의 집은 동해의 동쪽
그대는 가을바람 따라 가시네
까마득히 먼 고향 길
꿈속처럼 흐릿하고
외딴 섬엔 안개가 가득하네
파도가 허공에 닿아도
모험이 두렵지 않음은
황은皇恩이 그대를 비춰줌이라

送金文學還日東[1]

沈頌[2]

君家東海東[3]
君去因秋風[4]
漫漫指鄉路[5]
悠悠如夢中[6]
烟霧積孤島[7]
波濤連太空
冒險當不懼[8]
皇恩措爾躬[9]

註

1 《全唐詩》 제3함 제9책, 479쪽.

문학文學 : 벼슬 이름. 당唐 조정과 뭇 왕부王府에는 문학文學이라는 관직을 설치하였다. 종6품 상上이다. 당나라 초기에 부府, 주州에는 경학박사經學博士를 설치하였다. 덕종德宗 때 문학이라 고쳤다.

일동日東 : 당시唐詩 중에 일반적으로 일본 혹은 신라를 가리켰다. 여기서는 신라를 가리킨다.

김문학金文學 : 신라 사람으로 짐작된다.

2 심송沈頌 : 오흥吳興, 즉 지금의 절강성浙江省 호주湖州 사람이다. 현종玄宗 천보天寶 초년 무석無錫 현위縣尉를 담당했다. 현재 시 6수가 보존되어 전한다. 사적은 《國秀集》, 《嘉泰吳興志》 등을 참고 바람.

3 군君 : 존칭이다. 김문학을 가리키는 것이다.

동해東海 : 고대 중국 동부의 큰 바다를 가리킨다.

동해동東海東 : 큰 바다 동부의 국가와 지구. 여기서는 신라를 가리킨다.

4 인추풍因秋風 : 가을바람을 탄다. 가을바람에 의거한다. 중국에서부터 돛배를 타고 신라로 가려면 가을철이 가장 좋은 계절이다. 가을 풍향이 항해에 가장 유리하다. 또 다른 뜻은 '김문학은 고향을 그리기 때문에 귀국한다'는 말이다.

5 만만漫漫 : 멀고 긴 모양.

6 유유悠悠 : 비통한 마음으로 염려하는 모양. 아득하다.

7 연무烟霧 : 큰 바다 속의 안개가 연기같이 자욱하다.

8 모험冒險 : 바다에서 험악한 바람과 거센 파도를 만났다.

9 조措 : 주다. 은사하다.

이궁爾躬 : 너의 몸.

신라에 사절로 가는 귀중승歸中丞을 배웅하며

황보증

어사御史가 황은皇恩을 받들어
신라로 가는 바닷길에 배를 띄우네
하늘 멀리 중국을 하직하고
바다 끝 외로운 성城에 닿으리니
이미 무더위는 서늘해지고
먼 여정은 수심 속에 잠겼네
구름과 파도는 끝이 없는데
오가는 깃발만 찬란하구나

送歸中丞使新羅[1]

皇甫曾[2]

南幰銜恩去[3]
東夷泛海行[4]
天遙辭上國[5]
水盡到孤城
已變炎涼氣
仍愁浩淼程[6]
雲濤不可極[7]
來往見雙旌[8]

註

1 《全唐詩》 제3함 제9책, 492쪽.

귀중승歸中丞(720-779년) : 즉 귀숭경歸崇敬이다. 자는 정례正禮. 소주蘇州 오현吳縣, 즉 지금의 강소성江蘇省 소주蘇州 사람이다. 어릴 때부터 전해 내려오는 학문, 즉 가학家學을 배웠고, 법에 관한 전적典籍에 밝았다. 현종玄宗 천보天寶 연간에 '박통분전과博通墳典科'에 합격하고 대책對策에 제1등을 하여 좌습유左拾遺 관직을 임명받았다. 대종代宗은 섬서陝西로 행차함에 그를 불러들여 이해득실 관계를 물었다. 귀숭경은 서민 백성들이 극히 궁핍하다고 진술하고 반드시 근검절약으로 천하를 변화시켜야 한다고 역설했다. 귀숭경은 현종玄宗, 숙종肅宗, 대종代宗, 덕종德宗 네 황제를 모셨으며 병부상서兵部尚書를 끝으로 사직하였다. 사적은 《舊唐書》 卷149, 《新唐書》 卷164 참고.

신라新羅 : 孫逖 〈送新羅法師還國〉 주 1) 참고. 《唐會要》 권95에 대종 대력 3년(768년) 2월 창부랑중倉部郎中 귀숭경에게 어사중승御史中丞을 겸하여 부절을 가지고 사절로 가서, 건운乾運을 신라 왕으로, 건운의 모친을 태비太妃로 책봉하라고 하명했다는 기록이 있다. 이 시는 그때 쓴 것이다.

2 황보증皇甫曾(?-785년) : 자는 효상孝常으로 항렬은 열여섯째. 윤주潤州 단양丹陽, 즉 지금의 강소성 단양현丹陽縣 사람이다. 조적祖籍은 안정安定, 즉 지금의 감숙성甘肅省 경천현涇川縣이다. 황보염皇甫冉의 아우다. 현종玄宗 천보天寶 12년(753년) 진사에 급제하고 대종 대력 초에 전중시어사殿中侍御史를 역임했다. 대력 6년(771년) 전후, 사건에 연루되어 서주舒州 사마司馬로 강직되었다. 그때 독고급獨孤及은 서주 자사刺史였다. 두 사람은 자주 시詩를 주고받았다. 기일이 되어 벼슬을 사직하고 낙양 옛집으로 돌아갔다. 대숙륜戴叔倫이 〈京口送皇甫司馬副端曾舒州辭官歸去東都〉라는 시를 쓴 바 있다. 후에 단양으로 돌아왔고 호주에도 왕래하였다. 대력 말년에 양적현陽翟縣 현령縣令을 역임하였다. 덕종德宗 정원貞元 원년(785년)에 세상을 떠났다. 당시 사람들은 황보염과 황보증 두 형제를 장재張載, 장협張協에 비유했다. 《直齋書錄解題》에 문집 1권이 수록되어 있다. 지금은 시詩 1권이 보존되어 전한다. 그의 평생 간력簡歷은 《新唐書》 卷202, 《唐才子傳》 卷3, 獨孤及 〈唐故左補闕安定皇甫公集序〉, 《唐國史補》, 《極玄集》과 盧綸 〈同兵部李舒侍郎刑部包佶侍郎哭皇甫侍郎曾〉 및 금인今人 傅璇琮 《皇甫冉皇甫曾考》 등을 참고 바람.

3 남헌南憲 : 당조의 어사대는 황궁 서남쪽에 있었다. 어사대는 규탄하는 직무를 전문적으로 이행하는 관청이다. 당나라 때 어사대를 헌대憲臺 혹은 숙정대肅政臺라고 고쳤다. 그러나 얼마 안 되어 옛 명칭으로 환원되었다. '憲'은 원래 작품에는 '幰'이다. 전시교어全詩校語에 의해, 명明 동활자본銅活字本 《皇甫曾集》을 '憲'으로 고쳤다.

4 동이東夷 : 신라를 가리킨다.

5 상국上國 : 1. 중국을 가리킨다. 춘추春秋 때 중원中原의 각 제후국諸侯國을 상국上國이라 하였다. 이것은 오초吳楚 여러 나라와 대비하여 말한 것이다. 오초는 남방에 있다. 지세地勢는 비교적 낮다. 중국은 중원에 있는데 지세는 상대적으로 좀 높다. 그리하여 중국을 상국이라 하였다. 《國語》 〈吳語〉 : "越天吳, 上征上國". 韋昭 注 : "上國, 中國也". 2. 황제가 사는 곳과 조정에 대한 명칭이다. 唐 白居易 〈祭廻鶻可汗文〉 : "撫有九姓, 制臨一方, 氣呑諸戎, 名播上國". 3. 경사京師, 경도京都 즉 수도를 가리킨다. 《資治通鑑》 〈唐德宗建中二年〉 : "今海內無事, 自上國來者, 皆言天子聰明英武, 志欲致太平, 深不欲諸侯子孫專地".

6 호묘浩淼 : 바다가 넓고 먼 모양.

7 운도雲濤 : 구름과 파도. 唐 韓愈 〈貞女峽〉 詩 : "懸流轟轟射水府, 一瀉百里翻雲濤".

8 쌍정雙旌 : 당나라 때 절도사節度使, 즉 자사刺史가 출행할 때에 갖춘 의장儀仗. 《新唐書》<車服志> : "旌以絳帛五丈, 粉畵虎, 有銅龍一, 首纒緋幡, 紫縑爲袋 油囊爲表". 《百官志》 四 : "節度使掌總軍旅, 顓誅殺. 初綬, 具帑抹兵仗詣兵部辭見, 觀察史亦如之. 辭日送双旌双節". 후에는 널리 고관의 의장을 가리키게 되었다.

신라에 사절로 가는 육정陸珽을 배웅하며

전기

어사御史의 의모관대衣帽冠戴를 갖춘
재주와 학문에 뛰어난 나의 고향 친구
어명을 받고 궁궐을 나서니
온 성안 사람들이 전송하네
가는 길엔 드넓은 바다와 달빛뿐이려니
상림원上林苑의 봄이 그립겠지만
유풍儒風을 멀리 전하게 되었으니
이역의 예악禮樂이 새로워짐을 비로소 알겠도다

送陸珽侍御使新羅[1]

錢起[2]

衣冠周柱史[3]
才學我鄉人[4]
受命辭雲陛[5]
傾城送使臣[6]
去程滄海月[7]
歸思上林春[8]
始覺儒風遠[9]
殊方禮樂新[10]

註

1 《全唐詩》 제4함 제5책, 594쪽.

《新唐書》〈東夷傳〉의 〈新羅〉: "大歷初, (新羅王) 憲英死, 子乾運立. …… 詔倉部中歸崇敬往吊, 監察御史陸珽`顧愔爲副, 冊授之, 幷母金爲太妃." 《資治通鑑》 卷224: "新羅王憲英卒于代宗大歷二年". 《舊唐書》〈代宗紀〉: "冊封金母三年正月甲子, 則陸珽出使新羅當在大歷二年冬季".

2 전기錢起(722-780년): 자는 중문仲文이며, 오홍吳興, 지금의 절강浙江 호주湖州 사람이다. 현종玄宗 천보天寶 10년(751년) 진사에 급제했다. 비서성秘書省 교서랑校書郞을 역임하였다. 어명을 받들어 사절로 촉蜀에 파견되었다. 숙종肅宗 건원乾元부터 대종代宗 보응寶應 중기까지 남전현藍田縣 현위縣尉를 맡았다. 대종 대력大曆 연간에 사부원외랑祠部員外郞, 사훈원외랑司勛員外郞을 역임하고, 고공랑중考功郞中으로 벼슬을 끝마쳤다. 대력 10재자才子 중의 한 사람으로 불렸으며 낭사원郞士元과 이름을 나란히 했다. 앞에는 심沈, 송宋이 있었고, 후에는 전錢, 랑郞이 있었다는 말이 전한다. 《直齋書錄解題》에 《錢考功集》 10권을 수록하였다. 사적은 《舊唐書》 卷168 《錢徽傳》 附, 《新唐書》 卷203 《文藝傳》 下, 《中興閑氣集》, 《極玄集》, 《唐詩紀事》, 《唐尙書省郞官石柱題名考》와 《唐才子傳校箋》 등을 참고 바람. 육정이 신라에 사절로 간 것은 대력 2년 겨울이었다.

육정陸珽: 국자사업國子司業 육선경陸善經의 아들. 대력 6년에 피살당했다. 당시는 전중시어사殿中侍御史였다.

시어侍御: 당대當代 전중시어사殿中侍御史, 감찰시어사監察侍御史를 시어侍御라고 불렀다. 어사대御史臺는 3원院으로 나뉜다. 1. 대원臺院, 그곳의 관료를 시어사라고 한다. 뭇 사람들은 단공端公이라 불렀다. 2. 전원殿院, 그곳의 관료를 전중시어사로 부른다. 뭇 사람들은 그들을 시어라고 불렀다. 3. 찰원察院, 그곳의 관료를 감찰어사라고 부른다. 뭇 사람들은 그들을 역시 시어라고 불렀다. 감찰어사는 문무백관文武百官을 감찰하고 주州, 현縣의 감옥, 소송, 군융軍戎, 제사 등을 순시하고 안찰按察한다. 혹은 명을 받들고 사절로 출행하여 전문적인 임무를 집행한다.

3 주주사周柱史: 주周와 진秦의 벼슬 이름. 즉 한나라 이후의 어사御史다. 그들은 일반적으로 궁전 기둥 밑에 서서 시중하기에 이런 이름을 얻었다. '柱史'는 '柱下史'라고도 불린다. 《史記》〈張丞相列傳〉: "而張蒼乃自秦時爲柱下史, 明習天下圖書計籍". 司馬貞 索隱: "周秦皆有柱下史, 謂御史也., 所掌及侍立恒在殿柱之下".

4 아향인我鄕人: 육정陸珽은 오군吳郡의 명문 귀족이고, 오군吳郡은 전기錢起의 고향인 오홍과 이웃 현이다. 그리하여 '나의 고향사람[我鄕人]'이라 하는 것이다.

5 운폐雲陛: 구름으로 뻗어 올라간 궁전의 계단. 우뚝 솟은 황제의 궁전. 여기서는 천자天子를 말한다.

6 경성傾城: 온 도시 사람이 쏟아져 나와 배웅한다. 전송하는 사람이 아주 많다는 뜻이다.

7 창해滄海: 바닷물이 깊어서 푸른색을 나타내다. 중국에서는 동해(황해)에 대한 별칭으로 쓰인다. 《初學記》 卷6 晋 張華 《博物志》: "東海之別有渤海, 故東海其稱渤海, 又通謂之滄海".

8 상림上林: 고대 궁전의 정원 혹은 화원. 제왕의 원유園囿, 즉 꽃과 나무 따위를 심고 짐승을 놓아기르는 동산. 진나라 때 건설하고 한나라 초기 황폐화됐다가 한 무제武帝 때 다시 확장하였다. 원苑 내에 금수 등 짐승을 놓아기르며 황제가 사냥했다. 행궁行宮, 관람대[觀], 숙사舍官도 몇 십 곳이 지어졌다. 생활은 극히 사치스럽고 호화로웠다. 옛터는 지금의 서안시西安市 서쪽과 주지周至 호현戶縣의 경계다. 《三輔黃圓》〈苑囿〉: "漢上林苑, 卽秦之舊苑也". 《漢書》: "武帝建元三年, 開上林苑, 東南至藍田宜春. 鼎湖, 御宿, 昆吾, 旁南山而西, 至長楊, 五柞 北繞黃山, 瀕渭水而東, 周袤三百里, 離宮七十所, 皆容天乘萬騎".

9 유풍儒風 : 유가儒家의 전통, 문화, 풍상風尙. 南朝 梁 劉勰《文心雕龍》〈時序〉: "華實所府, 斟酌經辭, 蓋歷政講聚, 故漸靡儒風者也".

10 수방殊方 : 먼 이역異域. 漢 班固《西都賦》: "逾崑崙, 越巨海, 殊方異類, 至於三萬里". 여기선 신라를 가리킨다.

신라에 사절로 가는 귀중승歸中丞을 배웅하며

황보염

조사詔使를 먼 이국에 파견함은
예부터 행해지던 조정의 예법
배는 하늘가로 끝없이 떠나고
해 바라보며 앞길을 헤아리네
외로운 산길 지날 때 잠깐 기쁘더니
끝없는 바닷물에 근심이 앞서네
돌풍이 휘몰아쳐 북을 울리고
바다의 빗물은 높이 날리는 깃발을 적시누나
이역의 풍속에 문교文教를 알게 하여
높은 유학자로 영예를 얻었으니
다시 대대례大戴禮를 가지고 돌아가
이역의 제생諸生에게 전하시게나

送歸中丞使新羅[1]

皇甫冉[2]

詔使殊方遠[3]
朝儀舊典行[4]
浮天無盡處[5]

望日計前程
暫喜孤山出
長愁積水平
野風飄疊鼓[6]
海雨濕危旌[7]
異俗知文敎[8]
通儒有令名[9]
還將大戴禮[10]
方外授諸生[11]

註

1 《全唐詩》 제4함 제7책, 632쪽.
귀중승歸中丞 : 귀숭경歸嵩敬이다. 대종代宗 대력大曆 2년(767년) 신라 왕이 세상을 떠나고 그의 아들 건운乾運이 왕위에 올랐다. 대력 3년 당 대종代宗은 창부랑중倉府郎中 겸 어사중승御史中丞 귀숭경을 사절로 파견 전왕前王을 조상하고 신왕新王을 책봉케 하였다. 皇甫曾 〈送歸中丞使新羅〉 주1) 참고.

2 황보염黃甫冉(약 717-약 770년) : 자는 무정茂政, 윤주潤州 단양丹陽 지금의 강소성江蘇省 단양현丹陽縣 사람이다. 선조先祖 호적戶籍은 안정安定, 지금의 감숙성甘肅省 경현涇縣. 천보天寶 15년(756년) 진사 일등一等에 급제했다. 무석위無錫尉를 역임하다가 파임罷任 후 양흠산陽羨産에 거주했다. 그 후 좌금오병조左金吾兵曹 참군參軍 직을 지냈다. 대종代宗 영태永泰 대력大曆 연간에 하남河南 부원수副元帥 왕진王縉 막하에서 절도장서기節度掌書記를 지내고, 대력 3년(767년) 좌습유左拾遺로 이직, 그 후 우보궐右補闕을 지냈다. 대력 4, 5년(767, 770년경) 명을 받들고 강남으로 출장하던 중 단양의 부모를 문안하러 갔다가 집에서 갑자기 병사했다. 《新唐書》〈藝文志〉에 《皇甫冉》 3권이 수록되었다. 사적은 《新唐書》 卷202 《文藝中》, 獨孤及 〈唐左補闕安定皇甫公集序〉, 《唐才子傳校箋》 卷3 및 今人 傅璇琮 《皇甫冉皇甫曾考》에 보인다.

3 조사詔使 : 황제가 파견한 특사. 《新唐書》〈崔戎傳〉 : "時詔使尙在, 民泣詣使, 淸白天子丐戎還, 使許諾".
수방殊方 : 이역異域, 이국異國. 錢起 〈送陸珽侍御使新羅〉 주 10) 참고.

4 조의朝儀 : 조정의 예의禮儀. 《周禮》〈夏官〉의 〈司士〉 : "正朝儀之位, 辯其貴賤之等".
전典 : 조전朝典, 조정의 예의, 제도.
구전舊典 : 과거의 조전. 즉 과거의 예의, 제도, 법칙.

5 부천浮天 : 하늘가로 떠가는 배.

6 야풍野風 : 지역에 부는 바람. 돌풍.
첩고疊鼓 : 북을 약하게 빨리 친다. 《文選》 謝眺 〈鼓吹曲〉 : "凝茄翼高盖, 疊鼓送華輈". 李善 注 : "小陸鼓謂之疊鼓". 宋 苑成大 〈晚潮〉 詩 : "東風吹兩晚潮生, 疊鼓催船鏡里行". 느리게 혹은 빨리 북을 치며 배가

떠날 때 장엄한 기분을 북돋우는 것을 '疊鼓'라고 한다.

7 위정危旌 : 높이 휘날리는 정기旌旗.

위危 : 높이 솟다. 《國語》〈晋語〉 : "栱木不生危, 松栢不生埤".

8 문교文教 : 예악법도禮樂法度. 문화교육. 《書》〈禹貢〉 : 三百里揆文教. 孔穎達 疎 : "此服諸候揆度王者政教而行之". 《晋書》〈劉頌傳〉 : "魏武帝以經絡之才揆煩理亂, 兼肅文教, 積數十年, 至於延康之初, 然後吏清下順, 法治大行".

9 통유通儒 : 옛 것과 지금의 일에 정통하여 학식이 넓은 유학자. 여기서는 귀숭경歸嵩敬을 가리킨다. 《後漢書》〈賈逵傳〉 : "逵所著經傳義詁及論難百餘萬言, 又作詩, 頌, 書, 連珠, 酒令凡九篇, 學者宗之, 後世稱爲通儒".

영명令名 : 아름다운 이름. 《左傳》〈襄公二十四年〉 : "僑聞君子長國家者, 非無賄之患, 而無令名之難".

10 대대례大戴禮 : 《大戴禮記》, 《大戴記》라고도 한다. 책 이름, 서한西漢의 대덕戴德이 편찬하였다. 85편이었는데, 지금은 39편이 보존되고 있다. 新舊《唐書》〈歸嵩敬傳〉에 "歸嵩敬은《大戴禮》와《禮記》에 정통하며 국전대례國典大禮의 수정修訂에도 참의參議라고 하였다"는 기록이 있다.

11 방외方外 : 역외域外. 《史記》〈三王世家〉 : "遠方殊俗, 重譯而朝, 譯及方外. 此指新羅". 여기서는 신라를 가리킨다.

해동으로 떠나는 설문학薛文學을 바다에서 보내며

류신허

어느 곳이런가, 돌아가는 먼 곳
그대를 동쪽으로 아득히 보내노라
천만리 드넓은 바다
밤낮 하나의 쪽배에 기대어
멀리 떨어진 나라 바라보면
어슴푸레한 하늘가에 수심이 일고
간혹 선경仙境에 가까이 간 듯
꿈속에 노를 젓는 것 같기도 하리
아니면 고색찬연한 산봉을 보는 듯
고독한 산 백리 길엔 가을만 깊어가고
앞길은 아득하고 마음은 바쁘건만
배는 망설이며 떠나려 하지 않으니
동서로 갈라짐이 애석할 뿐인데
풍파도 삼가 황은皇恩이어라
봄은 꽃향기 띄워 멀리 보내고
그리움은 바닷물 따라 흘러서 가리
해 저물 무렵에 이별가를 부르며
언제나 텅 빈 그대의 집을 그려 보리라

海上詩送薛文學歸海東[1]

劉昚虛[2]

何處歸且遠
送君東悠悠[3]
滄溟千萬里[4]
日夜一孤舟.
曠望絶國所[5]
微茫天際愁[6]
有時近仙境[7]
不定若夢遊[8]
或見青色古[9]
孤山百里秋[10]
前心方杳眇
后路勞夷猶[11]
離別惜吾道[12]
風波敬皇休[13]
春浮花氣遠
思逐海水流
日暮驪歌後[14]
永懷空滄洲[15]

註

1 《全唐詩》 제4함 제8책, 644쪽.
문학文學 : 벼슬 이름. 沈頌 〈送金文學還日東〉 주 1) 참고.
해동海東 : 일반적으로 지금의 발해渤海, 황해黃海 이동以東의 국가와 지역을 가리킨다. 이 글에서는 '曠望絶國所'라는 어구로 미루어 발해渤海 동쪽의 나라를 가리킨다. 시의 내용에 따르면 신라로 짐작된다.

'歸海東', 즉 '고향(고국)으로 귀환한다'는 뜻이다.

설문학薛文學 : 성은 설薛이고 신라 사람이다.

2 류신허劉眘虛 : 자는 전을全乙. 항렬은 맏이. 홍주洪州 신오新吳, 지금의 강서성江西省 봉신현奉新縣 사람이다. 현종玄宗 개원 11년(혹은 21년)에 실력을 인정받고 진사에 급제하였다. 후에는 박학굉사과博學宏詞科에 합격했다. 왕창령王昌齡의 〈送劉眘虛歸取宏詞解〉라는 시도 있으며 홍문교서랑弘文校書郎을 역임했다. 그는 왕창령, 맹호연孟浩然, 고적高適, 사공서司空曙와 친하였다. 시를 읊으며 서로 증답하였다. 천보 12년(753년) 전에 사망했다. 《鶺鴒集》 5권이 있었는데 유실되고 시 15수, 어구 2연聯이 남아 있다. 사적은 《唐才子傳校箋》 卷1, 《河岳英靈集》 卷上 및 《同治奉新縣志》를 참고 바람.

3 유유悠悠 : 끝없이 넓디넓다. 혹은 멀고멀다.

4 창명滄溟 : 큰 바다. 唐 元稹 〈俠客行〉 : "此客此心師海鯨, 海鯨露背橫滄溟".

5 광망曠望 : 눈을 들어 멀리 바라보다. 《文選》 〈謝朓〉의 〈郡內高齋閑坐答呂法曹〉 詩 : "結構何迢遰 曠望極高深". 李善 注 《廣雅》 인용 : "曠, 遠也". 呂延濟 注 : "言遠盡見高深也".

절국絶國 : 극히 넓고도 멀고먼 나라. 《史記》 〈衛將軍驃騎列傳〉 : "因前使絶國功, 封騫博望侯" 신라를 가리킨다.

6 미망微茫 : 어슴푸레 분명치 않고 모호하다. 韋莊 前蜀 〈江城子〉 詞 : "角聲嗚咽, 星斗漸微茫".

천제天際 : 하늘가. 南朝 謝朓 〈之宣城出新林浦向板橋〉 詩 : "天際識歸舟, 雲中辨江樹".

7 선경仙境 : 신선 사는 경치가 우아하고 속세를 떠난 곳. 여기서는 환상 중의 허무표묘虛無飄渺한 아름다운 경계를 뜻한다.

8 몽유夢遊 : 꿈에서 유람하고 관광한다. 唐 白居易 〈和夢游春詩一百韻〉 : "昔君夢游者, 夢游仙山曲. 怳若有所欲, 似愜平生欲".

부정不定 : 일정하지 않음.

9 청색고靑色古 : '청색석靑色石'이라고도 하였다.

10 백리추百里秋 : '백장추百丈秋'라고도 썼다.

11 이유夷猶 : 주저하며 앞으로 전진하지 않는다. 《九歌》 〈湘君〉 : "君不行兮夷猶".

12 이 어구는 '오도동의吾道東矣'의 전고典故를 사용한 것이다. 그 의미는 자기의 학술學術을 동쪽으로 전파한다는 것이다. 《後漢書》 〈鄭玄傳〉 : "[玄] 乃西入關, 因涿郡盧植, 事扶風馬融……. 因從質諸疑義, 問畢請歸. 融喟然謂門人曰 : '鄭生今去, 吾道東矣'. 상술한 이야기는 후에 자기의 학술과 사상 체계가 동쪽으로 흘러 전파되는 혹은 자기의 것과 같은 학술 사상 체계가 동쪽으로 흘러 전파되는 것을 감탄하는 전고가 되었다. 이에 대해 전기錢起는 다음과 같이 시를 지었다. 唐 錢起 〈寇中送張司馬歸洛〉 詩 : "吾道將東矣, 秋風更颯然".

13 황휴皇休 : '황제휴열皇帝休烈'을 축약한 것이다. 즉 황제의 성대하고 아름다운 사업, 혹은 황제의 미덕, 큰 혜택을 말한다. 唐 沈亞之 〈勸政樓下觀百官獻壽〉 詩 : "年年歌無夕, 此地慶皇休".

14 여가驪歌 : 고별의 노래. 《漢書》 〈儒林傳〉 : "容歌 〈驪駒〉 : 主人歌 〈客毋庸歸〉". 〈驪駒〉는 일시逸詩 《詩經》에 수록되지 않은 시편詩篇의 명칭이다. 唐 李縠 〈浙東罷府西歸酬別張廣文皮先輩陸秀才〉 : "相逢只恨相知晚, 一曲驪歌又幾年".

15 창주滄州 : 푸른 물가. 고대에 은사들이 은거하는 곳. 南朝 齊 謝朓 〈之宣城郡出新林浦向板橋〉 詩 : "既歡懷祿情, 復協滄州趣".

신라에 사절로 가는 종형從兄을 배웅하며

고황

육기六氣가 혼천의渾天儀를 돌려
삼광三光 옥율玉律이 조화를 이루니
황하가 맑아져 공물貢物이 늘고
천하가 태평하여 천자를 칭송하네
변강의 영토는 갈수록 넓어지고
안정과 화목이 온 세상을 풍요케 한다
나라가 위력을 떨치니 오랑캐가 항복하고
부드럽게 복종시키니 원정遠征도 필요 없구나
아침 햇살에 궁궐은 황금빛으로 물들고
가을 조류엔 백로가 떼 지어 떠가네
병선은 전쟁에 쓰일 일 없고
명마는 조정의 부름에 바쁘구나
정위精衛는 돌 물어다 큰 바다 메우고
인어는 비단을 팔기 위해 눈물 흘리네
관녕管寧은 비록 사람을 사귀지 않았지만
서복徐福은 바다에서 신선을 만났을까
외롭고 고독한 섬 검푸른 안개가 감싸고
넓고 맑은 하늘엔 노을이 비끼는구나
명월明月은 한漢나라 때와 같건만
무지개는 진秦나라 때와 다르니

물표범은 옆으로 누워 파도를 부추기고
예쁜 매는 하늘 높이 빙빙 날며 치솟네
이른 아침 행장 꾸려 아득히 물길에 오르고
늦은 저녁 정박하여 북두성 바라보며 날짜를 헤아린다
어느 길이 원교員嶠로 통하는가
어느 산이 석산石山 옥초沃憔이련가
날 밝으니 태풍 세차게 불고
밤 되니 음화陰火가 가만히 타오르네
귀밑머리 길어서 새 상투 틀 때
묵은 인삼 싹에서 새싹이 돋네
해를 머금은 부상扶桑은 가까워지는데
석목성析木星 유연幽燕은 갈수록 멀어지네
꿈엔 근심걱정이 태산같이 쌓이고
이별할 때 넋조차 다 잃어지니라
물가에 가면 그물 깁던 생각에 사무치고
탄궁彈弓을 보면 활 쏘아 솔개를 잡고 싶네
함께 책력을 읽었는데
누가 제일 먼저 벼슬을 얻었는가
창파滄波 속에서 충성과 신뢰를 보였다고
노래를 통역하여 삼가 전해 주오
「잦은 북소리에 고래들은 몸을 숨기고
북풍 받은 돛배는 물 위에 떠밀리네
남해의 붕鵬마냥 날개를 펼치고
서해의 문요文鰩에게 들이켜게 하리

남쪽을 가리키며 선초仙草를 찾으니
퉁소 소리 구름 헤치며 들려오리라
만리 밖에서 공을 세워 봉후封侯 받을 공적
어찌 반초班超에 이르지 못하랴」

送從兄使新羅[1]

顧況[2]

六氣銅渾轉[3]
三光玉律調[4]
河宮淸奉贐[5]
海岳晏來朝[6]
地絶提封入[7]
天平賜貢饒[8]
揚威輕破虜[9]
柔服恥征遼[10]
曙色黃金闕[11]
寒聲白鷺潮[12]
樓船非習戰[13]
驄馬是嘉招[14]
帝女飛銜石[15]
鮫人賣淚綃[16]
管寧雖不偶[17]
徐市倘相邀[18]
獨島緣空翠[19]

孤霞上泬寥[20]
蟾蜍同漢月[21]
蝃蝀異秦橋[22]
水豹橫吹浪[23]
花鷹迥拂霄[24]
晨裝凌莽渺[25]
夜泊記招搖[26]
幾路通員嶠[27]
何山是沃焦[28]
颶風晴汨起[29]
陰火暝潛燒[30]
鬒發成新髻[31]
人參長舊苗[32]
扶桑銜日近[33]
析木帶津遙[34]
夢向愁中積[35]
魂當別處銷[36]
臨川思結网[37]
見彈欲求鴞[38]
共散羲和歷[39]
誰差甲子朝[40]
滄波伏忠信[41]
譯語辯謳謠[42]
疊鼓鯨鱗隱[43]
陰帆鷁首飄[44]
南溟垂大翼[45]

西海飮文鰩[46].

指景尋靈草[47]

排雲聽洞簫[48]

封侯萬里外[49]

未肯后班超[50]

《文選》〈吳都賦〉注：文鰩常行
西海而游東海

註

1 〈送從兄使新羅〉에 '奉'자를 더 넣어 〈送從兄奉使新羅〉라고도 하였다.

2 고황顧況(약 727-약 820년) : 자는 포옹逋翁, 별호別號는 화양산인華陽山人, 조적祖籍은 윤주潤州 단양丹陽으로 지금의 강소성江蘇省 단양현丹陽縣 사람이다. 후에 소주蘇州 해염海鹽, 지금의 절강성浙江省 해염현海鹽縣 횡산橫山으로 이사했다. 숙종肅宗 지덕至德 2년(757년) 진사에 급제하고, 대종 대력 2년(767년)부터 6년까지 강서江西에서 이필李泌, 류혼柳渾과 왕래가 빈번했다. 후에 영가永嘉 염철관鹽鐵官을 역임하였다. 덕종德宗 건중建中 2년(781년)경에 한황韓滉 막부幕府에서 판관判官을 하였다. 덕종德宗 정원貞元 3년 교서랑校書郎을, 그 후에는 저작좌랑著作佐郎을 역임했다. 정원 5년 강서江西 요주饒州의 사호참군司戶參軍으로 강직되었다. 정원 9년 가을 저주滁州를 거쳐서 오吳(강남 절강 강소 일대)로 돌아와서 모산茅山에 은거하며 도록道籙, 즉 도가道家의 부록符籙을 받고 자기의 호를 '화양진일華陽眞逸'이라고 자칭했다. 고황은 음률에 숙달하고 단청丹青과 그림 평론에 능했다. 성격은 우스꽝스럽고, 언행을 잘 단속치 않아 '미치광이'라고 자칭하고 다녔다. 《新唐書》〈藝文志〉에 《顧況集》 20권이 수록되었는데 이미 산실散失되었다. 지금 보존되고 있는 것은 《華陽眞逸集》 2권, 《顧況詩集》 2권, 《顧華陽集》 3권과 흩어졌던 것을 수집, 보충하여 만든 1권, 《顧逋翁詩集》 4권 등이다. 《全唐詩》에 4권의 시가 수록되었다. 사적은 皇甫冉 〈唐故著作佐郎顧況集序〉, 《舊唐書李》〈泌傳〉, 《唐詩紀事》 卷28, 《唐才子傳較箋》 卷3을 참고 바람.

3 육기六氣 : 자연 기후 변화의 여섯 가지 현상. 음陰, 양陽, 풍風, 우雨, 회晦, 명明을 가리킨다. 《左傳》〈昭公元年〉: "天有六氣, 降生五味…….六氣曰陰,陽,風,雨,晦,明也".

동혼銅渾 : 동銅 혼천의渾天儀. 唐 駱賓王 〈秋晨同淄州毛司馬秋九詠〉 '秋云' : "南陸銅渾改, 西郊玉葉輕".

4 삼광三光 : 해〔日〕, 달〔月〕, 별〔星〕. 《莊子》〈說劍〉: "上法圓天以順三光, 下法方地以順四時, 中和民意以安四鄕". 漢 班固 《白虎通》〈封公侯〉: "天有三光日月星, 地有三形高下平".

옥율玉律 : 율관律管. 옥으로 만든 표준 정음기定音器이다. 옛 글에 의하면 예인들은 참대를 끊어서 통筒을 만들었다. 통의 길고 짧은 것으로 맑은 음, 흐린 음, 높은 음, 낮은 음을 조절하였다. 악기樂器의 음은 이것으로 기준을 정한다. 음陰, 양陽 각각 6음音, 12율로 구분하였다. 거기에 옛 사람들은 12개월을 배치하고, 먼지를 부는 방법〔吹灰法〕으로 기운을 뿜어 소리를 냈다. 《後漢書》〈律曆志〉 上 : "候气之法, 爲室三

重, 戶閉, 涂釁必周, 密布緹縵；室中以木爲案, 每律各一, 內庳外高, 從各方位, 加律其上, 以葭莩灰抑其內端, 案歷而候之, 气至者灰動. ……殿中候, 用玉律十二".

5 하궁河宮 : 신화 중 하신河神이 거주하는 궁전宮殿. '하궁청河宮淸'은 '황하청黃河淸'. 즉 황하黃河 물이 맑다는 말이다. 옛 사람은 황하 물이 맑음은 천하가 태평할 상서로운 징조라고 생각하였다. 《左傳》〈襄公八年〉: "俟河之淸, 人壽幾何?". 《後漢書》〈襄楷傳〉: "河水淸, 天下平".

봉신奉贐 : 공물貢物을 바치다. 여기는 이미 바친 공물 혹은 재물을 가리킨다. 南朝 陳 徐陵《與章司空昭達書》: "百越之贐, 不供王府, 萬里之民, 不由國家".

6 해악海岳(海嶽) : 큰 바다와 높은 산. 《北史》〈越五侗傳〉: "徒承海岳之恩, 未有涓塵之答". 여기에서 '해악海岳'은 천하와 나라를 가리킨다. 晋 葛洪《抱朴子》〈逸民〉: "呂尙長以用兵, 短於爲國, 不能儀玄黃以覆載, 擬海嶽以博納". 해악안海岳晏 : 天下太平. 《韓詩外傳》卷5 : "周成王時, 越裳氏來朝, 日 : 久矣, 天之不迅風急雨也, 海不波溢也, 三年於矣. 意者中國殆有聖人, 盖往朝之?".

7 지절地絶 : 땅 위의 극히 머나먼 곳을 말한다.

제봉提封 : 판도版圖 혹은 변강구역邊疆區域을 말한다. 隋 陳道衡〈老氏碑〉: "牂牁, 夜郎之所. 靡漢, 桑乾之地, 咸被聲教, 幷入提封".

입入 : 당唐에 편입시키다.

8 천평天平 : 천하태평天下太平.

요饒 : 풍요하다. 많다.

9 양위揚威 : 나라 위력을 떨친다.

경輕 : 경시하다.

10 유복柔服 : 안무하여 순종시킨다.

정료征遼 : 멀리 원정함.

11 서색曙色 : 날이 밝을 때. 南朝 梁 簡文帝〈守東平中華門開〉: "薄運初啓雨, 曙色始成霞".

12 백로白鷺 : 조류의 일종으로 털은 희고 다리는 아주 길다. 물을 건너면서 고기와 새우를 잡아먹을 수 있다. 노사鷺鷥라고도 부른다. 明 李時珍《李草綱目》〈禽一〉'鷺' : "鷺, 水鳥也. 林栖水食, 郡飛成序, 浩白如雪, 頸細而長, 脚靑善翹, 高尺餘, 解指短尾, 喙長三寸, 頂有長毛十數莖".

13 누선樓船 : 누각樓閣이 있는 큰 배(船). 고대에 전선戰船으로 해전에 많이 쓰였다. 《史記》〈平準書〉: "是時越欲與漢漢用船戰逐, 乃大修尾明池, 列觀環之. 治樓船, 高十餘丈, 旗幟加其上, 甚壯".

14 총驄 : 어사御史가 타는 말馬, 혹은 어사를 비유한다. 唐 丘爲〈湖中寄王御史〉詩 : "驄馬眞傲吏, 翛然无所求". 《後漢書》〈桓典傳〉: "[桓典] 辟司徒袁隗府 擧高第, 排御史使. 是時宦官秉權, 典執政無所回避. 常乘驄馬, 京時畏憚, 爲之語曰 : 行行且止, 避驄馬御史……. 在御史七年不調, 後出爲郎".

가초嘉招 : 조정의 부름. 조정에서 받아들이고 초빙하다.

15 제녀帝女 : 염제炎帝의 작은 딸 정위精衛를 말한다. 《山海經》〈北山經〉: "發鳩之山有鳥, 名曰精衛, 是炎帝之女, 名曰女娃. 女娃游于東海, 溺而不返, 化爲精衛. 常銜西山之木石, 以堙于東海". 이 사실은 《述異志》卷上에 기재되었다. 晉 陶潛《讀山海經》詩之十 : "精衛銜微木, 將以塡滄海".

16 교인鮫人 : 陶翰〈送金卿歸新羅〉주 7) 참고.

17 관녕管寧 : 南宋 劉義慶《世說新語》〈德行〉: "管寧, 華歆嘗同席讀書, 有乘軒冕過門者 寧讀如故, 歆廢書出看, 寧割席分坐曰, 子非吾友也".

불우不偶 : 취향이 다른 사람과 사귀지 않음.

18 서시徐市 : 즉 서복徐福이다. '서유우徐有雨'란 이름은 아니다.《史記》〈秦始皇本記〉: "齊人徐市等上書, 言海中有三神山, 名曰蓬萊, 方丈, 瀛州, 仙人居之. 請得齊戒, 與童男女求之. 於是遷徐市發童男女數千人, 入海求仙人". 唐 郗昂〈驪山傷古賦〉: "征茅蒙爲却粒之符, 遣徐市爲求眞之客".
당倘 : 혹시.

19 독도獨島 : 고도孤島. 외딴 고독한 섬.
연緣 : 환요環繞. 둘레를 돌다.
공취空翠 : 검푸르게 자욱한 안개. 唐 王維〈山中〉詩 : "山路元無雨, 空翠濕人衣".

20 혈료泬寥 : 넓고 맑은 하늘.《楚辭》〈九辯〉: "泬寥兮天高而氣淸". 王逸注 : "泬寥, 曠蕩而空虛也".

21 섬서蟾蜍(蟾蠩, 蟾諸) : 달을 가리킨다.《後漢書》〈天文志〉上 : "言其時星辰之變". 南朝 梁 劉昭 註 : "羿請无死之藥於西王母, 姮娥竊之以奔月.……姮娥遂託身于月, 是爲蟾蠩". 이때부터 두꺼비는 달의 대칭으로 쓰였다. 唐 杜甫〈八月十五夜月〉詩之二 : "刁斗皆催曉, 蟾蜍且自傾".
한월漢月 : 본래는 한漢조 때의 밝은 달을 가리켰다. 南朝 陳 張正見〈明君問〉: "寒樹暗明塵, 霜棲明漢月".

22 체동蝃蝀(螮蝀) : 무지개의 별명.《詩》〈鄘風〉'螮蝀' : "螮蝀在東, 莫之敢指". 毛傳 : "螮蝀 虹也".
진교秦橋 : 전설에 의하면 진시황秦始皇이 동쪽 지역을 유람할 때 지은 돌다리[石橋]다. 진시황은 바다를 건너 해돋이를 관람하려 하였다. 신선이 돌을 바다로 밀어 넣었는데 돌이 굴러가는 속도가 빠르지 못하여 신선은 채찍질을 하였고 돌들은 모두 피를 흘렸다. 이 일화는《藝文類聚》卷79〈三齊略記〉를 인용하였다. 唐 李賀〈古悠悠行〉: "海沙變成石, 魚沫吹秦橋". 王琦 匯解引《初學記》:《濟記》曰 : "靑城山, 秦始皇登此山筑城, 造石橋, 入海三十里".

23 수표水豹 : 해표海豹. 바다표범.
취랑吹浪 : 물고기가 숨을 쉬러 물 위로 주둥이를 오물거림.

24 불소拂霄 : 하늘 높이 날아 빙빙 돌다.
불拂 : 접근, 접촉하다.《文選》張衡의〈東京賦〉: "龍輅充庭, 雲旗拂霓". 薛綜 注 : "拂, 至也".

25 신장晨裝 : 이른 아침 여장旅裝을 갖추어 출발하다. 唐 韋應物〈酬元偉過洛陽夜燕〉詩 : "晨裝復當行, 廖落星已稀".
능淩 : 넘어가다, 건너가다.
망묘莽渺 : 물이 끝없이 넓은 모양.

26 초요招搖 : 북두칠성의 일곱 번째 별 요광搖光. 즉 북두를 가리킨다. 기초요記招搖는 천시天時를 기록한다는 뜻이다. 북두칠성의 초요는 위치를 북극성을 중심으로 일 년에 한 바퀴 회전하며 계절과 하루의 시간을 나타낸다.《禮記》〈曲禮〉上 : "行, 前朱雀而後玄武, 左靑龍而右白虎, 招搖在上, 急繕其怒". 鄭玄注 : "招搖星在北斗杓端主指者. 孔穎達疎 : 招搖, 北斗七星也".

27 원교員嶠 : 신화 중의 선산仙山 이름.《列子》〈湯問〉: "渤海之東不知幾億萬里, 有大壑焉…… 其中有五山焉 : 一曰岱輿, 二曰員嶠, 三曰方壺, 四曰瀛州, 五曰蓬萊". 楊白峻 集釋《釋文》: "嶠, 渠廟切, 山銳而高也".

28 옥초沃焦(沃燋) : 고대 전설상 동해 남쪽에 있는 큰 석산石山이다.《文選》〈郭璞〉,〈江賦〉: "出信陽而長邁, 淙大壑與沃焦". 李善 注引《玄中記》: "天下三大者, 東海之沃焦焉, 水灌之而不已. 沃焦, 山名也, 在東方南方三萬里".《文選》〈嵇康〉,〈養生記〉: "或益之以畎澮, 而泄之以尾閭". 李善 注引 晋 司馬彪 曰 : "一名沃焦……在扶桑之東, 有一石, 方圓四萬里, 厚四万里, 海水注者無不燋盡, 故名沃焦".

29 구颶 : 풍력은 12급의 바람과 같거나 혹은 더욱 커 파괴력이 아주 크다. 중국은 명나라 이전에 태풍台風을

구풍颶風이라고 불렀다. 명조 이후부터 바람 정황에 따라 태풍과 구풍으로 나누었다. 唐 李肇《唐國史補》卷下："南海人言, 海風四面而至, 名曰颶".

골汩 : '자自'자로 쓴 것도 있다.

30 음화陰火 : 바다 속의 생물들이 발출한 빛. 晋 王嘉《拾遺記》〈唐堯〉："西海之西, 有浮玉山. 山下有巨穴, 穴中有水, 其色若火, 晝則通朧不明, 夜則照耀穴外, 雖波濤瀼蕩, 其光不滅, 是爲'陰火'". 木華《海賦》："陽冰不治 陰火潛然(燃)".

31 진鬒 : 빽빽이 선 조밀하고 검은 머리. 南朝 齊 謝眺〈晩登三山還望京色〉："有情知望鄕, 誰能鬒不變".

계髻 : 머리 위에 혹은 머리 뒤에 틀어 올린 상투 혹은 쪽진 머리.《後漢書》〈馬寥傳〉："長安語曰：城中好高髻, 四方高一尺".

32 인삼人參：人蓡, 人葠, 즉 인삼.

33 부상扶桑：신귀神貴한 나무 이름. 전설에 의하면 해는 부상나무 밑에서 나뭇가지를 헤치고 솟아오른다 하여 일출처日出處라고 한다.

34 석목析木：고대 12성星, 즉 12개 별 중의 하나. 소위 12성은 星紀, 玄枵, 娵訾, 降婁, 大梁, 實沈, 鶉, 鶉火, 鶉尾, 壽星, 大火, 析木이다. 이들을 12진辰이라 하며, 12진이란 12지지地支를 뜻하는 것이다. 12지지는 '子丑寅卯辰巳午未申酉戌亥'이다. 이들을 28수〔宿〕와 배합시키면 尾, 箕, 두 수〔宿〕와 어울린다. 28수는 다음과 같다. 東方：青龍. 角,元, 氐, 房, 心, 尾, 箕. 北方：玄武. 牛, 斗, 女, 虛, 危, 室, 壁. 西方：白虎. 奎, 樓, 胃, 昴, 畢, 觜 參. 南方：朱催. 井, 鬼, 柳, 星, 張, 翼, 軫이다.《漢書》〈律歷志〉下："析木初尾十度, 立冬；中箕七度, 小雪；終於斗十一度". 唐 韓愈〈請上尊號表〉："今天子整齊乾坤, 出入神聖, ……坐敗冀北, 旋定幽都, 析木, 天街, 星宿淸潤".

대진帶津：유연幽燕. 즉 북경北京 일대를 가리킨다.《國語》〈周語〉下："晋武王伐段 歲在鶉火, 月在開駟, 日在析木之津". 고대에 12성차星次와 12야野를 배합시키는데, 석목析木은 연燕, 즉 북경 일대의 분야分野이다. 하늘엔 12분성分野이라고 부르고, 땅에는 12분야라고 부르는데, 그의 대응 정황은 다음과 같다. 星紀, 양주 오월(揚州, 吳越)；玄枵, 청주 제(靑州, 齊)；娵訾, 병주 위(幷州, 衛)；降婁, 서주 로(徐州, 魯)；大梁, 기주 조(冀州, 趙)：實沈, 익주 진(益州, 晋)；鶉, 옹주 진(雍州, 秦)；鶉, 삼하 주(三河, 周)；鶉, 형주 초(荊州, 楚)；壽星, 연주 정(兗州, 鄭)；大火, 예주 송(豫州, 宋)；析木, 유주 연(幽州, 燕). 參閱《周禮》〈春官〉중〈保章氏〉鄭玄 注와《晋書》〈天文志〉上 등 참고.

35 적積：쌓여 억누른다. 근심, 걱정이 쌓인다.

36 별처別處：갈라질 때. 이별할 때.

처處：때. 唐 劉長卿〈江州留別薛六柳六二員外〉詩："江海相逢少, 東南別處長".

37 임천구臨川句：강가에 가서 고기를 탐낸다는 말이다.《淮南子》〈說林訓〉："臨河而羨魚, 不若歸家織網".《漢書》〈董仲舒傳〉："古人有言曰：臨淵羨魚, 不如退而結網". 후엔 '선어羨魚', '결망結網'으로 벼슬을 구하는 것을 말했다.

38 탄彈：탄궁彈弓. 탄알을 쏘는 활.

효鴞：올빼미과 새의 총칭. 부엉이〔猫頭鷹〕.

39 희화羲和：羲씨와 和씨의 총칭. 전설에 의하면 황제 요堯는 희중羲仲, 희숙羲叔, 화중和仲, 화숙和叔, 두 쌍의 형제를 사방四方에 배치하여 천상天象을 관찰하고 역법曆法을 만들라고 하였다.《尙書》〈窯典〉："乃命羲和, 欽若昊天, 曆家日月星辰, 敬授人時" 傳："重黎之後, 羲氏, 和氏, 世掌天地四時之官".

40 갑자甲子 : 甲은 천간의 첫 자리이고 子는 지지의 첫 자리로 甲子는 60甲子 첫 자리다. 따라서 첫째 자리라는 뜻이다.

갑자조甲子朝 : 천간지지天干地支로 날짜를 계산한다는 뜻. 천간은 10개로, 甲乙兵丁戊己庚辛壬癸다. 지지는 12개로, 子丑寅卯辰巳午未申酉戌亥다. 천간에서 첫 자리에 있는 것은 甲이고, 지지에서 子다. 중국 고대는 천간과 지지를 차례로 배합시켜 날짜를 계산한다. 이것을 甲子라 하였다. 甲子, 乙丑, 丙寅, 丁卯, 戊辰, 己巳, 庚午, 辛未, 壬申, 癸酉, 甲戌, 乙亥……. 이 같이 甲子로부터 癸亥까지 하면 딱 60이 된다. 이것을 60甲子라 한다.《後漢書》〈律曆志〉上 : "記稱大橈作甲子, 隷首作數. 二者皆立, 以比日表, 以管萬事". 劉昭 注引《月令章句》: 大橈揮五行之情, 占斗綱所建, 於是始作甲乙以名日, 謂之干作子丑, 以名月, 謂之枝, 枝干相配, 以成六句". 이상 두 마디는 온 세상이 모두 당唐조의 역서曆書를 썼다는 뜻이다.

41 창파滄波 : 벽파碧波. 푸른 파도. 唐 李白 〈古風〉 之十二 : "昭昭嚴子陵, 垂釣滄波間".

복伏 : 伏을 장仗 자로 쓴 경우도 있다.

충신忠信 : 충성, 성실하다.《易》〈乾〉: "君子進德修業, 忠信所以進德也".

42 역어譯語 : 이역異域의 언어. 번역해야만 알 수 있는 타 지역의 언어.

구가謳歌 : 가요歌謠, 노래. 唐 元稹 〈進詩狀〉: "故自古風詩至古今樂府, 稍存記興, 頗近謳謠".

43 첩고疊鼓 : 급히 북을 친다. 皇甫冉 〈送歸中丞使新羅〉 주 5) 참고.

경鯨 : 수서포유류水栖哺乳類인 고래, 혹은 악어를 가리키기도 한다. 唐 韓愈 〈海水詩〉: "海有吞舟鯨, 鄧有垂天鵬".

44 음범陰帆 : 북풍 받은 돛.

익鷁 : 고대의 뱃머리 그림. 풍파에 잘 견딘다는 익조鷁鳥의 모양을 뱃머리에 그리거나 새긴다. 이런 배를 익수鷁首라고도 한다. 소위 익조란 것은 옛날 책에서 나오는 해오라기 비슷한 큰 물새다. 몸은 크고 날개는 희고 높이 난다. 익조는 배를 가리킨다. 唐 薛用弱《集異記補編》〈葉法善〉: "法善徐謂侍者曰 : 取我黑符投之鷁首."《淮南子》〈本經訓〉: "龍舟鷁首, 浮吹以娛".

45 남명구南溟句 : 뛰어난 재능과 원대한 계략. 떳떳한 웅심과 원대한 포부를 비유한다.《莊子》〈消遙游〉: "北冥有魚,其名爲鯤. 鯤之大不知其几千里也. 化而爲鳥, 其名爲鵬. 鵬之背不知其几千里也. 怒而飛, 其翼若垂天之而".

46 문요文鰩 : 전설 중의 어명魚名.《山海經》〈西山經〉: "又西百八十里, 曰泰器之山. 觀水出焉, 西流注於流沙. 是多文鰩魚, 狀如鯉魚, 魚身而鳥翼, 蒼文而白首, 赤喙, 常行西海, 游於東海, 以夜飛". 晋 左思《吳都賦》: "精衛銜石而遇繳, 文鰩魚飛觸綸".

47 경景 : 남쪽.

영초靈草 : 선초仙草. 상서로운 풀. 서초瑞草.《文選》〈班固〉'西都賦': "於是靈草冬榮, 神木叢生 李善注 : 神木, 靈草, 謂不死藥也".

48 통소洞簫 : 관악기管樂器. 퉁소.《漢書》〈元帝紀贊〉: "元帝多才藝, 善史書, 鼓琴瑟, 吹洞簫".

49 봉후封侯 : 제후諸候로 봉封하다. 왕이 제후 작위爵位를 내리다.《戰國策》〈趙策二〉: "貴戚父兄皆可以受封侯".

봉후封侯 : 뚜렷한 공명으로 해석한다.

50 반초班超의 일화를 빌어서 감정을 표현한 대목이다. 반초는 동한東漢 사람이다. 자는 중승仲升이다. 그는 작은 일에 얽매이지 않고 종래로 큰 뜻을 품고 있었다. 어렸을 때 가정이 빈곤하여 관청에서 책을 베껴 주고 겨우 입에 풀칠하였다. 그는 붓을 던지고 한탄할 때도 많았다. "대장부로서 다른 뜻은 없으나

마땅히 부개자傅介子, 장건張騫을 본받아 이역異域에 가서 공을 세워 황제가 책봉하는 제후 작위를 얻지, 이 붓과 먹 가운데 오래 머물러 있으며 허송세월 보낼까?" 하였다. 한 명제明帝, 한 장제章帝 때 서부 지역에 30년간 사절로 다니면서 50여 개 나라가 동한東漢에 덧붙게 하였다. 벼슬은 도호都護를 맡았고, 정원후定遠侯로 책봉 받았다. 기력이 쇠약하여 돌아와 71세에 세상을 떴다. 사적은《後漢書》〈班超本傳〉에 실렸다.

신라에 사절로 가는 귀중승歸中丞을 배웅하며

경위

천자의 교화教化가 저 먼 나라까지 통하니
유가儒家의 학자가 사절로 가시네
새 임금을 책봉하기 위하여
천자의 조서詔書 품고 만리 길 떠나네
구름과 물은 조각배에 잇닿는데
은혜와 총애寵愛를 한 몸에 품었네
용절龍節을 지니고 아득히 떠날 때
희미한 신기루 갓 떠오르네
바라보는 사이 갈 길 다시 저물어
파도 속에서 세월은 어느덧 봄이 되었네
밤낮 태양만 바라보며
신령한 괴물이면 사공에게 묻네
도시는 중국과 같지 않으나
옷차림은 중국 사대부를 닮았네
초빙과 임명을 마치고 다시 돌아올 때
나를 찾지 못해 헤매지는 말게나

送歸中丞使新羅[1]

耿湋[2]

遠國通王化[3]
儒林得使臣[4]
立君成典冊[5]
萬里奉絲綸[6]
雲水連孤棹[7]
恩私在一身[8]
悠悠龍節去[9]
渺渺蜃樓新[10]
望裏行還暮[11]
波中歲又春
昏明看日御[12]
靈怪問舟人[13]
城邑分華夏[14]
衣裳擬縉紳[15]
他時禮命畢
歸路勿迷津[16]

註

1 《全唐詩》 제4함 제10책, 671쪽. 제목 밑에 '책립조제冊立弔祭'라는 네 글자를 쓴 것도 있다.
귀중승歸中丞 : 즉 귀숭경歸嵩敬. 皇甫曾 〈送歸中丞使新羅〉 주 1) 참고.
신라新羅 : 한반도 옛 나라 명칭이다. 孫逖 〈送新羅法師還國〉 주1) 참고.

2 경위耿湋 : 자字는 홍원洪源이고, 포주蒲州, 지금의 산서성山西省 영제永濟 사람이다. 대력 10재자大歷十才子 중의 하나로 대종代宗 보응寶應 2년(763년) 진사에 급제했다. 처음엔 주지周至 현위縣尉 직을 수여받았다. 만기된 후 몇 년 집에서 한가히 지냈다. 대종 대력 초기 입조하여 좌습유左拾遺를 하였다. 대력 11년(776년)

어명을 받고 강회江淮에 가서 도서圖書를 개괄하였다. 덕종德宗 건중建中 연간 허주許州의 사법참군司法參軍으로 강직되었다. 덕종 정원貞元 3년 후 세상을 떠났다. 《新唐書》〈崔戎傳〉에 〈耿湋始集〉 2권이 수록되었다. 《全唐詩》는 그의 시 2권을 수록하였다. 《極玄集》 卷上, 《新唐書》〈盧綸傳〉, 《唐詩紀事》 卷30, 《唐才子傳校箋》 卷4에 실려 있다.

3 왕화王化 : 천자의 교화敎化. 즉 정교政敎와 풍교風敎, 교육감화敎育感化를 가리킨다. 〈詩大序〉 : "《周南》, 《召南》, 正始之道, 王化之基". 《後漢書》〈張酺傳〉 : "吾爲三公, 旣不能宣揚三化, 令吏人從制, 豈可不務節約乎?"

4 유림儒林 : 학문이 깊고 태도가 의젓한 뭇 학자들. 《史記》〈儒林列傳〉 : "張守義引姚承曰 : 儒謂博士, 爲儒雅之林".

사신使臣 : 임금의 명을 받고 외국에 출사出使하는 관원. 《詩經》〈小雅〉 '皇皇者華序' : "皇皇者華, 君遣使臣也. 送之以禮樂, 言遠而有光華也". 唐 李肇《唐國史補》 卷下 : "開元之前, 有事於外, 則命使臣, 否則止".

5 립立 : 원 작품은 '六'으로 쓰여 있다.

입군立君 : 군왕君王을 확립確立한다. 《周禮》〈春官〉 '大卜' : "凡國大貞, 小立君, 卜大封, 則眡高作龜" 又 《秋官》〈小司寇〉 : "一曰詢國危, 二曰詢國遷, 三曰詢立君".

전책典冊(典策) : 제왕帝王의 책명冊命. 南朝 梁 任昉, 〈到大司馬記實箋〉 : "以今月令辰, 肅膺典冊". 《陳書》〈高祖紀〉 上 : "今將授公典策, 其敬聽朕命".

6 만리萬里 : 어떤 곳엔 '행조行弔'라고 쓰였다.

사륜絲綸 : 황제의 조서詔書. 《禮記》〈緇衣〉 : "王言如絲, 其出如綸". 孔穎達 疏 : "王言初出, 微細如絲, 及其出行于外, 言更漸大, 如似綸也". 唐 楊炯 〈爲劉少傳謝敕書慰勞表〉 : "虔奉絲綸, 躬親政事".

7 운수雲水 : 구름과 물. 宋 陸游 〈長相思〉 詞 : "雲千重, 水千重, 身在千重雲水中".

8 사사恩私 : 은혜와 총애恩寵. 唐 杜甫 : "顧慚恩私被, 詔使歸蓬蓽".

9 유유悠悠 : 잇닿아 끊임없이 이어지다. 가없이 넓고 넓다. 唐 溫庭筠 〈夢江南〉 詞 : "過盡千帆皆不是, 斜暉脈脈水悠悠".

용절龍節 : 용龍 모양인 부절. 《周禮》〈地官〉 '掌節' : "凡邦國之使節, 山國用虎節, 土國用人節, 譯國用龍節". 鄭玄 注 : "澤多龍, 以金爲節, 鑄象焉".

10 묘묘渺渺 : 끝없이 넓고 먼 모양.

신루蜃樓 : 신기루. 광선이 밀도가 부동한 공기층을 경과할 때, 현저한 절사折射와 전반사全反射를 일으킨다. 이로 하여 먼 곳의 경물景物을 공중 혹은 지면地面에 나타내며 각종 기이한 경상景象을 만든다. 흔히 바다 위 혹은 사막 지대에서 발생한다. 옛 사람들은 무명조개 대합蜃蛤이 토해 내는 기운에 의해 이런 현상이 일어난다고 믿었다. 《史記》〈天官書〉 : "海旁蜃氣象樓臺, 曠野氣成宮闕然, 雲氣各象其山川仁民所聚積".

신蜃 : 무명조개 대합의 총칭.

11 행환行還 : '산잉山仍'이라고 쓴 경우도 있다.

12 일어日御 : 태양太陽. 隋 江總 〈芳臨園天淵池銘〉 : "曉川瀁碧, 如日御之在河宿, 夜浪浮金, 疑月輪之馳水府".

13 영괴靈怪 : 해海 중의 마귀 괴물. 唐 玄奘 《大唐西域記》〈跋祿迦國〉 : "龍魚雜處, 靈怪間起, 所以往來行旅, 禱以祈福".

주인舟人 : 배 모는 사람, 선부船夫, 선공船工.

14 성읍城邑 : 일반적으로 성시城市를 가리킨다. 큰 것은 도都라 하고 작은 것은 읍邑이라고 한다.《荀子》〈富國〉: "入其境, 其田疇穢, 都邑露, 是貪主已".

화하華夏 : 본래는 중국의 중원中原 지구를 가리켰다. 후엔 중국의 전 영토를 가리켜 말함으로써 중국의 옛 칭호가 되었다.《三國志》〈蜀志〉'關羽傳' : "羽威震華夏, 曹公議徙許都以避其銳".

15 의擬 : 모방. 唐 劉禹錫〈代裵相公進東封圖狀〉: "山川氣象, 悉擬眞形".

진신縉紳 : 중국 고대의 사대부의 옷차림. 홀판笏板을 신띠(紳帶) 중간에 꽂는다.《漢書》〈郊祀志〉上 : "其語不經見, 縉紳者弗道". 顔師古 注 : "李奇曰 : '縉, 揷也, 揷笏於紳.'……字本作搢, 揷笏于大帶与革代之間". '고대민족문화연구소'에서 발행한《中韓辭典》은 '진縉'을 붉은 비단으로 해석하였고, '신紳'은 옛날 사대부가 의식을 거행할 때, 예복에 갖추어 매던 띠라고 해석하였다. '신紳'은 또한 옛날 퇴직한 관리, 지방의 명사, 토호열신土豪劣紳을 가리킨다.

16 물勿 : 어떤 문헌엔 '불不'로 적혀 있다.

미진迷津 : 길을 잃다. 唐 孟浩然〈南還舟中寄袁太祝〉詩 : "桃源何處是? 遊子正迷津".

직방 최원외崔員外 사절로 신라 가심을 배웅하며

두상

어명 받고 신라에 사절로 갈 제
사람은 하늘 한 끝으로 가누나
알아보니 동방목東方木 방향인데
그곳엔 김金씨가 나라를 세워 다스린다네
책봉하여 태산 같은 천자 은혜 널리 알리세
기쁘구나, 기한期限 아직 넉넉하니
순풍에 거센 파도는 사람을 놀래우고
아침 햇살 돛에 비추어 금빛 뿌리노라
야밤이면 음화陰火 숨어서 타오르는 듯
쓸쓸한 가을철 홀로 배 타고 가누나
조서詔書의 뜻대로 위로하니
정성 다하여 신의 지킴에 스스로 흠 없으리
나이 어린 가녀歌女 예쁜 머리쪽
동짓달 같은 꽃비녀 꽂았네라
곧 공물 따라 들어오리니
연호年號는 중국 것이어라

奉送職方崔員外攝中丞新羅冊使[1]

竇常[2]

帝命海東使[3]
人行天一涯[4]
辨方知木德[5]
開國有金家[6]
冊拜申恩重[7]
留歡作限賒[8]
順風鯨浪熱[9]
初日錦帆斜[10]
夜色潛然火[11]
秋期獨往槎[12]
慰安皆喻旨[13]
忠信自無瑕[14]
髮美童年髻[15]
篸香子月花[16]
便隨琛賮入[17]
正朔在中華[18]

註

1 《全唐詩》 제4함 제10책, 678쪽.
최원외崔員外 : 최정崔廷을 가리킨다. 당 헌종憲宗 원화元和 7년(812년) 신라 국왕 김청명金淸明이 서거하여 정승 김언승金彦昇을 왕으로 세웠다. 당년 7월 직방원외랑섭어중승職方員外郎攝御中丞 최정을 사절로 신라에 보내어 전왕前王을 조상弔喪하고 신왕新王을 책봉冊封케 하였다.

2 두상竇常(747?-825년) : 자는 중행中行, 숙향叔向의 장자長子. 부풍扶風 평릉平陵, 지금의 섬서성陝西省 함양咸陽 서북 사람이다. 대종代宗 대력大曆 14년(779년) 진사에 급제하였다. 전감사錢監史를 지냈고 양주揚州

에 거처를 정했다. 덕종德宗 정원貞元 14년(798년) 두우竇佑가 회남淮南을 수비하면서 그를 회남절도사淮南節度使 참모參謀로 불러왔다. 후엔 염철전운사鹽鐵轉運使에 종사從事하고 이어서 호남湖南 관찰판관觀察判官이 되었다. 헌종憲宗 원화元和 6년(811년) 시어사侍御史가 되고 수부원외랑水部員外郎으로 이직하였다. 7년 겨울 낭주자사郎州刺史가 되어 이듬해 봄에 부임했다. 10년 기주자사夔州刺史로 개임改任하였다. 이어 강주江州, 무주撫州 자사刺史를 역임하였다. 목종穆宗 장경長慶 2년(822년)에 국자제주國子祭酒를 끝으로 벼슬을 마쳤으며, 경종敬宗 보력寶曆 원년(825년)에 사망했다.《南熏集》3권을 편집하여 대력大曆 때 시인들의 작품을 수록하였다.《新唐書》〈藝文志〉에〈竇常集〉18권을 수록하였으나 이미 유실되었다. 저장언褚藏言이 편집한 두씨 형제 5인 詩는《竇氏聯珠集》5권으로 현재에도 전해진다. 두상의 시는 지금 26수가 보존되고 있다. 사적은 褚藏言《竇常傳》, 韓愈〈國子司業竇公墓志銘〉, 兩《唐書》〈竇群傳〉附,《唐詩紀事》卷31,《唐才子傳》卷4에 기재되어 있다.

직방職方 : 고대의 직장職掌 방면의 관원을 가리킨다.《禮記》〈曲禮〉下 : "五官之長曰伯, 是職方. 其擯于天子也 曰天子之吏". 鄭玄 注 : "職, 主也 是伯分主東西者". 孔穎達 疏 : "是職方者, 言二伯於是職主當方之事也".

원외員外 : 정원正員, 정직正職 외의 낭관郎官을 말한다. 당조 때 각 부部엔 모두 원외랑員外郎을 설치하였다. 그의 지위는 낭중郎中 밑에 있다. 唐 韓愈〈送殷員外序〉: "由是殷侯侑自太掌博士遷尙書虞部員外郎, 兼侍御史".

신라新羅 : 한반도의 옛 나라 명칭. 7세기 중엽 한반도를 통일하였다. 수도는 금성金城, 지금의 경주慶州다.

3 해동海東 : 큰 바다 동쪽의 국가. 여기서는 신라를 가리킨다.

4 애涯 : 구역區域, 방면方面.《文選》〈古詩十九首〉'行行重行行' : "相去萬餘里, 各在天一涯". 李善 注引《廣雅》: "涯, 方也".

5 변방辨方 : 사방을 분별하다. 신라 왕이 나라를 세운 것을 말한다.《周禮》〈天官〉'序言' : "惟王建國, 辨方正位". 鄭玄 注 : "辨, 別也". 鄭司農 云 : "別四方, 正君臣之位".

목덕木德 : 고대 도사道士들은 한 왕조의 운명은 금목수화토金木水火土 오행五行의 상생상승相生相勝과 관계 있다고 주장한다. 목木으로 이긴 자(勝者)는 목덕木德이 있다고 한다.《史記》〈封禪書〉: "夏得木德, 靑龍止於郊, 草木暢茂".《周書》〈明帝記〉: "自火行至今, 木德應其運矣".《隋書》〈五行志〉: "木者東方". 신라는 동방에 있다 하여 목덕을 얻었다 한다.

6 김가金家 : 수당隋唐 시대 신라 왕실은 김씨金氏가 차지하였다.

7 책배冊拜 : 책서冊書로 관직을 수여하다. 여기선 당 왕조의 김언승金焉昇에 대한 책봉을 가리킨다.《晋書》〈石鑒傳〉: "前代三公冊拜, 皆設小會, 所以崇宰輔之制也".

책서冊書 : 책명서冊命書, 고대 제왕이 책립冊立, 책봉冊封, 책증冊贈할 때 쓰는 조서詔書.

8 작한作限 : 책봉冊封 활동 거행 기한期限. 작作, 경축 등 활동을 가리킨다. 宋 蘇軾〈庚辰歲人日作時聞黃河已復北流〉詩 : "典依剩買河源米, 屈指新蒭作上元".

사賖 : 시간이 아주 길다는 뜻. 南朝 梁 何遜〈秋夕仰贈從兄寘南〉詩 : "寸心懷是夜, 寂寂漏方賖".

9 경랑鯨浪 : 거센 파도. 사람을 놀라게 하는 큰 파도.《五燈會元》〈天衣懷禪師法嗣〉'瑞巖子鴻禪師' : "大洋海里泛鐵船, 須彌頂下鱍鯨浪".

열熱 : 떠들썩하다. 요란스레 떠들다. 唐 白居易〈雪中宴起偶詠所懷〉: "君不見南山悠悠多白雲, 又不見西京浩浩唯紅塵, 紅塵鬧熱白雲冷, 好於冷熱間安置身".

10 초일初日 : 방금 솟아오른 태양. 南朝 梁 何遜〈曉發〉詩 : "早霞麗初日, 淸風消薄霧".

11 연화然火 : 燃火다. 불을 붙인다. 여기서는 바다의 음화陰火를 말한다. 즉 바다 생물들이 발산한 빛. 晋 王嘉《拾遺記》〈唐堯〉: "西海之西, 有浮玉山. 山下有巨穴, 穴中有水, 其色若火, 晝則通曨 夜則照耀穴外, 雖波濤讓蕩, 其光不滅, 是謂陰火".

12 추기秋期 : 바다 길손이 떼(배)를 타는 것을 말한다. 진나라 장화張華의《博物志》에는 다음과 같은 설명이 있다. "전설에 의하면 하늘의 은하銀河와 땅의 바다는 상통相通한다. 매년 8월 사람들은 떼를 타고 오가곤 한다. 종래로 날짜를 아니 어긴다. 한 사람이 타고 십여 일 갔는데, 한 성城에 당도하여 소에게 물을 먹이는 사나이를 보고 물었다. '여기는 어느 곳입니까?' 그 사나이는 답하기를 '촉군蜀郡에 가서 엄군평嚴君平을 방문하면 알 수 있을 것입니다' 하여 촉에 가서 엄군평에게 물으니 그가 답하기를 '어느 해 어느 달 어느 날에 객성客星이 견우성수牽牛星宿를 범하였다' 하였다. 계산하여 보니 바로 그 해 그 달 그 날에 이 사람이 은하銀河에 당도하였을 때였다."

사槎 : 나무로 만든 뗏목. 여기서는 바다의 배를 비유한다.

13 위안慰安 : 위안케 하다. 안위하다. 무마하다.《資治通鑒》〈唐代宗大曆五年〉: "丁丑, 加利希暹, 王駕鶴御史中丞, 以慰安北君之心".

유지喩旨 : 喩指라고도 한다. 뜻을 파악하고 똑똑히 알리다.《三國志》〈蜀志〉'黃忠傳': "馬(馬超)張(張長)在近, 親見其功, 尙可喩指. 關(關羽) 遙聞之, 恐泌不閱".

14 충신忠信 : 충성과 신의. 정성을 다해 신의를 지킴.《易》〈乾〉: "君子進德修業, 忠信所以進德也".

15 발미髮美 : 신라 아가씨의 예쁜 머리. 여기에선 신라의 악녀樂女를 가리킨다.《舊唐書》〈新羅傳〉: "婦人髮繞頭, 以彩及珠爲飾, 髮甚爲美".

계髻 : 머리 위에 혹은 머리 뒤에 에돌아 틀어 올리고 둥글게 매듭지은 각종 상투(쪽).《後漢書》〈馬廖傳〉: "長安語曰 : 城中好高髻, 四方高一尺."

16 잠簪 : 비녀. 상투머리에 씌운 모자와 머리를 연결시키는 비녀, 혹은 머리를 쪽지고 꼽는 비녀. 금속, 골骨, 옥석玉石 등으로 만든다. 唐 杜甫〈春望〉: "白頭搔更短, 渾欲不勝簪".

자월子月 : 음력 11월. 이 달에 동지가 있어 해가 길어지므로 子月, 즉 정삭으로 삼았던 것이다.《爾雅》〈釋天〉: "十一月爲辜" 淸郝懿行義疏 : "辜者, 故也. 十一月陽生, 欲革故取新也. 十月建亥, 亥者根荄也. 至建子之月, 而孳孳然生矣". 唐 崔琮〈長至日上公獻壽〉: "應律三陽首, 朝天萬國同. 斗邊看子月, 臺上候祥風".

17 침신琛賮 : 혹은 신침賮琛. 조공朝貢하는 예품, 또는 조정에 바치는 예품. 宋 沈遼〈和李子儀卽元韻〉: "建武贐琛終罷獻, 元和亭榭不求材".

18 정삭正朔 : 고대 제왕帝王이 새로 반포頒布한 역법曆法. 고대 제왕은 성姓을 바꾸고 조대의 명칭을 바꿀 때, 명命을 받고 역법도 고쳐야 한다. 이것을 정삭正朔이라고 한다. 하夏, 상商, 주周, 진秦과 한漢의 제왕은 모두 이성異姓이다. 그렇기 때문에 역법 정삭도 각기 달랐다. 한 무제武帝 이후부터 줄곧 지금까지의 음력은 모두 하夏조 때의 제도를 쓴다. 즉 모두 십이지지十二地支의 인寅으로부터 시작하여 인寅월을 일 년의 시작인 1월로 한다.《禮記》〈大傳〉: "改正朔, 易服色". 孔穎達疏 : "改正朔者, 正, 謂年始 ; 朔, 謂月初, 言王者得政示從我始, 政故用新, 隨寅丑子所損也. 周子, 殷丑, 夏寅, 是改正也 ; 周半夜, 殷鷄鳴. 夏平旦, 是易朔也".

재중화在中華 : 신라의 역법은 당조의 정삭으로 제정하였다는 것을 말한다.

신라에서 들여온 하얀 매

두공

황도 금원禁苑의 가을, 새 어마御馬를 탄

그 하얀 매鷹는 신라에서 왔나니

한漢나라 황제는 한가하면 꼭 사냥하는데

황제의 팔찌에서 눈 날리듯 하얗게 날아가리

新羅進白鷹[1]

竇鞏[2]

御馬新騎禁苑秋[3]

白鷹來自海東頭[4]

漢皇無事須游獵[5]

雪亂爭飛錦臂韝[6]

註

1 《全唐詩》 제4함 제10책, 271쪽.
백응白鷹 : 흰 털의 매. 고대에는 상서로운 짐승으로 여겼다. 입은 갈고리 모양이고 목은 짧고 발에는 긴 털이 있고 발가락은 길고 예리하다. 성질은 흉폭하고 맹렬하며 조류鳥類를 잡아먹는다. 明 李時珍 《本草綱目》〈禽〉'鷹' : "鷹出遼海者上, 北地及胡者次之. 北人多取雛養之, 南人八九月以媒取之. 乃鳥之疎暴者". 《新唐書》〈源乾曜傳〉 : "(玄宗) 仗內白鷹因縱失之, 詔京兆督捕拔".

2 두공竇鞏(772-831년) : 자는 우봉友封, 숙향叔向의 일곱째 아들. 부풍扶風 평릉平陵, 지금의 섬서성陝西省 함양咸陽 서북西北 사람이다. 당 헌종憲宗 원화元和 2년(807년) 진사에 급제, 5년 의성군義成軍 원자袁滋의

막幕에서 절도종사節度從事를 역임했다. 이어 산남山南, 형남荊南, 평로平盧 등 절도막節度幕에서 일을 보았다. 경종敬宗 보력寶曆 원년(825년) 시어사侍御史를 역임하였고 이어서 사훈원외랑司勳員外郎 직을 담당하였다. 후엔 형부낭중刑部郎中에 올랐다. 목종穆宗, 장경長慶 초년 두공은 점동절도사漸東節度使 원진元稹의 막에 들어갔다. 문종文宗 대화大和 4년(830년) 정월 원진을 도와 무창군武昌軍 절도부사節度副使를 지냈다. 대화大和 5년 장안에 돌아와 사망했다. 두공의 부친 두숙향竇叔向은 오언율시에 능하여 한 시절 이름을 떨쳤다. 두공의 형으로는 두상竇常, 두모竇牟, 두상竇庠이 있는데 모두 시에 능통하기에 《聯珠集》이 세상에 이름을 떨쳤다. 《竇氏連珠集》에 그의 시 한 권이 수록되었다. 지금 39수가 보존되고 있다. 褚藏言《竇鞏傳》, 新舊《唐書》〈竇群傳〉 附傳, 《唐詩紀事》 卷31, 《唐才子傳》 卷4 등 참고.

3 어마御馬 : 천자가 쓰는 말 혹은 천자가 은사한 말. 夏文彦《圖繪寶鑑》 卷2 : "曹覇 …… 天寶末詔寫御馬及功臣像, 筆墨沈著, 神采生動".

금원禁苑 : 제왕들이 유람하거나 수렵하는 데 쓰는 원림園林.

4 해동두海東頭 : 신라를 가리킨다.

5 한황漢皇 : 한 왕조의 황제. 唐 李白 〈古風〉 四十三 : "周穆八荒意, 漢皇萬乘尊". 즉, 온 세상을 화목케 했으니 한나라 황제는 최고의 존경을 받는다. 여기서 한황은 당의 황제를 가리킨다.

6 비구臂鞲 : 사냥에서 활을 쏠 때 쓰는 가죽으로 만든 팔걸이로 매(鷹)도 앉힌다. 唐 杜甫 〈卽事〉 : "百寶裝腰帶, 眞珠絡臂鞲".

책립조문 사절로 신라에 가는 귀중승歸中丞을 배웅하며

이익

동쪽으로 부상扶桑의 해를 바라보네
어느 때에 도착하랴?
쪽배로 황제의 은혜를 전하려는데
바다가 중국과 신라를 막고 있네
끝없는 바다, 바람은 멀리서 불어오고
높은 하늘 새들은 더디게 날아가네
파도는 잇닿고 구름 달은 고요한데
의장儀仗 깃발은 외로운 섬에서 노숙하누나
낙엽은 가을 쓸쓸한 뜻 전하고
높은 물결은 나그네의 심정을 흔들리라
넓은 바다에서 옛 길 못 찾으면
예정한 기일은 어데 가서 물어보랴?

送歸中丞使新羅冊立弔祭[1]

李益[2]

東望扶桑日[3]
何年是到時
片帆通雨露[4]

積水隔華夷[5]
浩渺風來遠[6]
虛明鳥去遲[7]
長波靜雲月[8]
孤島宿旌旗[9]
別葉傳秋意[10]
迴潮動客思
滄溟無舊路[11]
何處問前期[12]

註

1 《全唐詩》 제5함 제3책, 283쪽.

이 시는 당 대종代宗 대력大曆 3년(768년)에 쓴 것이다. 황보염皇甫冉과 황보증皇甫曾, 경위耿湋, 길중부吉中孚 등이 같은 제목으로 썼다. 제목의 해석은 皇甫曾 〈送歸中丞使新羅〉 주 1)에 보다 자세히 나와 있다. 이 시는 이단李端의 시란 말도 있다. 그러나 이단의 시 제목엔 '책립조제冊立弔祭'란 네 글자가 없다. 《舊唐書》〈東夷新羅傳〉에 기재記載하기를 대력大曆 2년 신라 경덕왕 김헌영金憲英이 사망하였다. 신라에선 그의 아들 건운乾運을 새 왕으로 세우고 김은거金隱居를 파견하여 당 조정에 가서 책봉 명령을 청하게 하였다. 이듬해 즉 대력 3년에 천자天子는 어사중승御史中丞 귀숭경歸崇敬을 파견해 책서冊書를 갖고 신라에 사절로 가서 새 왕을 책봉하고 옛 왕을 조상케 하였다.

책립冊立 : 고대 제왕이 태자, 황후와 대신을 봉립封立하는 것을 말한다. 임명과 같다.

조제弔祭 : 상사喪事 집에 가서 애도를 드리고 제사에 참가하고 그의 가족을 위로하다.

2 이익李益(약 748-829년) : 자는 군우君虞, 양주涼州 고장姑臧, 지금의 감숙성甘肅省 무위武威 사람이다. 당 대종代宗 대력大曆 4년(769년) 진사에 급제, 6년 신간주문과訊諫主文科에 급제하여 정현鄭縣 주부主簿를 임명받았다. 여러 차례 종군從軍하였으나 벼슬길은 신통하지 못했다. 대력大曆 9년(774년) 전후로 위북절도사謂北節度使 장희양臧希讓의 막에서 일을 하였다. 덕종德宗 건중建中 2년(781년) 삭방절도사朔方節度史 이회광李懷光의 막에서 일을 하였다. 4년 발췌과撥萃科에 급제하여 시어사侍御史로 관직이 바뀌었다. 덕종德宗 정원貞元 원년 (785년) 천덕군天德軍에 입대하여 절도節度 영전營田 두희전杜希全의 막에서 일하였다. 정원貞元 6년(790년)경 빈녕절도사邠寧節度使 장헌보張獻甫의 막에서 일을 하였고, 정원 13년(797년) 유주절도사幽州節度使 유제劉濟의 막에서 일을 하였다. 헌종憲宗 원화元和 원년(806년) 전후로 조정에 돌아와서 도관낭중都官郎中을 담당하다 중서사인中書舍人 직으로 옮겨 앉고, 후엔 하남부소윤河南府少尹으로 출임出任하였다. 원화元和 7년(812년)경 비서소감秘書少監, 집현원원사集賢院院士를 역임하였다. 이후 태자우서자太子右庶子로 이직하여 우산기상시右散騎常侍까지 벼슬을 하였다. 문종文宗 대화大和 원년(827

년) 예부상서禮部尙書의 직함을 갖고 관직에서 물러났다. 《直齋書綠解題》엔 〈李益集〉 2권을 저록著綠하였다. 지금은 시 2권이 보존되고 있다. 이익의 상세한 사적은 《舊唐書》 卷137과 《新唐書》 卷203 〈本傳〉, 《唐會要》 卷79, 《唐詩紀事》 卷30, 《唐才子傳校箋》 卷4 등을 참고 바람.

3 부상扶桑 : 고서에 기재된 내용이 아주 많다. 예를 들면 흑치국黑齒國 북부에 탕곡湯谷이란 곳이 있었다. 탕곡 위엔 부상나무가 자랐다. 잎은 뽕나무잎 같았다. 또 동방의 탕곡에도 부상이 있었다. 해는 그 밑에서부터 나무를 헤치고 솟아오른다. 그리하여 이곳을 해 뜨는 곳이라고 한다. 또 부상은 동방의 큰 바다 속 섬에 있다. 높이는 2천 장丈, 굵기는 2천여 아름이나 된다. 나무는 둘씩 같은 뿌리에서 짝지어 자라나며 서로 의존한다. 또 부상은 중국 동쪽의 바다 속에도 있다. 그곳엔 부상 나무가 많아 부상국扶桑國이라고 부른다. 이 시의 '부상'은 반드시 동방의 옛 나라 명칭 가운데 하나일 것이다. 고대에 흔히 '일본'을 대칭代稱하였다. 여기에선 신라를 가리킨다.

4 우로雨露 : 황제의 은혜와 덕택을 말한다. 唐 高適 〈送李少府貶峽中王少府貶長沙〉 : "聖代卽今多雨露, 暫時手莫躊躇".

5 적수積水 : 중국 동쪽의 큰 바다. 唐 王維 〈送秘書晁監還日本國〉 詩 : "積水不可極, 安知滄海東. 九州何處遠, 萬里若乘空".

화이華夷 : 한족과 소수민족, 혹은 중국과 외국을 가리킨다. 《晋書》 〈元帝記〉 : "天地之際旣美, 華夷之情允洽".

6 호묘浩渺(浩淼) : 끝없이 넓디넓다.

7 허명虛明 : 맑고 밝은 하늘. 唐 杜甫 〈夏夜嘆〉 詩 : "仲夏若夜短, 開軒納微凉. 虛明見纖毫, 羽蟲亦飛揚".

8 장파長波 : 끊임없이 연달은 파도. 唐 白居易 〈裵侍中晋公以集賢林亭卽事詩〉 : "南溪修且長, 長波碧逶迤".

9 정기旌旗 : 또는 '旌旂'라고도 한다. 깃발의 총칭. 정旌은 고대에 오색 깃털을 깃대 끝에 드리워 꾸민 기를 말한다. 《周禮》 〈春官〉 '司常' : "金羽爲旞, 折羽爲旌".

10 별엽別葉 : 낙엽, 떨어진 이파리.

11 창명滄溟 : 큰 바다. 唐 元稹 〈俠客行〉 : "此客此心師海鯨, 海鯨露背橫滄溟".

12 전기前期 : 사전에 예정한 기일期日. 앞의 것이 합당하다는 뜻.

책립조문 사절로 신라에 가는 귀중승歸中丞을 배웅하며

길중부

관직은 한독좌漢獨坐 어사御史
출신은 산동山東 유학자
변방도 왕제王制를 따르니
섣달 엄동에 뱃길 오르노라
섬 가운데도 온갖 현상 분명하리니
해를 따라 의장儀仗 깃발 나부끼면
어룡굴魚龍窟에 기세가 쌓이고
물결 뒤번지며 파도가 일렁이네
길은 멀어 해를 넘기고
바다 끝에서 산길로 가리니
복도에 늘어서서 이역의 예절로 맞으며
사람들이 중국 사신의 영화를 우러르리라

送歸中丞使新羅冊立弔祭[1]

吉中孚[2]

官稱漢獨坐[3]
身是魯諸生[4]
絶域通王制[5]

窮天向水程[6]

島中分萬象[7]

日處轉雙旌[8]

氣積魚龍窟[9]

濤翻水浪聲

路長經歲去[10]

海盡向山行[11]

復道殊方禮[12]

人瞻漢使榮[13]

註

1 《全唐詩》 제5함 제4책, 742쪽.

귀중승歸中丞 : 귀숭경歸崇敬이다. 자세한 내용은 皇甫曾의 〈送歸中丞使新羅〉 주 1)을 참고 바람.

책립冊立, 조제弔祭 : 李益의 〈送歸中丞使新羅冊立弔祭〉 주 1) 참고.

2 길중부吉中孚 : 초주楚州, 즉 지금의 강소성江蘇省 회안淮安 사람이다. 처음엔 도사道士가 되었고 대종代宗 대력大曆 연간에 교서랑校書郎을 역임했다. 11년 전후, 서판발췌과書判拔萃科에 급제하였다. 덕종德宗 건중建中 초엔 만년현萬年縣 현위縣尉를 역임하다가 출척黜陟 판관判官을 충임充任하였다. 덕종 홍원興元 원년(776년) 사봉랑중司封郎中으로 한림학사翰林學士를 충임하였다. 그 후 간의대부諫議大夫에 옮겨 앉고, 한림학사도 겸하였다. 덕종 정원貞元 2년(786년)엔 호부시랑戶部侍郎, 판탁지양세判度支兩稅 등을 하였다. 대략 정원 4년에서 6년 사이에 사망하였다. 길중부는 '대력 10재자大曆十才子'의 하나로 시집 1권이 있었는데 분실되었다. 사적은《元和姓纂》 卷10,《重修翰林學士壁記》,《舊唐書》〈盧簡辭傳〉 附,《唐才子傳》 卷4를 참고 바람.

3 한독좌漢獨坐 : 어사중승御史中丞의 별칭.《後漢書》〈宣秉傳〉: "漢代朝會時, 御史中丞, 司隷校尉, 尙書令优許專坐一席, 京師号称爲'三獨坐', 遂以'獨坐'名之". 唐 杜甫 〈奉送郭中丞兼太傅卿充隴右節度史〉 詩 : "通籍微班忝, 周行獨坐榮". 送 洪邁《客宅四筆》〈官稱別名〉: "唐人好以宅名標榜官稱 …… 中丞爲獨坐, 爲中憲".

4 노제생魯諸生 : 노국魯國의 유생儒生. 유가儒家 학설을 신봉한 학자.《史記》〈叔孫通列傳〉: "夫儒者難以進取, 可與守成. 臣願征魯諸生, 與臣第子共起朝儀". 唐 司空曙 〈送張弋〉 詩 : "嘗聞藉東觀, 不獨魯諸生".

5 절역絶域 : 아득하게 먼 곳. 끝없이 먼 곳.《管子》〈七法〉: "不遠道里, 故能威絶域之門 ; 不險山河, 故能服恃固之國".

왕제王制 : 왕조의 제도.《荀子》〈正論〉: "天下之大隆, 是非之分界, 分職明象之所起, 王制是也". 楊倞 注 : "王制, 謂王者舊制.《禮記》《荀子》 均有 〈王制篇〉".

6 궁천窮天 : 12월, 섣달. 종천終天이라고도 한다. 《文選》 顏延之 〈北使洛〉 詩 : "陰風振涼野, 飛雪昝窮天". 李善 注 : "窮天, 謂季冬之日月窮盡也". 唐 韓愈 〈潮州刺史上表〉 : "懷痛窮天, 死不閉目".

7 만상萬象 : 우주 모든 사물의 아름다운 현상. 南朝 宋 謝靈運 〈從游京口北固應詔〉 詩 : "皇心美陽澤, 萬象咸光昭".

8 일처日處 : 해가 가장 먼저 뜨는 곳. 옛날에 흔히 일본을 가리켰다. 여기에선 신라를 뜻한다.
쌍정雙旌 : 당나라 시대 절도사節度使가 출행할 때의 의장儀仗이다. 절도사는 군사를 장관掌管하고, 사람을 죽일 수 있는 권리도 갖고 있었다. 관직을 수여받을 때 금고金庫를 갖고, 처자妻子를 데리고 무기를 반대로 잡고 병부兵部에 와서 고별한다. 관찰사觀察使도 마찬가지다. 떠나는 날엔 한 쌍의 깃발(旌)과 한 쌍의 부절符節을 천자가 은사恩賜한다. 훗날 이것은 높은 벼슬하는 고관高官의 의장이 되었다.

9 어룡굴魚龍窟 : 용궁龍宮. 바다 밑은 용왕의 신기한 힘으로 이루어짐. 여기에선 큰 바다를 가리킨다.

10 경세經歲 : 일 년을 지냈다. 한 해를 넘겼다. 경력經歷이 길다.

11 해진海盡 : 바다의 끝.

12 수방殊方 : 이역異域, 즉 신라. 錢起 〈送陸珽侍御使新羅〉 주 10) 참고.

13 첨瞻 : 앞으로 본다.

신라에 사절로 가는 위중승韋中丞을 배웅하며

권덕여

두터운 마음으로 가르침을 내려
이역을 은혜로 고루 어루만짐이라
계부計簿를 치밀하게 번역하여
조서詔書와 의장을 갖추고
북두성北斗星을 하직하고 멀리 떠나네
넓은 동해 바다에 배 띄워
밤엔 북두성 따라 갈 길 찾고
낮엔 천연보석天然寶石 빛 따라 즐기노라
먼 섬에서 깜박이는 불빛
넓게 깔린 안개 속 맑은 풀빛
예절로 손님 시중 성대히 하고
임금과 신료들 만나 함께 즐기리라
길 지나며 겪은 험난함을 위로하고
창황히 헤어지면 꿈에서나 얽히리
목 놓아 일 년을 기다리면
조정에 돌아오기 바쁘게 은전이 내려지리라

送韋中丞奉使新羅[1]往字

權德輿[2]

淳化洽聲明[3]
殊方均惠養[4]
計書重譯至[5]
錫命雙旌往[6]
星辭北極遠[7]
水泛東溟廣[8]
斗柄辨宵程[9]
天琛宜晝賞[10]
孤光洲島迥[11]
淨綠烟霞敞[12]
展禮盛賓徒[13]
交歡覿君長[14]
經途勞視聽
愴別縈夢想[15]
延頸旬歲期[16]
新恩在歸鞅[17]

註

1 《全唐詩》 제5함 제8책, 323쪽.
덕종 정원 16년(800년) 신라 김준옹金俊邕이 신라의 새로운 왕〔昭聖王〕에 올랐다. 위단韋丹은 '사봉랑중司封郎中 겸 어사중승御史中丞' 직을 수여받고 신라에 사절로 가서 책명冊命하게 되었다. 이 시는 정원 16년에 쓴 것이다.
위중승韋中丞 : 위단韋丹(753-810년). 자는 문명文明. 경조京兆 만년萬年 지금의 섬서성陝西省 서안시西安市 사람이다. 북주北周 대사공 위효관韋孝寬의 6세손이다. 어렸을 때 외할아버지 안진경顏眞卿에게 글을 배웠다. 명경明經으로 추천받고, 안원현령安遠縣令에 예정되었으나 서형庶兄에게 사양했다. 다시 시험을 봐서 '오경五經' 1등으로 급제하였다. 순종順宗이 어린 태자太子였을 때, 전중시어사殿中侍御史로서 사인舍人으로 불렸다. 신라 임금이 서거하였을 때, 사봉랑중司封郎中 관직을 수여받고 옛 왕을 조상하고 새 왕을 책봉하려고 신라에 사절로 가다가 혼주渾州에 당도했을 때 새로 책봉하려는 신라의 구왕도 서거했다는 소식을 듣고 되돌아왔다. 후엔 용주容州 자사刺史를 역임하였는데 정적政績이 아주 뛰어났다. 하남河南 소윤少尹으로 이직되었으며 동시에 간의대부諫議大夫로 임명받았다. 그 후엔 이강李康을 대치하여 검남동천절도사劍南東川節度使를 역임하였고, 얼마 안 되어 강서관찰사江西觀察使에 임명되었는데, 정적政績이 탁월하여 백성들의 존경을 받았다. 헌종憲宗 원화元和 5년에 숨을 거두었다. 지금 그의 시 두 수가 보존되어 전한다. 사적은 韓愈 〈唐故江西觀察使韋公墓志銘〉, 杜牧 〈唐故江西觀察使武陽公韋公遺愛碑〉,《新唐書》〈循吏傳〉, 李肇 〈東林寺經藏碑銘幷序〉 등을 참고 바람.

중승中丞 : 皇甫曾 〈送歸中丞使新羅〉 주 1) 참고.

신라新羅 : 한반도 옛 나라 명칭. 원래는 사로국斯路國이라 하였다. 반도의 동남부에 위치하였으며 수도는 경주다.

2 권덕여權德與(759-818년) : 자는 재지載之이며, 진주秦州 농성隴城, 지금의 감숙성甘肅省 진안현秦安縣 사람이다. 그의 부친 권고權皐는 천보天寶 말년에 윤주潤州 단양丹陽, 지금의 강소성江蘇省 단양현丹陽縣으로 이사하였다. 덕여德與는 7세에 부친을 잃었으며 어려서부터 이미 문장으로 이름을 빛냈다. 덕종德宗 건중建中 연간 전후로 회남출척사淮南黜陟使 한회韓洄, 강회수륙운사江淮水陸運使 두우杜佑, 강회염철사江淮鹽鐵使 포길包佶 등의 막부幕府에서 일했다. 덕종 정원貞元 초년에 또 강서관찰사江西觀察使 이겸李兼의 막부에 가서 판관判官 겸 감찰어사監察御史를 역임하였다. 정원貞元 7년(791년), 덕종은 그가 재주와 학식이 뛰어남을 알고 태상박사太常博士로 부르고 얼마 안 되어 좌보궐左補闕을 시켰다. 그는 기거사인起居舍人, 사훈랑중司勳郎中 겸 지제고知制誥 중서사인中書舍人 등의 직무를 맡아 보았다. 정원 18년 후, 예부시랑禮部侍郎을 역임하였고, 이어 호부시랑戶部侍郎이 되었다. 헌종憲宗 원화元和 초, 병부兵部, 호부시랑戶部侍郎, 태자빈객太子賓客, 태상경太常卿 등을 역임하였다. 원화 5년(810년) 입각入閣하여 승상丞相이 되고 부풍군공扶風郡公을 봉封받았다. 원화 8년(813년) 승상에서 물러나 동군유수東郡留守로 출임出任하였다. 원화 9년 태상경, 형부상서刑部尙書를 역임하였다. 원화 11년 겨울, 이직하여 산서서도절도사山西西道節度使 겸 흥원윤興元尹을 역임하였다. 원화 13년(818년), 병으로 고향으로 돌아올 것을 소원하여 돌아오는 길에서 숨을 거두었다.《權載之文集》50권이 전하며《全唐詩》에 10권으로 편입됐다. 사적은《舊唐書》卷148,《新唐書》卷156 〈本傳〉과 韓愈 〈唐故相權公墓碑〉 참고.

3 순화淳化 : 두터운 교화敎化.《文選》張衡의 〈東京賦〉 : "清風協於玄德, 淳化通於自然". 薛綜 注 : 純厚之化, 通於神明也".

흡洽 : 물 같은 것이 스며들다. 축축하게 하다. 부합하다.《書》〈大禹謨〉 : "好生之德, 洽於民心. 孔穎達疏 : 洽, 謂沾漬優渥, 洽於民心, 言潤澤多也".

성명聲明 : 성교聲教와 명교名教. 南朝 陳 徐陵 〈爲貞陽侯重與王太尉書〉 : "文物以紀之, 聲明以發之, 斯實不世之隆恩, 寧曰尋常之恒禮".

4 수방殊方 : 다른 지역. 여기선 신라를 말한다.

혜양惠養 : 은혜를 베풀어 어루만지며 키우다.《漢書》〈疏廣傳〉 : "又此金者, 聖主所以惠養老臣也, 故樂與鄉黨宗族共享其賜, 以盡吾餘日".

5 계서計書 : 계적計籍, 계부計簿, 호적戶籍, 부세賦稅, 인사人事 등을 기록하는 부적符籍.《商尹書》〈禁使〉 :

"夫吏專制決事於千里之外, 十二月而計書定事". 여기에선 신라가 바친 계적計籍을 가리킨다.

중역重譯 : 다시 번역하다.

6 석명錫命 : 천자가 은사하신 조명詔命. 상명賞命이라고도 한다. 《易》〈師〉 : "'王三錫命'. 孔穎達疏 : "三錫命者, 以其有功, 故王三加錫命".

쌍정雙旌 : 당나라 때 절도사節度使의 의장儀仗. 여기서는 사신使臣(使節)을 가리킨다. 상세한 것은 吉中孚의 《送歸中丞使新羅冊立弔祭》 주 8) 참고.

7 성星 : 성사星使, 즉 사자使者, 사신使臣. 옛날에 천절팔성天節八星이 사신의 일을 주관하므로 제왕의 사자를 성사라고 하였다. 唐 劉長卿 〈賈侍郎自會稽使回〉 詩 : "江上逢星使, 南來自會稽".

성사星辭 : 사신으로 하직인사를 드리다.

북극北極 : 북극성北極星, 북신성北辰星이다. 極星, 紐星, 樞星이라고도 한다. 북부의 한 밝은 별. 북천극北天極과 매우 가깝다. 지축地軸과 거의 상대相對된다. 지구에서 보면 위치 변동이 거의 없다. 사람들은 그 별을 기준으로 방향을 식별한다. 옛날엔 북극성을 제왕帝王 혹은 존경받는 사람에 비유하였다. 唐 李德裕 〈馬公神道碑銘〉 詩 : "瘁精爽於北辰, 播芳烈於來代". 여기에선 조정朝廷을 비유한다.

8 동명東溟 : 동방의 큰 바다. 唐 李白 〈古風〉 之十一 : "黃河走東溟, 白日落西海".

9 두병斗柄 : 북두병北斗柄. 북두성 별자리. 북두성의 다섯째부터 일곱째 별까지 형衡. 개태開泰, 요광搖光이라고 부른다. 북두성의 첫 별부터 넷째 별까지 상두象斗라고 하고, 다섯째 별부터 일곱째 별까지 상병象柄이라고 한다. 밤길 손님은 늘 북두성 별자리의 부동한 위치 지시와 방향에 따라 시간을 파악한다. 唐 韋應物 〈擬古〉 詩之六 : "天河橫未落, 斗柄當西南".

소정宵程 : 야간의 노정. 밤길. 明 高啓 〈宿張氏江館〉 詩 : "极報浦荒雲一櫂行, 遠投江館駐宵程".

10 천침天琛 : 바다에서 천연적으로 출산하는 주보珠寶. 《文選》 木華의 〈海賦〉 : "其垠則有天琛水怪".

11 고광孤光 : 먼데서부터 비쳐 오는 빛. 《文選》 沈約의 〈詠湖中雁〉 詩 : "群浮動輕浪, 單汎逐孤光. 懸飛竟不下, 亂起未成行".

12 정록淨綠 : 맑은 녹색.

13 전예展禮 : 경의를 드리다. 경례를 하다. 北周 庾信 〈將命至鄴〉 詩 : "交歡值公子, 展禮覿王孫".

빈도賓徒 : 막빈幕賓 손님의 수종隨從 인원. 《後漢書》 〈符融傳〉 : "二人是名論漸衰, 賓徒稍省".

14 적覿 : 보다. 만나다. 《易》 〈困〉 : "三歲不覿". 육덕명陸德明은 '覿을 본다는 뜻'이라고 해석하였다.

군장君長 : 임금과 경대부卿大夫.

15 창별愴別 : 슬프게 갈라진다. 唐 元稹 〈遣行〉 詩之四 : "已愴朋交別, 夏懷兒女情".

16 연경延頸 : 목을 길게 빼고 애타게 기다린다. 《三國志》 〈吳志〉 '諸葛恪傳' : "恪每出入, 百姓延頸, 思見其狀".

순세旬歲 : 만 1년. 《漢書》 〈翟方進傳〉 : "方進旬歲間免兩司隸, 朝廷由是憚之". 안사고顏師古는 '순旬은 편야徧也, 만야滿也 즉 두루 가득하다는 뜻'이라고 해석하였다.

17 귀앙歸鞅 : 조정에 돌아오다.

앙鞅 : 말의 목에 씌우는 도구. 말의 배에 씌우는 혁대라는 말도 있다. 《文選》 謝朓의 〈京路夜發〉 詩 : "行矣倦路長, 無由稅歸鞅".

책봉 사절로 신라에 가는 원중승源中丞을 배웅하며

유우석

재상가에 태어나 뛰어난 재주로 높은 벼슬에 오른 그대
황제의 복음福音과 부절符節을 안고 동행東行하도다
늠름한 위풍 띠며 조정을 하직하고
천자의 말씀 전달하려 계림으로 떠나노라
안개 걷히니 거북 등 위 높은 선산仙山 천 길이나 푸르고
해가 큰 물결에 몸 씻고 솟으니 온통 금빛이어라
생각건대, 부상의 은혜 입은 곳 보고 나면
일시에 서쪽 향해 절하며 앙모하리라

送源中丞充新羅冊立使[1]

侍中之孫[2]

劉禹錫[3]

相門才子稱華簪[4]
持節東行捧德音[5]
身帶霜威辭鳳闕[6]
口傳天語到雞林[7]
烟開鰲背千尋碧[8]
日浴鯨波萬頃金[9]

想見扶桑受恩處[10]

一時西拜盡傾心[11]

註

1 《全唐詩》 제6함 제3책, 895쪽.

원중승源中丞 : 원적源寂.

중승中丞 : 皇甫曾의 〈送歸中丞使新羅〉 주 1) 참고.

《舊唐書》〈東夷傳〉 : 대화大和 5년(831년) 신라 헌덕왕憲德王 김언승金彦升이 사망하였다. 그의 사자嗣子 김경휘金景徽를 '개부의동삼사開府議同三司', '검교태위檢校太尉'로, '계림주鷄林州 모든 군사를 통솔하는 대도독大都督', '영해군사寧海軍使', '신라 왕新羅王'으로 책봉하려고 천자天子는 '태자좌유덕太子左諭德' 겸 '어사중승御史中丞' 원적源寂에게 어명을 내려 조상弔喪 책봉冊封하는 사절로 신라에 가게 하였다.

신라新羅 : 한반도 옛 나라의 명칭. 계림이라고도 하였다. 상세한 것은 孫逖 〈送新羅法師還國〉 주 1) 참고.

2 시중侍中 : 원건요源乾曜를 가리킨다. 수隋나라의 중신重臣 원사源師의 손자. 현종玄宗 개원開元 때 '상서좌승尙書左丞', '황문시랑黃門侍郎', '동평장사同平章事' 등을 역임하였다. 경조윤京兆尹으로 경사京師에 남아서 수비守備하였다. 3년 후 다시 황문시랑, 동중서문하삼품同中書門下三品에 청광록대부靑光祿大夫가 되고 이어서 상서좌승상尙書左丞相이 되고 후엔 시중侍中으로 이직하였다.

시중侍中 : 정규 관직 이외에 책봉한 벼슬이다. 황제 좌우에서 시중하고 궁정에 출입하며 조정에 참여하는 귀중한 직무이다. 《新唐書》〈百官志〉 一 : "唐因隋制, 以三省之長中書令, 侍中, 尙書令共議國政, 此宰相職也".

3 유우석劉禹錫(772-842년) : 자는 몽득夢得이고, 낙양洛陽, 지금의 하남성河南省 낙양시洛陽市 사람이다. 덕종德宗 정원貞元 9년(793년) 진사가 되었고, 박학굉사과博學宏詞科에도 합격하였다. 정원 11년(795년) 태자교서太子校書를 임명받았다. 후엔 회남절도사淮南節度史 두우杜佑의 막료幕僚가 되어 당서기當書記가 되었다. 정원 18년 경조京兆 위남渭南 주부主簿로 이직하였다. 정원 19년(803년)엔 조정에 돌아와서 감찰어사를 역임하였다. 이후 이직하여 둔전원외랑屯田員外郎을 담당하였으며, 탁지度支 염철안鹽鐵案을 관리하였고, 순종順宗 영정永貞 원년(805년) 왕숙문王叔文의 정치집단에 참가하였다. 실패 후 연주자사連州刺史로 강직되었다. 연주자사로 가는 도중에 낭주사마郎州司馬로 재차 강직되었다. 헌종憲宗 원화元和 10년(815년)에 장안長安으로 불려 돌아왔다. 얼마 후 연주자사를 하였고, 이어 기주夔州, 화주和州 자사를 역임하였다. 문종文宗 대화大和 원년(827년) '주객랑중분사동도主客郎中分司東都' 직을 임명받았다. 이듬해 장안長安으로 돌아와서 주객랑중主客郎中, 집현학사集賢學士를 역임하다가 예부랑중禮部郎中을 맡았다. 그리고 또다시 집현학사를 맡았다. 대화 5년(831년) 소주자사蘇州刺史로 출임出任하고 여주汝州, 동주자사同州刺史를 맡았다. 문종 개성開成 원년(836년), 태자빈객太子賓客, 분사동도分司東都를 담당하였고 후엔 비서감秘書監을 역임하였다. 무종武宗 회창會昌 2년(842년) 7월, 71세로 사망하였다. 사람들은 그를 '유빈객劉賓客'이라고 불렀다. 유우석이 강직을 당할 당시 그의 시는 사회 폐단 폭로와 풍자가 주를 이루었다. 만년에 낙양洛陽에 거주하면서 백거이白居易와 서로 회답하며 읊은 시가 아주 많다. 사람들은 유백劉白, 또는

시호詩豪라고 불렀다. 《新唐書》〈藝文志〉에 〈劉禹錫集〉 40권이 저록되었다. 현재는 《劉禹錫集》 30권과 〈外集〉 10권이 있다. 사적은 《舊唐書》 卷160, 《新唐書》 卷168 〈本傳〉, 《子劉子自傳》, 《劉禹錫集》 〈外集〉 卷9 참고.

4 상문相門 : 재상의 집. 唐 劉禹錫 〈送李友路秀才赴擧〉 詩 : "誰憐相門子, 不語望秋山".

5 절節 : 부절符節. 고대 사절들이 갖고 다니던 신분 증명. 《左傳》 〈文公八年〉 : "司馬握節以死, 故書以官". 杜預 註 : "節, 國之符信也. 握之以死, 示不廢命".

덕음德音 : 여기선 천자가 은혜를 베푸는 조서詔書를 말한다.

6 상위霜威 : 된서리처럼 차가워 보이는 냉정한 모습과 위엄. 여기에선 원적源寂이 어사중승御史中丞이라는 것을 말한다. 唐 李白 〈至鴨欄驛上白馬磯贈裴侍御〉 詩 : "情親不避馬, 爲我解霜威".

봉궐鳳闕 : 황궁皇宮 조정. 晋 王嘉 《拾遺記》 〈魏〉 : "青槐夾道多塵埃, 龍樓鳳闕望崔巍".

7 천어天語 : 성지聖旨. 천자의 조서詔書 유지諭知. 황제의 말씀. 宋 蘇軾 〈用王鞏韻贈其侄震〉 詩 : "朝廷貴二陸, 屢聞天語溫".

계림鷄林 : 즉 신라. 동한東漢 영평永平 8년(서기 65년) 즉 신라 탈해왕脫解王 9년 신라국 서라徐羅가 금성金城 서쪽 시림始林을 토벌하려고 머물 때 밤에 닭 우는 소리가 들려 이때부터 시림을 계림鷄林이라고 하였다. 후엔 수도 금성에 '계림주도호부鷄林州都護府'를 설치하였다. 후엔 계림을 신라와 같은 의미로 불렀다. 唐 楊夔 〈送日東僧游天台〉 詩 : "廻首鷄林道, 唯應夢相通".

8 오배鰲背 : 전설에 의하면 발해渤海 동쪽에 큰 산골짜기가 있는데 그곳엔 밑창이 없다. 그 가운데 다섯 선산仙山이 있는데 그 선산은 밀물과 파도에 따라 표류하였다. 천제天帝는 그 산이 서극西極으로 흘러갈까봐 크게 근심하였다. 만약 그렇게 된다면 뭇 선인仙人들이 거처할 곳이 없어지기 때문이다. 그리하여 그는 열다섯 마리 거북이더러 돌아가면서 제 머리에 산을 덮어 쓰라고 하였더니 산은 고정되고 다시 움직이지 않았다. 《列子》 〈湯問〉 참고. 北周 庾信 〈謝赴王賚犀帶等啓〉 : "花開四照, 唯見其榮; 鰲戴三山, 深知其重". 여기서는 대해大海를 가리킨다. 후세에는 무거운 짐을 지고 참답게 일하는 것을 비유하였다.

심尋 : 고대 길이〔長度〕의 단위. 일반적으로 8척尺(자)을 1심尋이라고 한다. 《詩》 〈魯頌〉 '閟宮' : "是斷是度, 是尋是尺". 鄭玄 : "八尺曰尋". 清 朱駿聲 《說文通州定聲》 〈臨部〉 : "程氏瑤田云 : 度广曰尋, 度深曰仞, 皆伸兩臂位度, 度广而身平臂直, 而适得八尺 : 度深則身臂曲, 而僅得七尺. 其說精覈. 尋, 仞皆以兩臂度之, 故仞亦或言八尺, 尋亦或言七尺也".

9 경파鯨波 : 고래가 일으킨 파도, 즉 거칠고 사나운 파도를 가리킨다. 唐 杜甫 〈舟出江陵南浦奉寄鄭少尹〉 詩 : "溟漲鯨波動, 衡陽雁影徂".

10 부상扶桑 : 옛 나라 명칭. 《梁書》 〈扶桑國傳〉 : "扶桑在大漢國東二萬餘里, 地在中國之東, 其土多扶桑木, 故以爲名". 상세한 것은 李益의 〈送歸中丞使新羅冊立弔祭〉 주 3) 참고. 여기에선 신라를 가리킨다.

수은처受恩處 : 어떤 문헌은 '수은후受恩后'라고 한 곳도 있다.

11 경심傾心 : 성심성의 앙모仰慕하다. 《後漢書》 〈皇后紀〉 上 '張德竇皇后' : "后性敏給, 傾心承接, 稱譽日聞".

신라 가는 사절과 시 지어 회답하며

맹교

넓디넓은 바다 끝, 멀고먼 나라 바라보며
부평초 같은 한 척의 쪽배, 가을 바다에 흔들리네
하늘 밖에 황은皇恩을 전달하고자
파도에 꿈 싣고 동방으로 가는 길
파도가 일면 가슴을 활짝 펴고
물 위, 여정에 나선 배는 허공으로 흘러가는 듯하네
충성 다하여 신임 얻었으니
그대 마음도 저으기 흐뭇하리라
많고 많은 기이한 경치 못 다 구경하고
희귀한 일 더욱 많아 마음은 즐겁겠네
나라의 안위安危 한 몸에 지녔으니
해야 할 일에 어찌 끝이 있으랴?
그곳 풍속은 문화와 역사를 즐기고
조정엔 뛰어난 인재도 많다 하네
사절使節 배웅하는 시 수백 수首
수수首首마다 신기한 구상 쨍쨍한 음성 힘찬 절주로세
비천하고 하찮은 이 관리도 격동되어
시 지어 현인賢人에게 드리나니

奉同朝賢送新羅使[1]

孟郊[2]

淼淼望遠國[3]
一萍秋海中[4]
恩傳日月外[5]
夢在波濤東[6]
浪輿豁胸臆[7]
泛程舟虛空[8]
旣茲吟仗信[9]
亦以難私躬[10]
實怪賞不足[11]
異鮮悅多叢[12]
安危所繫重[13]
征役誰能窮[14]
彼俗媚文史[15]
聖朝富才雄[16]
送行數百首[17]
各以鏗奇工[18]
冗隸竊抽韻[19]
孤屬思將同[20]

註

1 《全唐詩》 제6함 제5책, 942쪽.
봉동奉同 : 다른 사람과 시詩로써 서로 회답하며 노래하다.
조현朝賢 : 같은 조대朝代의 어질고 덕망이 높은 유능한 사람을 말한다.
신라사新羅使 : 위단韋丹을 가리킨다. 덕종悳宗 정원貞元 16년(800년) 4월에 천자天子는 조서詔書를 내려

김준옹金俊邕을 신라 소성왕昭聖王에 임명하였다. 그의 모친 신씨申氏는 태비太妃로, 그의 처 숙씨叔氏는 왕비로 봉하였다. 사봉랑중司封郎中 겸 어사중승御史中丞 위단韋丹을 사절로 보냈다. 위단은 혼주渾州에 당도하였을 때 김준옹이 사망했단 소식을 듣고 되돌아왔다. 이 내용은《舊唐書》卷199,《東夷新羅傳》,《唐會要》등에 기재되어 있다.

2 맹교孟郊(751-814년) : 자는 동야東野. 호주湖州 무강武康, 지금의 절강성浙江省 덕청현德清縣 사람이다. 부친 맹정분孟廷玢은 곤산昆山, 지금의 강소성江蘇省 곤산현昆山縣 현위縣尉를 지냈다. 맹교는 곤산에서 태어났다. 어렸을 때 그는 강남江南에서 교연皎然, 육우陸羽 등과 교왕하였다. 덕종德宗 정원貞元 8년(792년), 9년(793년) 두 차례나 진사 시험을 봤으나 모두 낙방했다. 덕종 정원 12년에 진사에 급제하여 16년(800년)에 표양漂陽, 즉 지금의 강소성 표양현漂陽縣의 현위가 되었다. 그러나 정사를 잘 보지 않아 징벌을 받았고, 정원 말기에 사직하였다. 헌종憲宗 원화元和 원년元年(806년) 하남윤河南尹 정여경鄭余慶의 막幕에 와서 하남수륙운수河南水陸運輸 종사從事와 시협율랑試協律郎을 담당하였다. 이때부터 낙양洛陽에 정착하였다. 원화 9년(814년) 정여경은 산남서도절도사山南西道節度使로 이직하면서 맹교를 홍원군興元軍 참모, 시대리평사試大理評事로 불렀다. 맹교는 홍원興元, 즉 지금의 섬서성陝西省 한중시漢中市로 부임 도중에 문향閿鄉, 즉 지금의 하남성河南省 영보현靈寶縣 경내에서 세상을 떴다. 친구 장적張籍 등은 그에게 '정요선생貞曜先生'이란 시호諡號를 주었다. 맹교는 장적, 이고李翺, 노동盧仝 등 여러 사람과 교우했다. 한유韓愈는 그를 '평생 잊을 수 없는 벗'이라고 회고했다.《孟東野詩集》 10권이 전한다. 사적은 韓愈〈貞曜先生墓志銘〉,《舊唐書》卷160,《新唐書》卷176〈本傳〉,《唐才子傳》卷5 등을 참고 바람. 당대 사람 화침지華忱之가 편찬한《孟郊年譜》도 있다.

3 묘묘淼淼 : 가없이 물이 많고 넓은 모양. 唐 王建〈水夫謠〉詩 : "逆風上水萬斛重, 前驛迢迢淼淼".

4 일평一萍 : 부평초浮萍草 한 잎. 사신의 배를 가리킨다. 배가 망망한 바다에서 운행하는 것이 마치 물 위에 뜬 부평초 한 잎 같다는 것을 비유한다.

5 일월외日月外 : 국외의 가없이 먼 곳을 형용한다.

6 몽夢 : 고향을 그리는 꿈.

7 낭홍浪興 : 가없이 넓은 파도가 자아낸 홍취.

흉억胸臆 : 내심. 마음속에 숨어 있는 감정. 唐 杜甫〈別賀上人〉: "異縣逢舊友, 初忻寫胸臆".

8 범정泛程 : 물 위의 노정, 여정.

범泛 : 배 타고 떠다니다. 배를 물 위에 띄우다. 漢 陳琳〈爲袁紹檄豫州〉: "大軍汎黃河而舟其前, 荊州下宛葉而椅其後".

주허공舟虛空 : 배가 물 위에서 운행하는 것이 마치 허공에 떠다니는 듯하다.

9 장신仗信 : 신뢰를 가지고 외국에 사절로 가다.《左傳》〈襄公八年〉: "杖(仗)莫如信. ……杖信以待晉. 不亦可乎?"

10 난難 : 무성케 하다. 번창케 하다. 詩《小雅》〈隰隰〉: "隰桑有阿, 其葉有難". 毛傳 : "難然, 盛貌". 陸德明釋文 : "難, 乃多反".

사궁私躬 : 자신自身, 개인.《禮記》〈樂記〉: "好惡無節於內, 知誘於外, 不能反躬, 天理滅矣". 鄭玄注 : "躬, 猶已也".

11 실괴實怪 : 기이한 풍경, 훌륭한 경치. 宋 王安石〈游褒禪山記〉: "而世之奇偉瑰怪非常之觀 常在於險遠, 而人之所以罕至焉".

12 이선異鮮 : 기이하고 보기 드문 사물과 풍경과 형상.《詩》〈北風〉'靜女' : "自牧歸荑, 洵美且異". 高亨

注："異, 出奇".

다총多叢 : 많고 번창하며 풍부하다.

13 중重 : 중요하다.

14 정역征役 : 본 의미는 정역, 조세와 부역. 여기에선 공무로서 출장한다는 뜻이다. 晋 潘岳《西征賦》："俾万乘之盛尊, 降遙思於征役".《詩》〈魏風〉'陟岵'："嗟! 子子行役, 夙夜無已".

수능궁誰能窮 : 어찌 끝이 있으랴?

15 피속彼俗 : 그곳의 풍속. 신라의 문교풍속文教風俗.

미문사媚文史 : 문예, 역사를 즐거워하다.

미媚 : 애愛, 사랑하다.

16 재웅才雄 : 걸출한 인재. 唐 李白〈送程劉二侍御兼獨孤判官赴安西幕府〉詩："安西幕府多才雄, 喧喧唯道三數公. 繡衣貂裘明積雪, 飛書走檄如飄風".

17 수백수數百首 : 조정의 덕망 높고 유능한 사람들이 위단韋丹을 전송하는 시 수백 수를 쓴 것을 말한다.

18 갱기공鏗奇工 : 시 읊는 음성이 곱고 힘차며 낭랑하다. 구상이 특이하고 출중하다. 결구 또한 세밀하다.

19 용예冗隷 : 평범하고 비천한 관리. 여기에선 자기를 겸손히 이르는 말.

규竅 : 자신을 낮추어 하는 말.《戰國策》〈趙第〉四："老臣病足, 曾不能疾走, 不得見久矣, 竊自恕, 恐太后玉體之有所郄也, 故願望見".

추운抽韻 : 운韻을 뽑다. 아무 운이나 그 운에 맞춰서 시를 짓다. 운을 제한하는 것과 정반대다. 淸 李漁《奈何天》〈逼嫁〉："拈韻做來的詩, 不足取信, 叫他限個韻來". 여기서는 운율을 가리킨다.

20 고속孤屬 : 작자의 자칭自稱이다.

고孤 : 학문이 얕고 견문이 좁은 신하, 겸손하게 자신을 칭한 말.

속屬 : 같은 종류의 사람. 唐 韓愈 詩《順宗實錄》五："從其謀, 吾屬必死其手". 시인은 자기의 지위가 비천하고 학식도 짧아 동료들과 비교할 수 없다는 의미에서 자기를 고속孤屬이라 하였다.

사장동思將同 : 운율에 맞춰 시를 지어 서로 화답하려고 한다.

신라 사절을 배웅하며

장적

만리 저편에서 조정 사신이 되어
집 떠난 지 이제 몇 년이던가
전에 왔던 길을 되짚어
다시 먼 귀국선에 오르네
밤이면 교룡굴 피해 정박하며
아침엔 섬의 샘물 길어 밥을 짓고
머나먼 고국에 닿으면
바다 건너 서쪽 하늘 바라보리라

送新羅使[1]

張籍[2]

萬里爲朝使[3]
離家今幾年
應知舊行路
却上遠歸船
夜泊避蛟窟[4]
朝炊求島泉[5]
悠悠到鄉國[6]
還望海西天[7]

註

1 《全唐詩》 제6함 제6책, 956쪽.

신라新羅 : 신라와 당은 서로 왕래가 잦았다. 신라는 당에 사신을 파견한 횟수가 많았다. 《唐會要》 卷95를 찾아보면 알 수 있다. 장적이 역임하였던 주객랑중主客郎中은 예부禮部에 소속한 사司로서 모든 번속국蕃屬國의 조공과 손님 접대 등 사무를 장관했다. 이 시는 장적이 주객랑중 직에 있을 때 쓴 시 같다.

2 장적張籍(767?-830?) : 자는 문창文昌. 오군吳郡, 즉 지금의 강소성江蘇省 소주蘇州 사람으로 화주和州 오강烏江, 즉 지금의 안휘성安徽省 화현和縣 오강진烏江鎭에 잠깐 거주하였다. 일찍이 왕건王建과 같이 형주邢州, 지금의 하북河北 형대邢臺 일대에서 공부하였다. 덕종德宗 정원貞元 15년, 즉 799년에 진사에 급제하였다. 헌종憲宗 원화元和 원년, 즉 806년에 태상시太常寺 태축太祝을 역임하였다. 원화 11년, 즉 816년부터 연이어 국자감國子監 조교助敎 광문관廣文館 박사博士, 비서랑秘書郎, 수부원외랑水部員外郎, 주객랑중主客郎中을 역임하였다. 마지막엔 국자사업國子司業 직을 수행하다가 병으로 세상을 떠났다. 그를 장사업張司業 혹은 장수부張水部라고도 불렀다. 그는 가정이 빈한하고 안질眼疾이 매우 심했다. 맹교孟郊는 그를 '가난한 봉사 장태축〔窮瞎張太祝〕'이라고 불렀다. 그의 시의 특징은 '악부樂府'를 잘하는 것이다. 그는 신악부운동新樂府運動의 주요 참가자이며 백거이의 추대와 존경을 많이 받았다. 그는 왕건王建과 같은 명성을 누렸으며, 사람들은 '장왕張王'이라고 불렀다. 맹교, 한유와도 교분이 두터워 사제 관계와 친구 관계를 겸하였다. 그외 장적은 백거이, 원진元稹, 가도賈島, 요합姚合 등 여러 사람과 시를 지어 나누었다. 그러나 그의 작품은 많이 유실되었다. 남송南宋의 탕중증湯中曾이 편집한 《張司業集》 권8은 후세에 뭇 각본刻本의 원본이 되었다. 《全唐詩》에 그의 시 5편이 실려 있다. 사적은 《唐書》〈本傳〉, 《唐詩紀事》 卷34, 《唐才子傳》 卷3에 실려 있다.

3 조사朝使 : 사방四方 각 나라에서 파견하여 천자天子를 조견朝見하거나 혹은 궁정에서 아침 참배를 드리는 사자使者.

방국方國 : 즉 사방의 제후국諸侯國, 혹은 사방의 인국隣國. 唐 韓愈 《順宗實錄》 五 : "惟皇天祐命烈祖, 誕受方國".

조朝 : 조정에서 황제가 조견을 받고 정무政務를 처리하는 곳이다.

4 야박夜泊 : 저녁에 배가 정박하다.

박泊 : 정박하다.

교蛟 : 고대 전설에 등장하는 용龍의 일종, 늘 깊은 물속에 살면서 홍수를 일으킨다. 《楚辭》〈九歌〉'湘夫人' : 麋何食兮庭中? 蛟何爲兮水裔?" 王逸 註 : "蛟, 龍類也".

교굴蛟窟 : 교룡蛟龍의 동굴. 용궁이다. '蛟'는 '鮫'이다. 즉 고래이다. '蛟'는 '蛟人', 깊은 물속에 사는 사람이란 말도 있다.

5 조취朝炊 : 조음朝飮이라고도 한다. 아침밥을 짓다.

취炊 : 밥을 짓다.

도천島泉 : 섬의 샘물. 바닷물은 짜고 떫기에 식용할 샘물을 찾아야 한다.

6 유유悠悠 : 멀고 먼 모습. 劉眘虛 〈海上詩送薛文學歸海東〉 주 3) 참고.

향국鄕國 : 고국, 여기선 신라를 가리킨다. 漢 趙曄 《吳越春秋》〈勾踐入臣外傳〉 詩 : "吾以絶望, 永辭人民, 豈料再還, 重返鄕國".

7 해서천海西天 : 신라에서 중국을 바라보면 큰 바다의 서쪽에 있기에 이 같이 말을 했다.

신라승에게 바침

장적

집 떠나 만리 길 걸어
부여夫餘를 지나쳐 오셨다 하네
중국어 유창流暢하고
외국 서적도 잘 읽는다
바닷말〔海藻〕을 채집하여 의약醫藥에 쓰고
주문呪文 잘 외워 용어龍魚도 잡는다
같이 온 벗들의 거처居處 물으니
천태산天台山 몇몇 곳에 머문다 한다

贈海東僧[1]

張籍[2]

別家行萬里
自說過扶餘[3]
學得中州語[4]
能爲外國書[5]
與醫收海藻[6]
持呪取龍魚[7]
更問同來伴
天台幾處居[8]

註

1 《全唐詩》 제6함 제6책, 957쪽.

해동海東 : 큰 바다 동쪽의 나라. 시의 내용 중에 부여扶餘를 거쳐 본국으로 귀환한다는 말을 보면 여기서의 '해동海東'은 분명 신라를 가리키는 것이다.

2 張籍 〈送新羅使〉 주 2) 참고.

3 부여扶餘 : 옛날 나라의 명칭. 송화강 평원에 위치하였다. 진晋 태강太康 연간에 선비족鮮卑族 모용씨慕容氏에게 공격당하고, 후엔 타 민족의 계속되는 습격과 교란을 받다가 남조南朝 송宋, 제齊 때 멸망했다. 《後漢書》〈東夷傳〉 '夫餘國', 《晋書》〈四夷傳〉 '夫餘國' 참고.

4 중주中州 : 고대의 예주豫州, 지금의 하남성河南省 일대. 구주九州 중간에 위치하였기에 중주中州라고 하였다. 중원中原 지대를 가리킨다. 중주는 중앙에 있는 주군州郡이라는 말이다.

중주어中州語 : 중국어, 즉 한어를 말한다.

5 외국서外國書 : 외국 문자를 의미한다.

6 해조海藻 : 바닷말, 해조. 바다에서 생장하는 해조 식물. 식용 또는 약용으로 쓰인다.

7 지주持呪 : 주문을 외운다는 뜻이다. 중〔僧〕, 도사道士, 방사方士, 신무神巫 등이 쓰는 법술法術의 한 가지 비결이다. 《北宋藝術傳》 上 〈由吾道榮〉 : "其人道家, 符水禁呪, 陰陽曆數, 天文葯性, 無不通解". '부수금주符水禁呪'는 '지주持呪', '주문을 외운다'는 뜻이다.

용어龍魚 : 용리龍鯉, 용 같은 잉어를 말한다. 혹은 고래의 암컷이라고도 한다.

8 천태天台 : 산 이름. 절강성浙江省 천태현天台縣 북쪽에 있다. 남조南朝 때 양梁나라 도홍경陶弘景이 저작 《眞誥》에서 이 같이 적었다. 북두성北斗星과 견우성牽牛星이 주재하는 곳, 태수台宿 별자리와 대응되기에 천태라고 불렀다. 晋 支遁의 《天台山銘》 '序言'엔 "섬현剡縣 동남에는 천태산天台山이 있었다"고 하였다. 산은 동북부터 서남으로 뻗어 나갔다. 적성赤城, 폭포瀑布, 불롱佛隴, 향로香爐, 화정華頂, 동백桐柏 등 여러 산으로 구성되었다. 주봉主峯 화정산은 해발 1,133미터이고 절벽, 폭포 등 명승지가 많다. 그곳은 용강甬江, 조아강曹娥江과 영강靈江의 분수령分水嶺이다. 도가道家는 천태를 남악南岳 형산衡山의 보좌輔佐 산으로 간주하였는데 불교의 천태종天台宗은 이곳에서 발원하였다. 천태종은 중국 불교 분파 중의 하나로 《法華經》을 주요한 교의敎義의 근거로 하기에 '법화종法華宗'이라고도 부른다. 천태종은 당나라 때 성행하였고, 오대五代 때에 쇠망하고 송나라 때 다시 부흥했다. 8세기 중엽에 이미 신라 승僧들은 당나라에 입국하여 천태종을 배웠으며, 이런 경로로 한반도에 천태종이 전입되었다. 9세기 초엽엔 일본 승僧 최징最澄도 천태산에 와서 천태종의 교의를 연찬하고 귀국해 일본 천태종파天台宗派를 창립하였다.

신라에 돌아가는 부사신 김소경金少卿을 배웅하며

장적

안개 낀 섬, 아득히 숨겨진 곳
돛배 하나 만리 길 멀다 않고 동쪽으로 달려가네
오랫동안 시자侍者로 천자天子 혜택 많이 받았고
오늘은 어명 받고 사절을 보좌補佐하여 귀국하는 길
해상 교통에 곧 부신符信을 지녔을 것이고
귀향 후 조정에 오를 때도 조의朝衣를 입겠지
전부터 이렇게 떠난 사람 많았어도
그대처럼 광채 나기는 확실히 드무니라

送金少卿副使歸新羅[1]

張籍[2]

雲島茫茫天畔微[3]
向東萬里一帆飛
久爲侍子承恩重[4]
今佐使臣銜命歸[5]
通海便應將國信[6]
到家猶自著朝衣[7]
從前此去人無數
光彩如君定是稀[8]

註

1 《全唐詩》 제6함 제6책, 962쪽.

금소경부사金少卿副使 : 신라 사람 김사신金士信을 가리킨다. 《舊唐書》〈東夷傳〉'新羅'에 의하면 헌종憲宗 원화元和 7년(812년) 신라 소성왕昭聖王 김중흥金重興이 서거하고 헌덕왕憲德王 김언승金彦升이 왕이 되었다. 그 해 7월 당 왕조는 직방원외랑職方員外郎 최정崔廷을 조제책립사弔祭冊立使로 신라에 파견했다. 인질로 보낸 아들 김사신을 부사신副使臣으로, 최정의 수종隨從으로 보냈다.

소경少卿 : 뭇 시寺의 장관을 경卿이라 하고, 부장관副長官을 소경少卿이라 한다. 당 왕조의 중앙 정무기관中央政務機關 중서성中書省, 상서성尙書省, 문하성門下省을 합칭合稱하여 3성三省이라 한다. 상서성에는 6부六部, 즉 호부戶部, 예부禮部, 병부兵部, 이부吏部, 형부刑部, 공부工部를 설치하였다. 그외 9시九寺와 5감五監을 또 설치하였다. 9시는 태상시太常寺, 광록시光祿寺, 위위시爲尉寺, 종정시宗正寺, 태복시太扑寺 등이고 시寺 밑에 서署를 설치하였다. 5감은 국자감國子監, 소부감少府監, 군기감軍器監, 장작감將作監과 도수감都水監이다. 6부는 상급 기관으로 중요한 정무政務를 처리한다. 장관은 정무관政務官이다. 사司, 감監은 하급 기관으로 일반 사무를 처리한다. 장관은 사무관事務官이라 불렀다.

2 張籍 〈送新羅使〉 주 2) 참고.

3 운도雲島 : 구름과 안개로 뒤덮인 섬. 한반도를 가리킨다. 北齊 祖挺 〈望海〉 詩 : "雲島相接連, 風潮無極已".

망망茫茫 : 광대하고 광활하다. 宋 王安石 〈化城閣〉 詩 : "俯視大江奔, 茫茫與天平".

천반天畔 : 하늘가. 아주 먼 곳을 형용한다. 唐 杜甫 〈卽事〉 詩 : "天畔群山孤草亭, 江中風浪雨冥冥".

4 시자侍子 : 고대에 번속국蕃屬國의 왕王 혹은 견자遣子를 조정에 들어가서 천자天子를 모시고 문화를 배우게 하기 위하여 파견하였고, 이를 시자侍子라고 부른다. 《後漢書》〈光武帝紀〉 下 : "鄯善王, 車師王等十六國, 皆遣子入侍奉獻, 愿請都護. 帝以中國初定, 未遑外事, 乃還其侍子, 厚加賞賜".

승은承恩 : 황제의 은택을 받다. 시자는 국왕의 아들이기 때문에 조정에서 많은 우대와 황제의 혜택을 받는다.

5 좌佐 : 보좌補佐하다. 《大戴禮記》〈衛將軍文子〉 : "廉於其事上也, 以佐其下, 是淡臺滅明之行也". 王聘珍 解詁 : "佐, 助也".

함명銜命 : 사명使命을 받다. 《漢書》〈鄭寇傳〉 : "使君建節銜命, 以臨四方". 김사신金士信이 어명을 받고 귀국하는 것을 말한다.

6 통해通海 : 해외와 교류, 왕래하다. 당시 교통 공구의 제한으로 신라, 일본 등 섬나라 혹은 반도 나라와의 왕래는 모두 해로海路로 이루어졌다. 통해通海라고 한다.

장將 : 가져다 쓴다. 北魏 楊衒之 《洛陽伽藍記》〈平等寺〉 : "將筆來, 聯自作之".

국신國信 : 나라에서 사신을 보낼 때 신분을 밝히기 위한 서류와 편지, 부절符節.

7 도가到家 : 김사신金士信이 본국 신라로 돌아가는 것을 말한다.

조의朝衣 : 군신들이 입궐할 때 입는 예복禮服. 여기서는 김사신이 당唐에서 조회할 때 입었던 예복을 가리킨다. 唐 崔峒 〈初拜命后酬丘二十二見贈〉 詩 : "江海久垂綸, 朝衣忽掛身".

8 광채光彩 : 영광스럽다. 《北齊書》〈魏收傳〉 : "在朝今有魏收, 便是國之光彩, 雅俗文墨, 通達縱橫".

아우 이발李渤에게 신라 검을 건네며 노래하다

이섭

내가 가진 보검은 이인異人이 준 것
어둠 속에서 가끔 영혼이 말하는 것 같네
식자識者가 일러 주길 동해에서 왔는데
올 때 밤새도록 비바람이 쳤기 때문이라네
은하에 새벽이 와 북두칠성만 남을 때
칼등에 시퍼렇게 날이 드러나고 용 무늬는 서늘하네
엊저녁 대량성大梁城에 머물렀는데
아철광안阿鐵光顔에게 주지 않고 보여만 주었네
칼날 곁엔 휘휘 모래조차 이지러지니
부스럼 흔적의 반은 교룡의 핏자국일 터
뇌환雷煥, 장화張華가 오래전에 죽어 없으니
깊은 억울함 누구에게 알려 말할까
나에겐 사랑하는 아우가 구강九江 지사라
한 가닥 곧은 기개는 둘도 없으니
청광靑光은 이미 가셨지만, 슬퍼는 말게
큰 도적 잡는 데는 젊고 혈기 넘치는 사람이 필요한 법

與弟渤新羅劍歌[1]

李涉[2]

我有神劍異人與[3]
暗中往往精靈語[4]
識者知從東海來[5]
來時一夜因風雨[6]
長河臨曉北斗殘[7]
秋水露背青螭寒[8]
昨夜大梁城下宿[9]
不借阿鐵光顏看[10]
刃邊颯颯塵沙缺[11]
瘢痕半是蛟龍血[12]
雷煥張華久已無[13]
沉冤知向何人說[14]
我有愛弟都九江[15]
一條直氣今無雙[16]
青光好去莫惆悵[17]
必斬長鯨須少壯[18]

註

1 《全唐詩》 제7함 제10책, 1,209쪽.

이발李渤(773-831년) : 자는 준자濬子, 호는 백록白鹿 선생이다. 덕종德宗 정원貞元 연간에 둘째 형 이섭李涉과 함께 여산廬山에 은거하였고, 후엔 숭산嵩山 소실少室에 은거하였다. 헌종憲宗 원화元和 연간에 초기(806년) 좌습유左拾遺를 추천받았으나 병을 구실로 부임하지 않았다. 원화元和 9년에 저작랑著作郎에 추천되었고 우보궐右補闕로 승직했다. 그러나 상소문을 올린 것이 왕의 뜻에 거역되었기에 단왕부 자의참군丹王府 咨議參軍으로 옮겨 앉았다. 원화 13년 고부원외랑庫部員外郎이 되었다. 그러나 그는 탄도원폐灘逃元

弊를 고발하여 재상의 뜻과 어긋났다. 후에 몸이 편치 않다는 구실로 사직하였다. 목종穆宗이 즉위하여 그를 고공원외랑考功員外郎으로 임명하였고 후엔 건주자사虔州刺史, 강주자사江州刺史, 직방랑중職方郎中, 진간의대부進諫議大夫, 계관찰사桂觀察使, 태자빈객太子賓客 등의 직무를 역임시켰다. 사망 후 예부상서禮部尙書를 수여받았다. 시 5수와 문집 한 권이 전한다. 《唐書》의 〈本傳〉에 그의 사적이 기록되어 있다. 시의 창작 연도와 관련하여 '엊저녁 대량성 머무를 적에 아철광안阿鐵光顔이 사정해도 보여 주지 않았네' 등의 어구로 미루어 볼 때 목종穆宗 장경長慶 2년 때의 일이란 것을 알 수 있다.

2 이섭李涉 : 자칭 호를 청계자淸溪子라 불렀다. 이발李渤의 둘째 형으로 어릴 때 양국梁國에서 거주했다. 덕종德宗 정원貞元 연간에 병란兵亂을 피하여 남방으로 이사하여 아우 이발과 같이 여산廬山에 은거했다. 최초엔 진허절도사陳許節度使에 종사하고 헌종憲宗 원화元和 6년(811년)엔 태자통사사인太子通事舍人을 담당했다. 함函에 넣은 상소문으로 환관宦官 토돌吐突과 공을 다툰 일로 협주사마참군峽州司馬參軍으로 강직되었다가 10년 후에 사면되었다. 동쪽으로 오초吳楚 지방의 예전 노닐던 곳을 방문하고 조정에 돌아와 태학박사太學博士 직을 역임하였고, 경종敬宗 보력寶曆 원년(825년) 10월엔 무소武昭의 옥죄獄罪에 연루되어 강주康州로 유배되었다. 이섭의 칠언절구七言絶句와 장편시는 유달리 이름이 있으며, 지금은 시 한 권이 보존되고 있다. 《雲溪友議》 卷下, 《唐詩紀事》 卷46, 《冊府元龜》 卷153, 《唐才子傳》 등의 서적에서 그에 대한 기록을 찾아볼 수 있다.

3 신검神劍 : 신기한 보검. 《晉書》 〈劉曜〉 '載記'에 유약劉曜이 촛불을 들고 보니 검의 길이는 2척이었고 빛깔은 특수하였으며 칼집은 붉은 옥이었다. 검은 사계절에 따라 오색찬란하게 변하였다고 밝힌 기록이 있다.

이인異人 : 심상치 않은 사람. 특수한 재주가 있는 사람.

4 정령어精靈語 : 신비한 말, 신선만이 하는 말을 뜻한다.

5 식자識者 : 견식 있는 사람, 유식한 사람.

동해東海 : 중국 동쪽 바다에 있는 나라. 여기에서는 신라를 가리킨다.

6 인풍우因風雨 : 바람 비 때문에.

7 장하長河 : 천하天河, 은하銀河.

북두北斗 : 북두성.

8 추수秋水 : 보검은 가을 물같이 맑고 번쩍인다. 검이 시퍼렇게 날 선 모양.

청리靑螭 : 전설상의 뿔 없는 용. 여기서는 검 자루에 용을 새겨서 장식하였다는 뜻이다.

9 대량大粱 : 고대 지명. 전국시대 위魏나라의 수도. 지금의 하북성河北省 개봉시開封市 북쪽이다.

10 아철광안阿鐵光顔 : 이광안李光顔을 가리킨다. 본성은 아철阿鐵. 원화元和 연간에 이씨 성을 은사 받았다. 당나라 이광진李光進의 아우이며 자는 광원光遠이다. 초기엔 마수馬燧의 비장裨將으로 있었다. 이회광李懷光, 양회림楊惠琳을 토벌하여 공을 세웠다. 헌종憲宗 때 충무군절도사忠武軍節度使로 발탁되었고, 경종敬宗 초엔 사도司徒가 되었다. 또한 하동절도사河東節度使도 역임하였다. 사적은 《唐書》 〈本傳〉에 기재되어 있다.

11 삽삽颯颯 : 씽씽 부는 바람소리.

진사결塵沙缺 : 다 날아가 먼지와 모래조차 없다.

12 반흔瘢痕 : 흠터. 검 날에 녹이 슬어 난 흠.

13 뇌환雷煥, 장화張華 : 두 사람 다 진나라 사람이다. 《晋書》 〈張華傳〉에 의하면 진나라 초기에 하늘의 북두성과 견우성 사이에 늘 자줏빛이 비쳤다. 뇌환雷煥이 말하기를 이는 보검이 발산하는 빛이라고

하였고, 이에 장화는 뇌환에게 검을 찾아오라고 명하였다. 뇌환은 풍성豊城(지금의 강서성에 있는 현) 감옥이 있는 지하에서 한 쌍의 보검을 파내었다. 그중 하나는 용천龍泉이고 다른 하나는 태아太阿이다. 그 후 이 두 보검은 물에 들어가서 두 마리 용으로 변했다고 한다.

14 침원沈寃 : 깊은 원한, 억울한 원한.

15 애제愛弟 : 이발李渤.

도구강都九江 : 당 목종穆宗 장경長慶 1년부터 2년까지 이발은 구강자사九江刺史, 즉 구강의 지방장관이었다.

16 직기直氣 : 정기正氣, 바른 기풍.

17 청광靑光 : 학청광郝靑光을 가리킨다. 당나라의 저명한 장군.

추창惆悵 : 실망하다. 감정이 상하다.

18 장경長鯨 : 큰 고래. 악한 세력을 비유.

소장少壯 : 젊고 원기가 왕성하다.

수須 : 반드시 필요하다. 반드시 해야 한다.

필참장경수소장必斬長鯨須少壯 : 악한 세력을 물리치려면 반드시 원기가 왕성한 젊은이들이 필요하다.

사절로 신라 가는 원중승源中丞을 배웅하며

은요번

궁궐의 명을 받고 사신되어 이역으로 떠나네
관직 높아 어사御史의 자줏빛 의관衣冠 눈부시고
옥절玉節이 배에 있으니 바다 괴물도 얼씬 못하네
금함金函 속 조서詔書 꺼내어 신라 왕을 위무하리
하늘엔 구름 개이고 산천은 상서롭네
바람은 고요하여 앞길이 무량無量한데
누가 그대처럼 황은을 얻었는가
바다 동쪽 만리 강산 천지개벽되리라

送源中丞使新羅[1]

殷堯藩[2]

赤墀奉命使殊方[3]
官重霜臺紫綬光[4]
玉節在船清海怪[5]
金函開詔撫夷王[6]
雲晴漸覺山川異
風便寧知道路長
誰得似君將雨露[7]
海東萬里灑扶桑[8]

註

1 《全唐詩》 제8함 제2책, 1,243쪽.

중승中丞 : 어사중승御史中丞, 어사대御史臺 벼슬 명칭.

원중승源中丞 : 원적源寂. 당 문종文宗 대화大和 5년(831년), 신라에 사신으로 갔다. 《舊唐書》〈東夷傳〉에 기재되어 있다.

2 은요번殷堯藩(약 785-?) : 가흥嘉興, 지금의 절강성 가흥嘉興 사람이다. 초기엔 진사 시험에 누차 떨어졌다. 그러다가 헌종憲宗 원화元和 9년(814년)에 진사에 급제했다. 처음엔 복주福州의 종사從事였고, 후엔 협율랑協律郎의 신분으로 백거이白居易가 통찰하는 항주杭州, 소주蘇州에서 종사하다가 시어侍御에 올랐다. 문종文宗 대화大和 초기 영락현永樂縣 현령縣令이 되었다. 대화大和 8년(834년)경, 이상李翔의 담주막부潭州幕府에 투신하였다. 낙양洛陽에 있을 때, 시 〈憶江南〉 30수를 써서 백거이와 서로 노래하고 화답하였으나 시집은 유실되었다. 명나라 호진형胡震亨의 《唐音丁簽》에 시 한 권이 수록되었다. 《全唐詩》는 이에 근거하여 편찬하였으나 정확하진 않다. 오직 18수만 은요번殷堯藩의 시로 볼 수 있고, 나머지는 연구가 필요하다. 사적은 《唐摭言》 卷8, 《云溪友議》 卷上, 《唐詩紀事》 등에 기록되었다.

3 적지赤墀 : 황궁을 붉게 장식한 층계, 궁전을 가리킨다.

수방殊方 : 외국 이국타향異國他鄉. 신라를 가리킨다.

4 상대霜臺 : 어사대御史臺의 별칭. 어사는 관리를 감찰, 규탄하고 늘 가을 서리마냥 냉정하고 엄숙하기에 이렇게 부른다.

자수광紫綬光 : 자주색을 띤 비단옷과 띠. 고대 고위 관원의 옷차림을 말한다.

5 옥절玉節 : 옥으로 만든 부절符節. 신분표지 위임장으로 고대의 천자天子나 제후諸侯의 사신은 이것으로 증표를 삼았다.

청해괴淸海怪 : 바다의 괴물을 숙청하다.

6 금함金函 : 금으로 만든 함函, 상자, 봉투, 질帙.

조詔 : 조서, 조함詔函, 조지詔紙.

이왕夷王 : 신라 왕을 가리킨다. 원적源寂이 신라 사신으로 가는 이유는 세상을 뜬 신라 헌덕왕憲德王 김언승金彦升을 조문하고, 그의 아들 김경휘金景徽를 새 왕으로 책봉冊封하기 위해서였다.

무撫 : 위로하다. 안무하다. 어루만지다.

7 우로雨露 : 비와 이슬. 황제의 은혜를 비유한다.

8 쇄부상灑扶桑 : 쇄灑는 뿌린다는 뜻이고, 부상扶桑은 신라를 가리킨다.

자각紫閣에 거주한 무명의 신라 스님께

요합

엄격한 수행 변함이 없어
성인인지 우인愚人인지 분간할 수 없네
잠들지 않으니 꿈도 없을 터
이름 없으니 남이 부르지 않네
선禪을 하느라 산과 바다 두루 다녔지만
중국과 신라의 불교가 어찌 다르랴
웬일인지 선사의 얘기 접하면
순식간에 마음이 청정해지네

寄紫閣無名頭陀[1]自新羅來

姚合[2]

峭行得如如[3]
誰分聖與愚[4]
不眠知夢忘
無號免人呼
山海禪皆遍[5]
華夷佛豈殊[6]
何因接師話
淸淨在斯須[7]

註

1 《全唐詩》제8함 제3책, 1,257쪽.

자각紫閣 : 은사隱士와 선인仙人이 거주하는 곳. 晉 陸雲《喜霽賦》: "政望舒之畢兮, 曜六龍於紫閣".

두타頭陀 : 범어의 음역이다. '두둬(杜多)'라고 한다. 의미는 몸을 떨면서 먼지와 모든 더러운 것과 번뇌할 일들을 다 털어 버린다는 것이다.《十二頭陀經》〈大乘義章〉권15에는 다음과 같이 기재돼 있다. 두타頭陀는 12개 수행 규정이 있다. 이것을 두타행頭陀行이라 한다. 그중에 1. 똥을 치다. 2. 버린 베를 가지고 100여 조각으로 꿰맨 승복 일사의一裟衣를 입는다. 3. 걸식하여 산다. 4. 인적이 없는 황산광야荒山曠野와 죽은 사람의 묘지에 앉아서 수행한다. 반드시 앉아야지 눕지는 못한다. 이 같은 규정대로 수행하는 스님을 '頭陀行'이라고 한다. 여기서의 '頭陀行者'는 신라에서 온 스님이다.

2 요합姚合(약 782-약 846년) : 오흥吳興, 지금의 절강성浙江省 호주湖州 사람이다. 당 현종玄宗 시기 중신重臣 요숭姚崇의 현손玄孫이다. 헌종憲宗 원화元和 11년(816년) 진사에 급제하여 위박전홍정魏博田弘正의 종사從事를 보고 무공주부武功主簿 부평위富平尉도 역임하였다. 경종敬宗 보력寶曆 2년(826년), 감찰어사監察御史를 지냈다. 후엔 전중시어사殿中侍御史 호부원외랑戶部員外郎으로 이직하고 전주자사全州刺史로 나갔다. 다시 조정으로 돌아가서 형부刑部, 호부戶部의 랑중郎中을 하다가 다시 항주자사杭州刺史로 이직하였다. 그 후엔 간의대부諫議大夫, 섬괵관찰사陝虢觀察使도 역임하였다. 무종武宗 회창會昌 말년에 벼슬은 비서감秘書監이 되었고, 시호謚號는 의懿이고, 예부상서禮部尚書 직을 명받았다. 사람들은 요무공姚武功 혹은 요비감姚秘監이라고 불렀다. 요합姚合은 오언시五言詩를 잘 지었다.《新唐書》〈藝文志〉에는 그의 〈詩例〉 1권이 수록되었었는데 유실되었다. 사적은《舊唐書》卷96,《新唐書》卷124〈姚崇傳〉과《郡齋讀書志》卷18,〈唐故濮州臨濮縣令趙郡李公夫人吳興姚氏墓銘〉등을 참고 바람.

3 초행峭行 : 행실을 엄격히 한다. 즉 모든 행위는 반드시 불교의 계율을 어김없이 지켜야 한다.

여여如如 : 불교의 언어이다. 첫째로 모든 법칙은 평등한 법성의 이론 체계다. 如는 理의 별명이다. 수隨나라 혜원慧遠이 지은《大乘義章》권3에는 "모든 법칙의 본 체계는 다 같다. 그렇기 때문에 如라고 부른다. 피차간 다들 같다 하여 如如라고 한다"는 글이 있다. 唐 慧能《壇經》〈行由品〉에는 "천 가지 만 가지 경우는 다 같다. 다 같은 마음을 진실이라고 한다. 또한 그는 영원히 늘 존재하고 있는 진실이라 한다"고 돼 있다. 唐 白居易〈讀禪經〉詩 : "攝動是禪禪是動, 不禪不動卽如如". 唐 賈島〈寄无得頭陀〉詩 : "落澗水聲來遠遠, 当空月色自如如".《金剛經》: "不取不相, 如如不動". 如如는 늘 존재하며 서로 융합하고 엉키지 않는 경계다. 변함없는 경지.

4 성聖 : 총명하고 지혜 있다.

5 산해山海 : 산과 바다, 혹은 황폐하고 편박한 곳을 가리킨다.

선禪 : 범문梵文의 음역. 선나禪那의 약칭. 마음을 한 곳에 두고 조용히 사색하다.

6 화이華夷 : 중국과 외국. 중국과 신라를 말한다.

기수豈殊 : 어찌 구별이 있으랴?

7 청정淸淨 : 마음이 깨끗하다. 아무런 외부의 환경 영향 혹은 미혹을 받지 않는다.

사수斯須 : 편각, 잠깐, 눈을 깜짝할 사이.

신라로 돌아가는 김가기金可紀를 배웅하며

장효표

당나라 과거에 급제하여 당나라 말한다만
보름날 달 돌아오면 고향 계림을 생각하네
고기들 밤이면 잠이 드나 음화는 차갑고
아침이면 신기루는 엷어지고 햇빛은 짙으리
거센 풍랑에 쪽배는 물고기 등 위로 날 듯하고
파도가 자면 삼신산이 바다 가운데 나타나네
생각건대, 글 지어 신라 음악에 맞춰
복숭아 꽃 속에서 인삼주에 푹 취하리라

送金可紀歸新羅[1]

章孝標[2]

登唐科第語唐音[3]
望日初生憶故林[4]
鮫室夜眠陰火冷[5]
蜃樓朝泊曉霞深[6]
風高一葉飛魚背[7]
潮淨三山出海心[8]
想把文章合夷樂[9]
蟠桃花裏醉人參[10]

註

1 김가기金可紀(?-858년) : 신라인으로 당에 유학하여 진사에 급제하고 종남산終南山에 은거하였다. 한 시기 신라에 돌아왔다가 다시 당나라로 돌아가 종남산에 은거하였다. 헌종憲宗 대중大中 12년(858년)에 숨을 거두었다. 김가기의 시는 이름이 높았다. 종남산 태백봉太白峰에 〈題游仙寺〉란 시를 남겼는데, "파도를 만난 돌은 깨어져 비 오듯 날리고, 바람 속에 소나무는 가을을 만나 쓰러지는 듯하다(波冲亂石長如雨, 風激疏松鎭似秋)"이다.

2 장효표章孝標 : 목주睦州 동려桐廬, 지금의 절강성浙江省 동려桐廬 사람이다. 후엔 전당錢唐, 지금의 절강성 항주시杭州市에 거주했다. 당 헌종憲宗 원화元和 13년(818) 과거시험에 낙방했다. 과거에 떨어진 선비들은 시를 써서 주사主司 유승선庾承宣을 풍자하였다. 그러나 장효표는 시를 써 주사를 찬미하였다. 이에 유승선은 아주 흡족해 했고, 이듬해 그가 다시 과거시험을 보자 그를 급제하게 도와주었다. 먼저 비서성 정자秘書省正字로 임명하고 이어 교서랑校書郎으로 이직시켰다. 장효표는 목종穆宗 장경長慶 연간에 항주로 돌아왔다. 문종文宗 대화大和 연간 장효표는 대리평사大理評事 신분으로 산남동도절도사종사山南東道節度使從事를 역임했다. 《章孝標詩》 1권이 전해지고 있다. 청나라 때 편찬한 《全唐詩》는 그의 시 1권을 수록하였다. 사적은 《雲溪友議》 卷下, 《唐摭言》 卷13, 《唐才子傳》 卷6에서 찾아볼 수 있다.

3 등당과제어당음登唐科第語唐音 : 중국 당나라 시대는 전례 없이 개방된 시대다. 당나라 초기부터 외국 유학생을 대량으로 받았다. 《唐會要》 권35에 의하면 정관貞觀 5년 이후 당 태종은 국학을 발전시켜 학생 숙사 1,200칸을 증축하였다. 국학國學 사문四門에 생원生員(학생)이 증가하여 고려, 백제, 신라, 고창高昌, 토번吐蕃 등 여러 나라 족장들이 자녀를 파견하여 국학에서 공부하게 하였다. 때문에 국학 내에만 학생 800여 명이 있었는데 유사 이래 처음이었다. 그 당시 유학생 중 일부는 숙위宿衛 학생이라 불렸다. 그들은 본국의 황실과 왕족의 자녀들이다. 당나라는 그들에게 숙소와 음식을 제공해 주었고, 그들을 '의장숙위儀仗宿衛'에 편입시켜 국자감에 넣어 공부시켰다는 기록이 있다. 또한 《唐會要》 〈新羅〉에 의하면 당 문종文宗 개성開成 5년(840년)만 해도 당나라에서 유학하고 성공하여 본국으로 귀환한 신라의 학생이 105명이었다. 그 당시 중국의 많은 도시에는 신라 사람들이 집거하였다. 그 집거구의 거리와 골목을 '신라방坊'이라 하였고, 그들을 접대하는 여관은 '신라관館'이라 하였다. 당나라 말기엔 숙위 유학생 중 38명의 신라 학생이 당나라 빈공賓貢(각 나라에서 추천하여 온 거인擧人) 과거에 급제하였다. 그중 가장 명망이 높았던 사람은 혜초慧超와 최치원崔致遠이었다는 기록이 있다.

과거科擧 : 중국 당나라부터 청나라까지의 봉건왕조 시기에 문무 두 과를 나눠 문관과 무관의 후비後備 인원을 선발하는 시험제도다. 시험 선발할 때 문무 두 과로 나눠 성적의 우열에 따라 녹취錄取하고, 각기 등수를 매기는데, 이를 과제科第라 한다.

등당과제登唐科第 : 당나라에서 진사 과거에 급제하였다는 말이다. 당나라 때 빈공과賓貢科라는 시험을 설치하였다. 빈공사賓貢士는 각 나라에서 당나라로 추천하여 보낸 학생을 말한다. 그들이 당나라에서 급제하면 당 본토 학생과 같은 대우를 받고 벼슬과 작위도 동등하게 받을 수 있었다.

당음唐音 : 당나라의 말.

4 억고림憶故林 : 고향의 수림을 추억하다, 신라를 그리다.

5 교실鮫室 : 신화전설에 의하면 바다에는 '鮫人室' 혹은 '蛟人室'이란 것이 있었다. 그는 물에서 살고 물고기 모양이며, 그가 울면 눈물을 따라 구슬이 떨구어졌다.

음화陰火 : 바다의 모든 생물이 발사하는 빛이다.

6 신루조박효하심蜃樓朝泊曉霞深 : 아침엔 신기루가 엷어지고 노을은 더욱 깊게 비낀다.

7 일엽一葉 : 큰 바다에선 쪽배가 작은 나뭇잎에 불과하다.

8 조정潮淨 : 밀물에 깨끗이 씻겼다.

삼산三山 : 전설에 의하면 큰 바다 가운데 세 산이 있는데, 이곳에 신선이 살았다. 그리하여 그 산을 방장산方丈山, 봉래산蓬萊山, 영주산瀛州山이라고 하였다. 그들의 형상은 주전자와 같다 하여 삼호산三壺山이라고도 하였다. 즉 방호산方壺山, 봉호산蓬壺山, 영호산瀛壺山이다.

9 이악夷樂 : 동방 이족異族의 음악. 여기에선 신기한 신라의 음악을 가리킨다.

10 반도蟠桃 : 신선이 먹는 복숭아.

인삼人蔘 : 백수산 일대, 한반도 등에서 생산된 인삼을 가리킨다.

취醉 : 술에 취하다. 술에 잠겼다.

반도화리취인삼蟠桃花里醉人參 : 복숭아 꽃 속에 인삼이 잠겼구나, 인삼은 복숭아 꽃 속에 잠겼네. 취하여 누웠구나.

신라로 돌아가는 박처사樸處士를 배웅하며

고비웅

어릴 적에 고국을 떠나와
이제 노인 되어 돌아가네
쪽배 속 객지의 꿈은 쓸쓸하고
고향 산천은 넓은 바다 저 동쪽이라
거북이 가라앉으니 강기슭은 무너질 듯하고
용들은 다투며 창공蒼空에 날아오른다
그대는 중국어를 배웠으니
귀국하면 그 뉘와 정담 나누리?

送樸處士歸新羅[1]

顧非熊[2]

少年離本國[3]
今去已成翁[4]
客夢孤舟裏[5]
鄉山積水東[6]
鼇沉崩巨岸[7]
龍鬪出遙空[8]
學得中華語[9]
將歸誰與同[10]

註

1 《全唐詩》 제8함 제4책, 509쪽.

박처사樸處士 : 어떤 사람인지 상세히 알 수 없다.

처사處士 : 본래는 덕망이 높고 학식이 넓지만 벼슬 하지 않고 은거하는 사람을 말했다. 후엔 벼슬하지 않은 선비들을 가리켰다.

2 고비웅顧非熊(796-854?) : 소주蘇州 해염海鹽, 지금의 절강浙江 해염海鹽의 횡산橫山 출신으로 융통성이 있고 익살스러운 사람이었다. 부잣집 자녀들을 기릉欺凌하였기에 30년간 과거에 응시하지 못하였다. 무종武宗 회창會昌 5년(845년) 황제는 그의 시 짓는 명성을 듣고 시험지를 올리라고 하여, 문장을 보고 진사에 급제로 추천해 올렸다. 선종宣宗 대중大中 연간에 우이위盱眙尉에 임명되었다. 그러나 그는 아버지의 뜻을 흠모하여 벼슬을 버리고 모산茅山에 은거하였다. 그 시대의 시인 중 고비웅은 요합姚合, 항사項斯, 마재馬戴, 가도賈島, 유득인劉得人 등과 사이가 좋았다. 저작으로 《顧非熊詩》 1권이 있다. 사적은 《舊唐詩》 卷130, 《顧況傳》, 《唐才子傳》 卷7에 실렸다.

3 소년이본국少年離本國 : 당나라 때 당과 신라 간의 교류가 빈번하였다. 신라는 많은 소년들을 중국에 유학 보냈다. 그들 중 최치원은 이미 열두 살 때 중국에 유학하였다.

4 옹翁 : 나이 든 남자를 가리킨다.

5 객몽客夢 : 타향살이의 꿈.

6 향산鄉山 : 고향의 산천, 즉 고향.

적수동積水東 : 중국 동쪽의 큰 바다.

7 오鼇 : 전설상의 산을 뒤엎을 수 있는 큰 거북.

붕崩 : 무너지다. 허물어지다.

8 용龍 : 전설 속 신기한 동물. 몸집은 길고 형상은 뱀이며, 비늘이 있고 능히 구름을 몰아와 비 오게 할 수 있다. 수족水族의 왕으로 불린다.

요공遙空 : 높고 높은 하늘.

9 중화어中華語 : 한어. 중국 말.

10 장귀수여동將歸誰與同 : 귀국 후 누구와 중국 말을 할까? 그 어느 누가 당신만큼 중국 말을 할까? 귀국 후 대화할 만한 사람이 있을까?

자각紫閣에 기숙한 무명의 신라 행각승에게

고비웅

종려나무 엮어 침상 만들고
황야에서 야숙夜宿하며 무얼 바라리
큰 바다는 뉘와 같이 건너랴?
심산협곡深山峽谷을 범과 동행하는 신세
신심을 다 비우고
살쩍은 선정禪定 중에 돋아나네
자각紫閣에서 사람이 와 예를 갖추니
무명無名이 곧 유명有名인 것을

寄紫閣無名新羅頭陀僧[1]

顧非熊[2]

椶床已自檠[3]
野宿更何營[4]
大海誰同過
空山虎共行
身心相外盡[5]
鬢髮定中生[6]
紫閣人來禮
無名便是名

註

1 《全唐詩》 제8함 제4책, 1,286쪽.

자각紫閣 : 산봉우리의 명칭 종남산終南山의 한 산봉우리, 섬서陝西 호현戶縣 동남이다.

두타頭陀 : 범어로 두타고행頭陀苦行을 가리킨다.

2 고비웅顧非熊 : 〈送樸處士歸新羅〉 주 2) 참고.

3 종상棕床 : 종려나무로 짠 침대.

자경自檠 : 자기가 친히 도지개로 바로 잡다.

경檠 : 등잔걸이, 촛대, 발 달린 대접, 도지개를 가리킨다.

4 야숙野宿 : 황야에서 밤새우다. 잠자다. 이것은 승인들의 두타수행 12개 규정 중 한 개 조목이다. 승인은 반드시 황야에서 잠을 자야 한다.

5 상相 : 불교의 언어. 일체 사물의 외관 형상을 말한다. 《華嚴經》 : "无邊色相, 圓滿光明". 《楞嚴經》 : "离諸色相, 无分別性". 明 李贄《書決疑論前》 : "茍知凡所有相皆是虛妄, 則愿力慈悲尤相之大者, 生死之甚者, 而可藉之以爲安, 執之以爲成佛之根本乎?"

진盡 : 다 없어지다. 전부, 모두, 극치에 달한다.

6 빈발鬢髮 : 살쩍이 희끗희끗.

정定 : 불교 용어로 '기다린다'는 의미를 나타낸다. 소위 마음을 한 경지境地에 몰두하여 흐트러지지 않는 정신 상태를 말한다. 《俱舍論》 제4정의定義에는 '심일경성心一境性'이라고 쓰여 있다. 《大乘百法明門論忠疏》에 설명하기를, 어떠한 경우에 처하더라도, 정신을 흩트리지 않고 한 곳에 몰두하고 집중하는 것을 성性이라고 한다. 지혜는 이로 오는 것이다. 소위 얻느냐, 잃느냐 하는 것은 모두 다 경우에 달린 것은 아니다. 좀더 기다려 정신이 흐트러지지 않으면 이로 하여 선택할 수 있는 지혜가 생긴다. '기다린다'는 것은 두 가지로 나뉜다. 1. 소위 '생정生定'이란 것이다. 즉 사람의 생명같이 구비된 일종의 정신 공능이다. 2. 소위 '수정修定'이다. 이것은 전문적으로 불교의 지혜 혹은 공덕, 신통神通을 위하여 수행하여 얻는 것이다. 이것을 3학 가운데 1(三學之一)로 되는 정학定學, 6도중六度中의 '정파라밀定波羅蜜'이라고 한다. 중국에선 이 定을 흔히 禪과 같이 禪定이라고 부른다. 일반적으로 말하면 대승大乘은 禪定과 般苦를 결부시켜 '지혜'로써 선정을 지도한다. 그렇기 때문에 정지(止)와 보는 것, 즉 觀을 같이 제의한다. 정신 몰두와 지혜의 산생은 같이 운동한다(定慧雙運)는 것이다. 중국 선종禪宗은 禪으로 宗이라 이름을 지으니 禪定의 관념을 진일보 확대하여 '수심견성修心見性'에 중점을 둔다. 그렇다고 해서 조용히 앉아서 정신을 집중하여 한 경우만 보는 형식에 제한을 받는 것은 아니라고 하였다.

과거 마치고 돌아가는 신라 벗에게

허혼

만경창파 신비로운 골짜기 밖
신라는 어느 섬이런가?
배 주인은 머나먼 길 신라를 떠나오고
바둑 두는 스님들 중국에 몰려왔노라
해풍이 백학을 스치고
햇빛은 모래톱 붉은 소라를 비추네
이번에 가면 붓 던지고 종군하여
무예를 연마함이 어떠하리오

送友人罷擧歸東海[1]

許渾[2]

滄波天壍外[3]
何島是新羅[4]
舶主辭番遠[5]
碁僧入漢多[6]
海風吹白鶴[7]
沙日曬紅螺[8]
此去知投筆[9]
須求利劍磨[10]

註

1 《全唐詩》 제8함 제8책, 1,344쪽.

위장韋莊의 《又玄集》 下에는 옹도雍陶의 시로, 《文苑英華》 권280에는 허혼許渾의 시로 편록되어 있다.

파거罷擧 : 과거가 끝났다.

동해東海 : 시로 미루어 이곳의 동해는 해동海東, 즉 중국의 큰 바다 동쪽의 나라, 신라를 가리킨다.

2 허혼許渾(약 788-약 858년) : 자는 용해用晦, 혹은 중해仲晦, 출생한 곳은 안륙安陸(지금의 호북성 안륙), 성장한 곳은 윤주潤州 단양丹陽(지금의 강소성 단양)이다. 당 고종高宗기의 승상 허위사許圉師의 6대 손자로 어려서부터 열심히 공부하였고 많은 곳을 유람하였는데, 북으로 조趙나라에서 남으로 역대산歷臺山까지 유람하였다. 당 문종文宗 대화大和 6년(832년) 진사에 급제하였다. 처음에 당도위當涂尉를 제수받고 이어 당도령當涂令이 되었다. 후엔 태평현령太平縣令으로 이직하였다. 무종武宗 회창會昌 연간에 감찰어사監察御史로 영남종사嶺南從事를 하였다. 대중大中 3년(849년) 병을 구실로 동쪽 지대에 돌아와서 윤주사마潤州司馬를 하였다. 그 후엔 우부원외랑虞部員外郎, 목주睦州, 영주郢州 자사刺史를 역임하였다. 벼슬을 사직한 후, 경구京口 정묘간교丁卯澗橋의 한 농촌 집〔村舍〕에 은거하며 손수 시집詩集을 편집하였고, 500여 수의 시를 수록하였다. 시의 대부분은 감상과 개탄을 나타낸 것이다. 그렇기 때문에 허혼許渾을 '통쾌하고 비장한 선비'라고 하였다. 그의 시어는 부드러우면서도 힘이 넘치며, 대구對句가 잘 되는 것이 특징이다. 〈咸陽城東樓〉란 시에 '산 비가 곧 오려니 누각엔 바람이 가득 찼네〔山雨欲來風滿樓〕'란 어구는 천고가구千古佳句에 대대로 전해 온다. 《新唐書》 〈藝文志〉에 〈丁卯集〉 2권을 수록하였고, 《續古逸叢書》에는 촉본蜀本 〈許用晦文集〉 2권, 습유拾遺 2권을 영인影印하였다. 그의 사적은 辛文房 《唐才子傳》 卷7, 胡宗愈 《唐許用晦先生傳》, 청나라 때 간행물 《潤州許氏家譜》 등에 기입되었다.

3 창파滄波 : 벽파碧波, 푸른 바닷물.

천참天塹 : 천연적 해자. 험요하고 깊은 천연 골짜기.

4 신라新羅 : 한반도의 옛 나라 명칭.

5 박주舶主 : 배 주인.

번番 : 소수민족 혹은 외국을 가리킨다. 여기서는 신라를 가리킨다.

박주사번원舶主辭番遠 : 배 주인은 신라를 떠나서 머나먼 곳에 왔구나.

6 기승碁僧 : 장기 혹은 바둑을 잘 두는 승려. 중국과 한반도의 뭇 나라 사이에는 장기 혹은 바둑을 두는 교류가 일찍부터 시작되었다. 오래전 중국 남북조대 때 한반도의 여러 나라는 장기 혹은 바둑을 잘 두는 명수들을 중국으로 파견하여 시합케 하였다. 당나라 때 중국에 유학을 온 신라의 학생 중 많은 사람이 장기나 바둑을 잘 두었다.

7 백학白鶴 : 백학은 신장 3척, 부리 길이 4치, 붉은 눈, 검은 발, 긴 목, 털 빠진 꼬리, 실한 무릎, 약한 발가락이 특징이다. 보통 밤에 우는데 그 소리가 하늘을 찌른다.

8 홍라紅螺 : 붉은 소라.

9 투필投筆 : 붓을 던지고 총을 들고 종군하거나 혹은 다른 사업을 하다.

10 수구이마검須求利磨劍 : 반드시 무예를 단련하는 것이 바람직하다.

귀국하는 신라인을 배웅하며

유득인

바다에 가로막힌 신라
한 번 가는 데 장장 일 년
해와 가까워 여명을 먼저 볼 수 있는 곳
바다엔 큰 파도 일어 번지니
그리운 고향 모습 뚫어지게 바라보건만
바다에 가로막혀 머리만 희었네
고향에 당도하면 세월은 바뀌리니
중국 말도 자연스레 잊혀지리라

送新羅人歸本國[1]

劉得仁[2]

鷄林隔巨浸[3]
一往一年行[4]
日近國先曙[5]
風吹海不平
眼穿鄉井樹[6]
頭白渺瀰程[7]
到彼星霜換[8]
唐家語却生[9]

註

1 《全唐詩》 제8함 제10책, 1,391쪽.

2 유득인劉得人 : 명문가의 자손으로 당 목종睦宗 장경長慶 연간에 이미 시로 이름을 떨쳤다. 문종文宗 개성開成년부터 선종宣宗 대중大中년까지 3조대를 겪으며, 그의 형제들은 황실의 귀한 친척이기 때문에 높은 벼슬자리에 올랐으나, 유독 유득인은 고심하여 문장을 짓고 과거시험장을 자주 출입하였으나 20년간 과거와 인연을 맺지 못했다. 시는 대부분 '오율五律'이고 《劉得人詩》 한 권을 지었다. 청나라 때 편찬한 《全唐詩》는 그의 시 두 권을 등록, 보존하였다. 사적은 《唐摭言》 卷10, 《劇談綠》 卷下, 《唐詩紀事》 卷53, 《唐才子傳》 卷6 등에 실렸다.

3 계림鷄林 : 신라를 가리킨다.
거침巨浸 : 큰 바다.

4 일왕一往 : 한번 가다.

5 일근국선서日近國先曙 : 신라는 태양과 가깝다. 제일 먼저 아침의 밝은 서광을 받는다.

6 안천眼穿 : 뚫어지도록 보다. 간절히 그리다.
향정수鄕井樹 : 고향의 물과 나무, 즉 고향.

7 묘미渺瀰 : 넓디넓은 바다가 끝없다. 물이 흐르는 것이 아득하다, 멀다.
두백묘미정頭白渺瀰程 : 머리는 희었고, 끝없이 먼 바닷길에 올랐다.

8 피彼 : 큰 바다의 건너편, 신라를 가리킨다.
성상환星霜換 : 뭇 별은 쉴 새 없이 돌아가고 가을이 지나면 겨울이 온다. 세월은 유수마냥 끊임없이 흘러간다.

9 당가唐家 : 당나라를 가리킨다. 공원 7세기 후 외국인은 중국을 당가라고 불렀다. 중세 이슬람교 교도들도 중국을 당가라 칭했다.
당가어唐家語 : 당나라의 말, 한어, 중국 말.

신라로 돌아가는 승려를 배웅하며

요곡

넓은 물결 수만리
저녁노을은 쪽배에 비끼는데
언제나 이 바다와 하직하랴
머리 희어 돌아가는 길
도중에 겨울 나고 여름 맞았으나
산맥밖엔 인적은 드무네
큰 거북이 싸움에 하늘이 놀라고
붕새〔鵬〕가 날아 햇빛을 가린다
눈 스며들어 신발 속은 차디차고
구름은 수초에 걸터앉았노라
중국의 풍속에 교화되시었소?
품은 뜻 이루지 못함을 한탄치 마소서

送僧歸新羅[1]

姚鵠[2]

淼淼萬餘里[3]
扁舟發落暉[4]
滄溟何歲別[5]

白首此時歸[6]

寒暑途中變[7]

人煙嶺外稀[8]

驚天巨鰲鬪[9]

蔽日大鵬飛[10]

雪入行砂屧[11]

雲生坐石衣[12]

漢風深習得[13]

休恨本心違[14]

註

1 《全唐詩》 제9함 제1책, 1,415쪽.
신라新羅 : 이 시에서 말하는 승려는 신라에서 당나라로 파견된 학문이 깊은 사람으로 짐작된다.

2 요곡姚鵠(약 808-?) : 자는 거운居雲. 촉蜀, 지금의 사천四川 사람이다. 문종文宗 개성開成 4년(839년)을 전후하여 요합姚合의 섬주막陜州幕에 다녀왔다. 무종회창武宗會昌 3년(843년) 진사에 급제하였다. 회창 4년에 사헌충史憲忠의 경주막涇州幕에서 일하였다. 선종宣宗 대중大中 원년(847년)에 노간사盧簡辭의 양주막襄州幕에서 일하고, 의종懿宗 함통咸通 13년(872년)에 대주자사臺州刺史를 지냈다. 《新唐書》 〈藝文志〉에 시 1권이 수록되어 있다. 청나라 때 편찬한 《全唐詩》에도 시 1권이 수록되었다. 사적은 《唐摭言》 卷3, 《唐詩紀事》 卷55, 《唐才子傳》 卷7 등에서 찾아볼 수 있다.

3 묘묘淼淼 : 물이 크고 넓은 모양.

4 편주扁舟 : 많은 배를 묶어 배열시켜 일주一舟가 된다.
낙휘落暉 : 석양이 비친다. 저녁노을이 비낀다.

5 창명滄溟 : 큰 바다.

6 백수차시귀白首此時歸 : 승려가 늙어서 본국으로 돌아간다는 것을 나타낸다. 당나라 때 많은 신라 청소년 유학생들과 승려들이 와서 공부하고 과거 급제하여 벼슬을 하거나 혹은 불경을 읽었다. 심지어 어떤 두타승頭陀僧은 불당승원佛堂僧院에서 늙어 죽기도 하였다. 여기서는 수십 년 불경을 공부하다 늙어서 백발 된 때에 고향에 귀환하는 승려를 그리고 있다.

7 한서寒暑 : 추운 겨울과 더운 여름. 계절이 바뀐다는 뜻.

8 령嶺 : 산봉우리.

9 거오투巨鰲鬪 : '거오기巨鰲起'라고도 하였다.
오鰲 : 전설 가운데 능히 산을 등에 업고 춤을 추는 큰 거북이.

10 대붕大鵬 : 전설상 가장 큰 새. 《莊子》 〈逍遙游〉엔 북쪽 바다에 큰 고기가 있었는데, 그의 이름은 곤鯤이

라 하였다. 곤은 몇 천 리나 큰지 알 수 없다. 그는 새로 변하였다. 그의 이름은 붕鵬이라고 하였다. 그가 노하여 날게 되면 그의 날개는 높은 하늘의 구름 같다.

11 구屨 : 바닥이 얇은 신. 흔히 베나 가죽으로 만든다. 나중엔 신을 가리켰다.

12 석의石衣 : 돌 위에 자라난 태조苔藻.

13 한풍漢風 : 한漢 민족의 예악교화禮樂敎化, 풍속 습관.

14 본심本心 : 본마음, 본뜻, 본래의 희망.

신라로 돌아가는 손님을 배웅하며

항사

그대의 집은 넓은 바다 저쪽
이제 이별하니 언제 다시 만나랴
풍습, 예악禮樂은 교화敎化된 지 오래나
여정의 빈곤함은 어이하랴
바다는 하늘과 잇닿았고 물빛은 황혼
뭇 새는 피리소리에 봄을 즐겨 나누나
이른 새벽 항구를 떠나면
다시는 멀리 간 사람 볼 수 없으리

送客歸新羅[1]

項斯[2]

君家滄海外[3]
一別見何因[4]
風土雖知教[5]
程途自致貧
浸天波色晚[6]
橫笛鳥行春[7]
明發千檣下[8]
應無更遠人[9]

註

1 《全唐詩》 제9함 제1책, 1,417쪽.
이 시를 일부 사람들은 허빈許彬의 시라고 한다. 이 시의 다른 제목은 〈送新羅客歸〉이다.

2 항사項斯(802?-847?) : 자는 자천子遷. 대주臺州 임해臨海, 지금의 절강성浙江省 사람이다. 항주杭州 경산徑山 조양봉朝陽峰에 은거하다가 산에서 나와 과거시험을 봤다. 국자감國子監 박사 장적張籍과 친하게 지냈다. 급제를 못하였을 때, 그는 시를 지어 국자제주國子祭酒인 양경지楊敬之를 배알 방문하였다. 양경지는 그의 시를 아주 높이 평가했다. "몇 번 시를 봤건만 시마다 아주 훌륭하다. 시의 내용과 풍격은 보통의 시를 초월했다. 평생 다른 사람의 착함을 감추는 것을 이해치 못하였다. 가는 곳마다 사람만 만나면 항사를 칭찬하련다." 항사의 시는 얼마 지나지 않아 온 장안 사람들이 알게 되었다. 당 무종武宗 회창會昌 4년(844년?) 진사에 급제하여 단도丹徒(지금의 강소성 단도) 현위縣尉를 임명받고 임소任所에서 세상을 떴다. 《新唐書》〈藝文志〉에 시 1권이 수록되었고, 청나라 《全唐詩》에도 시 1권이 수록되어 있다. 사적은 張洎 〈項斯詩集序〉《唐詩紀事》 卷49, 《直齋書錄題解》 卷19, 《嘉定赤城志》 卷33, 《唐才子傳校箋》 卷7 등을 참고 바람.

3 군君 : 존경어. 사람의 이름 뒤에 쓴다.
창해滄海 : 큰 바다.

4 인因 : 기회. 어느 때.

5 풍토風土 : 한 지방, 혹은 한 국가의 토지, 산천, 기후, 풍속 등의 총칭.
수雖 : 허빈許彬의 시에는 난難으로 쓰였다.
교教 : 교화教化. 유가儒家의 詩, 書, 禮, 樂을 가리킨다.

6 침천浸天 : 큰 바다. 파도가 거세고 물과 하늘이 이어졌다.

7 적笛 : 허빈의 시에는 '취吹'로 씌어 있다.

8 명발明發 : 희명 때 길에 오른다.
천장千檣 : 큰 항구.
하下 : 떠나다.

9 무無 : 허빈의 시에는 '위爲'로 씌어 있다.

신라로 돌아가는 박산인朴山人을 배웅하며

마대

바다는 넓어 가도 가도 끝이 없는데
돛을 매달고 다만 바람 부는 대로
높은 산 넘어 해변을 지날 때
고향의 수목이 선창船艙에 안겨 오고
파도는 고요한데 아득한 하늘을 벗어나면
모래밭은 평평하여 언덕은 끝이 없고
이별의 슬픈 심정 어디에 부치리오
눈길 다한 곳 동쪽 아침노을이네

送朴山人歸新羅[1]

馬戴[2]

浩渺行無極[3]
揚帆但信風[4]
雲山過海半[5]
鄉樹入舟中[6]
波定遙天出[7]
沙平遠岸窮[8]
離心寄何處[9]
目斷曙霞東[10]

註

1 《全唐詩》 제9함 제2책, 1,423쪽.
이 시를 〈送朴山人歸海東〉이라고 하는 사람도 있고, 상안尙顔의 시라는 사람도 있다.
산인山人 : 산중에 은거한 지식인.

2 마대馬戴 : 자는 우신虞臣. 곡양曲陽(지금의 강소 동해 현서남) 사람이다. 과거시험을 자주 봤으나 누차 떨어지다가, 당 무종武宗 회창會昌 4년(844년)에 진사에 급제하였다. 선종宣宗 대중大中 연대 초기 태원이사공막부太原李司空幕府에서 서기書記를 하였다. 바른말을 잘 하여 죄를 얻고 낭주朗州 용양위龍陽尉로 강직당하였다. 의종懿宗 함통咸通 말년末年 대동군막大同軍幕을 보좌하였다. 최종엔 국자박사國子博士가 되었다. 성격이 좋고 벗들과의 교제를 좋아하였다. 요합姚合, 가도賈島, 은요번殷堯藩, 양거원楊巨源, 고비웅顧非熊 등과는 시를 읊는 친구로 지냈다. 오율五律을 위주로 하였다. 엄우嚴羽, 양신楊愼, 왕사정王士禎은 그의 시에 대하여 만당晩唐시대에 어느 시보다도 더욱 훌륭하다고 하였다. 《會昌進士集》이 주목을 받아 세상에 빛을 보았다. 청나라 때 편집한 《全唐詩》에는 그의 시 2권이 수록되어 있다. 사적은 《唐詩紀事》 卷5, 《唐才子傳校箋》 卷7, 《金華子雜編》 卷下 등에 기재되었다.

3 호묘浩渺 : 호묘浩淼. 넓고 크다.
무극無極 : 끝없다. 무궁무진하다. 멀고멀다.

4 단但 : 근근이. 오직.
신풍信風 : 바람 따라, 바람 부는 대로. 계절에 따라 고정된 방향으로 부는 바람.

5 운산雲山 : 구름과 산. 하늘 높이 솟아 오른 산맥.
해반海半 : 海畔. 바닷가라고도 한다.

6 향수鄕樹 : 고향의 수림을 가리킨다.

7 요천遙天 : 머나먼 하늘. 공중.

8 원안궁遠岸窮 : 머나먼 강(바다)가의 끝.

9 이심離心 : 이별하는 마음.

10 목단目斷 : 아니 보일 때까지 보다.

동이왕東夷王 책봉 사신을 배웅하며

마대

바다 건너 임금께 책봉서를 전하여
중국과 동이국東夷國 간의 국교 예절을 집행하리니
쪽배는 가을과 함께 가고
만리 길은 밀물에 출렁이노라
햇빛은 쪽배를 드러나게 비추고
모래톱은 외딴 섬에 선명하게 뻗었네
큰 새의 날갯짓이 하늘을 가리고
큰 고래가 물을 뿜으니 눈이 날리듯 하네
먼 길 감에 귀밑머리 희어질 테고
변방 길 꿈속에도 쉬이 놀라리라
'어떻게 노(배)를 다뤄야 되겠소?'
하늘 밖에서 노정을 물어보네

送冊東夷王使[1]

馬戴

越海傳金冊[2]
華夷禮命行[3]
片帆秋色動[4]
萬里信潮生[5]

日映孤舟出[6]

沙連絶島明[7]

翳空翻大鳥[8]

飛雪灑長鯨[9]

舊鬢迴應改[10]

遐荒夢易驚[11]

何當理風檝[12]

天外問來程[13]

註

1 《全唐詩》제9함 제2책, 1,423쪽.

책冊 : 책봉. 황제가 벼슬을 주는 의식. 태자, 황후 및 여러 대신들을 봉작封爵하는 경우에는 책립冊立이라는 말을 사용한다.

동이東夷 : 일반적으로 동방의 소수민족 혹은 중국 동쪽에 위치한 외국을 가리킨다. 여기에서는 신라를 가리킨다. 《新唐書》〈東夷傳〉에는 당 문종文宗 대화大和 5년(831), 당조가 태자 좌유덕左諭德과 어사중승御史中丞 원적源寂을 신라로 파견하여 김경휘를 신라 왕〔神德王〕으로 책립했다는 기록이 남아 있다. 劉禹錫 〈送源中允新羅冊立使〉 주 1) 참고.

2 금책金冊 : 금박으로 만든 책봉 조서. 淸 魏源《聖武記》卷5 : "又有金冊, 玉冊. 玉冊長六寸餘, 寬約四寸, 頁厚二分, 邊刻龍文, 面書'敕封達賴剌嘛'……金冊大小如之, 亦十五頁, 而聯其腦, 如展書者矣".

3 화이華夷 : 중국과 외국을 가리킨다. 여기에서는 신라를 가리킨다. 《晉書》〈元帝紀〉 : "天地之際既美, 華夷之情允洽".

예명禮命 : 국가의 예적禮籍과 제왕의 책명冊命을 가리킨다. 《天官》〈小宰〉 : "五曰聽祿位以禮命". 王安石 新義 : "听祿位以禮命者, 禮有數, 命有等, 祿位視此制之故也". 孫詒讓 正義 : "禮命, 謂國之禮籍, 王之冊命".

4 범帆 : 외로운 배 한 척. 唐 李欣 〈李兵曹壁畵山水各賦得桂水帆〉 : "片帆在桂水, 落日天涯時".

5 신조信潮 : 정기적으로 오는 조수. 唐 蕭穎士 〈越江秋曙〉 詩 : "欽滟信潮上, 蒼茫孤嶼分".

조潮 : 달과 태양의 인력에 의해 해양 수면이 주기적으로 등락하는 현상. 낮에는 조潮라고 하고, 밤에는 석汐이라고 한다. 일반적으로 매일 두 번 등락이 있으나 한 차례 있는 경우도 있다.

6 고주孤舟 : 배 한 척. 고독한 배라는 의미가 포함되어 있다. 晉 陶潛 〈始作鎭軍參軍經曲阿作〉 詩 : "眇眇孤舟游, 綿綿歸思紆".

7 절도絶島 : 외로운 섬. 唐 杜甫 〈白帝城放船四十韻〉 詩 : "絶島容烟霧, 環州納曉晡".

8 예공翳空 : 운공雲空.

예翳 : 운무. 漢 陸賈《新語》〈愼微〉 : "罷雲霽翳, 令歸山海, 然后乃得覩其光明".

9 비설飛雪 : 고래가 분사하는 물이 마치 춤추며 날리는 흰 눈 같다는 비유.

쇄灑 : 분噴이라고도 한다.

장경長鯨 : 고래. 顧況 〈送從兄使新羅〉 주 43) 참고.

10 빈鬢 : 빈모, 빈발. 唐 賀知章 〈回鄉偶書〉 詩 : "少小離家老大回, 鄉音無改鬢毛衰".

11 하황遐荒 : 멀리 편벽한 땅. 여기에서는 신라를 가리킨다. 漢 韋孟 〈諷諫〉 詩 : "彤弓斯征, 撫寧遐荒".

12 하당何當 : 하일何日, 하시何時, 즉 어느 때. 唐 李商隱 〈夜雨寄北〉 詩 : "何當共剪西窗燭, 却話巴山夜雨時".

풍즙風檝 : 풍선風船.

즙檝 : 배의 노. 짧은 것은 檝, 긴 것은 櫂라고 한다. 《易》 〈系辭〉 下 : "刳木爲舟, 剡木爲檝, 舟檝之利, 以濟不通". 즙檝은 배를 가리키기도 한다. 唐 喬舜 〈送德林郎中學士赴東府〉 詩 : "何人乘桂檝, 之子過揚州".

13 천외天外 : 아주 먼 곳을 말한다. 南唐 岑參 〈送崔子還京〉 詩 : "匹馬西從天外歸, 揚鞭只共鳥爭飛".

바다를 건너며 서로 읊조리다

가도, 고려로 가는 사신

모래톱 물새들 떴다가 도로 잠기고
산에 낀 구름 끊어졌다 다시 이어지네
노는 파도 밑의 달을 꿰고
배는 물속의 하늘을 누르네

過海聯句[1]

賈島 高麗使[2]

沙鳥浮還沒[3]
山雲斷復連[4] (高麗使)
棹穿波底月[5]
船壓水中天 (賈島)

註

1 연구聯句 : 두 사람 혹은 몇 사람이 각기 한 마디 혹은 몇 마디 한 것이 모여 한 문장이 된다.

2 가도賈島(779-843년) : 자는 낭선閬仙 혹은 낭선浪仙으로 원양苑陽(지금의 하북 탁주) 사람이다. 일찍이 불교에 몸을 의거하였다. 법명法名은 무목無木이다. 헌종憲宗 원화元和 연간 동도東都에 왔다. 그때 낙양洛陽에선 오후면 스님들의 문밖출입을 금지한다는 명령이 내려졌었다. 가도는 시를 써서 아주 비통한 감정을 잘 표현하였다. 후엔 한유韓愈가 그의 시를 읽고 재주를 크게 칭찬, 세속에 돌아와서 문장을 지으라고 권하였다. 가도는 세속인 신분을 회복한 후 누차 진사 시험에 응시했으나 급제치 못하였다. 당 문종文宗 개성開成 연대 초기 수주장강현주부遂州長江縣主簿가 되었다. 그리하여 사람들은 그를 가장강賈長江이라

고도 불렀다. 무종武宗 회창會昌 연대 초기엔 보주사창참군普州司倉參軍으로서 사호司戶로 옮겼는데, 부임하기도 전인 65세에 보주普州 관사에서 세상을 떴다. 가도의 특기는 오율五律이다. 그는 글자마다 세련되게 다듬었다. '鳥宿池邊樹, 僧敲月下門〔새는 못가의 나무에서 잠들고 스님은 달빛 밑에서 문을 두드린다〕'이라는 구절은 후세 사람들에게 널리 애송되었다. 또한 추고推敲는 전고典故의 유래가 되었다. 가도가 스스로 아주 흡족해하던 시 두 구절이 있다. 즉 '獨行潭底影, 數息樹邊身〔못 밑에서 그림자는 홀로 다니고, 나무 옆에서 몸은 몇 번 멈추누나〕'이다. 전하는 말에 의하면 그는 이 시 두 구절을 짓는 데 3년이나 걸렸다고 한다. 그리고 이 두 마디 시에 대하여 친히 언급하였다. "두 마디를 삼 년 만에 얻어 읊으니 눈물 흐르네. 알아주는 사람이 없으면 옛 고향으로 돌아가려네." 사적은《新唐書》〈藝文志〉에 수록된〈長江集〉10권,〈小集〉3권 등을 참고 바람. 唐 蘇絳〈賈司倉墓誌銘〉,《新唐書》卷176,《唐詩紀事》卷40,《唐才子傳》卷5에도 기재되었다.《全唐詩》엔 시 4권이 수록되었다.

고려사高麗使 : 한반도의 고려(고구려), 신라, 백제는 당나라와의 내왕이 빈번하였다. 중국《史記》와《三國史記》의 기재에 의하면 당나라 초기 618년부터 668년까지 50년간 3국은 당나라에 82차례나 사신을 파견하였다. 많은 사람들이 당나라 유학이 끝난 후, 당나라에서 직무를 역임하였으며 어떤 이는 본국을 대표하여 문화교류의 역할을 수행했다. 이 시 속의 사신〔高麗使〕이 구체적으로 어느 나라 사람인지는 명확하지 않다. 고구려는 기원전 37년부터 668년까지 존속했고 고려는 918부터 1392년까지 존속했다. 이로 보건대 고려사高麗使는 발해, 혹은 신라의 사신으로 보인다.

3 사조沙鳥 : 강가 모래밭, 혹은 바다에 떠 있는 모래섬의 물새.

4 산운山雲 : 산 같은 구름.

5 도棹 : 배의 노.

사절로 신라 가는 사신께 드림

이창부

신라 왕이 별세別世하시려는지라
새 임금의 책립을 사신에게 맡기니
바닷길은 멀어서 짐작하기 어렵고
길에 오른 돛배는 정처 없이 흐를 뿐
해질 무렵 고향을 돌아보며
궁궐을 그리니 들고나는 조수가 부럽네
안개는 오래 머물러 청산을 덮고
사나운 파도는 하늘로 치솟노라
봄이면 양기陽氣가 일찍 일어나고
하늘은 멀리 선계仙界에 닿았으니
슬프구나, 삼 년 후에는 만나지려나
상석교上石橋에서 보기로 약속했거늘

送人入新羅使[1]

李昌符[2]

鷄林君欲去[3]
立冊付星軺[4]
越海程難計[5]

征帆影自飄[6]
望鄕當落日[7]
懷闕羡回潮[8]
宿霧蒙青嶂[9]
驚波蕩碧霄[10]
春生陽氣早[11]
天接祖州遙[12]
愁約三年外[13]
相迎上石橋[14]

註

1 《全唐詩》, 中華傳世精品珍藏文庫, 卷601, 1996, 3,765쪽.

2 이창부李昌符 : 자는 암몽巖夢. 누차 과거를 치렀지만 진사에 급제하지 못하였다. 〈婢仆〉라는 시 50수를 지어 공경公卿에게 보내어 경성에 널리 퍼졌다. 이리하여 당 의종懿宗 함통咸通 4년(863년) 소방蕭倣이 그를 진사에 급제케 하였다. 벼슬은 상서성선부원외랑尙書省膳部員外郞이었고 마지막으로 선부낭중膳部郞中에 올랐다. 시는 함통십철咸通十哲의 하나로 정곡鄭谷, 허당許棠과 함께 이름이 높다. 《直齋書錄題解》에 〈李昌符集〉 1권이 수록되었다. 청나라 때 편찬한 《全唐詩》는 그의 시 1권을 수록하였다. 사적은 《北夢瑣言》 卷10, 《唐詩紀事》 卷70, 《唐才子傳》 卷8을 참고 바람.

3 계림鷄林 : 신라의 별칭. 금성金城 서쪽, 원래는 시림始林이었다. 밤에 닭 우는 소리가 들렸기에 시림을 계림이라고 고쳤다.

4 입책立冊 : 책서冊書. 고대 황제는 태자, 황후와 모든 대신 등을 책서 형식으로 봉封했다. 임명서任命書와 같다.

성초星軺 : 고대에는 천절팔성天節八星을 사신성使臣星이라 했다. 천자의 신하가 명을 받들어 부절을 가지고 팔방八方에 위망을 떨치게 하는 것을 주제한다. 그러므로 황제의 사신을 성사星使 혹은 사성使星이라고 하였다. 이리하여 사신이 탄 수레나 사신을 성초星軺라고 하였다. 軺는 고대의 아주 가볍고 빠른 마차를 가리킨다.

5 월해越海 : 바다 건너.

정난계程難計 : 바다의 노정을 계산하기 어렵다.

6 정범征帆 : 멀리 가는 배.

7 망향당낙일望鄕當落日 : 鄕, 고향. 중국을 가리킨다. 중국은 신라의 서쪽에 있다. 그렇기 때문에 신라로 가는 바닷길이나 신라에서 해지는 서쪽을 바라볼 때, 모두 서쪽을 향하여 고향(중국)을 멀리 바라보게 된다.

8 회궐懷闕 : 조정을 그린다. 闕, 궁정문(宮門) 혹은 성문城門 양쪽의 높은 대, 그 중간에 길이 있다. 대 위에다 누각樓閣을 높이 짓는다. 여기에서 조정, 황제의 거처 또는 경성 수도를 가리킨다.

선羨 : 흠모하다. 바라다.

선회조羨回潮 : 들고 나는 조수를 부러워하다.

9 청장青嶂 : 청산青山.

장嶂 : 하늘로 높이 솟은, 마치 병풍 같은 산봉山峰.

10 벽소碧霄 : 청천青天.

11 양기陽氣 : 온기溫氣, 따뜻한 기후.

12 조주祖州 : 즉 祖洲. 고대 전설에서의 열 개 주洲 중 한 개 주.《海內十洲記》〈祖洲〉: "祖州近在東海之中, 地方五百里, 去西岸七万里. 上有不死之草, 草形如菰苗, 長三四尺, 人已死三日者, 以草覆之, 皆当時活也, 服之令長生". 唐 李商隱《祭張書記文》: "廻生乏祖洲之草, 續斷无弱水之膠".

13 수약愁約 : 약속이 지켜지지 않을가 걱정하다.

14 영迎 : 만나다.

석교石橋 : '秦皇架石橋'란 전고에서 나왔다. 晉 伏琛《三齊略記》: "秦始皇于海中作石橋, 海神爲之竪柱, 始皇求爲相見. 神曰 : '我形丑, 莫圖我形, 当与帝相見.' 乃入海四十里見海神, 左右莫動手, 工人潛以脚畵其像. 神怒曰 : '帝負約, 速去'. 始皇轉馬還, 前脚犹立, 后脚隨崩, 僅得登岸, 畵者溺死于海, 衆山之石皆傾注, 今犹岌岌東趣". 또한 돌로 만든 다리를 가리키기도 한다. 宋 柏堯臣〈送張學士知登州〉詩 : "海晴望石橋, 神仙事惝況".

사신되어 신라 가는 금오시어金吾侍御를 배웅하며

허당

사신되어 금의환향하니
가문에 영광을 떨치겠구려
많은 외국인이 중국에서 교화됐지만
그대처럼 성공한 자 몇 안 된다네
높은 산엔 저녁 햇빛 보이지 않고
넓은 바다는 하늘과 잇대었어라
부모들은 아시리라, 오래 머물지 못할
벼슬에 매인 몸인 줄은

送金吾侍御奉使日東[1]

許棠[2]

還鄉兼作使[3]
到日倍榮親[4]
向化雖多國[5]
如公有幾人[6]
孤山無返照[7]
積水含蒼旻[8]
膝下知難住[9]
金章已系身[10]

註

1 《全唐詩》中華傳世精品珍藏文庫, 卷601, 1996, 3,783쪽.

금오金吾 : 본래는 옛 벼슬 명칭이다. 황제와 대신들의 경비警備, 의장 치안을 관리하는 무관이다. 명칭과 체제, 권한은 시대마다 다르다. 한나라에 집금오執金吾가 있었고, 당나라와 송나라엔 금오위金吾衛, 금오장군金吾將軍, 금오교위金吾校尉 등이 있다. 여기서 금오金吾는 응당 신라인의 성씨가 되어야 한다. 그 까닭은 당나라 때 금군禁軍 중 '시어侍御'라는 관직이 없었다. 또는 일본인 이등졸정伊藤拙貞의《鄰交征書》고증考證에 의하면 당시 일본에 박朴, 김金 두 성은 없었다. 따라서 금오金吾는 신라 사람이다.

시어侍御 : 당나라 때 전중시어사殿中侍御史, 감찰시어사監察侍御史를 시어侍御라고 하였다. 후세는 그를 따라 불렀다. 금오시어金吾侍御는 신라 사람으로 당나라에서 벼슬했던 사람이다.

봉사奉使 : 어명 받고 사신으로 떠나간다. 당시 한반도의 세 개 나라, 특히 신라는 당나라에 많은 유학생을 보냈다. 유학생들은 졸업 후 본인의 의지에 따라 돌아가는 경우도 있었고, 당나라에 남아서 임직하는 경우도 있었다. 숙위宿衛 유학생 중 많은 사람은 장기적으로 당나라에 남았고 또 벼슬도 하였다. 그들은 돌아갈 때 당나라의 사신 직을 수행하기도 하였다.

일동日東 : 일반적으로 일본이나 신라를 가리키는데, 여기에선 신라를 가리킨다.

2 허당許棠(822-?) : 자는 문화文化. 선주宣州 경현徑縣(지금의 안휘성 경현) 사람이다. 오랫동안 과거시험으로 곤란을 겪다가 당 의종懿宗 함통咸通 12년(871년) 진사에 급제했으나 그 해에 이미 50세에 이르렀다. 경현현위徑縣縣尉, 건주종사虔州從事, 강녕승江寧丞 등을 역임했으며 장교張喬와 우정이 깊었다. 그리고 정곡鄭谷, 장빈張玭 등과 함께 십철十哲로 불렸다.《過洞庭湖》라는 시가 있는데 정교한 형식과 담백한 기운으로, 당시 사람들에게 '허동정許洞庭'이라 불렸다. 저작으로는《許棠傳》1권이 있다.《全唐詩》는 그의 시 2권을 수록하였다. 사적은《新唐書》卷60,〈藝文志〉四 卷177,《高鉽傳》,《唐摭言》卷4, 卷8,《唐詩紀事》卷70,《唐才子傳》卷9를 참고 바람.

3 환향겸작사還鄕兼作使 : 당나라에서 벼슬을 한 금오시어金吾侍御가 본국으로 돌아갈 때, 당 왕조는 그를 당나라의 사신으로 임명하였다.

4 영친榮親 : 부모와 친척, 친우들이 다들 영광스러워 한다. 당시 신라가 파견하여 당나라에 들어온 사신, 승려, 유학생은 본국에 돌아가서 중용重用을 받았다. 당시의 상황은 '禮樂傳來啓我民, 當年最重入唐人'이라는 시 구절이 잘 설명해 준다.

5 향화向化 : 중국의 교화를 흠모하다. 우러러 보다. 向은 경앙, 흠모, 쏠리다 등을 뜻하고, 化는 교화, 즉 문화, 도덕, 풍상, 풍속 등을 뜻한다.

6 공公 : 존칭의 의미로 쓰인다.

7 반조返照 : 석양. 저녁때의 햇빛.

8 적수積水 : 큰 바다를 가리킨다.

창민蒼旻 : 청천, 높은 하늘.

9 슬하膝下 : 부모의 신변, 어릴 때 늘 부모의 무릎 옆에 기대기에 이 같이 부름. 여기서의 슬하는 부모에 대한 존경어다. 금오시어金吾侍御의 부모를 가리킨다.

10 금장金章 : 금질金質의 관인官印, 혹자는 구리로 만든 관인이라고도 한다. 벼슬을 가리킨다.

신라로 돌아가는 사람을 배웅하며

임관

바다 서쪽에서 멀리 바라보니
볼수록 마음만 슬프구나
땅은 멀지만 같은 연호年號를 사용하는데
오가지 못함은 하늘의 뜻이로고
파도가 굽이치며 야밤엔 번개가 치고
고래의 울부짖음 낮엔 우레가 되네
문밖 오솔길 인삼에선
도착할 때까지 꽃이 몇 번이나 피려나

送人歸日東[1]

林寬[2]

滄溟西畔望[3]
一望一心摧[4]
地即同正朔[5]
天教阻往來[6]
波翻夜作電[7]
鯨吼晝爲雷[8]
門外人蔘徑[9]
到時花幾開[10]

註

1 《全唐詩》 제9함 제8책, 1,536쪽.

일동日東 : 일반적으로 일본, 신라, 고구려 등의 나라를 가리킨다. 여기서는 신라 혹은 고구려를 가리킨다. 관련된《植物志》등의 기재에 의하면 한반도에서 인삼을 많이 생산한다는 기록이 있다. 일본은 이 같은 기록이 없다. 시에 있는 '門外人蓡徑'의 의미는 '문 밖에는 인삼 길이 있다'는 뜻으로 이 문장으로 미루어 일동日東은 확실히 신라 혹은 고구려라는 것이 증명된다. 그리고 당나라 때 한반도의 여러 나라는 당나라와 관계가 밀접하였다. 각 분야의 인원과 유학생이 빈번하게 오갔다. 이로 미루어 임관이 배웅한 자는 신라 혹은 고려 사람인 것을 알 수 있다.

인삼人蓡 : 인삼人蔘.

2 임관林寬 : 후관侯官, 즉 지금의 복건福建 복주시福州市 민후현閩侯縣 사람이다. 당나라 말기의 시인 이빈李頻, 허당許棠, 황도黃滔 등과 많이 교류하였다. 소년기에 태학太學에 입학하여 공부하였고 변강요새도 두루 유람하였다. 대략 당 의종懿宗 함통咸通 말년에 진사에 급제하였다. 어사대御史臺에 재직한 적이 있다. 《直齋書錄解題》에 〈林寬集〉 1권을 수록하였다. 《全唐詩》에도 시 한 권이 수록되었다. 사적은 《直齋書錄解題》 卷19와 황도黃滔, 임관과 관계된 시 작품을 참고 바람.

3 창명滄溟 : 큰 바다.

4 심최心摧 : 극히 슬프다.

5 지즉地卽 : 대지의 양극極 먼 곳. 즉 지구의 남극과 북극. 여기서는 신라나 고구려를 가리킨다.

정삭正朔 : 새로 반포한 역법曆法으로 한반도의 신라, 고려 등 여러 나라는 당 고종高宗 때부터 당나라 말년까지 줄곧 당나라의 연호年號와 역법曆法을 사용하였다.

6 천교天敎 : 하늘의 뜻, 하늘이 교시하다.

조阻 : 격리시키다. 격리되어 갈라지다.

7 파번波翻 : 파도가 치다.

8 경鯨 : 고래. 해양에서 생활하는 수서水栖 포유동물. 형상은 고기와 같다. 태생胎生, 폐로 호흡한다. 큰 고래의 체장은 30여 미터나 된다. 고서에 따르면 고래가 기운氣運을 토하면 구름 같고, 파도를 일으키면 번개가 된다.

9 인삼人蓡 : 다년생 초본식물. 뿌리는 비대肥大하고 뿌리와 줄기 잎은 모두 약으로 쓴다. 주요 출산지는 한반도로 최상의 품질을 인정받는다.

10 화기개花幾開 : 꽃은 몇 번 피었는가? 이것은 시인의 상상이다. 자기가 배웅하는 신라 혹은 고구려의 벗이 돌아가는 멀고 먼 길을 거쳐 고향에 당도하려면, 문밖의 인삼은 몇 번이나 꽃을 피우려나.

신라의 홍혜상인弘惠上人에게 드림

피일휴

베옷 입고 삼십 년간 물새와 놀았더니
이름이 신라에 전해진 줄도 몰랐네
새긴 명문銘文이 비록 즉석의 유고遺稿지만
바다를 건너니 되려 만금萬金 값이로다
새벽에 고래가 수염을 치켜드니 산봉우리가 불타고
신성한 거북, 밤에 잠기니 섬엔 다시 그늘이 진다
이천여 자 비문 영원토록 이별하는 자리
동쪽 진한辰韓 바라보며 옷깃에 눈물 적시네

庚寅歲十一月新羅弘惠上人與本國同書請日休爲靈鷲山周禪師碑將還以詩送之[1]

皮日休[2]

三十麻衣弄渚禽[3]
豈知名字徹鷄林[4]
勒銘雖即多遺草[5]
越海還能抵萬金[6]
鯨鬣曉掀峰正燒[7]
鼇晴夜沒島還陰[8]

二千餘字終天別[9]

東望辰韓淚灑襟[10]

註

1 《全唐詩》 제9함 제9책, 1,555쪽.

경인세庚寅歲 : 당 의종懿宗 함통咸通 11년(870년).

상인上人 : 불교의 명사. 상덕지인上德之人(최상의 덕을 구비한 사람)을 가리킨다. 즉 안으로는 고상한 품덕, 넓은 학식이 있고 밖으로는 타인의 모범이 될 수 있는 자를 상인上人이라 한다. 상인은 승려의 존칭이 되었다. 이 시는 경인년庚寅年 11월 신라의 홍혜상인弘惠上人이 중국에 서함書函을 띄워 일휴日休를 초청하여 영취산靈鷲山 주선사周禪師의 비석문을 청했는데, 일휴가 비석문을 쓰고 송별하며 남긴 시다.

영취산靈鷲山 : 영취봉靈鷲峰, 비래봉飛來峰이라 한다. 절강성浙江省 항주시杭州市 서호서북西湖西北 영은사靈隱寺 앞에 있다. 진나라 함화咸和 연간 스님 혜리慧理가 이 산에 올라 "이것은 중천축국中天竺國 영취산靈鷲山의 작은 영嶺이구나, 언제 이렇게 날아왔는지 모르겠구나" 하고 감탄한 것이 알려져 이름을 얻었다. 옛 인도 마게타국摩揭陀國 왕사성王舍城의 동북쪽에도 영취산靈鷲山이 있었다. 산에 독수리와 매가 많기에 이 같이 불렀다.

주선사周禪師 : 즉 신라의 승려. 선사는 덕망이 높은 선승의 존칭. 선정禪定을 수도 중인 자.

2 피일휴皮日休(834?-883?) : 자는 습미襲美, 혹은 일소逸少. 양양襄陽 지금의 호북湖北 양번襄樊 사람이다. 스스로 한기포의閑氣布衣, 녹문자鹿門子, 취사醉士, 취민醉民, 취음선생醉吟先生 등으로 칭했다. 가정환경이 빈한하고 성질은 오만하였다. 양양襄陽 녹문산鹿門山에 거하였다. 당 의종懿宗 함통咸通 8년 진사에 급제하였다. 함통 10년 소주자사蘇州刺史 최박崔璞의 군사 판관을 지냈다. 육구몽陸龜蒙과 시를 읊으며 서로 응답하였다. 당시에 피륙皮陸이라 하였다. 희종僖宗 건부乾符 4년(877년) 장안長安에 돌아가 저작랑著作郎 태상박사太常博士 등 직무를 담당하였다. 광명廣明 원년(880년) 비릉毗陵(지금 강소성 상주) 부사 직을 임명받고 부임 도중에 황소黃巢 농민군에 참가하여 한림학사翰林學士를 3년 넘게 역임했다. 황소의 군사가 패배하고 장안성에서 후퇴한 후부터 그의 종적은 모호하다. 사망 시기는 대략 중화 3년(883년)으로 추정된다. 사고로 인하여 황소에게 살해당했다는 설도 있고, 황소의 난이 실패한 후 병환으로 사망했다는 설도 있다. 피일휴는 시의 아름다움을 칭찬하고 나쁜 점은 풍자하는 것에 앞장섰고, 문풍은 한유韓愈를 숭배하였다. 시는 굳세고 힘이 있으며 질박하다. 노신은 〈小品文的危機〉에서 피일휴와 육구몽의 소품문小品文을 "마치 얼떨떨한 흙탕 속의 찬란한 빛과 칼끝 같은 예봉이다"라고 하였다. 《皮子文藪》 10권, 청나라 《全唐詩》는 그의 시를 9권으로 편집하였다. 사적은 《舊唐書》〈僖宗紀〉, 《新唐書》〈黃巢傳〉, 《北夢瑣言》 卷2, 《唐詩紀事》 卷64, 《郡齋讀書志》 卷18, 《唐才子傳》 卷8 등을 참고 바람.

3 마의麻衣 : 옛날에 과거시험을 볼 때 거인擧人들이 입는 베로 짠 의복.

저渚 : 바다에 떠 있는 작은 육지.

4 철徹 : 도달, 통달하다.

5 늑명勒銘 : 명문銘文으로 글을 새겨 놓다. 즉 금석金石 위에 새겨 놓은 명문.

명문銘文 : 한 가지 문체, 옛적에 기구 같은 물건에 많이 새겨 놓았다. 진나라, 한나라 이후 비석에도 흔히 새겼다. 그 내용은 어떤 이의 공덕을 칭송하거나, 혹은 그중에서 감계鑒戒하거나, 혹은 칭송 중에 경계시키는 것이다. 문장은 운어韻語를 많이 쓴다. 姚華《論文後編》〈目錄中〉: "銘文最古, 旧史所称, 黃帝始作". 여기서는 주선사周禪師의 저작을 말한다.

유초遺草 : 남겨 놓은 시문詩文. 宋 曾鞏 : 〈謁李白墓〉 詩 : "世間遺草三千首, 林下荒墳二百年".

6 월해越海 : 바다를 건너간다. 즉 신라에 도착한다는 뜻.

저抵 : 그 값에 상당하다.

7 경렵鯨鬣 : 고래 수염.

봉정소峰正燒 : 고래가 바다에서 일으킨 파봉波峯이 아침 노을에 비껴 불타오르는 산봉과 같다는 뜻이다.

8 오鼇 : 전설 중 큰 바다에서 능히 산을 등에 지어 놓는 큰 거북이. 신성한 거북이 물에 잠겼다가 밤중에 해가 뜨듯 금빛을 내며 솟아오른다는 뜻이다.

도환음島還陰 : 어떤 판본에는 도환심島還深이라 돼 있다.

9 종천終天 : 하늘은 멀고멀다. 아무리 오래 가도 끝이 없다.

10 진한辰韓 : 한나라 때 한반도 남부에는 마한馬韓, 변한弁韓, 진한辰韓, 즉 삼한이 있었다. 진한은 동쪽에 있었으며 12개의 소국으로 구성되었다. 그중 사로국斯盧國이란 나라가 있었는데 훗날 신라로 발전하였다. 여기서의 진한은 신라를 가리키는 것이다.

피일휴皮日休의 시에 맞추어 한 수 지음

육구몽

머나먼 동해 건너 서신 한 통 날아왔네
다만 선생을 위하여 명문銘文 요청을 보살펴 달라는 것
이미 뛰어난 글 얻어 신검信檢했지만
한편으로 생각하니 외로운 영정은 선정禪庭에 있네
봄 되어 이국異國에 닿으면 사람들 으레 베껴 쓰고
밤에 선계에서 읽으면 괴이하게 들리리라
생각건대 새 탑 아래 새겨 넣으면
하늘의 예문성〔文昌星〕도 내려다볼 것이어라

和襲美爲新羅弘惠上人撰靈鷲山周禪師碑送歸詩[1]

陸龜蒙[2]

一函迢遞過東瀛[3]
祗爲先生處乞銘[4]
已得雄詞封靜檢[5]
却懷孤影在禪庭[6]
春過異國人應寫[7]
夜讀滄洲怪亦聽[8]
遙想勒成新塔下[9]
盡望空碧禮文星[10]

註

1 《全唐詩》 제9함 제10책, 1,579쪽.

화和 : 시와 노래로 서로 회답한다. 다른 사람의 시와 노래의 제재題材, 체재體裁에 따라 시를 쓰다. 이 글은 습미襲美(皮日休)가 신라 홍혜상인弘惠上人의 부탁으로 영취산靈鷲山 주선사周禪師 비석문을 지은 일을 바탕으로 노래한 시이다.

습미襲美 : 피일휴皮日休의 자. 皮日休 〈庚寅歲十一月新羅弘惠上人與本國同書請日休爲靈鷲山周禪師碑將還以詩送之〉 주 2) 참고. 이 시는 당 의종懿宗 함통咸通 11년에 지어졌다.

2 육구몽陸龜蒙(?-881년) : 자는 노망魯望, 고소姑蘇(지금의 강소성 소주) 사람으로 누차 진사 시험에 떨어졌다. 오현吳縣 보리甫里에 은거하며 태호太湖에서 뱃놀이를 즐겼다. '보리甫里선생', '강호산인江湖散人', 또는 '천수자天隨子'로도 불렸다. 당 의종懿宗 함통咸通 10년 피일휴와 알게 되어 서로 시를 읊으며 회답하다 후엔 창화시唱和詩를 편집하여 노래하며 《松陵集》이란 책자를 만들기도 하였다. 함통咸通 건부乾符 연간 장박張博이 호주湖州, 소주蘇州의 자사刺史가 되자 그를 불러 종사從事로 썼다. 건부乾符 4년에 호주자사湖州刺史 정삼규鄭三規에게 의탁하였다. 건부 6년 봄, 입택笠澤(松江)에서 누워 앓으며 《笠澤叢書》라는 시문집을 편찬하였다. 이울李蔚, 우휴虞携가 집권하자 그를 청하여 습유拾遺를 맡겼다. 조서詔書가 내려오는 동안 그는 병으로 세상을 떠났다. 소종昭宗 광화光化 연간 그에게 '우보궐右補闕'을 수여했다. 《全唐詩》에 시 14권이 수록되었다. 사적은 《新唐書》 卷196 〈本傳〉, 《唐詩紀事》 卷64, 《唐才子傳》 卷8을 참고 바람.

3 일함一函 : 홍혜상인弘惠上人이 피일휴皮日休를 청하여 비문碑文을 쓰게 한 서함書函 편지. 이것을 초체迢遞, 초체迢遞라고 표현하였다. 아주 멀고멀다는 뜻. 《三國魏稽康》 〈琴賦〉 : "指蒼梧之迢遞, 臨廻江之威夷".

동영東瀛 : 동해, 영瀛 : 바다를 가리킨다.

4 걸乞 : 기원祈願하다. 구하다. 바라다.

명銘 : 皮日休 〈庚寅歲十一月新羅弘惠上人與本國同書請日休爲靈鷲山周禪師碑將還以詩送之〉 주 5) 참고.

5 웅사雄詞 : 기세가 웅장한 시구, 문구.

봉정검封靜檢 : 봉폐하고 검사하다. 封 : 봉폐封閉. 檢 : 서검署檢. 고대 중국에선 개인의 편지는 물론이고 공적인 편지까지 모두 참대 쪽에 써 놓고 봉폐, 발송할 때엔 승繩으로 묶었다. 그리고 승의 끝 혹은 교차된 곳엔 검목檢木을 붙여 놓거나 혹은 흙으로 싸고 도장을 찍어서 신검信檢으로 하여 타인이 뜯는 것을 방지한다. 이것을 봉검이라고 한다.

6 선정禪庭 : 불교 승들이 고이 앉아서 마음을 거두고 도를 닦는 정방庭房, 선원禪院을 말한다.

7 이국異國 : 신라를 가리킨다.

8 창주滄洲 : 물가, 물 있는 곳. 옛날에는 일반적으로 은사의 거처를 말하였다.

9 늑성勒成 : 새기다. 조각하다.

탑塔 : 중국 고대 불탑의 약칭. 보탑寶塔이라고도 한다. 불탑은 인도에서 기원하였다. 보통 '부도浮圖'라고 부른다. 사리舍利 경문經文을 저장하는 데 쓴다. 평면은 방형方形, 팔각형八角形이 주를 이룬다. 층수는 일반적으로 홀수다. 목재, 벽돌과 돌 등의 재료로 건설한다. 유형은 누각식樓閣式, 밀첨식密檐式, 금강보좌식金剛寶座式 및 라마탑喇嘛塔, 묘탑墓塔 등이 있다.

10 진망盡望 : 극도로 바라보다. 다 바라보다.

공벽空碧 : 푸른 공중, 청랑한 하늘.

문성文星 : 별 이름, 즉 문창성文昌星 또는 문곡성文曲星이라고도 한다. 문창성은 문창궁文昌宮 여섯 개 별 가운데 네 번째다. 문운文運을 주관하는 별이다. 이 시에서 文星은 피일휴를 비유하는 것이다.

최치원을 송별하며

고운

내 들은 바 바다에 금거북이 셋 있어
머리에 쓴 모자는 높고 높은 산
산 위는 주궁패궐珠宮貝闕 황금 궁전이고
산 밑은 출렁이는 만경창파萬頃蒼波
그 옆엔 작고 푸르른 계림鷄林
거북 산은 그야말로 예쁘고도 기이하다
열두 살에 배 타고 바다를 건너와
전 중국을 문장으로 놀라게 했네
열여덟에 전장의 격문으로 이름 날리더니
활을 쏘아 단번에 과거科擧 문을 깨뜨렸네

送別崔致遠

顧雲[1]

我聞海上三金鰲
金鰲頭戴山高高[2]
山之上兮珠宮貝闕黃金殿[3]
山之下兮千里萬里之洪濤[4]
旁邊一点鷄林碧
鰲山孕秀生奇特[5]

十二乘船渡海來[6]

文章感動中華國[7]

十八横行戰詞苑[8]

一箭射破金門策[9]

註

1 고운顧雲(?-894) : 자는 수상垂象 혹은 사룡士龍. 지주池州 추포秋浦, 지금의 안휘성安徽省 귀지貴池 사람이다. 염상鹽商의 아들로 당 의종懿宗 함통咸通 15년 진사에 급제했다. 이어 회남절도사淮南節度使 고병高駢의 막부幕府에서 행영부초토판관行營部招討判官을 지내다 희종僖宗 광계光啓 3년(887년)에 고병이 부하에게 살해되자 운천雲川, 지금의 절강성浙江省 오흥吳興으로 퇴거하여 문 닫고 책을 썼다. 당 소종昭宗 대순大順 연간 조정에 들어와 태상박사太常博士를 하면서 노지유盧知猷, 육희성陸希聲, 양소업羊昭業, 전익錢翊, 풍악馮渥, 사공도司空圖 등과 함께 선종宣宗, 의종懿宗과 희종僖宗 세 개 왕조의 실록實錄을 나눠 편찬하였다. 책이 편찬된 후 우부원외랑虞部員外郎으로 승진하였다. 건녕乾寧 연초에 사망했다. 시 한 권이 보존되고 있으며,《全唐詩》에 시 한 권이 편입되었다. 사적은《唐摭言》卷12,《北夢瑣言》卷6,《新唐書》〈藝文志〉四,《唐詩紀事》卷67 등을 참고 바람.

2 삼금오三金鰲 : 세 마리 금빛 나는 큰 거북. 신화전설에 의하면 발해渤海 동쪽에 큰 골짜기가 있었는데, 골짜기 밑은 끝이 없었다. 중간에 신선산神仙山이 다섯 있었다. 거북은 늘 밀물을 따라 오르내리며 떠다녔다. 산이 만약 서극西極으로 흘러가면 뭇 신선들이 거처할 곳을 잃게 될 것을 근심한 천제天帝는 열다섯 마리 큰 거북을 배치하여 차례로 머리를 들어 산을 이게 하였고, 다섯 산은 우뚝 서서 움직이지 않게 되었다.

3 혜兮 : 고대 운문韻文 중의 어조사. 문구의 중간 혹은 끝에 쓴다. 잠시 멈추게 하거나 혹은 감탄을 나타낸다. 아啊와 비슷하다.

주궁珠宮 : 용궁龍宮. 명주明珠로 장식한 용의 궁전.

패궐貝闕 : 자주색 보배로 장식한 궁궐. 본래는 하백河伯이 거주하던 용궁수부龍宮水府를 가리켰다. 후에는 화려한 궁전과 궁실을 상징하게 되었다.

황금전黃金殿 : 황금으로 장식한 높고 큰 전당.

주궁패궐珠宮貝闕 : 동해 신선들이 거주하는 곳.

4 홍도洪濤 : 큰 파도.

5 오산鰲山 : 큰 거북의 모양과 같은 신라를 가리킨다.

6 십이승선도해래十二乘船渡海來 : 최치원은 열두 살에 배 타고 중국으로 건너와 유학하였다.

7 중화국中華國 : 중국, 즉 고대 화하족華夏族, 한족漢族. 흔히 황하黃河 남북 쪽에 수도를 건립하였다. 이적만융夷狄蠻戎 4개 민족의 중간에 있었다. 그리하여 중화, 혹은 중국이라고 하였다.

8 십팔十八 : 열여덟 살의 최치원을 가리킨다.

횡행橫行 : 자유로이 넓게 다니다. 횡행하다.

사원詞苑 : 시단詩壇.

9 금문金門 : 한나라 때의 궁전 이름. 금마문金馬門이라고도 한다. 문 옆에 구리〔銅〕로 만든 말이 있어 이렇게 부른다. 한나라 때 황제를 만나려는 관리들은 모두 공거〔公車〕에서 기다리게 된다. 그중 오직 재능이 뛰어난 사람이어야만 금문에 시립侍立하여 조명詔命을 받을 수 있었다.

책策 : 고대의 일들을 적은 참대쪽 혹은 나무쪽 등을 한데 묶어 편찬한 것을 책策이라 한다. 여기서는 시험을 통하여 인재를 선발할 때, 시험을 보는 사람은 책策에 쓰여 있는 시험 문제에 대한 답안을 적어 내야 한다. 이것을 책문策問이라고 한다. 약칭은 책策이다. 또한 임금이 정치상 문제를 간책簡策에 써서 의견을 묻는 것을 책문이라 하기도 했다.

사신되어 신라 가는 김이오金夷吾를 배웅하며

장교

바다 건너와 과거에 급제하고
중국 의법儀法 갖춰 본국으로 돌아가네
외로운 배는 정박할 곳 없고
너른 바다 만리에 별만 홀로 벗이라지
꿈은 바닷물 위에 떠다니고
흐르는 세월 속에 희미해지네
동풍이 불지 않으면
소식조차 듣기 어렵겠네

送賓貢金夷吾奉使歸本國[1]

張喬[2]

渡海登仙籍[3]
還家備漢儀[4]
孤舟無岸泊[5]
萬里有星隨[6]
積水浮魂夢[7]
流年半別離[8]
東風未迴日[9]
音信杳難期[10]

註

1 《全唐詩》 제10함 제1책, 1,606쪽.

빈공賓貢 : 고대 지방 군주郡州에서 조정에 인재를 추천할 때, 그들은 예절을 갖추어 손님으로 모시어 수도로 보내 선발되도록 한다.

김이오金夷吾 : 어떤 판본에는 김이어金夷魚로 돼 있기도 하다. 신라 혹은 고려에서 추천받아 온 공사貢士일 것이다. 장교張喬와 기타 시문詩文으로 보아 김이오는 신라의 공사貢士이다.

봉사奉使 : 당나라 때 신라, 고구려의 공사와 유학생은 당나라에서 과거 급제하여 당 조정에 중용되었다. 그들이 귀국할 때는 황제의 조명詔命을 받고 사신 신분으로 고국으로 돌아간다. 김이오는 바로 사신으로 본국에 돌아간 것이다.

2 장교張喬 : 자는 백천伯遷. 지주池州, 지금의 안휘성安徽省 귀지현貴池縣 사람이다. 젊은 날 구화산九華山에 은거하며 학문에 매진했다. 당 의종懿宗 함통咸通 11년(869년) 경조부京兆府 시험에 참가하여 진사에 급제하였다. 허당許棠, 정곡鄭谷, 유탄지喩坦之 등과 함께 함통십철咸通十哲로 불렸다. 황소黃巢가 봉기를 일으키자 다시 구화산에 돌아와 은거하였다. 청나라 《全唐詩》에 시 2권이 채록되었다. 사적은 《唐摭言》 卷10, 《唐詩紀事》 卷70, 《唐才子傳》 卷10 등 참고.

3 선적仙籍 : 고대 중국에서는 과거 급제한 것을 등선登仙이라고 하였다. 급제자의 자격과 성명, 호적戶籍을 같이 하여 선적仙籍이라고 한다. 즉 선인仙人의 명부이다. 과거 합격을 비유한다.

4 한의漢儀 : 예절, 의식, 용모, 태도. 중국 관리의 위의威儀, 엄숙한 용모, 장중한 태도. 중국의 예절 의식 등 제도를 가리킨다.

5 고주무박안孤舟無泊岸 : 크고 넓은 바다에서 한 척의 쪽배는 정박할 수 있는 해안도 찾을 수 없다.

6 만리유성수萬里有星隨 : 돌아가는 만리 길에 오직 별들만이 따르누나.

7 적수積水 : 중국 동쪽의 큰 바다.

8 유년流年 : 물같이 흘러간 세월, 시간.

9 동풍미회일東風未回日 : 고대에 범선帆船이 바다를 항해하려면 풍력이 절대적이다. 신라, 고구려는 중국 동쪽에 있다. 김이오가 중국으로 되돌아오려면 동풍의 힘을 얻어야 한다.

10 묘杳 : 소실되다. 소리 없이 말끔히 사라지다. 아득하다.

난기難期 : 기대하기 어렵다.

신라로 돌아가는 바둑 고수 박구朴球를 배웅하며

장교

신라에선 적수가 있으려나?
귀국 후에도 천하무쌍이려니
중국 경성에 기예를 전수하였고
배 안에서도 복기復棋를 계속하겠지
변방에도 세월이 흘러
바다는 육지를 실었구나
고국을 떠난 지 몇 년이던가
상전벽해桑田碧海되어 천지개벽했으리

送碁待詔朴球歸新羅[1]

張喬

海東誰敵手[2]
歸去道應孤[3]
闕下傳新勢[4]
船中覆舊圖[5]
窮荒迴日月[6]
積水載寰區[7]
故國多年別[8]
桑田復在無[9]

註

1 《全唐詩》 제10함 제1책, 1,607쪽.

기대조碁待詔 : 장기, 바둑 등 기예로서 황제의 조서詔書를 기다리는 사람.

대조待詔 : 황제의 조서를 기다린다는 뜻. 당나라 때 문학, 언어, 경학經學 등 학과의 선비나, 의학, 점술占卦, 기예 방면의 특기가 있는 인사를 뽑을 때, 그들은 내정內廷의 별실에서 조서를 기다린다. 그리하여 각종 '대조待詔'라는 인재가 있었다. 즉 의대조醫待詔, 미술대조(畫待詔), 장기 혹은 바둑대조(棋待詔)라는 명칭이 있었다.

박구朴球 : 신라 사람. 자세한 일생은 알 수 없다.

2 해동海東 : 큰 바다 동쪽의 신라.

적수敵手 : 재간, 기예, 능력이 상당 혹은 상등한 대상.

3 도道 : 장기 혹은 바둑 두는 방법. 바둑돌 놓는 교착점. 모두 장기와 바둑을 두는 도道를 말한다.

고孤 : 고독. 홀로 비할 사람이 없다. 여기서는 박구朴球의 장기 혹은 바둑 두는 솜씨가 하도 좋아 신라에 돌아간 후 그와 맞설 사람은 예측컨대 더 없을 것 같다는 뜻이다.

4 궐하闕下 : 궁궐 아래. 제왕帝王이 거하는 궁전을 가리킨다.

궐闕 : 궁문, 성城 양쪽 높은 층대. 중간엔 길이 있고, 층대 위에 누각을 짓는다.

세勢 : 장기와 바둑 두는 진형陣形.

신세新勢 : 즉 새로운 진세陣勢.

5 복구도覆舊圖 : 이전에 두었던 바둑을 복기하다. 귀국선에서 바둑을 복기하고 기보를 연구한다는 의미다.

6 구황究荒 : 편벽하고 황량한 곳.

회迴 : 돌아가다.

7 적수積水 : 큰 바다.

환구寰區 : 천하. 환우寰宇. 지구 위의 육지.

8 고국故國 : 조국, 본국. 여기에서는 신라를 가리킨다.

9 상전桑田 : 고향의 밭과 뜰. 역사가 변천하여 큰 바다가 밭으로 밭은 큰 바다로 변함을 말한다.

동해로 돌아가는 아각雅覺 스님을 배웅하며

장교

산천을 마음에 안으면
의념도 잠깐이라지
늙어 관중關中의 절간과 이별하고
선禪을 찾아 고국의 산야로 돌아가네
새들도 날아다니는 길이 있건만
배는 가고 나면 자취도 없으리니
며칠 밤 파도가 자면
먼저 모국의 종소리를 듣게 되리라

送僧雅覺歸東海[1]

張喬

山川心地內[2]
一念卽千重[3].
老別關中寺[4]
禪歸海外峰[5]
鳥行來有路[6]
帆影去無蹤[7]
幾夜波濤息[8]
先聞本國鐘[9]

註

1 《全唐詩》 제10함 제1책, 1,607쪽.

아각雅覺 : 신라의 승려. 그의 신상은 자세히 알 수 없다. 현재 보존된 자료에 의하면 시인이 교류한 대다수 외국 승려는 신라에서 온 사람이었다. 그런 이유로 아각 또한 신라인으로 추측하는 것이다.

동해東海 : 해동海東이라고도 한다. 즉 해동의 나라라는 뜻. 일반적으로 일본과 신라를 가리키며 여기에서는 신라로 추측된다.

2 심지心地 : 불교 용어. 心, 즉 사상, 의념 등을 가리킨다. 불교는 삼계유심三界唯心이라 하였다. 마음(心)은 마치 만물을 키우는 대지처럼 연분에 따라 뭇 법칙을 키울 수 있다고 생각하였다. 《心地觀經》 卷8, : "衆生之心, 犹如大地, 五谷五果從大地生……以是因緣, 三界唯心, 心名爲地".

3 일념一念 : 극히 빠른 생각을 비유한다. 불교 경전에 의하면 20번의 염念을 한순간이라 하고, 90개 찰나刹那를 일념一念이라 하고, 20번 순간瞬間을 일탄지一彈指, 즉 손가락을 튕기는 사이라고 한다.

4 관중關中 : 지명, 역사상 범위는 일정하지 않다. 함곡관函谷關 서쪽, 전국시대戰國時代 말기 진나라의 옛 국토로 진령秦嶺 이남의 한중漢中 파촉巴蜀 지구. 때로는 섬북陝北 섬서陝西까지를 말한다. 지금의 섬서성 위하 유역 일대다.

관중사關中寺 : 관중의 한 사찰이다.

사寺 : 사찰. 불사佛寺라고 한다. 불교에서 뭇 스승이 부처님을 모시고 거주하며 수행하는 곳을 이 같이 부른다. 인도의 승가람僧伽藍과 같은 의미다.

5 선禪 : 즉 '선나禪那'의 약칭이다. '조용히 생각하다靜慮', '사유행思維行', '기악棄惡', '공덕총림功德叢林'과 같은 뜻이다. 개괄하면 심주일경心注一境, 정심사려正審思慮한다는 뜻이다. 禪을 '秋'라고 쓴 곳도 있다.

6 조행鳥行 : 새가 나는 행렬. 여기에는 아각 스님이 신라에서 당나라로 왔음을 비유한 것이다.

7 범영帆影 : 돛대 그림자. 아각 스님이 신라로 돌아갈 때 탄 배를 가리킨다.

8 파도식波濤息 : 파도가 고요하다. 바다의 파도가 평정할 때면 곧 신라에 도착한다는 것을 가리킨다.

9 종鐘 : 불교의 법기로 의역하면 '건치犍稚'라 한다. 금속을 녹여 만들었다. 법사法事 때 그것을 쳐 뭇 스님을 모이게 한다.

신라의 스님을 배웅하며

장교

신라에서 찾아와 선禪을 깨우치고
병이 들어도 부처와의 인연이라 생각했네
이제 선장禪杖 들고 산기슭 사찰을 떠나
경서經書 지니고 뱃길에 오르는구려
돛대 내려 부싯돌로 불 피우고
섬에서 밤 지새며 병으로 샘물을 긷네
동쪽으로 가서 영원히 늙는다지만
다시 소년이 될 수 없는 줄도 아시겠지요

送新羅僧[1]

張喬

東來此學禪[2]
多病念佛緣[3]
把錫離巖寺[4]
收經上海船[5]
落帆敲石火[6]
宿島汲瓶泉[7]
永向扶桑老[8]
知無再少年[9]

註

1 《全唐詩》 제10함 제1책, 1,608쪽.

2 동래東來 : 동방에서 온다. 신라는 당나라 동쪽에 있다.

3 불연佛緣 : 불교와 인연이 있다. 인연은 '인因'과 '연緣'의 합칭이다. 이는 사물이 형성되어 인식케 되고, '업보業報'를 조성케 하는 등 현상이 의거하는 원인과 조건이다.

4 파把 : 쥐다, 틀어쥐다.
석錫 : 석장錫杖, 즉 선장禪杖.
암巖 : 산 옆, 산 가장자리.

5 경經 : 불교 경적經籍, 경經, 률律, 론論 등 각종 저작이 포괄된다. 또 다른 해석은 석가모니釋迦牟尼의 제자들이 전술傳述한 석가모니 생전에 논술이며 이후 불교 교도들이 석가모니의 언행이라 칭한 저작도 포괄된다. 중국어 불경은 일반적으로 대승경大乘經과 소승경小乘經 두 가지 종류가 있다. 당나라의 지승智昇은 《開元釋教錄》에서 처음 대승경을 반야경般若經, 보적부寶積部, 대집부大集部, 화엄부華嚴部, 열반부涅槃部 오대부五大部와 오대부五大部 이외의 여러 경으로 나누었다. 《大正藏》은 일절 불경을 아함阿含, 본연本緣, 반야般若, 법화法華, 화암華嚴, 보적寶積, 열반涅槃, 대집大集, 경집經集, 밀집密集 등 십부十部로 나눠 모두 1,464부 4,225권이라고 하였다.
수경收經 : 경서를 수습, 정리하다.

6 낙범落帆 : 낙돛을 내리다. 돛을 감다.
고석화敲石火 : 돌을 마찰해 불을 일으켜 밥을 짓다.

7 급汲 : 물을 긷다.
병甁 : 토기로 만든 물그릇.

8 부상扶桑 : 신선 같은 나무 이름〔神木名〕. 전설에 해는 신선의 나무인 부상扶桑 밑으로부터 떠오른다. 이것으로 큰 바다 동쪽 땅을 부상이라고 한다. 흔히 일본을 가리키나 여기에선 신라를 말한다.

9 재소년再少年 : 다시 소년 시절로 돌아간다.

해동으로 떠나는 시어사 박충朴充을 배웅하며

장교

해동 신라를 떠나온 지 이십사 년

당나라 궁궐에서 세 황제를 모셨다네

바다는 비록 넓고 넓으나

돌아가는 뱃길 멀다하지 않구나

놀란 파도에 때때로 짝을 잃으면

밤 되어 횃불 들고 서로를 부르네

오가며 옛 사람의 자취를 더듬어 보니

옛적에, 진시황도 건너려던 다리 끊어진 적 있었네

送朴充侍御歸海東[1]

張喬

天涯離二紀[2]

闕下歷三朝[3]

漲海雖然闊[4]

歸帆不覺遙[5]

驚波時失侶[6]

擧火夜相招[7]

來往尋遺事[8]

秦皇有斷橋[9]

註

1 《全唐詩》 제10함 제1책, 1,609쪽.

박충朴充 : 박충은 신라인으로 당나라에 20여 년간 거주하며 벼슬하였다.

시어侍御 : 시어사侍御史. 어사대전원御史臺殿院과 찰원察院의 시어사를 시어라고 불렀다.

해동海東 : 큰 바다 동쪽의 국가. 여기선 신라를 가리킨다.

2 천애天涯 : 하늘가. 아주 먼 곳을 가리킨다.

기紀 : 기년紀年의 단위. 몇 년이 한 번씩 순환하는 것을 1기一紀라고 한다. 12년은 한 기紀이다. 2기는 24년이다. 박충朴充 시어侍御가 신라를 떠난 지 이미 24년이 되었음을 의미한다.

3 궐하闕下 : 궁궐宮闕 밑. 제왕이 거주한 궁전. 여기서는 박충시어가 조정에 임직했다는 뜻과 함께 경성京城을 가리키기도 한다.

역삼조歷三朝 : 세 개 조대를 거쳤다. 즉 박충시어가 당나라에서 세 임금을 모셨다는 뜻이다.

조朝 : 제왕이 통치한 시기. 장교張喬의 일생을 추측해 볼 때 박충은 당 무종武宗 시기 중국에 왔고, 당 선종宣宗 이침李忱을 거쳐, 당 의종懿宗 함통咸通 연간 신라로 귀환하였다.

4 창해漲海 : 크고 깊고 넓은 바다. 창漲은 넓은 모양.

5 귀범歸帆 : 박충이 신라로 돌아갈 때 탄 배.

6 경파驚波 : 사람 마음을 놀라게 하는 큰 파도.

실려失侶 : 같이 동행하는 배를 놓침.

7 화火 : 봉화烽火 화신火信. 배와 배 사이에 정보를 알리어 연락하는 신호. 당시 중국을 오가던 신라, 일본의 배들은 흔히 네 척씩 같이 동행하며 서로 보살펴주었다. 야간에 배와 배 간의 연계는 화신火信으로 이뤄진다. 그래서 옛 글에 "불 들고 밤에 서로 부른다〔擧火夜相招〕"고 하였다.

8 유사遺事 : 이전 조대 혹은 이전의 사람이 남긴 사적.

9 진시황구秦始皇句 : 진시황은 바다 중간에 돌다리〔石橋〕를 놓고 해신海神을 만나고자 하였다. 그러나 형상形像은 그리지 않겠다는 약속을 위반, 해신에게 쫓겨났다. 진시황이 탄 말이 강에 오르자 석교는 허물어졌고 화가畵家는 물에 빠져 죽었다.

급제하여 해동으로 가는 사람을 배웅하며

장교

동풍이 먼데서 불어와
봄의 산천초목이 한꺼번에 봄을 맞았네
중화中華의 길에서 웃음 지으며
해마다 무수한 외국인을 배웅하네

送人及第歸海東[1]

張喬

東風日邊起[2]
草木一時春[3]
自笑中華路[4]
年年送遠人[5]

註

1 《全唐詩》 제10함 제1책, 1,611쪽.
급제及第 : 수당隋唐 이래 조정에서 과목을 나누어 문무관리文武官吏의 자손들을 특별히 시험으로 선발한 제도이다. 과거시험에서 선발되는 것을 급제라고 하며 시험 성적 순서대로 발표하였다. 수당 때에는 진사만 뽑았다. 언급된 신라인은 진사에 급제한 인물이다.
해동海東 : 큰 바다 동쪽의 나라. 여기에서는 신라를 가리킨다. 장교張喬의 또 다른 시 〈送朴充侍御歸海東〉에서도 해동이 신라임을 알 수 있다.

2 일변日邊 : 해 옆. 하늘가. 아주 먼 곳을 가리킨다.

3 초목일시춘草木一時春 : 급제 후의 기쁜 심정. 봄바람이 불어오니 초목은 울창하고 예쁘도다.

4 중화中華 : 중국 고대 화하족華夏族 · 한족漢族은 대부분은 황하黃河 남북, 사이四夷(夷, 戎, 蠻, 狄) 민족 중간 지대에 수도를 건립하였다. 그로 인해 中華를 中國이라고 불렀다.

5 원인遠人 : 원방에 있는 사람. 즉, 외국인 혹은 외족.

급제하여 해동으로 가는 빈공賓貢을 배웅하며

두순학

중국에서 급제하여 빨리도 돌아가네
배에 올라 떠나올 땐 귀밑머리 희지 않았지
이제 곧게 뻗은 하늘 계수나무에 올랐으니
그대는 신라를 대표하는 한 가지〔木枝〕로세
파도가 끝나는 저 먼 나라의 경계
해 돋을 때마다 고향 그리는 마음
서풍에 그대를 보내노니
집에 늦게 도착할까 염려 말게나

送賓貢登第后歸海東[1]

杜荀鶴[2]

歸捷中華第[3]
登船鬢未絲[4]
直應天上桂[5]
別有海東枝[6]
國界波窮處[7]
鄉心日出時[8]
西風送君去
莫慮到家遲

註

1 빈공賓貢 : 추천으로 입국한 현명한 인재. 여기서는 신라인 김이오金夷吾를 가리킨다.
등제登第 : 중국 과거시험에서 진사에 급제를 등제登第, 등과登科, 등과제登科第라고 하였다.

2 두순학杜荀鶴(846-904년) : 자는 언지彥之, 호는 구화산인九華山人. 지주池州 석태石埭, 지금의 안휘성安徽省 석대石臺 사람이다. 두목杜牧의 첩妾이 낳은 아들이었다고 전해며, 시詩에 뛰어났다. 어릴 때 집이 무척 빈곤하였다. 누차 시험에 낙방하다가 당 소종昭宗 대순大順 2년(891년), 두순학은 26세 때 8등으로 진사에 급제하였다. 그러나 전쟁으로 벼슬을 얻지 못하고 고향 마을로 되돌아갔다. 후에는 선주절도사宣州節度使 전군田頵의 종사從事가 되었다. 천복天復 3년, 그는 전군의 명령을 받고 대량大梁에 사신으로 가서 주전충朱全忠과 같이 회남절도사淮南節度使 양행밀楊行密을 토벌할 계책을 꾸몄다. 전군은 패배하여 살해당했고, 그는 대량에 남아서 주전충에게 의탁하였다. 천우天祐 원년(904년), 주객원외랑主客員外郎 직을 받고 지제고知制誥가 되었고, 한림학사翰林學士를 맡았다. 그러나 열흘 만에 사망하였다. 후량後梁 주온朱溫 개원開元 원년元年에 죽었다는 설도 있다. 두순학은 스스로 시집《唐風集》3권을 편찬하여 300여 수의 시를 수록하였다. 고운顧雲이 서언序言을 썼다.《全唐詩》에 시詩 3권이 편록되었다. 사적은《北夢瑣言》卷6,《舊五代史》〈梁書〉,《唐風集序》,《唐詩紀事》卷65,《唐才子傳》卷9 등을 참고 바람.

3 첩捷 : 재빨리.
중화제中華第 : 어떤 사람은 '중화지中華地'라고도 하였다.

4 빈미사鬢未絲 : 귀밑머리는 아직 안 희었다.
사絲 : 머리가 희었다. 귀밑이 희었다.

5 천상계天上桂 : 신화에 의하면 달나라에는 계수나무가 있는데 높이는 500장丈이며, 나무 밑에는 오강吳剛이 살았다. 그는 신선을 따르다가 과실을 범하였다. 그리하여 강직당하여, 이곳에서 계수나무를 찍는 벌을 받았다. 오강이 찍는 나무는 찍자마자 금세 이어졌다.《晉書》〈郤詵傳〉에 무제武帝는 동쪽 회당東堂에서 선詵을 접견하며 물었다. "경卿은 자기가 어떤 사람이라고 생각하오?" 선은 대답하였다. "소신小臣은 현명한 대책을 내어 천하의 제일이 되었습니다. 계수나무의 한 가지, 곤산崑山 한 쪽의 옥玉처럼 되었습니다." 그때부터 '계수나무 가지를 꺾는다〔折桂〕'는 말은 과거 급제를 뜻하게 되었다.

6 별유해동지別有海東枝 : 달나라의 계수나무는 반드시 해동海東에 그 가지가 있어야 한다. 즉, 해동의 유식자는 중국의 과거시험에 급제한 사람들이라는 뜻으로 과거 급제한 신라인을 가리킨다.

7 국계國界 : 나라와 나라 간의 분계선. 국가의 변방계선邊疆界線.
파궁처波窮處 : 큰 바다의 파도가 가없이 넓고, 먼 곳에서 사라진 곳. 바다의 해안 끝. 즉, 큰 바다의 대안은 신라의 국계라는 뜻.

8 향심鄕心 : 고향을 그리는 심정.

급제하여 돌아가는 친구를 배웅하며

장빈

고향 계림은 넓은 바다 동쪽
새벽에 해가 제일 먼저 붉게 뜨는 곳
공사貢士의 추천은 나라마다 다르지만
진사에 급제는 모든 나라 똑같다네
멀리서 파도를 삼키는 고기 떼 소리
바람 맞아 층층이 서는 신기루
시골엔 과거 급제자가 드문지라
과거장이 어떻터냐 다투어 물으리라

送友人及第歸[1]

張玭[2]

家林滄海東[3]
未曉日先紅[4]
作貢諸蕃別[5]
登科幾國同[6]
遠聲魚呷浪[7]
層氣蜃迎風[8]
鄉俗稀攀桂[9]
爭來問月宮[10]

註

1 《全唐詩》 제10함 제10책, 1,770쪽.
어느 책에는 제목 밑에 '신라'라는 두 글자가 씌어 있다. 그로 미루어 시인이 본국으로 귀환하는 신라 손님을 배웅하는 것임을 알 수 있다.

2 장빈張玭 : 자는 상문象文. 지주池州, 지금의 안휘성安徽省 귀지현貴池縣에서 거주했다. 소년 시절부터 총명하여, "밝은 해는 땅에서 솟아오르고 황하는 하늘에서 흘러내린다〔白日地中出, 黃河天上來〕"는 시구를 지어 당시 뭇사람의 칭찬을 받았다. 당 소종昭宗 건녕乾寧 2년(895년) 진사에 급제하였다. 교서랑校書郎, 약양위櫟陽尉, 서포령犀浦令 등을 역임하고 후에는 피난하여 사천四川으로 들어갔다. 왕건王建이 황제가 된 후 선부원외랑膳部員外郎을 역임하였으며, 금당령金堂令을 끝으로 벼슬을 마쳤다. 함통咸通 시절에 허당許棠, 정곡鄭谷, 임도任濤, 장교長喬 등과 함께 십철十哲이라 불렸다.

3 가림家林 : 자기 집의 뜰과 나무. 고향을 가리킨다.
창해滄海 : 푸르고 넓은 바다. 중국 고대 동해(우리나라의 서해)에 대한 명칭.

4 효曉 : 날이 밝다.

5 작공作貢 : 공사貢士가 됨.
번蕃 : 주나라 때 구주九州 외의 이복夷服, 진복鎭服, 번복蕃服을 가리킨다. 후에 왕조가 분봉分封한 제후국이 되었다.

6 등과登科 : 즉 등제登第, 등과제登科第. 과거시험으로 진사에 급제함을 말한다.

7 합呷 : 들이마시다. 빨아먹다.

8 신蜃 : 대합리大蛤蜊. 고대인들은 신蜃이 공기를 뿜어 신기루를 만들어 낸다고 생각하였다.

9 반계攀桂 : 계수나무 가지를 꺾다. 등과 급제했다는 뜻이다. 杜荀鶴 〈送賓貢登第後 歸海東〉의 주 5) 참고.

10 쟁爭 : '즘怎'과 같다.
월궁月宮 : 달나라 신선의 계수나무를 말한다. 과거시험장이라는 뜻. 杜荀鶴 〈送賓貢登第後歸海東〉의 주 5) 참고.

사신으로 신라 가는 호중승胡中丞을 배웅하며

조송

황제와 고별하고 의관衣冠 정리하여
날짜 헤아려 계림鷄林으로 떠나네
나라를 사랑하는 마음은
큰 바다 저 물보다 더 깊다네
돛 달고 고래 아가리 옆 드나들며
어명 받든 신하의 마음을 보리니
황은을 널리 베풀고 돌아와 복명할 때
그 가치 천금에 이르리다

送胡中丞使日東[1]

曹松[2]

辭天理玉簪[3]
指日使鷄林[4]
猶有中華戀[5]
方同積浪深[6]
張帆度鯨口[7]
銜命見臣心[8]
渥澤遐宣后[9]
歸期抵萬金[10]

註

1 《全唐詩》 제11함 제2책, 1,804쪽.

호중승胡中丞 : '왕중승王中丞'이라고 쓰인 곳도 있다. 어떤 사람인지 상세히 알 수 없다.

중승中丞 : 어사중승御史中丞, 즉 어사대御史臺의 장관. 皇甫曾 〈送歸中丞使新羅〉 주 1) 참고.

일동日東 : 바다 동쪽의 땅, 여기서는 신라를 가리킨다.

2 조송曹松(약 830-?) : 자는 몽징夢徵. 서주舒州, 지금의 안휘성安徽省 잠산潛山 사람이다. 당 의종懿宗 함통咸通 연간에 호남, 호북, 광동, 광서[楚粤一帶]를 유람했다. 당 희종僖宗 2, 3년간(815-816년) 이름을 듣고 멀리 복건福建에 가서 건주자사建州刺史 이빈李頻에게 의탁하다가 이빈이 사망하자 강호江湖를 유람하며 피난, 이후 홍주洪州 서산에 은거하였다. 당 소종昭宗 광화光化 4년(901년) 진사에 급제했으나 이미 70여 세였다. 교서랑校書郎을 임명받았으나 벼슬을 버리고 남방으로 돌아갔다. 《新唐書》〈藝文志〉에 〈曹松詩集〉 2권이 채록되었는데 유실되었다. 《全唐詩》에 시 3권이 등록되었다. 사적은 《新唐書》〈藝文志〉 四, 《唐詩紀事》 卷65, 《唐才子傳》 卷10 참고.

3 사천辭天 : 황제와 고별하다. 天은 천자로, 고대에 황제의 권한은 하늘이 준 것으로 생각했다. 그리하여 제왕을 천자라고 하였다.

옥잠玉簪 : 옥으로 만든 비녀. 높은 벼슬을 하는 귀관貴官들이 쓰는 모자, 혹은 머리를 장식.

4 계림鷄林 : 신라. 당나라 용삭龍朔 3년(663년)에 신라에 계림주鷄林州를 설치하였다. 그곳은 한반도 남부 지역이었다. 劉禹錫 〈送源中丞充新羅冊立使〉 주 7) 참고.

5 중화中華 : 중국.

6 방方 : 방금.

적랑積浪 : 큰 파도. 거센 파도.

7 경鯨 : 큰 고래. 顧況의 〈送從兄使新羅〉 주 43) 참고.

8 함명銜命 : 사명을 접수하다.

신臣 : 신하. 군주제君主制 시대의 관리.

9 악택渥澤 : 은혜, 혜택. 여기서는 황제가 준 은혜 즉, 황은皇恩을 말한다.

하遐 : 멀다.

10 저抵 : 상당하다. 값이 있다. 가치가 있다.

만금萬金 : 원래는 아주 귀중한 물건을 말한다. 여기선 호중승이 사신으로 신라에 가는 일이 매우 중요함을 뜻한다.

빈공賓貢에게 드리다

배설

큰 뜻 품은 그대
만리 길이 진실로 아득하다
동해 바다로 길을 떠나와
계수 가지는 북쪽 궁궐에서 꺾었네
고향의 하룻밤 꿈 채 이루지 못했는데
돛 달고 떠나면 천년이 지난 듯
귀밑머리 어찌 희지 않으리
쪽배 오가는데 근심만 깊어 가노라

贈賓貢[1]

裴說[2]

惟君懷至業[3]
萬里信悠悠[4]
路向東暝出[5]
枝來北闕求[6]
家無一夜夢
帆挂隔千秋
鬢髮爭禁得[7]
孤舟往復愁

註

1 《全唐詩》 제11함 제2책, 1,811쪽.

빈공賓貢 : 각 나라에서 추천받아 당나라에 온 인재, 혹은 당나라에 와서 과거시험에 참가할 공사貢士. 張喬 〈送賓貢金夷吾奉使歸本國〉 주 1) 참고.

2 배설裵說 : 계주桂州, 지금의 광서성廣西省 계림桂林 사람이다. 계림 섭령攝令인 배해裵諧의 형이다. 초기에는 과거에 번번이 급제치 못하였으나 당 소종昭宗 천우天祐 3년(906년) 장원급제하였다. 여러 번 승진하여 보궐補闕에 이르렀고 마지막으로 예부원외랑禮部員外郎에 올랐다. 《郡齋讀書志》에 시 한 권이 등록되었으나 유실되었다. 청나라 때 편찬한 《全唐詩》에 시 한 권이 등록되었다. 사적은 《南部新書》, 《唐詩紀事》 卷65, 《唐才子傳》 卷10 참고.

3 지업至業 : 가장 아름다운 사업. 과거를 가리킨다.

4 유유悠悠 : 요원하고 끝없이 넓은 모양. 무궁무진하다.

5 동명東暝 : 동해. 지금의 한반도와 일본 등지를 가리킨다.

6 지枝 : 계수나무 한 가지. 《晋書》 〈郤銑傳〉에 이르기를, 선銑은 계속 승급하여 옹주자사雍州刺史에 올랐다. 무제武帝는 동당東堂에서 그를 접견하였다. 선에게 묻기를 "경卿의 감상은 어떠한가요?" 선은 회답하였다. "제가 현량과에 천거될 때의 대책은 천하제일이지만 계수나무 한 가지, 곤산崑山의 쪼가리 옥玉에 불과합니다." 본래는 겸손한 어사이다. 즉 자기는 뭇 인재 중의 하나란 말이다. 후에는 과거시험에서 뛰어난 인재를 말하는 것으로 바뀌었다.

7 쟁爭 : 어찌. 어떻게.

금득禁得 : 금지할 수 있다. 억누를 수 있다. 받아 낼 수 있다.

떠나는 신라인을 배웅하며

진광

고향은 큰 바다에 막혔는데
떠나려니 날까지 저물었네
해도 멀고 갈 길도 먼데
바람과 파도는 다투어 어지럽고
노을이 비낀 언덕 끝
하늘과 바다는 잇대어 차갑다
돌아가 고향 땅 닿게 되면
만리 밖에서 장안長安을 꿈꾸려나

送人歸新羅[1]

陳光[2]

巨浸隔鄉關[3]
離城日已殘[4]
日將程共遠[5]
風與浪爭難
岸盡霞光落
天光海色寒[6]
扶桑歸到后[7]
萬里夢長安[8]

註

1 이 시는《詩淵》제6책 4,382쪽에서 채적采摘하였다. 배웅을 받는 신라 사람은 알려진 바 없다.

2 진광陳光은 당나라 말 사람으로 자주 과거시험에서 떨어졌었다. 호남湖南, 강서江西 등지를 유람하였다. 《新唐書》〈藝文志〉에 시 1권을 등록하였으나 이미 유실되었다. 지금 보존된 시는 7수이다.

3 거침巨浸 : 큰 바다.
향관鄕關 : 고향. 唐 崔顥〈黃鶴樓〉詩 : "日暮鄕關何處是, 烟波江上使人愁".

4 일日 : 태양.
일이잔日已殘 : 즉 석양夕陽. 唐 李頎〈奉送五叔入京〉詩 : "雲陰帶殘日, 悵別此何時?"

5 일日 : 태양.
장將 : -와. 唐 盧綸〈與暢當夜泛秋潭〉詩 : "離人將落葉, 俱在一船中".
정程 : 노정路程.

6 천광天光 : 하늘색. 唐 李白〈愁陽春賦〉詩 : "天光青而妍和, 海氣綠而芳新".

7 부상扶桑 : 신기한 나무 이름. 전설에는 해는 부상나무 밑에서부터 떠오른다고 하였다. 큰 바다 동쪽의 지역을 가리킨다. 옛적에 부상은 일본과 신라를 가리켰다 여기서는 신라를 가리키는 것이다. 顧況〈送從兄使新羅〉주 33) 참고.

8 장안長安 : 고대 중국 수도의 명칭. 한 고조高祖 7년(기원전 200년)에 건립됐다. 그 후 동한東漢 헌제獻帝, 초 서한西漢 민제愍帝, 전조前趙, 전진前秦, 후진後秦, 서위西魏, 북주北周, 수隋, 당唐 등이 이곳에 수도를 정하였다. 서한西漢 말기, 녹림綠林, 적미赤眉, 당나라 말년 황소黃巢도 이곳을 수도로 정하였다. 장안은 당나라 이후 쓰인 시와 문장에서 일반적인 수도의 통칭으로 자리 잡았다. 唐 李白〈金陵〉詩 : "晉家南渡日, 此地舊長安".

신라 스님의 천태天台 유람을 배웅하며

양기

물병 하나 들고 해 저쪽을 떠나와
중국 천태天台 적성산赤城山 향하누나
층층이 겹친 구름 밑을 벗어나
저 바다 동쪽으로부터 오는도다
나무덩굴 휘어잡고 험산 오솔길 돌아 오르며
선장禪杖 걸고 송풍松風 잠깐 쐰다네
고개 들어 떠나 온 계림鷄林을 되돌아보면
오직 꿈에서나 마주하겠네

送日東僧游天台[1]

楊夔[2]

一甁離日外[3]
行指赤城中[4]
去自重雲下[5]
來從積水東[6]
攀蘿躋石徑[7]
挂錫憩松風[8]
迴首鷄林道[9]
唯應夢想通[10]

註

1 《全唐詩》 제11함 제6책, 1,894쪽.

일동日東 : 고대 때 흔히 일본이나 신라를 가리켰다. 시어 중 계림도鷄林道가 있는 것으로 보아 이 글에서의 '日東'은 신라를 뜻하는 것이고, 일동승은 신라의 승려를 가리킨다.

천태天台 : 천태산天台山이다. 지금의 절강성浙江省 천태현天台縣 성북城北 쪽 2킬로미터 되는 곳에 있다. 도홍경陶弘景은 《眞誥》에서 "산은 북두성과 견우성의 분계선인 하늘 위의 태숙台宿과 호응한다. 그리하여 천태天台라고 한다"고 적었다. 적성赤城, 폭포瀑布, 불롱佛隴, 향로香爐, 화정華頂, 동백桐柏 등 여러 산으로 구성되었다. 최고봉인 화정의 높이는 1,333미터이다. 적성산赤城山 옥경동玉京洞은 십대동천十大洞天 중의 하나이고, 동백산桐柏山은 칠십이복지七十二福地의 하나이다. 도서道書에는 황제黃帝가 천태산에서 금액신단金液神丹을 받았고, 태청진인太淸眞人 팽종彭宗은 적성赤城을 다스렸고, 우필진인右弼眞人 왕자진王子晉과 구천복야九天仆射, 백이숙제伯夷叔齊는 같이 동백을 다스렸다는 등 많은 설화가 전한다. 역대에 많은 도교 명사들이 입산하여 수련하였다. 동한東漢 때 유신劉晨, 완조阮肇가 천태산에서 신선을 만났다는 전설도 있다. 산속에는 도교의 궁전과 큰 집들이 오래전부터 있었다. 동백숭도관桐柏崇道觀은 삼국三國 때 오吳나라, 적오赤烏 2년(239년)에 창건하고, 옥경관은 송나라 정화政和 8년(1118년)에 건축하였고, 우성관佑聖觀은 북송北宋 선화宣和 연간에 건축하였다. 그러나 지금은 다 폐허가 되었다. 전설에 의하면 삼국 오나라 적오赤烏(238-251년) 연간 이미 불교 사찰佛寺이 있었다. 동진東晉 이후, 지둔支遁, 담광曇光, 축담유竺曇猷 등이 이곳에 거주하였다. 남조南朝 진陳나라 태건太建 7년(575년) 지의智顗는 그의 제자 혜변慧辯 등 20여 명을 거느리고 이곳에서 10여 년 거주하며, 불교 교의教義와 관행觀行에 대한 자신의 독특한 법칙을 규정하고 천태종天台宗이라는 종파를 창립하였다. 진隋나라 개황開皇 18년(598년), 진왕晉王 양광楊廣은 지의智顗의 유원遺願을 받아들여 산기슭에 절을 건축하고 대업大業 원년에는 국청사國淸寺라는 이름을 은사하였다. 이로써 천태종의 근본적인 도량道場(도 닦는 장소)이 되었다. 개황 17년 지의智顗가 세상을 떴다. 후세인들은 불롱산佛隴山에 그를 위하여 탑원塔院(지금의 진각사眞覺寺 내)을 건축하였다. 천태종은 《法華經》을 교의의 이론적 근거로 삼기에 법화종法華宗이라고도 부른다. 당나라 정원貞元 20년(804년), 일본 승려 최징最澄이 당나라에 법法을 얻으려고 왔다. 그는 여기서 담연湛淵의 문도門徒인 도수道邃와 행만行滿을 따라 천태도의天台道義를 배우고 돌아가서 일본 천태종을 창립하였다. 13세기 일본 승려 일연日蓮은 천태종의 법화경을 근거로하여 일연종日蓮宗을 창립하였다. 11세기 말 조선 승려 의천義天은 중국에 와서 천태교의를 배우고 천태종을 한반도에 소개하였다. 천태산에 지금까지 보존되고 있는 불교 사찰로는 국청사國淸寺, 진각사眞覺寺, 화정사華頂寺, 고명사高明寺, 방광사方廣寺 등이 있다.

2 양기楊夔 : 조상은 홍농弘農(지금의 하남성 영보) 사람이다. 소종昭宗 때, 은문규殷文圭, 두순학杜荀鶴 등과 같이 영국절도사寧國節度使 전군田頵의 문객門客 생활을 했다. 평생 벼슬을 못하였다. 시를 잘 쓰고 부賦를 잘 지었다. 원호袁皓, 장교張喬, 정곡鄭谷과 절친하였다. 문집文集 5권, 《冗書》 10권이 있었는데 산실되었다. 사적은 《新唐書》 〈田頵傳〉, 《九國志》 卷3, 《詩話總龜》 卷27, 《唐才子傳》 卷10, 《十國春秋》 卷11, 本傳 등을 참고 바람. 청나라 때 편찬한 《全唐詩》에 시 12수가 수록되었다.

3 병甁 : 승려가 외출할 때 갖고 다니는 음수용구飮水用具. 병甁은 물을 담고 발鉢은 밥을 담는다. 여기에서는 신라의 승려를 말한다.

일외日外 : 신라를 가리킨다.

4 적성赤城 : 산 이름. 천태산天台山 봉우리 중의 하나. 지금의 절강성 천태현 북쪽에 있다.

5 중운重雲 : 중첩된 구름.

6 적수積水 : 큰 바다를 가리킨다. 許棠 〈送金吾侍御奉使日東〉 주 1) 참고.

7 나蘿 : 덩굴성 식물, 등나무〔藤樹〕, 소나무 겨우살이〔松蔓〕.

8 괘석挂錫 : 선장禪杖을 걸다. 떠나와 있는 스님이 투숙하는 절. 머물 때 그릇과 선장을 승당僧堂에 걸어놓기 때문에 이 같이 부른다.

석錫 : 스님이 길 떠날 때 가진 석장錫杖 혹은 선장禪杖. 孫逖 〈送新羅法師還國〉 주 8) 참고.

게憩 : 휴식

9 계림鷄林 : 한반도의 옛 명칭, 즉 신라. 후세인들은 신라를 계림이라고 불렀다. 劉禹錫 〈送源中丞充新羅冊立使〉 주 7) 참고.

10 몽상통夢想通 : 꿈에 나타날 것이다.

신라로 돌아가는 무착선사無著禪師를 배웅하며

법조

고향 가시는 만리 길
연분을 따르기에 먼 길 아니라네
누더기 걸쳐 입고 뭇 산 누비고
물병 하나 갖고 쉽게 바다 건넜네
밤엔 구름에 기대어 자고
아침엔 물 반찬으로 소식素食하였네
어느 해에 불경佛經 들고
한족漢族 집에 다시 들르리

送無著禪師歸新羅[1]

法照[2]

萬里歸鄉路[3]
隨緣不算程[4]
尋山百衲弊[5]
過海一杯輕[6]
夜宿依雲色[7]
晨齋就水聲[8]
何年持貝葉[9]
却到漢家城[10]

註

1 무착無著 : 어떤 사람은 이를 불교의 한 분파라고 하기도 한다. 무착은 고 인도印度 대승불교大乘佛教 유가파瑜伽派 창시자 중 한 사람이다. 《婆藪槃豆法師傳》에 의하면 무착은 북 인도 부루사부라국富婁沙富羅國 사람이다. 다년간 《瑜伽師地論》을 연찬하여 그 뜻을 다 파악하였고 《華嚴經》 등 대승경의大乘經義를 전부 통달하였다. 저서가 아주 많다. 주요 저서로 《攝大乘論》, 《六門教授習定論》, 《順中論》, 《金剛般若經論》, 《顯揚聖教論》, 《大乘阿毘達摩集論》 등이 있다. 어떤 사람은 '무착'을 가리켜 불교의 한 마디 말이라고도 한다. 즉, 아무 구속도 받지 않고, 무엇이든 끝까지 하지 않는다는 의미이다. 《禮文類聚》 권77 참고. 南朝 梁元帝 〈梁安寺刹下銘〉 : "有識之所虔仰, 無著之所招提". 唐 鄭谷 〈蔡處士〉 詩 : "無著復無求, 平生不解愁". 이 시로 미루어 무착은 스님의 이름으로 짐작된다.
선사禪師 : 스님에 대한 존칭이다.

2 법조法照 : 정토종淨土宗 스님. 남양南梁, 지금의 섬서성陝西省 한중漢中 사람이다. 당 대종代宗 대력大曆 3년(767년) 형산衡山 운봉사雲峰寺에 거주, 대력 5년 오대산五臺山에 가서 정토종을 수도하고 후에 죽림사竹林寺를 짓고 그곳에 정착하였다. 송나라 《宋高僧傳》 권21 참고. 청나라 때 편찬된 《全唐詩》에 시 3수가 수록되었다.

3 만리귀향로萬里歸鄕路 : 당나라 때 많은 신라 사람이 중국으로 유학 왔다. 그중 많은 이들이 불교에 발을 들여 놓았다. 어떤 사람은 중국 땅에서 늙었고, 어떤 이는 수행하여 성과를 얻고 본국으로 귀환하였다. 여기서의 선사는 귀환한 승려를 가리킨다.

4 수연隨緣 : 불교의 언어. 뭇 중생을 인연에 따라 교화한다는 의미.
연緣 : 몸과 마음, 외부에 대한 감촉, 감각.

5 백납百衲 : 백납의百衲衣, 혹은 납의衲衣라고도 한다. 불교 승려의 옷. 계율 규정에 의하면 승려들의 의복은 사람이 버린 헌옷 조각을 기워서 만든다. 《釋氏要覽》 상권에 의하면 승려의 옷은 내원來原을 기준으로 다섯 종류로 나눈다. 즉 시주한 옷(施主衣), 시주가 없는 옷(無施主衣), 왕복된 옷(往還衣 : 죽은 사람을 쌌던 옷), 죽은 사람 옷(死人衣), 똥걸레 옷. 똥걸레 옷은 사람들이 던진 헌 옷, 누더기 조각을 말한다. 즉 길에 버린 옷, 변소에 똥걸레로 버린 옷, 강가에 버린 옷, 개미들이 구멍 뚫은 헌 옷, 조각난 헌 옷. 어떤 때는 납의를 '똥걸레 옷'이라고도 한다. 불교가 융성해지면서 꼭 이를 따르지는 않았다.

6 일배一杯 : 물병을 갖고 강을 건너다. 여기서는 배를 타는 일을 가리킨다. 진공晉公 시대의 스님인데 이름은 알 수 없다. 전설에 의하면 그는 나무 물병을 갖고 물을 건넜기에 '물병 타고 물을 건넌다'는 표현을 썼다.

7 운색雲色 : 하늘 색깔을 말한다.

8 재齋 : 불교 용어. 1. 점심밥 굶는 것을 '재齋'라 한다. 《釋氏要覽》 卷上 : "佛教以過中不食名齋". 만약 점심시간이 지난 후 밥을 먹으면 비시식非時食이라고 한다. 2. 소식素食을 재반齋飯이라고도 한다. 만약 집에서 신도(信徒, 居士)들이 시간에 따라 팔재계八齋戒를 하면 오직 소식만 먹는다. 이것을 재齋를 먹는다 한다. 재법齋法을 위반하지 않는 것을 지재持齋라고 한다.

9 패엽貝葉 : 패다라貝多羅 나뭇잎. 그 위에 불경佛經을 쓴다. 1세기부터 11세기까지 고 인도의 불교 교도들은 경經, 율律, 논論 등 삼장三藏을 쓴 패엽경貝葉經을 대량으로 지니고 중앙아시아와 중국의 신강, 서장지구와 네팔(尼泊爾) 등지로 가 불교를 전파하였다. 이때 교화된 불교 신자들은 인도에 가서 불교를 배웠다. 귀국 때는 패다라 나뭇잎 경전을 대량 휴대하고 돌아왔다. 중국 운남雲南 태족傣族 지구에서 파리문巴利文과 태문傣文이 담긴 패다라 나뭇잎 경서가 많이 발견된 바 있다.

10 한가성漢家城 : 중국 도시를 지적한다. 한족漢族은 중화민족 중 인구가 가장 많은 민족이다. 때문에 흔히 한漢 혹은 한가漢家를 중국中國으로 불렀다.

떠나는 박산인朴山人을 배웅하며

무가

비 그치길 기다려 늦게야 돛을 올리네
고향에선 편지 띄워 재촉하지 않을는지
물은 황산광야荒山曠野로부터 흘러 모이고
사람은 하늘가를 향하여 끝없이 가네
고국 그리며 바람 타고 온 지 오래건만
고독한 섬은 여전히 하늘 위에 떠 있나니
다행일세, 사신使臣 직을 겸하였으니
서찰 전할 일 아득하구나

送朴山人歸日本[1]

無可[2]

海霽晩帆開[3]
應無鄕信催[4]
水從荒外積[5]
人指日邊迴[6]
望國乘風久[7]
浮天絶島來[8]
儻因華夏使[9]
書札轉悠哉[10]

註

1 《全唐詩》 제12함 제1책, 1,991쪽.

일본인 이등송정일伊藤松貞一의 《隣交證書》 고증考證에 의하면, 당시 일본에는 박朴이라는 성씨가 없었다. 박씨 성은 한반도 사람의 성씨다. 그러기에 박산인朴山人을 한반도 신라, 혹은 고구려, 백제 사람이라 추측할 수 있다.

산인山人 : 산중에 은거한 지식인. 때로는 고대 학자들의 아호雅號로도 쓰였다.

일본日本 : 여기서는 한반도 신라라고 본다. 당시 어떤 시인들은 곧잘 신라를 일본이라 착각하였다.

2 무가無可 : 범양范陽, 지금의 하북성河北省 탁현涿縣 사람이다. 속성俗姓 가賈씨, 가도賈島의 사촌 동생. 어릴 때 집을 떠나 중〔僧〕이 되었다. 무가는 그의 법명이다. 그는 가도와 장안長安 청룡사青龍寺에 동거하였고, 후에는 종남산終南山 백각白閣, 화산華山 수곡樹谷 등지에서 거주하였다. 오언시五言詩와 서예〔書法〕에 능통하였다. 가도, 요합姚合과 서로 증송한 시가 있다. 가도가 아주 흡족해 하는 시구 '못 밑 그림자는 홀로 걷고, 나무 옆에 몸을 기대어 몇 번 멈추누나〔獨行潭底影, 數息樹邊身〕'는 〈送無可上人〉이라는 시에 쓴 것이다. 시집 한 권이 있다. 사적은 《唐詩紀事》 卷74, 《直齋書錄》 卷19 등을 참고 바람. 청나라 《全唐詩》에 시 2권이 수록되었다.

3 해제海霽 : 바다에 비 멈추고 날이 갠다.

4 향신鄕信 : 고향 사람과 집사람의 편지.

5 황외荒外 : 개척되지 않은 변방, 황무지. 멀고 먼 이역을 가리킨다.

6 일변日邊 : 태양 옆. 하늘가. 극히 먼 곳.

7 망국望國 : 멀리서 고국을 뚫어지게 보다. 고향을 그리다.

승풍乘風 : 바람을 탄다. 바람의 힘을 빌다.

8 부천浮天 : 바다에서 멀리 보니 하늘과 물이 잇닿았고 하늘은 물에서 출렁인다. 하늘이 떠올랐다 내려갔다 출렁인다.

절도絶島 : 고독한 섬. 신라를 가리킨다. 당시 중국에서 신라, 백제, 고구려를 가려면 대부분 바닷길로 가야 한다. 그리하여 한반도를 바다 속의 섬이라 하였다.

9 당儻 : 우연히, 요행히.

화하사華夏使 : 박산인朴山人이 중국의 사신이라는 것을 가리킨다. 당나라 때 신라, 고구려와 백제는 중국에 많은 학생을 파견하였다. 또는 왕친국척王親國戚의 자녀로 중국에 와서 숙위생宿衛生으로 있는 사람도 많았다. 그중 많은 사람은 중국에서 과거에 급제하고 중국에서 벼슬하였다. 본국으로 돌아갈 때 당나라에서는 그들에게 사신 신분을 주었다.

하사夏使 : 어떤 책에는 하몽下夢이라고 쓰여 있다.

10 서찰書札 : 서신과 문서, 서류. 여기서는 당 왕조가 박산인에게 신라 왕조(혹은 고구려나 백제 왕조)에 전달하는 공문 혹은 편지를 말한다.

찰札 : 고대 중국에서 글을 쓰던 작고 얇은 나무. '첩牒'이라고도 한다. 글 쓴 나무 조각이 비교적 길면 '참槧'이라고 불렀다.

전轉 : 전달하다.

유재悠哉 : 사념思念에 잠기다. 그리다. 늘 생각하다.

재哉 : 감탄 어조사로 의미는 없다.

떠나는 신라인을 배웅하며

관휴

엊저녁 서풍 불 제
그대 귀향을 배웅했네
길이 멀어 근심걱정 많았으나
해 바라보며 신라로 가시었네
신기루 번지고 날씨는 청청한데
밀물은 황야 곳곳에 흔적을 남기었네
오늘부터 머리는 각기 휠 것이고
꿈에나 서로를 마주하겠네

送人歸新羅[1]

貫休[2]

昨夜西風起
送君歸故鄉
積愁窮地角[3]
見日上扶桑[4]
蜃氣生初霽[5]
潮痕匝亂荒[6]
從玆頭各白[7]
魂夢一相望[8]

註

1 《全唐詩》 제12함 제3책, 2,032쪽.

2 관휴貫休(832-913년) : 본성은 강姜씨, 자는 덕은德隱. 무주婺州 난계蘭溪 지금의 절강성浙江省 사람이다. 7세 때 출가하여 20세에 수계受戒를 받았다. 하루에 경서經書 천자千字를 한 번 보면 잊지 않고 기억했다고 전해진다. 경서에 정통하고 시화詩畵에도 뛰어났다. 강동江東과 강서江西를 유람하였고, 당 소종昭宗 건녕乾寧 초기에 전당錢塘에 가서 전류錢鏐 스님을 방문, 후한 접대를 받았다. 차후 형주荊州의 성예成汭 스님도 배알하였다. 천복天復 3년(903년) 가을에 촉나라로 들어갔는데, 촉 왕 왕건王建의 존중을 받았다. 왕건은 그를 '득래화상得來和尙'이라 칭하고, '선월대사禪月大師'라는 법호를 은사하였으며 용화선원龍華禪院을 그에게 지어 주었다. 관휴는 후량後梁 건화乾化 2년 12월(912년) 촉에서 세상을 떠났다. 그는 이빈李頻, 오융吳融, 위장韋莊, 나은羅隱, 제기齊己 등과 교제하며 서로 시를 읊고 화답하였다. 시에 명망이 높았으며《西岳集》을 자편自編하였고 오융이 서언을 써서 그를 높게 평가하였다. 사망 후 그의 제자 담역曇域이 그의 문장을 수집하여《禪月集》30권을 편찬하였다. 관휴는 또한 화가였다. 필력筆力은 힘이 있고, 특히 초서草書가 뛰어났다. 당시 그를 회소懷素에 비유하였다. 사적은 담역曇域의《禪月集書》,《送高僧傳》卷30,《唐詩紀事》卷75 등을 참고 바람. 청나라 때 편찬한《全唐詩》에 시 12권이 수록되었다.

3 지각地角 : 땅의 끝. 아주 편벽하고 먼 곳을 비유한다.

4 부상扶桑 : 부상나무. 신기한 나무 이름. 전설에 의하면 부상나무에 해가 열 개 있었다. 해 아홉은 아래 가지에 있고, 해 하나는 위 가지에 있었다. 그래서 부상은 해 뜨는 곳이라고 하였고, 머나먼 중국 동방의 바다에 있다고 믿었다. 고대에는 일본을 가리켰다. 여기서는 신라를 가리키는 것이다. 顧況〈送從兄使新羅〉 주 33) 참고.

5 신기蜃氣 : 조개가 토한 공기. 신기루라고 한다. 耿湋〈送歸中丞使新羅〉 주 9) 참고.
제霽 : 비 멈추고 날이 개이다.

6 조흔潮痕 : 밀물이 멈춘 후 남겨 놓은 흔적.
잡匝 : 에돌다. 감아 돌다.
난황亂荒 : 개척하지 않은 황무지.

7 자玆 : 오늘. 지금. 이곳.

8 일一(相望) : 줄곧. 시종일관. 즉 꿈과 혼이 에돌아 싼 사색은 영원히 끊어질 수 없고, 정황은 변치 않는다.

돌아가는 신라 승려를 배웅하며

관휴

교육을 위해 온 몸 바쳐 헌신하다가
뜻한 바를 이루고 동방으로 돌아간다
배는 언덕을 떠나 허공에 오르는데
의지할 곳 없이 큰 바다 건너 한 해를 가야 하리
달 떠오르자 음화陰火가 번지고
닻을 조이자 붕새(鵬)가 날아가는 듯
바다 건너 집으로 돌아간 뒤에라도
자줏빛 옷은 늘 입어야 하리다

送新羅僧歸本國[1]

貫休

忘身求至教[2]
求得却東歸[3]
離岸乘空去[4]
終年無所依[5]
月沖陰火出[6]
帆撈大鵬飛[7]
想得還鄉後[8]
多應著紫衣[9]

註

1 《全唐詩》 제12함 제3책, 2,039쪽.

2 망신忘身 : 목숨을 아끼지 않고 세운 목표를 달성하기 위하여 최대의 노력하다.
지교至教 : 가장 좋은 교도教導, 교육. 《禮記》〈禮器〉 : "天道至教". 〈陳澔集說〉 : "天道, 陰陽之運, 极至之教也". 여기서는 불교 최고 경전의 뜻을 말한다.

3 동귀東歸 : 본국 신라로 돌아감을 말한다. 신라는 중국의 동방에 있기에 이 같이 말했다.

4 승공乘空 : 하늘에 뜨다. 신라 승려는 배 타고 동쪽으로 돌아가기에 반드시 끝없는 바다를 건너야 한다. 하늘과 물은 닿아 있고 배는 마치 하늘에 떠오르는 듯하여 이렇게 표현하였다.

5 무소의無所衣 : 돌아가는 배는 큰 바다에서 정착하여 의지할 섬, 혹은 정박할 해안조차 없다.

6 충沖 : 달은 바다에서 솟아서 천공으로 떠오른다.
음화陰火 : 바다 생물이 발산한 빛. 晉 王嘉《拾遺記》〈唐堯〉 : "西海之西, 有浮玉山. 山下有巨穴, 穴中有水, 其色若火, 晝則通曨不明, 夜則照耀穴外, 隨波瀼蕩, 其光不滅, 是謂陰火".

7 찰拶 : 핍박하다. 강박하다. 唐 李山甫《禪林寺作寄劉書記》 : "坐近松風骨自寒, 茅齋直拶白雲邊".
대붕大鵬 : 전설 중의 제일 큰 새. 《莊子》〈逍遙游〉 : "北冥有魚, 其名曰鯤. 鯤之大不知其几千里也. 化而爲鳥, 其名曰鵬. 鵬之背不知其几千里也. 怒而飛, 其翼若垂天之雲". 唐 韓愈〈海水〉 詩 : "海有吞丹鯨, 鄧有垂天鵬".

8 환향還鄕 : 고향 신라로 귀환한다.

9 자의紫衣 : 자주색 가사袈裟, 불교 수행자의 옷. 전설에 의하면 불법에 부합되는 의복은 석가모니가 규정한 3의, 5의라 전해진다. 3의 : 1. 회투, 9쪽부터 25쪽의 헝겊으로 봉제한다. 2. 우옷〔多郁羅〕 7쪽 옷, 7쪽 헝겊으로 봉제한다. 3. 속옷〔安陀會, 內地〕, 5쪽 옷, 5쪽 헝겊으로 봉제하였다. 승려의 옷은 퍼런 것〔青色〕, 누런 것〔黃色〕, 붉은 것〔赤色〕, 흰 것〔白色〕, 검은 것〔黑色〕 등 본래의 색을 버리고 거무스름한 색깔을 쓴다. 이것을 회壞색이라 하고 옷은 치의緇衣라고 한다. 여기서는 자주색 가사袈裟를 가리킨다. 이것은 본래 부처님이 만든 것은 아니다. 남녀 승려는 자주색 옷을 입는다. 이것은 당나라 측천황후〔則后〕 때부터 시작된 전통이다. 宋 高似孫《史略》 : "唐則天朝, 僧法朗等賜紫衣袈裟. 僧之賜紫衣, 自唐武后始". 이 글의 의미는 신라 승려가 본국으로 돌아간 후 더욱 더 총애와 영광을 받을 것이란 뜻을 담고 있다. 당나라 때 신라에서 중국으로 온 승려는 아주 많았다. 다수의 승려는 돌아간 후 더욱 더 중용되었다. 예를 들면 자장慈藏은 정관貞觀 12년 자기 문도門徒 12명을 거느리고 장안長安에 왔다. 최초에는 승광사勝光寺 별원別院에 머물렀고, 후에 종남산終南山에 입산하여 운제사雲際寺 동쪽 벼랑 위에 집을 짓고 거주하며 3년의 수행을 거치고 정관貞觀 17년(643년)에 본국으로 돌아갔다. 신라국 국왕은 그를 위해 왕분사王芬寺를 짓고, 그를 대국통大國統으로 분봉分封하였다. 道宣의 《繼高僧傳》 참고.

급제 후 돌아가는 신라인을 배웅하며

관휴

계수나무 향기 황궁을 물들일 때
먼 길 떠나 봉래蓬萊의 뭇 섬을 스치네
고요 속 돛배는 밤낮없이 날건만
바람 없으면 몇 년 걸린다 하네
솜옷에 햇볕 쪼이니 온 몸이 불가마 속에 든 듯
섬 옆의 고기 뼈는 배보다 더 크네
고향에 돌아가면 오가는 사신들 만날 것이니
중국어로 편지나 한 장 써서 보내게나

送新羅人及第歸[1]

貫休

捧桂香和紫禁煙[2]
遠鄉程徹巨鼇邊[3]
莫言挂席飛連夜[4]
見說無風即數年[5]
衣上日光眞是火[6]
島旁魚骨大於船
到鄉必遇來王使[7]
與作唐書寄一篇[8]

註

1 《全唐詩》 제12함 제3책, 2,046쪽.

2 봉계捧桂 : 손에 계수나무 가지를 들었다. 과거 급제를 비유하며 뭇 인재 중에서 더욱 우수한 인재가 나타났다는 뜻이다.

자금紫禁 : 옛날에는 자주색 담 벽을 황제의 거처로 비유하였다. 그리하여 궁금宮禁을 자금紫禁이라고 하였다.

3 철徹 : 뚫고 나갔다. 도달했다.

거오巨鰲 : 전설 중 능히 등으로 산을 질 수 있는 큰 거북. 여기서는 봉래蓬萊의 뭇 섬을 가리킨다.

4 괘석挂席 : 돛 달다.

연야連夜 : 밤낮을 이어. 끊임없이.

5 견설見說 : 듣건대.

6 의상衣上 : 화완포火浣布로 지금의 석면포石棉布와 유사하다. 검푸른 색깔로 불 속에 넣으면 희어지고 깨끗해진다. 그러나 쥐 털은 아니다.

7 왕사王使 : 황제의 사신. 사절.

8 여작與作 : 나를 위하여 글을 짓다.

당서唐書 : 당조唐朝의 서류. 여기서는 중국 말로 편지 한 통을 쓰거나 시 한 수를 지으라는 뜻이다.

신라 승려를 배웅하며

관휴

인도 천축天竺에서 거룩한 가르침이 나왔으니
선인의 말대로 사자의 울부짖음처럼 천하무쌍이라
여섯 마디 석장錫杖 가볍게 휘두르니
높고 높은 설산도 텅 빈 듯 들쭉날쭉인데
베개맡의 고향 꿈은 사라진 지 오래고
주머니엔 석두대사石頭大師 비문만 지녔어라
〈남악南岳 석두대사의 비석문은 유가랑중劉珂郎中의 걸작이다〉
부끄럽구나, 불법에 정진해야 함에도 세속의 편함만 좇으니
지금이 바로 바람 맑고 별일 없는 그 때이거늘

送新羅衲僧[1]

貫休

扶桑枝西眞氣奇[2]
古人呼爲師子兒[3]
六環金錫輕擺撼[4]
萬仞雪嶠空參差[5]
枕上已無鄕國夢[6]
囊中猶挈石頭碑[7]
(南岳石頭大師, 劉珂郎中作碑文也)[8]

多慚不便隨高步[9]

正是風淸無事時

註

1 《全唐詩》 제12함 제3책, 2,046쪽.

납승衲僧 : 화상和尙. 승려의 의복을 납의衲衣라 하며, 승려를 납승衲僧, 납자衲子라고 한다.

2 부상扶桑 : 신기한 나무 이름. 《山海經》〈海外東經〉에 이르길, 부상扶桑은 동방 큰 바다 가운데 있다고 한다. 顧況〈送從兄使新羅〉 주 33) 참고. 여기서 말한 '부상나무 가지 서쪽〔扶桑枝西〕'은 옛 인도 천축〔古印度天竺〕 일대를 가리킨다.

3 사자師子 : 사자. 불교에서는 부처님을 비유한다. 특히 두려움 없이 끝도 없이 가는 것을 가리킨다. 《大智度論》 卷7 : "佛爲人中獅子". 貫休〈寄大願和尙〉 詩 : "自怜亦是師子子, 未逾三載能嚬呻". 불교에서 말하는 '사자가 울부짖다〔獅子吼〕'는 표현은 부처님이 설법說法 때, 외부의 일체 사설邪說을 짓누를 수 있는 신기한 위력을 갖고 있는 것을 비유한다. 《維摩經》〈佛國品〉 : "演法无畏, 犹如獅子吼". 唐 白居易〈三教論衡〉 : "窃以釋門義林法師明大小乘, 通內外學, 灵山岭岫, 苦海津梁, 於大衆中能師子吼".

4 금석金錫 : 석장錫杖. 성장聲杖, 명장鳴杖이라고도 한다. 지팡이 윗머리에는 석환錫環이 있다. 孫逖〈送新羅法師還國〉 주 11) 참고.

5 인仞 : 중국 고대 길이의 단위. 7척尺은 1인仞이다. 8척을 1인이라고도 하였다.

만인萬仞 : 산이 높고 가파르다는 말이다.

설교雪嶠 : 높고 가파르고 산 등이 뾰족한 설산雪山을 가리킨다.

교嶠 : 원래는 높고 뾰족한 산을 가리켰다. 지금은 높은 산 혹은 고개를 가리킨다.

참차參差 : 높고 얕고 가지런하지 않다.

6 향국鄕國 : 고향, 고국.

7 설挈 : 휴대攜帶하다.

석두비石頭碑 : 석두石頭 대사의 비문碑文. 석두대사, 즉 희천希遷(700-790년)의 속성俗姓은 진陳씨로 서주瑞州 고요高要, 지금의 광동廣東 사람이다. 당 현종玄宗 개원開元 16년 나부羅浮에서 수계受戒를 받고 길주吉州 청원산靑原山에 가서 혜능慧能의 제자 청원靑原 행사行思의 뒤를 이었다. 천보天寶 초년 형산衡山 남사南寺 큰 돌 위에 암자를 짓고 살았다. 그리하여 세상에서는 그를 석두대사, 혹은 석두화상石頭和尙이라고 불렀다. 사적은 《景德傳燈錄》 卷14, 《宋高宗傳》 卷9 참고.

8 유가劉珂 : 즉 유가劉軻. 자 희인希仁. 원적은 패현沛縣, 지금의 강소江蘇 패현沛縣 소주韶州, 즉 지금의 광동廣東 소관韶關 사람이다. 당 덕종德宗 정원貞元 연간 조계曹溪에서 불전佛典을 학습하였다. 한 시절 승려 생활을 했는데 석명釋名은 분납湓納이다. 후에 환속하였다. 당 헌종憲宗 원화元和 원년(806년) 복건관찰사福建觀察史 장중방張仲方 밑에서 종사했다. 전후로 감찰어사監察御史, 전중어사殿中御事, 선부원외랑膳部員外郎 겸 사관수찬史館修撰 등을 역임하였다. 당 문종文宗 개성開成 연간에 명주자사洺州刺史도 맡았다. 고문古文에 능통했으며 저작이 많았다. 현재는 시 한 수가 보존되어 전한다. 사적은 유가劉軻《上座主事》, 《雲溪友議》, 《舊唐詩》〈吳汝納傳〉, 《新唐書》〈藝文志〉, 《唐詩紀事》 卷46 참고. 유가劉軻가 석두대사 비문碑文을 지은 것에 관한 이야기는 《宋高僧傳》 卷9, 《希遷傳》 참고.

9 고보高步 : '신라 납승衲僧이 결연하게 불교에 헌신한다'는 의미를 지닌다.

두 고구려 승려의 남방 유람을 배웅하며

제기

먼 고향 떠나온 지 해는 깊은데
중국 승도僧道의 종적을 두루 찾아 헤매네
어느 푸른 산봉에서 장로長老를 만나
조사祖師의 참된 가르침 다 이어 받을꼬?

送高麗二僧南遊[1]

齊己[2]

日邊鄉井別年深[3]
中國靈蹤欲遍尋[4]
何處碧山逢長老[5]
分明認取祖師心[6]

註

1 《全唐詩》 제12함 제5책, 2,080쪽.
고려高麗 : 고구려, 구려句麗라고도 한다. 중국 북위北魏 후 역사 서적〔史籍〕에서 고려高麗라고 부름을 흔히 볼 수 있다. 한국의 사서史書에는 왕건王建이 한반도를 통일하고 봉건왕조를 건립하였다고 기록돼 있는데, 고려高麗 혹은 왕씨고려王氏高麗라고 한다. 상세한 것은 李白 〈高句麗〉 주 1) 참고.

2 제기齊己(864-943?) : 속성俗姓은 호胡씨, 이름은 득생得生. 장사長沙, 지금의 호남湖南 사람이다. 어려서 부모를 잃고 일곱 살에 대위산大潙山 일대에서 자랐다. 후에 동경사同慶寺에서 머리를 깎고 중이 됐다. 장사 도림사道林寺에서 10년 거주하고 후에는 숭산嵩山, 화산華山, 장안長安, 낙양洛陽, 장강長江 등지를

두루 유람하고 여산廬山 동림사東林寺에도 다년간 머물렀다. 후량後梁 용덕龍德 원년(921년) 촉국蜀國 사천四川으로 들어가던 도중, 형남절도사荊南節度使 고계흥高季興의 만류로 강릉江陵 용흥사龍興寺에 거주하며 승정僧正을 역임했다. 자호는 형악사문衡岳沙門이다. 후진後晉 고조高祖 천복天福 8년(943년)에 세상을 떴다. 제기는 예술적 재능이 뛰어나고 시적 명망도 높았다. 시가詩歌의 풍격은 맑고도 매끄럽다. 언어는 간단하고도 담담하다. 정곡鄭谷, 심빈沈彬, 손광헌孫光憲, 상안尙顔 등의 시인과 교제하였다. 창화唱和한 작품을 적지 않게 남겼다. 《白蓮集》 10권이 세상에 전하고 있고, 사적은 《宋高僧傳》 卷30, 《唐詩紀事》 卷75, 《唐才子穿》 卷9, 《五代史補》 卷3 참고.

3 일변日邊 : 하늘가. 아주 먼 곳. 여기에서는 고구려高句麗를 가리킨다.
향정鄕井 : 고향의 우물, 고향을 가리킨다.

4 영종靈蹤 : 승도僧道의 발자취.

5 장로長老 : 불교의 호칭. 혹은 대랍對臘. 즉 법랍法臘 혹은 계랍戒臘, 하랍夏臘, 혹은 법세法歲를 약칭하여 랍臘이라고도 한다. 랍은 본래 연말의 제사를 가리킨다. 불교는 이로써 승려가 수계受戒받고 집 떠나 승려 생활을 한 연수年數를 표시한다. 여기서 계戒는 승려 집단에 정식 가입한 구족계具足戒를 표시하는 것이다. 매년 하안거夏安居가 끝나는 7월 15일 세랍歲臘을 끝마친다. 16일부터는 새해[新歲]라고 한다. 또한 장로長老는 덕이 높은 고승의 존칭尊稱이다. 《十誦律》 卷39 : "佛言 : 從今下座比丘喚上座言長老. 爾時但喚長老不便, 佛言 : 從今喚長老某甲, 如喚長老舍利弗, 長老目犍連, 長老阿雄". 주지住持, 즉 방장方丈에 대하여 일반적으로 전임前任 방장을 전주前住라고 하고, 현재의 주지는 현주現住라고 하고, 이미 세상 뜬 분은 고주故住라고 하는데, 장로는 또 그들에 대한 존칭이다. 《百丈淸規》 卷2 : "始奉其師爲住持, 而尊之曰長老". 하안거夏安居는 불교의 명사다. 우안거雨安居라고도 한다. 옛 인도는 비 내리는 석 달 동안(약 5월부터 8월) 승려의 외출을 금지하였다. 원인은 그들이 외출하면 초목과 벌레들에게 손상을 가져오기 때문에 마땅히 불전佛殿에 앉아 좌선坐禪 수학修學해야 한다고 하였다. 이 기간을 안거기安居期라고 한다. 중국에서는 안거기가 음력 4월 16일부터 7월 15일까지이다. 남아시아, 동남아시아 각국은 우안거라고 한다. 중국에서는 하좌夏坐, 좌하坐夏라고도 한다. 시작을 결하結夏라고 하고, 끝날 시기를 안거경安居竟 혹은 해하解夏라고 한다.

6 조사祖師 : 불교 종파 창시인을 가리킨다.

돌아가는 신라 승려를 배웅하며

제기

해 뜨는 동쪽에서 흘러와 해지는 서쪽으로 유람하네
바리때〔鉢〕 하나 들고 넓은 중국 땅을 다 누빈다
허나 계림鷄林의 큰스님 계신 사찰을 늘 추억하나니
돌아가고파 해풍 불어오는 가을철만 기다린다네

送僧歸日本[1]

齊己

日東來向日西遊[2]
一鉢閑尋遍九州[3]
却憶鷄林本師寺[4]
欲歸還待海風秋[5]

註

1 《全唐詩》 제12함 제5책, 2,081쪽.
'却憶鷄林本師寺'의 문구에 鷄林이 있는 것으로 미루어 귀국하는 승려가 일본 사람이 아니라 신라에서 왔다가 돌아가는 신라의 승려임을 알 수 있다.

2 일동日東 : 태양의 동쪽, 큰 바다 동쪽 지역. 즉 일본 혹은 신라를 가리킨다. 여기서는 신라를 말한다.

3 발鉢 : 승려의 식기食器. 보통 비구比丘들의 여섯 가지 기구器具 중의 하나이다. 孫逖 〈送新羅法師還國〉 주 7) 참고.
구주九州 : 고대 중국은 9개 주州로 나눴다. 그러나 기록마다 같지 않다. 《書》〈禹貢〉은 익주冀州, 연주兗州,

청주青州, 서주徐州, 양주揚州, 형주荊州, 예주豫州, 양주梁州, 옹주雍州라고 하였고, 《爾雅》〈釋地〉에는 익주冀州, 영주營州가 있되 청주青州, 양주梁州는 없다. 《周禮》〈夏官〉'職方'은 유주幽州, 병주幷州가 있고 서주徐州, 양주梁州는 없다. 후에 구주九州는 천하, 곧 전 중국을 가리켰다. 여기서는 전 중국을 가리킨다.

4 계림鷄林 : 신라를 가리킨다. 계림의 본명은 시림始林이다. 금성金城 서쪽에 있었다. 65년 서라徐羅가 이곳을 토벌한 저녁에 닭 우는 소리가 들려왔다. 이로부터 시림을 계림이라고 고쳤다. 劉禹錫〈送源中丞充新羅冊立使〉 주 7) 참고.

본사本師 : 시詩 중의 신라 스승을 체도剃度(머리를 깎고 중이 되다)시키고, 수계受戒시킨 사부師父다. 본래는 교도敎徒들이 석가모니를 존칭할 때 쓴다. 그 의미는 근본적인 스승이란 뜻이다.

본사사本師寺 : 여기서는 큰스님이 계시는 신라 사찰을 말한다.

5 해풍추海風秋 : 가을의 바다 바람. 가을 겨울에 바다에는 흔히 서풍이나 서북풍이 부는데 이는 귀국선의 항해에 도움을 준다.

춘대春臺를 유람하며 읊다

춘대선

정원貞元 11년, 진중秦中의 수재秀才 백유구白幽求가 신라 왕자를 따라 바다를 건넜다. 바람에 날려 어느 높은 산에 당도하니 산허리에 한 도읍이 있었다. 그곳의 정자와 누각은 아주 장려하였다. 바람에 나뭇가지들 스치는 소리가 마치 사람들이 시를 읊는 듯하였다. 그 시 내용이 두루 가까이 오라고 표현하는 듯하였다. 유구는 의심스러워 감히 앞으로 가지 못했다. 좀 있으려니 붉은 옷을 입은 사람이 성 안에서 나오며 여러 진군眞君이 오신다고 칙령을 전하였다. 전각 처마 밑에선 수백 명 옥녀가 음악을 연주하고 백학과 공작새는 곡에 맞춰 돌면서 춤을 추었다. 해가 지자 영월전迎月殿에서 연회가 베풀어졌다. 진군 네 분은 각기 〈영월시迎月詩〉 한 수씩을 지었는데, 마지막 시 한 수의 끝 어구를 그만 잊어버렸다. 그리고 동녀가 보허가步虛歌를 불렀다. 유구가 수종자에게 여기가 어디냐고 물으니 그가 대답하기를 "뭇 진군이 춘대春臺 유람 오셨다네, 진군은 동악진군東岳眞君일세. 그들은 일 년 사계절을 따라 갈 곳을 선정하여 유람한다네" 하였다. 유구는 여러 진군에게 돌려보내 줄 것을 구걸하여 승낙을 받았다. 서악진군西岳眞君의 뒤를 따라 배를 조종하여, 명주明州로부터 옛 고향 진중으로 돌아오게 되었다. 이렇게 시를 짓고 뒤에 주注를 단다.

옥기둥이 푸른 하늘을 찌르네
진정한 신선이 계시는 곳이로다
내가 망설이며 감히 들어가지 못함은
사악과 그릇됨을 아직 버리지 못했음이라

游春臺詩[1]

春臺仙[2]

“貞元十一年,[3] 秦中秀才白幽求,[4] 從新羅王子過海.[5] 失風,[6] 至一高山, 半腹一城,[7] 臺閣壯麗.[8] 有大樹枝爲風相磨,[9] 如人誦詩. 詳詩意, 殆示之進.[10] 幽求疑未敢前. 俄有朱衣人自城中出,[11] 傳勅諸眞君來.[12] 殿廊下玉女數百奏樂,[13] 白鶴孔雀盤舞應之.[14] 日晩出宴迎月殿, 有四眞君各爲〈迎月詩〉.[15] 後一詩忘其下句.[16] 又有童女唱〈步虛歌〉.[17] 幽求問從者是何處. 曰 : ‘諸眞君遊春臺也. 主人是東岳眞君,[18] 四時各隨地分爲遊.’ 幽求向諸眞君乞歸,[19] 許之. 得隨西岳眞君後, 操舟歸, 自明州返舊土.[20]” 此爲詩題後注.

玉幢亘碧虛[21]
此乃眞人君[22]
裵回仍未進[23]
邪省猶難除[24]

註

1 《全唐詩》 제12함 제7책, 2,110쪽.
춘대春臺 : 봄날 명승성지名勝聖地를 유람하는 곳. 이 시에서는 성 안의 춘대春臺를 가리킨다.

2 춘대선春臺仙 : 춘대春臺라는 곳에 계시는 선인仙人 혹은 신선을 가리킨다. 《太平廣記》 卷46에 인용된 〈博異志〉에서 그 사실을 확인할 수 있다.

3 정원십일년貞元十一年 : 당 덕종德宗 정원貞元 11년(795년).

4 진중秦中 : 옛 지명地名. 지금의 섬서陝西 중부 평원지역. 춘추전국시대 진나라에 속함으로 이 같이 불렀다. 관중關中이라고도 부른다.
수재秀才 : 한나라 때부터 효렴孝廉과 같이 거사擧士라고 부르던 과명科名이다. 동한東漢 때 광무제光武帝의 이름 자 ‘수秀’를 회피하고자 수재秀才를 무재茂才로 개칭하였다. 당나라 초기에 명경明經, 진사進士와 병설竝設한 거사과목擧士科目인데 얼마 안 되어 철폐되었다. 당나라와 송나라 시기에는 무릇 과거시험을 보는 사람을 모두 수재秀才라고 하였고, 명나라 청나라 때는 부府, 주州, 현縣의 학생원學生員을 수재秀才라고 하였다.

5 신라新羅：孫逖〈送新羅法師還國〉 주 1) 참고.
6 실失：틀어쥐지 못하였다. 통제치 못하였다.
7 반복半腹：산허리, 산 위와 산 밑의 중간 부분.
8 대각臺閣：정대亭臺와 누각樓閣의 총칭이다. 정대, 누각 등 건축물을 가리킨다.
9 상마相磨：서로 마찰한다.
10 태殆：조사助詞, 은 －다. 《國語》〈魯語〉上："衛軍殆無罪也".
11 아俄：아주 짧은 시간.
주의인朱衣人：붉은 옷 입은 사람.
12 칙敕：옛날에 윗사람이 부하에게 하는 말. 한나라 때 무릇 윗사람이 후배나 혹은 아랫사람에게 훈시訓示하는 말. 육조六朝 이후에는 황제의 조서詔書를 가리켰다. 여기에서는 도가道家에서 쓰이는 말을 가리킨다. 명령 혹은 전하여 알림을 나타낸다.
진군眞君：도교의 신선에 대한 존칭이다. 또는 수행하여 득도한 사람 혹은 신선이 된 사람을 가리킨다.
13 옥녀玉女：선녀仙女를 가리킨다. 옥녀玉女와 금동金童을 같이 쓴다. 신선을 시봉侍奉하는 여동女童을 가리킨다.
14 반무盤舞：돌면서 춤추다.
15 四眞君〈迎月詩〉：네 신선의 〈달을 맞이하는 시詩〉.

第一首

日落烟水黯, 驪珠色豈昏
寒光射萬里, 霜縞遍千門
해가 지니 넓은 바다 어두침침하건만, 여의주如意珠의 빛은 어찌 사라지랴?
맑은 달빛은 천리만리 눈부시고, 천가만호天家萬戶 집집마다 달빛 넘치네

여주驪州：바다의 검은 용黑龍 턱밑의 주보珠寶 구슬.
한광寒光：맑고 눈부신 달빛.
상호霜縞：맑고 서늘한 달빛.

第二首

玉魄東方開, 嫦娥逐影來
洗心兼滌目, 恍若游春臺
달은 동방에서 떠오르고, 항아嫦娥는 그를 따라 오누나.
마음은 맑고 눈은 밝아지니, 마치 춘대春臺에서 유람하는 듯하누나

옥백玉魄：달빛을 가리킨다.
항아嫦娥：신화에 등장하는 달 안에 있는 여신女神.
세심洗心：마음을 씻다. 잡념을 제거하다. 마음을 맑게 하다.
조목滌目：눈을 씻다. 눈을 밝게 하다.

第三首

清波滔碧天, 烏藏黯黷連
二儀不辨處, 忽吐青光圓
거센 파도는 푸른 하늘 치솟고, 해는 자취를 감추어 온통 컴컴하구나
저 천지가 희미한 곳에서, 밝은 빛 뿌리며 홀연 둥근 달 떠오르누나

오烏：금오金烏. 태양太陽. 고대 전설 중에는 세 발 가진 새가 있었다. 이후 이것을 태양의 대칭代稱으로 삼았다.

암담黯黮：컴컴하며 밝지 않다.

이의二儀：천지天地, 일월日月

홀토청광원忽吐青光圓：청광원青光圓은 달을 가리킨다. 밝은 빛 뿌리며 홀연 둥근 달 떠오른다.

第四首

烏沉海西岸, 蟾吐天東頭

해가 서쪽 바닷가에서 지니, 달은 동쪽에서 떠오르누나.

섬蟾：전설상의 두꺼비. 달을 가리킨다. 전설상의 섬서蟾蜍를 라합마癩蛤蟆라고 칭하는데, 그는 옥토玉兎와 달 위의 두 개 정물精物이다. 그로써 달을 대칭代稱한다.

16 즉 제4수 〈迎月詩〉를 가리킨다. 전 3수 〈迎月詩〉는 모두 두 구句였지만 오직 제4수는 상구上句밖에 없다.

17 보허가步虛歌：허공을 다니며 하는 노래. 가사歌詞는 '鳳凰三十六, 碧天高太清, 元君夫人踏雲語, 冷風颯颯吹鵝笙'로 아름다운 봉황새 서른여섯 마리는 높고 푸른 하늘 선경仙境에 있네. 그중 원군부인元君夫人은 구름 타고 다니며 선도宣道하고, 찬바람 속 태연히 아관생鵝管笙을 분다는 뜻이다.

봉황鳳凰：고대 전설에 등장하는 뭇 새의 왕이다. 수컷은 봉鳳, 암컷은 황凰, 통칭하여 봉황鳳凰이라 한다. 털은 오색이고 소리는 퉁소洞簫소리 같다. 상서祥瑞, 행복을 상징한다. 《詩》〈大雅〉'卷阿'："鳳凰鳴矣, 於彼高岡".

벽천碧天：푸른 하늘.

태청太清：하늘을 가리키는데, 여기서는 도교에서 말하는 삼청三清의 하나. 법신法身, 도덕道德, 천존天尊의 거주지다. 이 거주지는 옥청玉清, 상청上清 위에 있어 신선이 되어야만 들어갈 수 있다. 따라서 이곳은 선경仙境을 가리킨다.

원군元君：도교의 여자 신선에 대한 존칭이다. 명나라 팽대익彭大翼은 '산당에서 여선을 네 번 고찰한다(《山堂肆考》〈女仙〉)'는 문장에서 이 같이 말했다. "남자 신선神仙, 고인高人을 진인眞人이라 하였고, 여자 신선, 고인은 원군元君이라고 하였다. 예를 들면 서왕모西王母를 금모원군金母元君이라고 불렀고, 후사부인后土夫人을 벽하원군碧霞元君이라고 불렀고, 자원부인紫元夫人을 남극원군南極元君이라고 불렀다."

답운踏雲：구름 타고 걷다. 도교 전설에서 신선은 하늘에서 구름 타고 걸어 다닌다. 이것은 답운보허踏雲步虛라고 하며, 겸하여 경經을 읊고 도를 찬미讚美하는 노래를 보허사步虛詞라고 한다. 즉 답운어踏雲語라는 것이다.

냉풍삽삽취아생冷風颯颯吹鵝笙：여기에서의 '아생鵝笙'은 거위다. 생황의 관管이 거위 털의 관管과 같아서 그렇게 말함. 아관생鵝管笙이라고도 부른다.

18 동악진군東岳眞君：동악東岳 천제天齊 인성仁聖 대제大帝다. 도교가 동악묘東岳廟 중에 모신 태산신泰山神이다. 그가 인간의 생사生死를 관장한다고 한다. 매년 음력 3월 28일에 제사를 지낸다.

19 걸귀乞歸：고향에 돌아갈 것을 애원한다.

20 서악西岳：화산華山이다. 오악五岳 중의 하나이다. 唐 王維 〈華岳〉 詩："西岳出浮雲, 積雪在太清".

명주明州：지금의 절강성 영파寧波.

21 옥당玉幢：옥기둥, 옥탑玉塔 같은 것.

벽허碧虛：푸른 하늘 청천青天.

22 진인眞人 : 도가道家, 도교에서는 진정하게 수행하여 도를 얻은 사람, 혹은 신선이 된 사람을 진인이라 고 한다.

23 배회裵回 : 배회徘徊하며 앞으로 나가지 못하는 모양.

24 사성邪省 : 바르지 못한 생각.

下

섣달 그믐밤에 시 지어 마음을 읊다

한반도인들이 남긴 시

고려경문高麗鏡文

무명씨

삼수중三水中, 사유四維 아래, 진한과 마한에 상제께서 아들을 내리셨다. 먼저 신라를 잡고, 후에 압록을 취한다. 뱀의 해에 용 두 마리가 보였다. 한 마리는 몸을 송악에 감추고, 한 마리는 철원 동쪽에 모습을 보였다.

高麗鏡文[1]

無名氏

三水中, 四維下, 上帝降子於辰馬. 先操鷄, 后搏鴨. 巳年中, 二龍見, 一則藏身青木中, 一則見形黑金東.

註

1 이 글은《高麗史》권1〈四庫存目叢書〉참고.
고려高麗 : 한반도의 왕조로 중국 오대 후양 시기 왕건이 건국한 나라. 고려 태조 원년 3월에 객상客商 왕창근王昌瑾이 당에서 와 저자에 머물렀다. 어쩌다 저자에서 한 사람을 만났는데 용모가 훤칠하였고 수염과 머리털이 새하얗다. 거사복을 걸치고 손에는 옛 거울을 들고 있었다. 왕창근이 거울을 사서 벽에 걸어놓았다. 햇빛이 눈부시게 비치니 어슴푸레 작은 글자도 읽을 수 있었다. 이 작은 글자가 고려경문이다. 原文題后注 : "梁末帝貞明三年, 王建立爲王. 市有異人賣古鏡, 有文云云. 文人宋含弘解之曰 : '三水中, 四維下, 上帝降子于辰馬'者, 辰韓`馬韓也. '巳年中, 二龍見. 一則藏身青木中, 一則見形黑金東', '青木', 松也, 謂松岳郡人以龍爲名者之子孫, 可爲君王也. '黑金', 鐵也, 指鐵圓, 謂今王初盛于此, 殆終天于此乎 ? '先操鷄, 后搏鴨'者, 王侍中得國后, 先得鷄林, 后收鴨綠之意也. 弓裔令物色求異人, 東州勃颯寺有鎭星塑像, 如其狀". 陳貽焮의《增訂注釋全唐詩》에 '철원鐵原'은 군명으로 궁예가 철원을 도성으로 삼았다. '계림'은 옛 나라 이름으로 신라다. '압록'은 압록강을 말한다는 설명이 있다. 이 글은 예언서로 고대전설의 예언을 담은 문자 혹은 도록을 가리키며, 참언, 참어, 참사讖詞라고도 한다. 청나라 때 편찬한

《全唐詩》에 수록된 것은 많이 생략되어 아래 원문을 덧붙인다.

三水中, 四維下, 上帝降子於辰馬. 先操鷄, 后搏鴨, 此謂運滿一三甲. 暗登天, 明理地, 遇子年中興大事. 混蹤迹, 沌名姓, 混沌誰知神與聖. 振法雷, 揮神電, 於巳年中二龍見. 一則藏身青木中, 一則現身黑金東. 智者見, 愚者盲, 興云注雨與人征. 或見盛, 或覩衰, 盛衰爲滅惡塵滓. 此一龍, 子三四, 遞代相承六甲子. 此四維, 定滅丑, 越海來降須待酉. 此文若見於明王, 國泰人安帝永昌

《高麗史》 원문 해설.

삼수 안의 사유 아래, 상제가 진한과 마한에 아들을 내리셨다. 먼저 계림을 잡고, 후에 압록을 취한다. 여기에서 말하는 것은 운이 가장 좋을 때가 13갑一三甲이다. 아무도 모르게 하늘에 올라, 명백하게 땅을 관리하여 자년子年에 대업을 다시 일으킨다. 발자국이 섞이고, 성과 이름이 아직 나누어지지 않았고, 누가 신과 성현을 아는지 갈피를 잡지 못하였다. 법뢰가 떨치고, 신의 번개가 치는 사년巳年에 용 두 마리를 보았다. 한 마리는 송악에 몸을 숨겼고, 한 마리는 철원 동쪽에 몸을 나타내었다. 지혜로운 자는 보았으나, 어리석은 자는 보지 못했다. 구름이 일어 비를 내리고 사람을 손에 넣었다. 성한 것을 보거나, 쇠퇴한 것을 보았는데, 성하고 쇠퇴하는 것은 악의 찌꺼기를 멸하기 위함이라. 이 용 한 마리는 아들을 서넛 낳아 여섯 갑자를 이었다. 이 사유에서 축丑을 멸하기로 정하고 바다를 건너서 내려와 모름지기 유酉를 기다린다. 이 글을 만약 명왕에게 보이면 나라가 태평하고 사람들이 편안하여 영원히 번창하리라.

분원시憤怨詩

왕거인

《조선사략朝鮮史略》에 이르길, 신라 진성여왕 만曼은 각간 위홍魏弘과 내통하다가 위홍이 죽자 다시 나이 어린 미소년을 끌어들여 간통하고 요직을 맡겼다. 이로 말미암아 나라의 기강이 무너지고 해이해졌다. 그러자 참다못한 어떤 사람이 시정時政을 비방하여 길에다가 방문을 붙였다. 임금은 은자 왕거인의 짓으로 여겨 그를 잡아 옥에 가두고 죽이려고 하였다. 이에 거인은 분노하며 감옥의 벽에다가 시를 써놓았다. 이날 저녁에 갑작스레 천둥이 치며 비와 우박이 쏟아졌다. 임금은 두려운 나머지 그를 풀어주었다. 당 희종 문덕 초년의 일이다.

우공이 통곡하니 삼 년 동안 가뭄이 들고
추연이 근심에 잠기니 오월에도 서리가 내렸다
내 마음도 그때처럼 여전히 암울한데
하늘은 아무런 대답 없이 푸르기만 하구나

憤怨詩[1]

王巨仁[2]

《朝鮮史略》云：眞聖女主[3]曼與魏弘通, 弘死, 潛引年少美丈夫私之, 授以要職. 由是佞倖肆志, 紀綱懷弛.時有人譏謗時政, 榜於路. 主疑隱者王巨仁所爲, 命下獄. 將誅之. 巨仁憤怨作詩, 書獄壁. 是夕忽震雷雨雹, 主惧, 釋之. 唐僖宗

文德初年是也[4]

于公慟哭三年旱[5]
鄒衍含愁五月霜[6]
今我幽愁還似古[7]
皇天無語但蒼蒼[8]

註

1 시인은 조정에 불만을 가져 감옥에 들어가게 된다. 옥에 갇히자 분노하여 시를 짓고 벽에 써놓았다. 이 시의 원주原注에 《朝鮮史略》을 인용하였다. 시 한 수가 전한다.

2 왕거인王巨仁(?-?) : 신라 은사. 880년 전후의 사람이다.

3 진성여왕眞聖女王 : 신라 51대 왕. 재위 887-897년. 성은 김金, 이름은 만曼. 아버지는 경문왕이고, 어머니는 헌안왕의 맏딸인 영화부인寧花夫人 김씨이다. 헌강왕과 정강왕의 누이동생이다. 후사 없이 죽은 정강왕의 뒤를 이어 왕위에 올랐다. 소행이 좋지 못하여 각간 위홍과 내통하며 궁중에 미소년을 두고 음행을 일삼았고, 그 결과 나라의 기강이 해이해져 도덕이 횡행하였다. 이때 북원北原의 도적 양길梁吉의 부하 궁예弓裔가 침범하고 완산完山의 견훤甄萱이 일어나 후백제를 세워, 다시 삼국이 대립하는 구도가 되었다.

4 문덕文德 : 당 희종 광계光啓 4년(888년) 2월에 문덕文德으로 개원改元하고 3월 계묘, 의종은 세상을 떠났다. 이어 소종昭宗이 왕위에 올랐고, 이듬해 정월 계사에 용기龍紀로 개원했다.

5 우공于公 : 《漢書》 卷71 〈于定國傳〉 : "東海有孝婦, 少寡, 亡子, 養姑甚謹, 姑欲嫁之, 終不肯. 姑謂鄰人曰 : '孝婦事我勤苦, 哀其亡子守寡. 我老, 久累丁壯, 奈何?' 其后姑自經死, 姑女告吏 : '婦殺我母'. 吏扑孝婦, 孝婦辭不殺姑. 吏驗治, 孝婦自誣服. 具獄上府, 于公以爲此婦養姑十余年, 以孝聞, 必不殺也. 太守不听, 于公爭之, 弗能得, 乃抱其具獄, 哭于府上, 因辭疾去. 太守竟論殺孝婦. 郡中苦旱三年. 后太守至, 卜筮其故, 于公曰 : '孝婦不当死, 前太守彊斷之, 咎當在是乎?' 于是太守殺牛自祭孝婦冢, 因表其墓, 天立大雨, 歲孰".

6 추연鄒衍 : 《初學記》 권2에서 〈淮南子〉 일문佚文을 인용하였다 : "鄒衍事燕惠王, 盡忠. 左右譖之, 王系之. 仰天而哭, 夏五月, 天爲之下霜." 又東 漢 王充 《論衡》 卷5 〈感虛〉 : "傳書言, 鄒衍无罪, 見拘于燕, 當夏无月, 仰天而嘆, 天爲隕霜". 후에 누명을 쓰고 원망을 표할 때 사용한다.

7 유수幽愁 : 우울하다. 암울한. 唐 白居易 〈琵琶行〉 詩 : "別有幽愁暗恨生, 此時无聲勝有聲".
고古 : 고대. 효부와 추연의 분노를 여전히 상징하고 있다.

8 황천皇天 : 하늘, 하늘 신에 대한 존칭. 唐 白居易 〈哭微之〉 詩一 : "妻孥朋友來相吊, 唯道皇天无所知".
창창蒼蒼 : 짙은 청색. 《史記》 〈天官書〉 : "正月, 與斗·牽牛晨出東方, 名曰監德. 色蒼蒼有光".

환속의 노래

설요

마음은 구름처럼 맑고 곧은데
산골짝은 쓸쓸하여 찾는 이 없고
아름다운 꽃향기에 생각은 어지럽네
어이하리요, 이내 청춘을

返俗謠[1]

薛瑤[2]

化雲心兮思淑貞[3]
洞寂滅兮不見人
瑤草芳兮思芬葐[4]
將奈何兮青春

註

1 《全唐詩》 제11함 제10책, 1,961쪽.
이 글의 최초 출전은 당나라 시인 진자앙陳子昂의 문집에 기록된 〈館陶郭公姬薛氏墓誌銘〉이며 《文苑英華》, 한치윤韓致奫의 《海東繹史》, 文淵閣 《四庫全書本》, 《全唐詩》 등에 두루 그 내용이 실려 있다. 그러나 상호간에 글자 출입이 많다. 《全唐詩》에는 간단한 작가의 이력과 함께 반속요가 소개되어 있는데 〈館陶郭公姬薛氏墓誌銘〉의 내용을 요약한 것으로 보인다. 이 글은 《全唐詩》의 기록을 그대로 따랐으며 진자앙의 정본과 일부 내용에 차이가 있다.
진자앙陳子昂 : 당나라 시인으로 자는 백옥伯玉이며 사천성四川省 사홍현射洪縣에서 태어났다. 18세 때부터 학문에 전념하였고 682년 진사에 급제했다. 인대정자麟臺正字와 우위솔부주조참군右衛率府胄曹參軍을 거쳐 우습유右拾遺에 올랐으며 698년 아버지에게 효도하기 위해 사임하고 귀향하였다. 아버지가 죽은 뒤 모함에 연루되어 옥중에서 죽었다. 저서로《陳伯玉文集》,《感遇詩》등이 있다.

반속返俗 : 환속還俗. 즉 속세로 돌아오다.

2 설요薛瑤(?-693년) : 신라의 옛 부족국인 동명국東明國 사람으로 당 고종高宗 때 당나라에 건너가 좌무장군左武將軍에 오른 설승충薛承沖의 딸이다. 어려서부터 얼굴이 고와 선자仙子라 불렸다. 15세 때 아버지가 죽자 출가하여 비구니가 되었으나 6년 뒤 환속, 시인 곽진郭震의 첩이 되었다가 통천현通泉縣에서 죽었다. 이 시는 환속 당시 쓴 것으로 짐작된다. 설요의 아버지가 설승충薛承沖이 아니라 설영충薛永沖이라는 기록도 있다. 이 시에서는《全唐詩》의 기록을 따랐다.

3 화운심化雲心 : 구름 같은 마음.

4 요瑤 : 아름다운 옥. 작가 자신을 가리키기도 한다.

동자승의 하산을 배웅하며

김지장

적막한 절간, 집 생각이 난다던 너
선방과 작별하고 구화산을 내려가네
대나무 난간에서 죽마를 즐겨 타고
부처님 황금나라 금모래 모으는 일은 게을리 하더니
이제는 샘물 담은 병에 달을 불러올 일도 없고
차 끓인 사발에 꽃 장난도 할 수 없게 되었네
잘 가거라, 눈물 흘리지 말고
노승에게는 안개와 노을이 벗이나니

送童子下山[1]

金地藏[2]

空門寂寞汝思家[3]
禮別雲房下九華[4]
愛向竹欄騎竹馬[5]
懶於金地聚金沙[6]
添瓶澗底休招月[7]
烹茗甌中罷弄花[8]
好去不須頻下淚
老僧相伴有煙霞

註

1 《全唐詩》 제12함 제1책, 1,986쪽

동자童子 : 미성년의 남자를 가리킨다. 《儀禮》 〈喪服〉 : "童子唯當室緦". 鄭玄 注 : "童子, 未冠之称".

2 김지장金地藏(705-803년) : 속성은 김, 이름은 교각喬覺이다. 신라의 왕자로 출가한 뒤 바닷길을 건너 당으로 가 지주池州 청양青陽의 구화산九華山에 머물렀다. 수련에 몰입, 산꼭대기에 정좌하기를 수십 년, 결국 육신 성도했다. 김지장이 원적한 후, 육신이 썩지 않아 전신을 탑에 넣었다. 당나라 덕종 건중建中 초에 장엄張嚴이 그를 절로 모시기를 주청했다. 지금의 구화산(안휘성 귀지현 남쪽) 월신전月身殿이 지장이 성불한 곳으로 전해지고 있다. 일설에는 이태백이 구화산에서 멀지 않은 곳에 살았다는 기록이 있다. 사적은 《宋高僧傳》 권30을 참고 바람. 시 3수가 전한다.

3 공문空門 : 불교를 자칭하는 말이다. 불교에서는 '모든 법이 공허하다'고 말하는데, '오공悟空'으로 열반에 들어감을 뜻한다.

여汝 : 너, 동자를 가리킨다.

4 운방雲房 : 승려와 도사 혹은 은사가 거주하는 방. 여기서는 승방을 뜻함. 唐 韋應物 〈游琅琊山〉 詩 : "塡壑躋花界, 疊石构雲房".

구화九華 : 즉 구화산. 중국 4대 불교 명산의 하나이다. 전설에 따르면 지장보살의 혼령이 설법하는 도량이라고 한다. 안휘성 청양 서남쪽 20킬로미터 지점에 있다. 십왕十王과 바리때 등 99봉이 있고, 주봉인 십왕봉은 해발 1,342미터에 둘레가 약 100킬로미터 정도 된다. 옛 이름은 구자산九子山이다. 전설에 따르면 당나라 이백이 산에 아홉 개의 봉우리가 있는 것을 보고, 모양이 연꽃과 같다 하여 이름을 구화산이라고 개명했다고 한다.

5 죽마竹馬 : 아이들이 놀 때 타는 죽간竹竿을 말함. 《後漢書》 〈郭伋傳〉 : "始至行部, 到西河美稷, 有童兒數百, 各騎竹馬, 道次迎拜".

6 금지金地 : 불교에서 보살이 거하는 황금으로 덮인 땅을 말한다. 《釋氏要覽》 上 : "金地或云金田, 卽舍國給孤長者 側布黃金, 買祇太子園, 建精舍, 請之居之".

7 병瓶 : 스님이 사용하는 일종의 도자기로 만든 물 그릇, 물을 담아 두는 용도로 사용한다.

8 구甌 : 바리와 같은 진흙 그릇. 《方言》 第5 : "自關而西謂之甂 其大者謂之甌".

쌀 보내 준 은혜에 감사하며

김지장

금란金鑾을 버리고 납의를 만들어 입고서
수행하다 바다를 건너 구화산에 이르렀네
원래 황태자의 몸이었으나
불도를 사모하다가 가용지柯用之를 만났네
감히 문 두드려 인사를 나누지도 못했는데
쌀을 보내 주어 새벽에 밥을 지었네
그리고 이제 황정밥을 먹게 되니
배가 불러 전날의 배고픔을 잊어버렸네

酬惠米詩[1]

金地藏

棄却金鑾納布衣[2]
修身浮海到華西[3]
原自身是皇太子[4]
慕道相逢柯用之[5]
未敢叩門求地語[6]
昨叨送米續晨炊[7]
而今飡食黃精飯[8]
腹飽忘思前日飢

註

1 《한국의 시승－신라》, 로담, 불교문예출판부, 2007, 180쪽.

2 금난金鑾 : 제왕 마차의 장식물. 금속으로 난새 모양을 주물로 만들었다. 입 안에 방울을 물었는데, 제왕의 수레를 가리키기 때문이다. 여기서는 신라 왕실의 생활을 가리킨다.

납納 : 수선하다, 꿰매다. 입는 것으로 뜻이 확대되었다. 승복이 통상 천 쪼가리 여러 개를 기워서 만들기 때문에 납의納衣라고 부른다.

3 수신修身 : 몸과 마음을 수양하고, 덕성을 함양한다. 여기에서는 불가 수행을 가리키는데, 즉 불교도가 불법교의에 의거하여 불도를 수행함을 뜻한다. 내용은 계戒, 정定, 혜慧 세 가지를 포함하며, 넓게는 37도품을 따른다. 대승은 모두 6도이다.

화서華西 : 양자강의 상류 지역을 가리킨다.

4 황태자皇太子 : 황제가 선정한 황위를 계승하는 황자로, 일반적으로는 황제의 적장자이다. 《漢書》〈高帝紀〉下 : "漢王卽皇帝位於氾水之陽. 王后曰皇后, 太子曰皇太子".

5 모도慕道 : 불가를 흠모하여 수도한다.

6 지어地語 : 사투리를 가리키는 것으로 보인다.

7 도叨 : 잇다, 계승한다는 뜻으로 겸양어로 많이 사용된다. 唐 陳子昂〈爲副大總管蘇將軍謝罪表〉 : "臣妄以庸才, 謬叨重任".

8 손飱 : 찬餐과 같다. 먹다.

황정黃精 : 약초명. 다년생 초본으로 뿌리를 약재로 쓴다. 明 李時珍《本草綱目》〈草〉一, '黃精' : "黃芝, 戊已芝, 莬竹…… 黃精爲服食要藥". 故《別錄》 : "列於草部之首, 仙家以爲芝草之類, 以其得坤土之精粹, 故謂之黃精".

태평시太平詩

김진덕

영휘永徽 원년 진덕은 백제를 대파했다. 비단에 오언시, 즉 〈태평시〉를 지어 아우의 아들인 법민法敏을 파견하여 이 시를 바쳤다.

위대한 당조가 나라를 세웠으니
높고 높은 황제의 계획처럼 번성하리라
전쟁을 멎게 하시어 큰 안정을 이루었으니
백왕이 이어 나갈 문명이 일어나리라
천하를 통치하며 높은 은혜를 베푸시니
백성을 다스리는 깊은 덕의 표본이라
깊고 어진 마음은 세월과 함께 하며
시운에 순응하니 세상이 편안하도다
드리워진 깃발은 이미 혁혁하게 빛나는데
어찌하여 북과 징이 둥둥 울리는가?
명을 어긴 자가 밖의 오랑캐라면
하늘의 재앙으로 돌이킬 수 없이 도려내지리
어두운 곳에도 밝은 곳에도 순후한 기풍과 정신이 한데 모여
사방에서 상서로운 일들이 다투듯이 나타나리라
사철 화목하고 기후가 고르며 천하가 태평하니
해와 달, 화火, 수水, 목木, 금金, 토土처럼 온 나라를 살펴 돌아보리라
사악四岳 같은 재상을 내려 주면

황제는 충성스럽고 어진 사람에게 맡기시리라
삼황오제가 모두 한결같은 덕으로
우리의 당唐 황실을 환히 밝혀 주리라

太平詩[1]

金眞德[2]

永徽元年眞德大破百濟之衆. 織錦作五言(卽〈太平詩〉), 遣其弟之子法敏以獻.

大唐開洪業
巍巍皇猷昌[3]
止戈戎衣定[4]
修文繼百王[5]
統天崇雨施[6]
理物體含章[7]
深仁偕日月[8]
撫運邁陶唐[9]
幡旗既赫赫[10]
鉦鼓何鍠鍠[11]
外夷違命者[12]
剪覆被天殃[13]
淳風凝幽顯[14]
遐邇競呈祥[15]
四時和玉燭[16]

七曜巡萬方[17]

維岳降宰輔[18]

維帝任忠良[19]

三五咸一德[20]

昭我唐家光[21]

註

1 《舊唐書》卷199 上, 《列傳》第149 上 東夷 新羅.

이 시는 영휘원년永徽元年(당 고종 연호), 즉 서기 650년 신라가 백제와 싸워 이긴 뒤 신라 진덕여왕이 당나라에 바친 시이다. 시의 내용은 당의 통일대업 및 번영, 창성한 사회 상태에 대한 예찬이 주를 이루고 있다. 또한 시격이 고아하고 웅장하면서도 힘차며, 문장이 간결하고 유려하여 초당시가와 필적할 만하다. 이 시에 대하여 당 고종 이치李治는 깊이 감격했다고 전한다. 서기 654년 진덕여왕이 서거했을 때 고종이 친히 죽음을 애도했다. 채색무늬 비단 삼백 필을 하사하였고 태상승太常丞인 장문수張文收를 파견하여 조문하게 하였다. 많은 문헌에 이 시에 대한 기록이 있다. 조선의 《三國史記》, 《三國遺事》, 《白雲小說》, 《東文選》 등과 중국 고적 《新唐書》, 《全唐詩》, 《唐詩品匯》, 《唐詩類記》 등에 있다. 이 시의 영향이 상당히 커서 광범위한 주목을 받았다. 고려의 저명한 학자인 이규보는 《白雲小說》에서 이 시에 대해 다음과 같이 평가하였다. "이 시는 고고하고 웅장하면서 힘차, 초당의 여러 작품과 비교해 봐도 필적할 만하다. 이때 동방의 문학이 아직 흥성하지 않아 을지문덕 이외에는 알려진 바가 없다. 여왕의 시가 이와 같으니 기이하구나."

2 김진덕金眞德 : 신라 왕 김진평의 딸이다. 당 태종 정관 21년(647년)에 신라 왕위를 계승하여 진덕여왕이 되었다. 주국柱國을 주어 낙랑군왕에 봉했다. 당 고종 영휘원년(650년), 진덕여왕이 〈太平詩〉를 써서 아우(즉, 훗날의 태종)의 아들인 법민(즉, 후의 문무왕)을 당에 파견하여 고종 황제에게 헌사하였다. 사적은 《舊唐書》〈新羅傳〉을 참고 바람.

3 외외巍巍 : 숭고하고 위대하다.

황유皇猷 : 제왕의 방책을 짜다.

유猷 : 모략, 계획.

4 융의戎衣 : 군복. 《尙書》〈武成〉 : "一戎衣, 天下大定".

5 수문修文 : 문치를 강화하는 조치를 택하는 것. 주로 법제 전장 제도를 가리키며 예법과 음악 교화 등을 제창하였다. 《國語》〈周語〉 上 : "有不享則修文". 韋昭 注 : "文, 典法也".

수修 : 어떤 판본에는 '흥興'으로 기재.

백왕百王 : 역대 제왕. 《荀子》〈不苟〉 : "百王之道, 後王是也".

6 통천統天 : 《易》〈乾〉 : "大哉乾元, 萬物資治, 及統天". 孔穎達 疎 : "乃統天者, 以其至健而爲物始, 以此乃能統領於天". 이후 천하를 통치한다는 의미로 사용되었다.

우시雨施 : 은혜를 넓고 균등하게 베푼다. 漢 董仲舒 《春秋繁露》 : "故聖王在上位, 天覆地載, 風令雨施.

雨施者, 布德均也. 風令者, 言令直也".

7 이물理物 : 백성을 다스리는 것과 같다. 唐 李德裕《上尊號玉冊文》: "爰初定命, 正心理物, 如辰居極, 而天下無邪矣!"

함장含章 : 아름다운 본바탕으로 어루만지고 달래며 백성을 편안하게 한다. 이것은 대체로 당 왕조 건립 초기에 추진되던 백성을 이롭게 하던 정책을 가리킨다.

8 심인深仁 : 깊고 두터운, 어진 사랑. 宋 陳亮《書》〈歐陽文粹〉後 : "初, 天聖, 明道之間, 太祖, 太宗, 眞宗以深仁厚澤涵養天下 蓋七十年".

일월日月 : 천지와 같다. 세월. 唐 鄭畋〈馬嵬坡〉詩 : "玄宗回馬楊妃死, 雲雨難忘日月新".

9 무운撫運 : 시운에 순응하다. 唐 劉禹錫〈爲京兆李尹賀遷獻懿二祖表〉: "太祖景德帝膺期撫運, 啓封於唐".

도당陶唐 : 그때의 세상이 태평하다. 唐 崔沔〈奉和聖制樂游園宴〉: "酒酣同忭躍 歌舞詠時康".

10 번기幡旗 : 깃발. 唐 岑參〈送郭朴射節制劍南〉詩 : "鐵馬擐紅纓 幡旗出禁城".

번幡 : 깃발. 그 나부끼는 모양이 그러하기에 幡이라고 한다. 번은 본래 치幟이다.

혁혁赫赫 : 찬란하고 성대한 모습, 혹은 모습이 두드러지다.《國語》〈楚語〉上 : "赫赫楚國, 而君臨矣". 韋昭 注 : "赫赫, 顯盛也".

11 정고鉦鼓 : 징과 북. 고대에 행군이나 가무시 진퇴와 동정動靜을 지휘할 때 사용했던 두 종류의 악기. 《新唐書》〈南蠻傳〉下 '驃' : "每拜跪, 節以鉦鼓……歌已, 俯伏, 鉦作, 復揖舞".

굉굉鍠鍠 : 황황喤喤이라고도 한다. 의성어로 종과 북의 소리를 표현한다.《詩》〈周頌〉'執競' : "鐘鼓鍠鍠 磬管鏘鏘".

12 외이外夷 : 중원 이외의 각 민족과 외국을 두루 가리킨다.《孟子》〈梁惠王〉上 : "莅中國而撫四夷也".

13 전복剪覆 : 전복하다. 없애다.《後漢書》〈臧洪傳〉: "賊臣董卓, ……禍加至尊, 毒流百姓, 大懼淪喪社稷, 剪覆四海".

14 순淳 : 어떤 판본에는 '화和'. 순풍淳風 : 순박하고 고풍스러운 풍습. 晉 葛洪《抱朴子》〈逸民〉: "淳風足以濯百代之穢, 高操足以激將來之濁".

유현幽顯 : 어떤 판본에는 우주宇宙. 음양과 같다. 또 저승과 이승을 가리킨다. 唐 陳子昂〈爲程處鄙辭放流表〉: "存者流離, 亡者哀痛, 辛酸幽顯, 爲世所悲".

15 하이遐邇 : '遐爾'라고도 한다. 즉, 원근을 가리킨다. 漢 寬桓《鹽鐵論》〈備胡〉: "故人主得其道, 則遐邇潛行而歸之, 文王是也".

16 사시四時 : 사계.《禮記》〈孔子閑居〉: "天有四時, 春秋冬夏".

옥촉玉燭 : 네 계절의 기운이 화창함을 말한다. 태평성세를 표현한다.《尺子》卷上 : "四氣和, 正光照, 此之謂玉燭".

17 칠요七曜 : '七耀', '七燿'라고도 한다. 해와 달 그리고 금, 목, 수, 화, 토 오성을 가리킨다. 晉 范寧〈穀梁傳序〉: "陰陽爲之衍度, 七耀爲之盈縮". 楊士勛 疏 : "日, 月, 五星照天下, 故謂之七曜".

만방萬方 : 萬邦이라고도 하며 각국의 제후, 혹은 천하 각지를 말한다.《書》〈湯誥〉: "王歸自克夏, 至於亳, 誕告萬方".

18 악강岳降 :《詩》〈大雅〉'嵩高' : "維岳降神, 生甫及申". 보후甫候와 신백申伯은 모두 주周나라 종실의 중신이다. 후에 '악강岳降'은 탄생 혹은 탄신을 칭송하는 말로 쓴다. 재보宰輔는 정치를 보좌하는 대신으로 보통 재상을 가리킨다.

19 임任 : 용用과 같다.

20 삼오三五 : 삼황오제를 가리킨다. 《楚辭》 劉向 〈九嘆〉 '思古' : "背三五之典刑兮, 絶《洪范》之辟記". 王逸 注 : "言君施行, 背三皇五帝之常典".

일덕一德 : 시종 한결같다. 그 덕이 영원하다. 법령이 일률적이다. 《易》 〈繫辭〉 下 : "恒以一德." 孔穎達 疏 : "恒能始終不移, 是純一其德也". 《文選》 沈約 〈齊故安陸昭王碑〉 : "六幽允洽, 一德無爽". 李周翰 注 : "謂法令劃一也".

21 소昭 : '조照'와 통한다. 즉 눈부시게 비치다, 밝게 비치다. 《三國志》 〈魏志〉 '陳思王植傳' : "惠洽椒房, 恩昭九族".

당가광唐家光 : 어떤 판본에서는 '황가당皇家唐'이라고도 하며, 당 왕조를 가리킨다.

고향집의 등불이 주인을 잃었구나

혜초

고향집의 등불이 주인을 잃었구나!
객지에서 보배나무가 꺾이고 말았으니
영혼은 어디로 가고
옥 같은 모습은 재가 되었는가
생각할수록 애처로운 마음 간절하고
그대가 소원 이루지 못함이 애닯구나
뉘라서 고향으로 돌아가는 길을 알리요
떠가는 흰 구름만 부질없이 바라본다

故里燈無主[1]

慧超[2]

故里燈無主,
他方寶樹摧[3]
神靈去何處[4]
玉貌已成灰[5]
憶想哀情切[6]
悲君願不隨
孰知鄉國路[7]
空見白雲飛[8]

註

1 정수일,《혜초의 왕오천축국전》, 학고재, 2004, 232쪽.
전하는 바에 의하면 석가모니가 이곳 다마삼마나多摩三磨娜 절에서 경전을 강의하며 중생을 제도했다고 한다. 중국 당나라 현장玄奘도 이 절에 온 적이 있다. 이곳에서 멀지 않은 산 속에 나게라태나那揭羅馱娜라는 절이 있었다. 이 절의 고승이 그에게 말했다. "일찍이 중국 스님이 한 분 계셨는데 삼장지요에 정통하셨습니다. 중천축에서 이 절에 오셔서 한동안 묵으신 후, 귀국하기로 결심했다가 길을 나서기 전 병이 나 얼마 되지 않아 돌아가셨습니다." 혜초는 이 소식을 듣고서 감개무량하고 비통함을 금할 길이 없었다. 그래서 시를 써 슬픔을 달랬다. 아울러 중국 스님이 극락정토에서 안식하여 영혼이 고향으로 돌아가기를 추모했다.
고리故里 : 고향. 南朝 梁江淹〈別賦〉: "視喬木兮故里, 決北梁兮永辭".
등燈 : 불교에서는 등불로 밝음이 어둠을 깨뜨림을 가리킨다. 불법의 비유로 사용.

2 혜초慧超 : 기원 704년(신라 성덕왕 3년)에 태어났다. 신라 남부 사람. 16세 때 불법을 구하러 바다를 건너 당나라에 들어갔다. 중국 광주廣州에서 인도 고승 금강지金剛智와 중국 고승 불공不空을 따라 공부했다. 4년 후 인도에 가서 구법하여 몸소 불교의 '오묘한 경지'를 보기로 결정하였다. 그는 중국 광주에서 배를 타고 출항하여 남중국해를 거쳐, 말레이시아 해협을 건너, 동인도의 나체국을 돌았다. 그런 다음 중인도, 남인도, 서인도, 북인도를 거쳐 카슈미르 지역에 들어갔다. 계속해서 파키스탄에 들어갔고, 아프가니스탄 북부를 거쳐 중앙아시아를 건너, 파미르고원을 넘어 구자국龜玆國에 도착하였다. 4년간의 여행 기간 동안 그는 인도의 수많은 불교 성지와 명승고적을 고찰하고 참배하였다. 예를 들면 왕사성王舍城을 조사하고, 북천축 4대 영탑을 참배하였고, 네팔의 석가 탄생지인 룸비니 등을 둘러보았다. 이것은 당나라 현장의 뒤를 이은 동아시아 불교 사상 또 한 번의 장거이다. 당나라 현종 개원 21년(733년) 초에서부터 시작하여 혜초는 계속 금강지와 함께 장안에서 8년 동안이나 밀교를 연구하고 불경 번역에 몰두하였다. 금강지가 입적한 후 혜초는 대흥사에서 불공과 함께 계속해서 경전을 탐구하고 번역하는 일을 했다. 당나라 대종 대력 9년(774년), 불공대사가 입적하자 혜초는 중국 밀종의 제2대 정통 후계자가 되었다. 당 덕종 건중 원년(780년) 4월에 혜초는 장안을 떠나 오대산으로 가서 건원보리사乾元菩提寺에 들어갔다. 기원전 787년, 향년 83세로 오대산에서 입적했다. 혜초는 장편 여행기《往五天竺國傳》을 썼다. 4년간의 인도 여행 기록에 근거하여 찬술한 것이다. 이 책의 재료는 아주 풍부하여, 가치가 높다. 원래 3권으로 되어 있었으나 많이 실전되었다. 지금 남아 있는《왕오천축국전》은 당나라 사람이 축소 편찬한 단행본으로 돈황의 석굴에 보관되어 있었다. 책에는 5언 한시가 다섯 수 들어 있다. 언어가 세련되고 구상이 교묘하여 혜초의 문학적 재능과 한학에 대한 깊은 조예를 충분히 엿볼 수 있다.

3 보수寶樹 : 불교 용어. 일곱 보물의 나무를 가리킨다. 즉 극락세계에서 칠보가 합쳐서 된 나무이다.《法華經》〈壽量品〉: "寶樹多花果, 衆生所游樂".

4 신령神靈 : 혼백.《大戴禮記》〈曾子天圓〉: "陽之精氣曰神, 陰之精氣曰靈. 神靈者, 品物之本也". 孔廣森注 : "神爲魂, 靈爲魄".

5 옥모玉貌 : 사람의 얼굴에 대한 존칭.《戰國策》〈趙策三〉: "辛垣衍曰, 今吾視先生之玉貌, 非有求於平原君者".

6 억상憶想 : 회상. 宋 唐庚〈有所嘆詩〉二 : "耕田佩印兩徒然, 憶想平津祗去年".

7 향국로鄕國路 : 고향으로 가는 길을 가리킨다.
향국鄕國 : 고향. 唐 杜儼〈客中作〉: "客顔歲歲愁邊改, 鄕國時時夢里還".

8 백운白雲 : 어버이를 생각함을 비유함.《舊唐書》〈狄仁杰傳〉: "其親在河陽別業, 仁杰赴幷州, 登太行山, 南望見白雲孤飛, 謂左右曰. '吾親所居, 在此雲下.' 瞻望佇立久之, 雲移乃行".

보리사를 멀다고 걱정치 않았는데

혜초

보리사를 멀다 생각하지 않았는데
어찌 녹야원을 멀다고 걱정하리
단지 두려운 건 험한 길과 낭떠러지뿐
뜻하지 않게 태풍 불까 두렵네
여덟 탑을 보기란 진실로 어려운 일
이리저리 헐리고 불타 난잡하여라
여덟 탑 뵈려는 소원 채울 이 몇이런가
오늘 아침 이 자리서 내 눈으로 보았네

不慮菩提遠[1]

慧超

不慮菩提遠
焉將鹿苑遙[2]
只愁懸路險[3]
非意業風飄[4]
八塔誠難見[5]
參差經劫燒[6]
何其人願滿[7]
目睹在今朝

註

1 정수일, 《혜초의 왕오천축국전》, 학고재, 2004, 146쪽.

이 시는 혜초가 20세 때 중천축 바라내국(波羅國)에서 오래전부터 보고 싶었던 불교 성지 녹야원을 참방한 후의 감동을 적은 것이다.

보제菩提 : 범문의 음역. 깨닫다, 지혜롭다, 도리 등을 뜻한다. 불교에서 완전히 깨달은 경지를 가리키거나 깨달음의 지혜와 깨달음의 경로를 가리킬 때 사용한다. 《成唯識論述記》 卷1 : "梵云菩提, 此翻爲覺, 覺法性故". 《大智度論》 卷4 : "菩提, 名諸佛道". 이는 불교 최고의 '지혜'라는 함의와 가깝다. 그래서 '보리'라는 단어는 불교의 근본적인 도리에 대한 이해와 관련되지만, 각개 종파에 따라 운용이 아주 같지는 않다. 《維摩結經》 僧肇 注 : "道之極者, 稱曰菩提……蓋是正覺無相之眞智乎". 《大乘起信論》에서는 '깨달음'이란 '진리세계와 한 모습'이고 '곧 부처의 곧은 진리 몸(如來平等法身)'이다. 즉 선천적으로 가지고 있는 '불성'을 보리라고 한다. 그 외 보리에 관한 말이 더 있다. 이 시 안의 '보리'는 '불지佛地', 곧 천축국을 가리킨다.

2 녹원鹿苑 : 녹야원. 불교 성지로 '선인논처仙人論處', '선인주처仙人住處', '선인녹원仙人鹿園'이라고도 한다. 천축 파나국波奈國에서 즉, 지금의 바라나시 서북쪽 약 10킬로미터 지점이다. 전설에 따르면 석가모니가 성도한 후 최초로 설법을 한 곳이라고 한다. 석가가 이 정원에서 아즈냐타 카운단냐(阿若憍陳如), 아쉬바짓(頞鞞), 바드리카(跋提), 다사발라 카샤파(十力迦什), 마하나마 쿨리카(俱利太子)의 다섯 비구에게 사제법을 설법하여 그들이 최초의 불교 신도가 되게 하였다. 《雜阿含經》 卷3에는 "이곳 선인원인 녹야원에서, 여래가 다섯 비구들에게 십이행의 법륜을 세 번 굴렸다"는 글이 있다.

3 현로懸路 : 높고 평탄치 않은 길.

4 업풍業風 : 불교 용어. 선악의 업이 바람과 같이 사람들에게 떠돌아다니게 하고, 삼계를 윤회하게 만드는 것을 말한다. 또 몹시 세차게 부는 바람, 악업을 가리킨다. 겁말劫末에 부는 큰 바람, 즉 재난이 있을 때 부는 바람이다. 唐 顧況 〈歸陽蕭寺有丁行者〉 詩 : "業風吹其魂, 猛火燒其煙".

업業 : 불교에서 몸, 입, 마음의 세 가지로 생겨나는 것을 업이라 한다. 구분하여 신업, 구업, 의업이라고 부른다. 업은 선善과 불선不善, 비선비불선非善非不善 세 가지로 나눈다. 일반적으로는 대개 악업, 죄악을 가리킨다. 업은 육도 중 생사윤회에서 결정된다. 梁 沈約 《均聖論》 : "上聖開宗, 宜有次第, 亦由佛界殺人, 爲業最重也".

5 탑塔 : 불탑의 약칭. 불탑은 인도에서 유래되었다. 처음에는 사리를 모셔 두는 것으로 사용되었으나 후에는 경, 불상, 불기 등을 모셔 두는 것으로 사용하게 되었다. 탑의 기단과 탑신은 사각형, 팔각형이 많으며, 층수는 일반적으로 홀수로 이루어진다. 재료는 나무, 돌, 벽돌 등이다.

팔탑八塔 : 시 내용에서 알 수 있듯이 당시 녹야원 성지에 이미 여덟 개의 불탑이 있었다.

6 참차參差 : 비슷하다. 거의. 唐 周濆 〈逢鄰女〉 詩 : "莫向秋池照綠水, 參差羞殺白芙蓉".

겁소劫燒 : 세계 멸망 때에 세계를 태워 버릴 큰 불이 나타나 모든 것을 살라 버린 후 다시 세상을 중창重創한다. 晉 干寶 《搜神記》 卷13 : "經云 : 天地大劫將盡, 則劫燒".

7 하기何其 : 얼마나, 어쩌면. 감탄의 의미를 강조한다.

남천南天으로 가는 달 밝은 밤에

혜초

남천축국으로 가는 달밤, 고향 길 바라보니
뜬 구름만 휘휘 바람에 날려 떠돌아가네
편지를 봉하여 바람 편에 보내려 하나
바람은 급히 가며 나를 외면해 버리네
고국은 하늘 끝 북쪽에 있고
나는 서쪽 끝 타향에 있노라니
해 뜨거운 남쪽에는 기러기조차 없어
누가 계림에 이내 소식 전해 줄는지

月夜南天路[1]

慧超

月夜瞻鄉路,
浮雲颯颯歸[2]
緘書忝去便[3]
風急不聽廻
我國天岸北[4]
他邦地角西[5]
日南無有鴈
誰爲向林飛[6]

註

1 정수일, 《혜초의 왕오천축국전》, 학고재, 2004, 198-199쪽.

혜초는 녹야원을 떠나 3개월 남짓 뒤 남천축국에 도착했다. 거기에서 그는 용수보살龍樹菩薩이 일찍이 묵었던 한 절을 찾았다. 전하는 바에 따르면 거기는 용수보살이 7백 세 때 야차신을 이긴 곳이라고 한다. 그 해 사원에는 향불이 세차게 타오르고 3천여 명의 스님들이 운집했었다. 그러나 혜초가 도착했을 때에는 안타깝게도 절은 이미 버려져 한 사람도 없었고 황량했다. 이때의 광경은 그를 크게 실망시켰고, 만감이 교차하게 했다. 적막하고 광활한 달 밝은 밤에 스멀스멀 고향 생각이 나서, 정신을 집중하여 붓을 들어 이 오언시를 썼다고 전해진다.

남천南天 : 남천축국을 가리킨다.

2 삽삽颯颯 : 몹시 빠른 모습. 唐 杜甫 〈神龕〉 詩 : "奈何漁陽騎, 颯颯驚蒸黎".

3 함서緘書 : 서신. 唐 杜甫 〈奉漢中王手札〉 詩 : "前後緘書報, 分明饌玉恩".

4 천안天岸 : 하늘의 가장자리, 극히 먼 곳을 말한다.

5 지각地角 : 땅의 끝. 극히 외지고 먼 곳을 비유한다. 唐 岑參 〈宿鐵關西館〉 詩 : "雪中行地角, 火處宿天倪".

6 이 시구는 "남천축국에 편지를 전해 줄 기러기가 없으니, 그 누가 나를 위해 고국 계림으로 소식을 전해 주겠나"라는 의미이다.

천축국에 들어가는 한나라 사신을 만나

혜초

그대는 천축으로 가는 길이 멀다고 한탄하나
나는 동쪽으로 가는 길이 멂을 탄식하네
길은 거칠고 산마루에는 눈도 많은데
험한 골짜기에는 도적들이 길게 날뛸 것이오
새도 날아오르다 깎아지른 산에 놀라고
사람은 좁은 다리 지나가기 어려워라
한평생 살아오며 흘리지 않았던 눈물
오늘따라 천 줄기 만 줄기 하염없이 뿌리네

逢漢使入蕃[1]

慧超

君恨西蕃遠[2]
余嗟東路長[3]
道荒宏雪嶺[4]
險澗賊途倡[5]
鳥飛驚峭嶷[6]
人去難偏梁
平生不捫淚[7]
今日灑千行

註

1 정수일,《혜초의 왕오천축국전》, 학고재, 2004, 407-408쪽.

혜초가 북천축국을 주유할 때, 한번은 토화라국吐火羅國에서 서역(천축국)으로 돌아가려는 중국 사신과 해후했다. 먼 이역 땅에서 제2의 고향에서 온 사신을 만나 기쁜 마음을 잘 표현했다. 기쁜 나머지 시를 쓰고 이를 기념했다. 이 시는 또《大藏經》에도 보인다. 제목은 〈逢漢使入蕃, 略題四韻〉 즉 '서번에 들어가는 한나라 사신을 만나, 간단히 사운四韻을 짓는다'이다. 또 "慧超又從吐火羅國東行七日, 至胡蜜王住城. ……開元十五年十一月上旬至安西, 於時節度大使趙君……." 즉 '혜초는 토화라국에서 동쪽으로 간 지 7일 만에, 호밀왕이 사는 성에 다다랐다. ……개원 15년 11월 상순에 안서에 도착하여, 이에 세월이 흘러 절도대사 조군이……'라고 했다.

2 서번西蕃 : '西藩', '西番'이라고도 한다. 중국 고대 서역 일대 및 서부 변경 지역에 대한 총칭. 이는 서부 국가, 즉 천축국을 가리킨다.

3 차嗟 : 탄식, 감탄. 三國 魏 曹操 〈短歌行〉 詩 : "嗟我白髮, 生一何早".

4 중국 사신이 황폐한 도로와 멀고도 먼 설산을 넘어야 함을 가리킨다.

5 여정 중에 도적들이 창궐함을 가리킨다.

6 초억峭嶷 : 높은 봉우리와 험준한 산봉우리.

억嶷 : 높다. 晉 陶潛 〈感士不遇賦〉 詩 : "山嶷嶷而懷影, 川汪汪而藏聲".

7 문捫 : 닦다, 문지르다. 눈물 흘리는 것을 비유한다. 이 시구는 혜초와 중국 사신이 얼굴을 마주보고 이별하며, 본래 평소 눈물을 잘 흘리지 않는 그이지만 이때는 참을 수 없이 눈물이 쏟아졌음을 말하고 있다. 이 부분은 시를 쓸 때 스님과 중국 사신 간의 애틋한 심정을 드러내며 다른 한편으로는 혜초의 이역 타향에서의 고독하고 처량한 심경을 반영한다고 볼 수 있다.

찬 눈은 얼어붙고

혜초

차가운 눈발은 얼음에 얼어붙고
차가운 바람은 땅을 쪼개네
바다는 평평하고 넓게 얼었고
강물과 산등성이도 다 얼어 서로를 단단히 깨문다
용문龍門의 폭포도 끊어지고
우물가엔 얼음이 얼어 도사린 뱀을 묶어 놓은 듯
횃불에 의지해 산을 오르며 노래 부르네
언제 파미르 고개를 넘으려는지

冷雪牽氷合[1]

慧超

冷雪牽氷合
寒風擘地裂[2]
巨海凍墁壇[3]
江河淩崖囓[4]
龍門絶瀑布
井口盤蛇結[5]
伴火上陔歌[6]
焉能度播密[7]

註

1 정수일,《혜초의 왕오천축국전》, 학고재, 2004, 408쪽.
혜초가 중남천축으로의 오랜 여행을 마치고, 대략 인도 여행 3년째 되는 겨울에 북방의 토화라국에 들어갔다. 거기는 날씨가 춥고 땅이 얼어 빙설이 온 들판에 가득하였다. 인도 남방의 자연 경관과는 완전히 달랐다. 시인은 곳곳에 눈얼음이 있는 것을 보고, 그 광경에 마음이 서글퍼져 이 오언시를 써 내려갔다.

2 벽擘 : 분리되다. 갈라지다.《禮記》〈內則〉: "炮之, 塗皆乾, 擘之".

3 만단墁壇 : 평평하고 넓다.

4 설嚙 : 이를 악물다. 본래 위아래 이를 꽉 무는 것을 가리킨다. 여기에서는 강에 얼어 있는 얼음과 산등성이에 쌓여 있는 얼음들이 함께 응결되어 있는 것을 가리킨다.

5 이 두 구는 날씨가 차 용문의 폭포가 모두 얼어 얼음이 되었음을 이른다. 우물가의 얼음이 뱀과 같은 모양으로 변했다.

6 해陔 : 군대 안의 약속과 명령. 당나라 학자 안사고顔師古는《漢書》〈文藝志〉'五音寄胲用'에 첨가한 주注에서 '허신許愼'을 인용하여 말하기를 "해陔는, 군대 안의 약속"이라고 하였다.

7 파밀播密 : Pamir. 파미르 고원.

시구詩句

김입지

나무 끝, 안개가 사라지자 잠자던 새 놀라고
이끼 위 이슬 맺히니 반딧불이 보이지 않네
〈가을 밤 달을 보며〉

스님은 달을 보며 편안히 생각하다 잠들고
차가운 샘물 움켜쥐니 손에 가득 서릿빛이네
〈협산사의 달구경〉

절간에 비가 개니 소나무 빛 차갑고
선원의 숲에 바람 일어 대나무 흔드는 소리
〈청룡사 스님에게 드림〉

고궁에 바람 스쳐 향 연기 흩어지고
앞 숲에 달빛 닿아 대 이슬 맑아라
〈풍덕사에 묵으며〉

한가한 밤에 청정히 맴돌고
강굽이 맑은 달 마주해 마음을 비운다
〈스님에게 드림〉

찬 이슬 맺히자 기러기 북쪽으로 떠나고
붉은 구름은 점점 사라지고 달은 서쪽으로 흐른다
〈추석〉

정원의 매화 터지니 봄 맞아 꽃이 피고
마당의 풀은 싹이 터 절기에 향기 흘리리
〈이른 봄〉

詩句[1]

金立之[2]

煙破樹頭驚宿鳥
露凝苔上暗流螢[3]
〈秋夜望月〉

山人見月寧思寢[4]
更掬寒泉滿手霜[5]
〈峽山寺翫月〉

紺殿雨晴松色冷[6]
禪林風起竹聲餘[7]
〈贈靑龍寺僧〉

風過古殿香煙散

月到前林竹露淸
〈宿豊德寺〉

更有閑宵淸淨境
曲江澄月對心虛
〈贈僧〉

寒露已催鴻北去
火雲漸散月西流[8]
〈秋夕〉

園梅坼甲迎春笑[9]
庭草抽心待節芳
〈早春〉

註

1 일본 상모하세녕上毛河世寧의 《全唐詩逸》 卷中에서 《千載佳句》를 인용.
2 김입지金立之 : 신라인. 당 경종 보력 원년(825년) 신라 왕자 김흔金昕을 따라 당에 갔다가 귀국 후 신라 추성군 태수를 역임했다. 《新唐書》〈東夷傳〉, 〈韓國金石遺文〉에 기록이 보인다.
3 유형流螢 : 날아다니는 개똥벌레. 唐 杜牧 〈秋夕〉 詩 : "銀燭秋光冷畵屛, 輕羅小扇撲流螢".
4 산인山人 : 산림에 은거하는 선비, 승려로 추측.
5 국掬 : 받들다, 취하다. 唐 谷神子《博異志》〈陰隱客〉: "又至白眼泉, 令与漱之. 味如乳, 甘美甚. 連飮數掬 似醉而飽".
상霜 : 달빛을 가리킨다.
6 감전紺殿 : 절을 가리킨다. 唐 崔日用 〈奉和九月九日登慈恩寺浮圖應制〉: "紫宸歡每洽, 紺殿法初隆".
7 선림禪林 : 사원을 가리킨다. 승도들이 모이는 장소. 〈陝北弘農郡五張寺經藏碑〉: "春園柳路, 變入禪林. 蚕月桑津, 廻成定水". 倪璠 注 : "言本住宅, 改爲佛寺".
8 화운火雲 : 붉은 구름. 주로 염하炎夏를 가리킨다. 唐 杜甫 〈貽華陽柳小府〉 詩 : "火雲洗月露 絶壁上朝暾".
9 탁갑坼甲 : 긴 꽃받침이 터지다. 《易解》: "天地解而雷雨作, 雷雨作而百果草木皆甲坼".

시구詩句

김운경

가을 달밤 고요한데 곡조 타는 소리 들리네
가을바람에 낙엽 날리니 옥퉁소 소리 나네
〈진루선〉

詩句[1]

金雲卿[2]

秋月夜閑聞案曲[3]
金風吹落玉簫聲[4]
〈秦樓仙〉

註

1 일본인 상모하세녕上毛河世寧의 《全唐詩逸》 卷中에서 〈千載佳句〉를 인용.

2 김운경金雲卿 : 신라인. 당 목종 장경 초에 처음에는 신라 빈공으로서 두사례杜師禮의 이름을 써 합격하였다. 후에 당에서 벼슬길에 나아갔다. 당 무종 회창 원년(841년)에 치주장사淄州長史에 임명되었다. 《新唐書》〈新羅傳〉, 《東文選》 참고.

3 안곡案曲 : 박자에 맞춰 곡을 부르다. 唐 李廓 〈長安少年行〉 十 : "雖然長按曲, 不飮不曾聽".

4 금풍金風 : 가을바람. 《文選》 張協 〈雜詩〉 : "金風扇素節, 丹霞起陰期". 李善 注 : "西方爲秋而主金, 故秋風曰金風".

시구詩句

김가기

물결은 난석亂石에 부딪쳐 빗발처럼 높이 솟는데
바람은 성긴 소나무 가지에 불어 가을처럼 조용하네
〈유선사〉

詩句[1]

金可紀[2]

波衝亂石長如雨[3]
風激疏松鎭似秋[4]
〈游仙寺〉[5]

註

1 일본인 상모하세녕上毛河世寧의 《全唐詩逸》 卷中에서 〈千載佳句〉를 인용.

2 김가기金可紀(?-858년) : 金可記라고도 한다. 신라 사람으로 빈공진사. 지식이 넓고 기억력이 뛰어났다. 문장은 청려하였다. 종남산에서 은거, 한때 귀국하였다가 다시 당으로 와서 종남산에 은거, 당 선종 대중大中 12년에 세상을 떠났다. 徐松《登科記考》 27편, 《續仙傳》과 章孝標 〈送金可紀歸新羅〉 등 참고.

3 난석亂石 : 어지러이 널려 있는 돌.

4 진鎭 : 마치 일상과 같다. 영원하다. 唐 太宗 〈咏燭〉 詩 : "鎭下千行淚 非是爲思人".

5 유선사游仙寺 : 유선사와 같다면 종남산 태백봉에 있겠다.

즉흥시

최치원

이익의 문전을 살피라는 말씀에
부모가 주신 몸 버리지 않기를 원했네
어찌 진주를 캐려는 사람이 되어
삶을 가벼이 하여 바다 밑에 들어가려는가
몸이 영예가 있으면 먼지에 물들기 쉽고
마음의 때는 진정 씻기 어려워라
담박함을 누구와 논하랴?
세상 살아가는 길이 달콤한 것만 즐기는 데야

寓興[1]

崔致遠[2]
願言扃利門[3]
不使損遺體[4]
爭奈探珠者[5]
輕生入海底
身榮塵易染[6]
心垢水難洗[7]
澹泊與誰論[8]
世路嗜甘醴[9]

註

1 《고운최치원선생문집》, 고운최치원선생문집중간위원회, 1982, 516쪽.

2 최치원崔致遠(857-?) : 자는 해부海夫, 호는 고운孤雲, 신라 경주慶州 사람이다. 어려서부터 뛰어나게 영민하였다. 당 선종宣宗 대중大中 10년(856년) 12세 때 상선商船을 따라 당에 유학하였고, 18세에 진사에 급제하여 당에서 벼슬하였다. 초기엔 선주宣州 표수현위漂水縣尉를 하고 임기가 차자 끝맺었다. 후에 행영도통行營都統 고병의 막부에서 도통순관都統巡官, 장서기掌書記를 하였다. 무릇 서장書狀 문고文告는 모두 그의 손을 거쳤다. 임금은 신하의 주장奏章을 받고 그에게 전중시어사殿中侍御史 직을 제수除授하였고 비어대緋魚袋를 하사하였다. 당 희종僖宗 중화中和 4년 국신사國信寺를 맡고 귀국하였다. 신라에 돌아온 후 연이어 헌강왕憲康王, 정강왕定康王을 모시고 한림학사翰林學士, 병부시랑兵部侍郎, 무성태수武城太守 등 관직을 맡았다. 만년엔 가야산伽倻山 해인사海印寺에 은거隱居하였다. 그의 사후 고려왕조高麗王朝는 문창후文昌侯란 시호諡號를 내리고 문묘文廟에 배향配享 종사從祀하였다. 저작으로는《中山覆簣集》,《桂苑筆耕集》 20권 등 중문中文 저작이 많다. 최치원은 스스로 적기를 "열두 살 때 집을 떠나 바다를 건너 서쪽 나라로 왔다. 곧 배를 타고 떠날 때, 아버지는 나에게 경계하셨다. '십 년 내 진사에 급제를 못하면 너는 나의 아들이라 하지 말고, 나도 너와 같은 아들이 있다고 하지 않겠다. 잘 가거라! 꼭 열심히 하여야 한다. 조금도 꾀를 쓰면 안 된다!' 신臣은 아버지의 엄격한 훈계를 깊이 간직하고 한시도 잊지 않고 머리를 졸라매고 송곳으로 다리를 찌르며 정신을 북돋아 쉴 새 없이 열심히 책을 읽고 큰 뜻을 키워갔다. 다른 사람이 한 번 하는 것을 나는 백 번하고, 다른 사람이 백 번 하는 것을 나는 천 번 하여 꼭 알고 넘어갔다. 관광觀光 6년 이름이 마침내 장부에 올라 진사에 급제하였다. 이때 마음에 품은 생각을 읊조리고 경물景物에 빗대어 쓴 문장 혹은 부賦 혹은 시詩들은 몇 상자도 넘는다. 어릴 때 지은 글을 커서 부끄러이 여겼다. 그러나 '고기를 잡은 뒤엔 고기를 잡던 통발을 잊어버리다'라는 것처럼 성공하고 보니 다들 소용없는 폐물이 되었다. 그 후엔 기회를 찾아 동도東都에 떠돌아다니며 붓으로 밥통을 하여 부賦 5수, 시詩 100수, 잡시부雜詩賦 30수로 3편篇의 작품집을 이뤘다. 그 후엔 선주宣州 표수현위漂水縣尉로 제수되었다. 녹祿이 후厚하고 벼슬은 한가閑暇하여 종일 포식하고 특별한 일이 없었다. 벼슬에 여유가 있으면 공부에 열중, 시간을 흐지부지하게 보내서는 안 되었다. 나는 공과 사를 다하며 시집詩集을 5권이 되게 하였다. 산과 같은 장한 뜻을 고무하고 북돋는다는 의미에서 '복궤覆簣'라고 제목을 달고 그 앞에는 '중산中山'이란 지명을 달았다. 그 의미는 '중산에 쓰워놓은 삼태기'란 뜻이다. 임기가 되어 벼슬을 그만두고 회남淮南에 가서 벼슬을 꾀하였다. 그러다가 고시중高侍中의 은혜를 입어 글 쓰는 일을 위임받았다. 이로 하여 병영兵營에서도 쓰고 수레를 따라 다니면서도 쓰고 있는 힘을 다하여 견디었다. 4년의 노력으로 만萬여 수의 시詩가 되었다. 그러나 추리고 보니 10수 중에 한두 수도 쓸 만한 것이 없었다. 마치 모래 속에서 금을 캐다시피 또는 기와를 헐어서 담벼락을 장식하다시피 하여 겨우《桂苑集》20권을 추려냈다. 전란의 틈에서 나는 병영에 몸을 의지하고 된 죽이라도 얻어먹는 형편이었다. 그리하여 '필경筆耕'이라고 제목을 달았다(《桂苑筆耕集》)." 최치원의 산실된 시와 문장은 근세近世에 한국의《孤雲先生文集》,《續集》 등으로 전해졌다. 더욱 정확한 사실은《三國史記》를 참고.

3 경扃 : 문을 닫다. 唐 韓愈〈喜雪獻裴尚書〉詩 : "履弊行偏冷, 門扃臥更羸".
이문利門 : 이익을 얻을 수 있는 방법, 수단과 문로門路. 唐 杜荀鶴〈贈僧〉詩 : "利門名路兩何凭 百歲風前短焰灯".

4 유체遺體 : 자녀의 몸은 부모가 준 것이다. 그리하여 자녀의 몸을 부모의 유체遺體라고 부른다.《禮記》〈祭文〉: "身也者, 父母之遺体也".

5 탐주探珠 : 즉 '탐려득주探驪得珠'. 전설에 의하면, 고대에 한 사람이 쑥대 발을 엮어 살아왔다. 그의 아들은 강에 들어가 천금天金의 값어치가 나가는 주보珠寶를 주워 왔다. 그것은 아주 깊은 물속의 여룡驪龍의 턱 밑에 자라고 있던 것이다. 아버지는 아들에게 말했다. "너는 여용이 잠을 잘 때 따왔구나. 만약 여룡이 잠을 깼다면 너는 목숨을 잃었을 것이다."《莊子》〈列御寇〉에서도 이 사실을 알 수 있다. 후엔 '探驪得珠'로 과거시험에 급제한 것을 비유하였다.

6 《東文選》에선 이 말을 '심영진이염心榮塵易染'이라고 하였다. 즉 '마음에 영광스럽다고 생각하면 아주 쉽게 먼지를 묻힐 수 있다'는 뜻이다.
신영身榮 : 신분이 영광스럽다.

7 심구心垢 : 불교 용어. 번뇌煩惱하다. 괴롭다. 답답하다. 《無量壽經》 卷下 : "開神悅体, 蕩除心垢". 경용熲湧이 해석하기를 "'심구心垢'는 번뇌란 뜻이다". 이것을 《孤雲先生文集》에서는 '심구난세心垢難洗'라고 하였다.

8 담박澹泊 : 담박하다. 마음이 담담하고 욕심이 없다. 공명에 무심하다.

9 감례甘醴 : 미주美酒. 단술〔甛酒〕. 《文選》 劉楨 〈贈五官中郎將〉 詩之一 : "金壘含甘醴, 羽觴行无方". 呂向注 : "此以美酒喩 '利'".

접시꽃

최치원

적막한 황무지 한쪽
무수한 꽃들이 여린 가지를 누른다
향기는 장마 지나 사라지고
자태는 맥풍 따라 기우네
마차 탄 귀인은 꽃을 외면하고
벌과 나비도 겨우 엿보기만 하는데
자란 곳 척박하여 스스로 부끄러우니
어찌 한탄하랴, 사람들 외면한다고

蜀葵花[1]

崔致遠

寂寞荒田側
繁花壓柔枝
香輕梅雨歇[2]
影帶麥風欹[3]
車馬誰見賞
蜂蝶徒相窺[4]
自慚生地賤
堪恨人棄遺

註

1 《고운최치원선생문집》, 고운최치원선생문집중간위원회, 1982, 516쪽.

閻琦《崔致遠佚詩箋證》引《孤雲先生文集》. 金東勛《晩唐著名侍人崔致遠》引《東文選》등 참고.

촉규화蜀葵花 : 접시꽃. 2년생 식물로 꽃은 붉은색, 자주색, 노란색, 흰색 등으로 감상하기 좋다. 《太平御覽》卷994 引 晋 傅玄 〈蜀花賦序〉 : "蜀葵, 其苗如瓜瓠, 嘗種之, 一名引苗而生華, 經二年春乃發".

2 우雨 : 비. 《孤雲先生文集》엔 '雲'이라 쓰여 있고, 《東文選》엔 '雨'라고 쓰여 있다. 여기에서는 '雨'라고 썼다.

매우梅雨 : 장마(비). 초여름에 장강長江 회하淮河 유역에서 지속적으로 내리는 비교적 긴 시기의 흐린 날씨와 장마(비)를 가리킨다. 이때는 바로 매화梅花 열매가 누렇게 익을 때다. 그리하여 황매천黃梅天이라고도 부른다. 이 계절에 공기는 장기간 조습潮濕하여 기물器物들은 쉽게 곰팡이가 슨다. 때문에 매우霉雨라고도 한다. 《太平御覽》卷970 引 漢應劭 〈風俗通〉 : "五月有落梅雨, 江淮以爲信風, 又有霖雨, 号爲梅雨, 沾衣服皆敗黦".

3 맥풍麥風 : 보리 익을 때. 즉 맥신麥信. 장강長江과 회하淮河 지간의 음력 5월에 부는 신풍信風을 가리킨다. 唐 李肇《唐國史補》卷下 : "江淮船泝流而上, 常帶東北風, 謂之信風". 唐 白居易 〈和微之四月一日作〉 : "麥風低冉冉, 稻水平漠漠".

의欹 : 한쪽으로 비뚤어지다. 일그러지다. 구부러지다. 唐 元稹《連昌宮詞》 : "舞榭欹傾基尙在, 文窗窈窕紗犹綠".

4 규窺 : 몰래 살피다. 《孟子》〈藤文公〉下 : "鉆穴隙相窺, 踰墻相從, 則父母國人皆賤之".

강남江南 처녀

최치원

강남의 풍속 호탕하기 그지없어
딸을 키우는데 애교를 다 받아주고 사랑하네
요염한 몸단장에 바느질은 수치
곱게 화장하고 악기를 다루건만
타는 음은 우아하지 않으니
춘심春心이 동하여 정신을 판 탓일세
자기는 활짝 핀 봄꽃
이팔청춘은 영원하리라 장담하며
도리어 옆집 처녀를 한없이 비웃는다
진종일 북을 움직이는 그 모습
베틀을 놓으면 몸만 고달프고
비단옷 차례는 돌아오지 않는다 하네

江南女[1]

崔致遠

江南蕩風俗[2] 養女嬌且憐
性冶恥針線[3] 粧成調管絃[4]
所學非雅音[5] 多被春心牽[6]

自謂芳華色[7] 長占艷陽年[8]
却笑隣舍女 終朝弄機杼[9]
機杼縱勞身 羅衣不到汝[10]

註

1 《고운최치원선생문집》, 고운최치원선생문집중간위원회, 1982, 515쪽.
閻琦《崔致遠佚詩箋證》引《孤雲先生文集》. 金東勛《晚唐著名侍人崔致遠》引《東文選》등 참고.

2 탕蕩 : '방탕부기放蕩不羈' 건잡을 수 없이 방탕하다.

3 야冶 : 요염하다. 《荀子》〈非相〉: "今世俗之亂君, 鄕曲之儇子, 莫不美麗姚冶". 楊倞 注 : "冶, 妖".
침선針線 : 재봉裁縫, 자수刺繡, 수공手工 등의 일. 唐 白居易〈秋霽〉詩 : "獨對多病妻, 不能理針線".

4 관현管弦 : 관管 악기와 현弦 악기. 즉 악기를 가리킨다. 晋 張華〈情詩〉之一 : "終晨撫管弦, 日夕不成音".

5 아음雅音 : 정음正音 똑바른 음. 풍습. 교육에 유익한 음악. 唐 太宗〈帝京篇〉之四 : "去茲鄭衛聲, 雅音方可悅".

6 춘심春心 : 정애情愛, 춘정, 애정. 南朝 梁 元帝〈春別應令〉詩之一 : "花朝月夜動春心, 誰忍相思不相見?"

7 방화芳華 : 아름다운 연령. 세월. 王繼鵬〈批葉題諫書紙尾〉詩 : "人情自厭芳華歇, 一叶隨風落御溝".

8 염양년艶陽年 : 청춘 시절을 비유한다. 唐 劉夷希〈巫山懷古〉: "巫山幽陰地, 神女艷陽年".

9 기저機杼 : 베틀. 베틀의 북. 여기에선 방직紡織을 말한다. 《淮南子》〈氾論訓〉: "后世爲之机杼胜復以便其用, 而民得以掩形御寒".

10 나의羅衣 : 비단 옷. 唐 杜甫〈黃草〉詩 : "万里秋風吹錦水, 誰家別泪濕羅衣?"

옛 이야기

최치원

여우가 미녀로 변하고
너구리도 서생書生으로 변할 수 있네
그들의 속성을 누가 알까
사람과 같은 모습으로 현혹하는데
마음을 변화시키기는 외려 어렵지 않지만
조심하기는 참으로 어려운 것
참과 거짓을 구분하려면
마음의 거울을 닦아 보기 바라네

古意[1]

崔致遠

狐能化美女[2]
狸亦作書生[3]
誰知異類物[4]
幻惑同人形[5]
變化尙非艱[6]
操心良獨難[7]
欲辨眞與僞
願磨心鏡看[8]

註

1 《고운최치원선생문집》, 고운최치원선생문집중간위원회, 1982, 517쪽.
閻琦《崔致遠佚詩箋證》引《孤雲先生文集》. 金東勛《晩唐著名侍人崔致遠》引《東文選》등 참고. 閻琦는 이 시를 신라에서 지은 것으로 파악했다.
고의古意 : 의고擬古, 방고仿古와 같다. 전대前代의 고사故事(이야기)를 빌어 뜻을 부치는 시제詩題다.

2 옛 전설에 여우는 수련하여 신선이 되어 사람의 형태를 갖고 사람과 내왕한다고 하였다.

3 이狸 : 이묘狸猫. 여기서는 너구리를 가리킨다.

4 이류異類 : 종류가 다르다. 《莊子》〈人間世〉: "虎之與人異類而媚養己者, 順也". 宋 梅堯臣 〈送許當職方通判泉州〉 詩 : "異類尙有悲, 人獨安所求!"

5 환혹幻惑 : 현혹. 사람의 마음을 어지럽힘을 가리킨다. 《初刻拍案驚奇》 卷9 : "此是屈死之鬼, 所以假托人形, 幻惑年少".

6 변화變化 : 사람으로 변함을 의미한다.

7 조심操心 : 집착하는 마음. 여기서는 신경을 쓰고 근심 걱정한다는 의미도 겸하고 있다. 漢 劉向《列女傳》〈晋圉怀嬴〉: "嬴不肯听, 亦不泄言, 操心甚平". 《孟子》〈盡心〉 上 : "孤獨臣孽子, 其操心也危, 其慮患也深".

8 심경心鏡 : 쓸개를 비치는 세경, 즉 조담경照膽鏡, 진경秦鏡, 진명경秦明鏡, 진가경秦家鏡이라고도 한다. 전설에 의하면 이 같은 세경으로 사람의 오장육부五臟六腑를 비춰낸다고 한다. 晋 葛洪《西京雜記》 卷3 : "高祖初入咸陽宮, 周行庫府, 金玉珍宝, 不可称言, 其尤惊異者……有方鏡, 广四尺, 高五尺九寸, 表裏有明, 人直來照之, 影則倒見, 以手捫心而來則見腸胃五臟, 歷然无硋. 人有疾病在內, 掩心而照之, 則知病之所在. 又女子有邪心, 則胆張心動, 秦始皇常以照宮人, 胆張心動者則殺之. 高祖悉封閉以待項羽, 羽并將以東, 后不知所在".

가을밤 빗속에서

최치원

가을바람 속에 쓸쓸이 읊조리네
세상에 내 마음 알아주는 이 드물다고
창밖은 한밤중, 비는 내리고
등불 앞에 앉아 먼 옛날 회고하는 마음

秋夜雨中

崔致遠

秋風惟苦吟[1]
世路少知音[2]
窓外三更雨[3]
燈前萬里心[4]

註

1 《고운최치원선생문집》, 고운최치원선생문집중간위원회, 1982, 511쪽.
고음苦吟 : 고심하며 읊조리다. 고심하며 자구字句를 다듬다. 시를 짓는 것이 극히 진지하다. 唐 馮贄《雲山雜記》〈苦吟〉: "孟浩然眉豪盡落, 裴祐袖手, 衣袖至穿, 王維至走入醋甕, 皆苦吟者也".

2 세로世路 : 어떤 판본에는 거세擧世.
지음知音 : 《列子》〈湯問〉 載 : "伯牙善鼓琴, 鐘子期善听琴. 伯牙琴音志在高山, 子期曰 : '峩峩兮若泰山' ; 琴音意在流水, 子期曰 : '洋洋乎若江河' 伯牙所念, 鐘子期必得之. 后世遂以'知音'比喩知己". 후인들은 '지음知音'으로 자기를 잘 아는 것을 비유하였다.

3 경更 : 밤 시간을 계산하는 단위. 하루 밤은 5경更으로 나눈다. 모든 경은 약 두 시간이다. 저녁 황혼 때부터

이튿날 날이 밝을 때까지 하루 밤을 갑甲, 을乙, 병丙, 정丁, 무戊 등 다섯 단계(五段)로 나눈다. 따라서 5고五鼓, 또는 5야五夜라고 한다. 北齊 顔子推《顔氏家訓》〈書證〉: "或問: '一夜何故五更? 更何所訓?' '答曰: '漢魏以來, 謂爲甲夜, 乙夜, 丙夜, 丁夜, 戊夜: 又云鼓, 一鼓, 二鼓, 三鼓, 四鼓, 五鼓: 亦云一更, 二更, 三更, 四更, 五更. 皆以五爲節…… 更, 歷也, 經也, 故曰五更爾".

4 만리萬里: 어떤 판본은 만고萬古, 원고遠古, 만대萬代, 만세萬世. 唐 杜甫〈戱爲六絶句〉: "爾曹身与名俱滅, 不廢江河万古流".

여관 밖 밤비

최치원

여관 밖 가을비 추적추적 내리는데
차가운 창문가 밤 등불 말없이 타네
근심에 싸여 앉은 그 모양 가련하구나
마치 선좌禪坐하여 수행하는 스님과 같네

郵亭夜雨[1]

崔致遠

旅館窮秋雨[2]
寒窓靜夜燈
自憐愁裏坐[3]
眞箇定中僧[4]

註

1 《고운최치원선생문집》, 고운최치원선생문집중간위원회, 1982, 511쪽.
閻琦《崔致遠佚詩箋證》引《孤雲先生文集》참고.
우정郵亭 : 즉 역관驛館. 《漢書》〈薛宣傳〉: "過其縣, 橋梁郵亭不修". 顔師古 注 : "郵, 行書之舍, 亦如今之驛及行道館舍也".

2 여관旅館 : 옛날에 나그네가 머무는 숙박소를 여관이라고 하였다. 唐 唐彦謙 〈紅葉〉 詩 : "晩風生旅館, 寒籟近僧房".

3 자련自憐 : 스스로 슬퍼하다. 스스로를 불쌍히 여기다. 晋 束晳 〈貧家賦〉 : "行乞袋而處, 退顧影以自憐".

唐 岑參〈初授官題高冠草堂〉詩 : "自憐無舊業, 不敢耻微官".

4 정定 : 불교의 명사. 정신을 한 곳에 집중시켜 흩어지지 않는 정신 상태. 불교에서는 이것으로 수행의 마음가짐이 갖추어졌다고 본다.《俱舍論》卷4 定義 爲 : "心一境性".《大乘百法明門論忠疎》: "于所觀境令心專注不散爲性, 智從爲業. 謂觀得, 失, 俱非境中, 由定令心不散, 依斯便有決擇智生". 중국에서 정定은 흔히 선禪과 같은 의미로 쓰인다. 이로써 넓은 의미로 내포한 선정禪定이라고 한다.

승僧 : 승인僧人. 스님.

길 위에서 쓰다

최치원

갈 곳 없이 헤매는 떠돌이 신세
여윈 말에 채찍 멈추니 얼마나 쓰라렸나
환향還鄕의 좋은 점 모르는 바 아니지만
돌아가도 빈궁貧窮하긴 마찬가지라네

途中作[1]

崔致遠

東飄西轉路歧塵[2]
獨策羸驂幾苦辛[3]
不是不知歸去好
祗緣歸去又家貧

註

1 《고운최치원선생문집》, 고운최치원선생문집중간위원회, 1982, 517쪽.
염기閻琦 《崔致遠佚詩箋證》 引 《孤雲先生文集》 참고.

2 동표서전東飄西轉 : 정처 없이 떠돌지만 머무를 곳이 정해지지 않는다. 이와 같은 말로 '동표서박東飄西泊', '동표서사東飄西徙', '동표서탕東飄西蕩'이 있다.

3 책策 : 노새나 말을 달리게 하는 채찍이나 회초리. 《左傳》〈襄公十七年〉 : "左師爲己短策, 苟過華臣之門必騁". 孔穎達疏引服虔曰 : "策, 馬捶也".
참驂 : 말에 수레를 맬 때 양쪽에 선 말을 '驂'말이라 한다. 《荀子》〈哀公〉 : "兩驂列, 兩服入廐". 楊倞 注 : "兩服, 馬在中 ; 兩驂, 兩服之外馬. 另說, 服馬左邊之馬曰驂. 此驂爲泛指馬". 唐 賈島 〈別徐明府〉 詩 : "明日疲驂去, 蕭條過古城".
영참羸驂 : 여윈 말. 唐 司空圖 〈河上〉 詩 : "慘慘日將暮, 驅羸獨到莊".

요주饒州 파양정鄱陽亭

최치원

석양에 기대 읊조리니 생각은 끝없이 밀려오고
천추만대千秋萬代 강산은 한눈에 안겨 오도다
태수가 백성을 염려하여 자신의 안락을 멀리하니
강물에 가득한 풍월風月은 늙은 어부 차지 되었노라

饒州鄱陽亭[1]

崔致遠

夕陽吟立思無窮[2]
萬古江山一望中
太守憂民疎宴樂[3]
滿江風月屬漁翁[4]

註

1 《고운최치원선생문집》, 고운최치원선생문집중간위원회, 1982, 518쪽.
閻琦《崔致遠佚詩箋證》引《孤雲先生文集》참고.
요주饒州 : 지금의 강서성江西省 파양波陽.
파양鄱陽 : 요주饒州 파양현은 춘추시대 초나라 동쪽 지경이었다. 진秦 때 번현番縣이라 하고 구강군九江郡에 속하였다. 한漢 때는 파양현을 설치하였다.

2 음吟 : 읊조리다.

3 태수太守 : 벼슬 이름. 관명. 진나라 때 군수郡守를 설치하였고, 한나라 경제景帝 때 태수太守라고 이름을

고쳤다. 한 개 군郡의 최고 행정장관이다. 수나라 초기 주州 자사刺史를 군郡 장관으로 명했다.
소疎 : 멀리하다. 희소하다.
연악宴樂 : 잔치를 베풀어 즐기다. 안락하다. 《易》〈儒〉 : "君子以飲食宴樂".

4 어옹漁翁 : 고기 잡는 늙은이. 나이 든 어부. 唐 杜甫 〈秋興〉 詩之七 : "關塞极天惟鳥道, 江湖滿地一漁翁". 여기서는 태수를 비유한다.

산양山陽에서 고향 벗과 이별하며

최치원

잠깐 만나 초산楚山의 봄을 함께 즐기었건만
곧 이별하려니 눈물이 수건을 적신다
바람을 맞받으며 오래도록 바래다준다 웃지 말게
타향에서 고향사람 만나는 일 쉽지 않거늘

山陽與鄉友話別[1]

崔致遠

相逢暫樂楚山春[2]
又欲分離淚滿巾
莫怪臨風偏悵望[3]
異鄉難遇故鄉人.

註

1 《고운최치원선생문집》, 고운최치원선생문집중간위원회, 1982, 518쪽.
閻琦《崔致遠佚詩箋證》引《孤雲先生文集》. 金東勛《晚唐著名侍人崔致遠》引《東文選》등 참고.
산양山陽 : 한나라 때 설치한 현縣 이름. 하남군河南郡에 속하였다. 옛 성은 지금의 하남성河南省 수무현修武縣 경내에 있었다. 위진魏晉시대 혜강嵇康 상수向秀 등이 이곳에 늘 머물렀으며 참댓숲에서 유람하였다. 후엔 학문이 깊고 도덕이 고상한 사람들이 모이는 장소를 가리켰다. 唐 杜甫 〈贈王二十四侍御契四十韻〉 : "山陽无俗物, 鄭驛正留賓".

2 초산楚山 : 초楚 땅의 산을 가리킨다. 唐 張說 〈對西行巴陵作〉 詩 : "鳥哭楚山外, 猿啼湘水陰".

3 창망悵望 : 아주 섭섭하게 보다, 혹은 아쉽게 그리다. 唐 杜甫 〈詠懷古迹〉 詩之二 : "悵望千秋一洒淚, 蕭條異代不同時".

봄날, 약속한 벗이 오지 않아

최치원

장안長安에서 고생하던 옛일 생각할 때마다
헛되이 흘려보낸 옛 봄을 어찌 견디랴
오늘 아침, 산천 구경하자는 약속 또 저버리니
세상의 명리明利를 구하는 자를 사귄 게 잘못이지

春日邀知友不至(因寄絶句)[1]

崔致遠

每憶長安舊苦辛[2]
那堪虛擲故園春[3]
今朝又負遊山約
悔識塵中名利人[4]

註

1 《고운최치원선생문집》, 고운최치원선생문집중간위원회, 1982, 519쪽.
閻琦《崔致遠佚詩箋證》引《孤雲先生文集》참고.
지우知友 : 믿을 만한 친구, 벗.

2 장안長安 : 옛 수도의 명칭. 한 고조高祖 7년(200년) 이곳에 수도를 정하였다. 그 후 한 헌제獻帝 초, 서진西晋 민제愍帝, 전조前趙, 전진前秦, 서위西魏, 북주北周, 수隋, 당唐 등은 모두 이곳을 수도로 삼았다. 서한西漢 말 녹림綠林, 적미赤眉 농민 봉기와 당 말 황소黃巢가 인솔한 농민 봉기군도 역시 이곳에다 수도를 정하였다. 당과 당 후의 시문詩文 중 장안은 수도를 통칭하는 말이 되었다. 옛터는 지금의 서안성西安城과 서안의 동, 남, 서 교외이다.

3 고원故園 : 고향 옛 터. 唐 駱賓王 〈晩憩田家〉 詩 : "唯有寒潭菊, 獨似故園花".

4 명리名利 : 명예와 이록, 명성과 이익. 《尹文子》〈大道〉上 : "故曰禮義成君子, 君子未必須禮義 ; 名利治小人, 小人不可無名利".

서경소윤 김준金竣과 헤어지며

최치원

만난 지 이틀 만에 헤어지누나
갈림길에 또 갈림길, 수심 짙어 바라보네
손에 쥔 계향桂香, 희미해져 가거늘
그대와 이별하면 뉘와 마음으로 기약하며 얘기 나누랴

留別西京金少尹竣[1]

崔致遠

相逢信宿又分離[2]
愁見歧中更有歧[3]
手裏桂香銷欲盡
別君無處話心期[4]

註

1 《고운최치원선생문집》, 고운최치원선생문집중간위원회, 1982, 520쪽.
閻琦《崔致遠佚詩箋證》引《孤雲先生文集》 참고.
서경西京 : 동한東漢은 낙양洛陽을 수도로 삼고, 낙양을 동경東京, 장안長安을 서경西京이라고 하였다. 수당隋唐도 모두 장안을 서경이라고 불렀다.
소윤少尹 : 당 초기 각 군郡에 사마司馬를 설치하였는데, 개원開元 원년元年에 소윤少尹이라고 고쳤다. 부府와 주州의 차관次官 직무職務이다. 때로는 첨사부詹事府 관직을 가리킨다. 첨사詹事는 단윤端尹이라고 부른다. 소첨사少詹事를 소윤少尹이라고 불렀다.

2 신숙信宿 : 연이어 이틀 밤을 잔다. 《詩》〈豳風〉'九罭' : "公歸不復, 于女信宿". 毛傳 : "再宿曰信 ; 宿, 猶處也" "另有用義爲, 信宿謂兩三日也". 《后漢書》〈蔡邕傳論〉 : "董卓一旦入朝, 辟書先下, 分明枉結, 信宿三遷". 李賢 注 : "謂三日之間, 位歷三台也".

3 기岐 : 갈림길. 큰 길에서 갈라져 나가는 작은 길. 《文選》〈鮑照〉'舞鶴賦' : "指會規翔, 臨歧矩步". 李善 注 : "歧, 歧路也. 此中含有詩人在人生旅程中遇到了挫折, 或仕途不暢的意思".

4 심기心期 : 마음으로 기약하다. 唐 王勃〈山亭興序〉 : "百年奇表, 開壯志於高朋 ; 千里心期, 得神交於下走".

장안 여관에서 이웃의 우미신于微愼 장관에게

최치원

상국上國에 와 머문 지도 오래
타향살이에 부끄러움만 늘었네
안회顔回 같은 누추한 삶 견디기 어려웠는데
다행히 맹자 같은 좋은 이웃을 곁에 두게 되었네
도道를 지키려면 고사古事를 고찰하여야 하는데
교분 맺음에 어찌 가난타고 꺼릴손가?
타향에서 마음 나눌 벗 적어서
그대를 자주 방문하니 싫어하지 마시게

長安旅舍與于微愼長官接隣[1]

崔致遠

上國羈棲久[2] 多慚萬里人[3]
那堪顔氏巷[4] 得接孟家隣[5]
守道惟稽古[6] 交情豈憚貧[7]
他鄕少知己[8] 莫厭訪君頻

註

1 《고운최치원선생문집》, 고운최치원선생문집중간위원회, 1982, 512쪽.
闇琦《崔致遠佚詩箋證》引《孤雲先生文集》참고.
우미신于微愼 : 신분을 자세히 알 수 없다.

접린接鄰 : 잇닿다. 이웃. 근접하다.

2 상국上國 : 당 제국을 가리킨다. 南朝 梁 江淹 〈四時賦〉 : "憶上國之綺樹, 想金陵之蕙枝".

기서羈棲 : 타향살이. 다른 지역에서 머물다. 정처 없이 떠다니다. 唐 杜甫 : 〈熟食日示宗文宗武〉 詩 : "消渴游江漢, 羈栖尙甲兵".

3 만리인萬里人 : 시인 자신이 집 떠나 만리 밖에서 타향살이 하는 것을 비유한 것이다.

4 안씨항顔氏巷 : 안가네 집 골목. 공자의 제자 안회顔回가 거주하던 초라한 골목. 《孟子》〈離婁〉 下 : "顔子當亂世, 居於漏巷, 一簞食, 一瓢飮". 자기의 거처가 아주 초라하다는 것을 비유한다.

5 맹가린孟家鄰 : 맹자와 같은 좋은 이웃집. 여기서는 우미신于微愼의 거처를 비유한다. 맹자의 어머니는 맹자의 학문 성취를 위해 세 번 이사하여 좋은 이웃집과 좋은 환경을 선택했다. 漢 劉向 《列女傳》〈鄒孟軻母〉 참고.

6 도道 : 만물의 본원, 본체를 가리킨다. 《易》〈繫辭〉 上 : "一陰一陽之謂道". 韓康伯 注 : "道者, 何無之稱也, 無不通也, 無不由也, 況之曰道". 《韓非子》〈解老〉 : "道者, 萬物之所然者, 萬理之所稽也".

계고稽古 : 옛 일을 고찰한다. 고대의 문학 역사를 조사하고 역대의 흥망과 쇠퇴를 고찰한다.

7 탄憚 : 두려워하다. 무서워하다. 漢 班固 〈西都賦〉 : "六師發逐, 百獸駭殫".

8 지기知己 : 피차 뜻 깊고 잘 아는 사람. 唐 王勃 〈送杜少府之任蜀川〉 詩 : "海內存知己, 天涯若比鄰".

운문사 지광상인智光上人께

최치원

구름 가에 정사精舍 짓고
좌선 수도한 지 마흔여덟 해 넘었노라
지팡이 짚고 산에서 나온 적 없고
경도京都에 들어가 글월 남긴 일도 없구나
참대통에 쏟아지는 샘물 소리 요란하고
소나무 창에 비끼는 해 그림자 희미하여라
높은 경계境界 다 읊어 낼 수 없으니
눈 감고 그 철리哲理를 깨닫누나

贈雲門蘭若智光上人[1]

崔致遠

雲畔構精廬[2]
安禪四紀餘[3]
笻無出山步[4]
筆絶入京書[5]
竹架泉聲緊[6]
松欞日影疎[7]
境高吟不盡[8]
瞑目悟眞如[9]

註

1 《고운최치원선생문집》, 고운최치원선생문집중간위원회, 1982, 512쪽.
閻琦《崔致遠佚詩箋證》引《孤雲先生文集》참고.
운문雲門 : 산문山門. 사찰, 절을 가리킨다. 혹은 운문종雲門宗을 가리킨다. 운문종은 중국 불교 선종禪宗 오대가문五大家門 중의 하나이다. 오대五代 시기, 문언文偃이 운주韻州 운문산雲門山, 지금의 광동성廣東省 유원요족乳源瑤族 자치현 북쪽 광태선원光泰禪院에서 창건하였다. 그리하여 운문종이라고 부른다. 남종南宗 청원淸源 법계法系에 소속되었다. 진존숙陳尊宿(약 780-약 877년)이라 불렸던 사람과 그의 자식들이 설봉雪峯에서 법술法術을 하여 법통이 이어졌다. 그들은 세상의 만사 만물은 모두 똑같은 것으로 체현되며 모두 불성佛性이 있다고 보았다. 그들에겐 '운문3구雲門三句'가 있었다. 즉, 1. 불성은 보편적으로 나타나고 곳곳마다 있다. 2. 진리는 알고 있어야 할 뿐, 말을 하면 안 된다. 3. 기연機緣에 따라 사람을 교화시켜야 한다.《人天眼目》권2에 그의 종풍宗風 기재되었는데, 그 종풍은 '孤危聳竣, 人難湊泊'이었다. 북송기 임제종臨濟宗과 같이 흥하다가 남송기 쇠망하여 사라졌다. 唐 陸龜蒙〈新秋月夕客有自遠相尋者〉詩之一 : "雲門老僧定來起, 白閣道士遙相迎".
란야蘭若 : 사찰寺刹. 범어梵語로 아란야阿蘭若를 축약한 말이다. 고요하고 번뇌가 없다는 뜻. 唐 杜甫〈謁眞滌寺禪師〉: "蘭若山高處, 烟霞嶂几重".
상인上人 : 불가에서 계율戒律을 엄하게 지키고 의학義學에 정통한 스님을 가리킨다.《釋氏要覽》卷上 : "內有智德, 外有胜行, 在人之上, 名上人".

2 정려精廬 : 정사. 스님들이 수련修鍊하며 머무는 곳. 唐 白居易〈香山寺新修經藏堂紀〉: "寺有佛像, 有僧徒, 而无經典. 寂寥精舍, 不聞法音, 三宝闕一, 我願未滿".

3 안선安禪 : 불교 용어. 불교 문도門徒가 가부좌跏趺坐 틀고 앉아 정신을 집중시키는 것을 일반적으로 타좌打坐라고 한다. 唐 王維〈過香積寺〉詩 : "薄暮空潭曲, 安禪制毒龍".
기紀 : 기년의 단위. 12년이 한 기紀이므로 4기여四紀余는 48년이 된다. 張喬〈送朴充侍御歸海東〉주 3) 참고.

4 공笻 : 사천성四川省 공래시笻崍市에서 나는 대나무를 가리킨다. 이 대나무로 지팡이를 만든다. 손지팡이를 가리킨다. 唐 李咸用〈苔〉詩 : "每憶東行徑, 移笻獨自還".

5 절絶 : 끊다. 정지하다. 여기에선 잠시 멈춘다는 뜻으로 보여진다. 宋 蘇軾〈侄安節遠來夜坐〉詩二 : "夢斷酒醒山雨絶, 笑看飢鼠上灯檠".

6 긴緊 : 급속急速, 격급激急, 급하다. 漢 劉禎〈感遇〉詩 : "樓上金風聲漸緊, 月中銀子韻初調".

7 령櫺 : 격자 창. 창살.《文選》江淹〈雜體詩效許詢〉自序 : "曲櫺激鮮飆, 石室有幽響".

8 경境 : 경계. 사물이 도달하는 정도 혹은 표현의 상황을 가리킨다.
여진경如塵境 : 색경色境. 법경法境 등. 明 李贄《讀若無母寄書》: "兄聽人言, 不查你心, 就是被境轉了. 被境轉了, 就是你不會安心處". 清 龔自珍《正大般若經》: "唐圭峰大師曰 : '《般若》諸經, 一氣數百非子, 一氣數百不子, 一氣數百無子'. 夫佛一代時教, 立此一門, 顯此一境, 標此一諦".

9 진여眞如 : 영원히 존재하는 실체實體, 실성實性, 즉 우주가 가지고 있는 모든 본체. 각개 종파는 상이한 각도에서 성공性空, 무위無爲, 실상實相, 법계法界, 법성法性, 실제實際, 진실眞實, 진성眞性, 불성佛性, 법신法身이라고 한다.《成唯識論》卷9 : "'眞'謂眞實, 顯非虛妄 ; '如'謂如常, 表无變易. 謂此眞實, 于一切位, 常如其性, 故曰眞如…… 此性卽是唯識實性".

운봉사에서

최치원

칡넝쿨 잡고 운봉에 올라
아래를 내려다보니 천하가 텅 비었네
산맥은 손바닥에서 갈라지고
가슴속 만사萬事가 활짝 트이네
탑의 모습은 해 주변의 백설 같고
소나무 소리는 허공의 바람이어라
안개와 노을은 나를 비웃네
돌아가 속세에 매여야 하리라고

題雲峰寺[1]

崔致遠

捫葛上雲峰[2]
平看世界空[3]
千山分掌上
萬事豁胸中[4]
塔影日邊雪
松聲天半風[5]
煙霞應笑我[6]
回步入塵籠[7]

註

1 《고운최치원선생문집》, 고운최치원선생문집중간위원회, 1982, 513쪽.
閻琦《崔致遠佚詩箋證》引《孤雲先生文集》참고.

2 문捫 : 잡고 기어오르다. 南朝 宋 謝靈運〈石門新營所住四面高山回溪石瀨茂林修竹〉詩 : "苔滑誰能步, 葛弱豈可捫?"
운봉雲峰 : 구름을 뚫고 높이 솟은 산봉우리.

3 세계世界 : 경계. 천하. 자연계. 唐 方干〈游張公洞寄陶校書〉詩 : "數里烟雲方覺異, 前程世界更應寬".《楞嚴經》卷4 : "何名爲衆生世界? 世爲遷流, 界爲方位. 汝今當知, 東, 西, 南, 北, 東南, 西南, 東北, 西北, 上, 下爲界, 過去, 未來, 現在爲世". 唐 王縉〈游悟眞寺〉詩 : "山河窮百萬, 世界滿三千".

4 활豁 : 확 트이다. 도량이 넓다. 너그럽다.《文選》潘岳〈西征賦〉: "胸中豁其洞開, 群善湊而必擧". 李善注引《漢書》: "高祖意豁如也". 呂延濟 注 : "高祖龍顔, 豁達大度".

5 천반天半 : 반 공중.《藝文類聚》卷39 引 南朝 梁 王僧儒〈侍宴〉詩 : "蔓草亘巖垂, 高枝起天半".

6 연하煙霞 : 본래 구름과 노을을 가리키나 여기에서는 산림, 산수를 가리킨다. 南朝 梁蕭統〈錦帶書十二月啓〉'夾鐘二月' : "敬想足下, 优游泉石, 放曠烟霞".

7 진롱塵籠 : 세상의 구속. 唐 李栖筠〈張公洞〉詩 : "我本道門子, 願言出塵籠".

윤주 자화사慈和寺 상방에 올라

최치원

자화사 상방上房에 오르니 인간세상을 잠시 떠난 듯하고
천하흥망天下興亡을 슬피 굽어보니 한은 새록새록 더하네
화각畵角 소리에 역사는 아침저녁 물결치고
청산녹수靑山綠水마다 고금 영웅호걸의 그림자가 어렸구나
서리 맞은 고운 나무 하얀 꽃들은 주인을 잃고
금릉金陵엔 따스한 바람 불어 풀들이 봄을 맞네
사씨댁〔謝氏宅〕 옛 경치는 여전하여서
시인의 마음 흐뭇케 하네

登潤州慈和寺上房[1]

崔致遠

登臨蹔隔路岐塵[2]　吟想興亡恨益新
畵角聲中朝暮浪[3]　靑山影裏古今人
霜摧玉樹花無主[4]　風暖金陵草自春[5]
賴有謝家餘境在[6]　長敎詩客爽精神[7]

註

1 《고운최치원선생문집》, 고운최치원선생문집중간위원회, 1982, 526쪽.
閻琦《崔致遠佚詩箋證》引《孤雲先生文集》 참고.
윤주潤州 : 지금의 강소성江蘇省 진강鎭江.

자화사慈和寺 : 보조사普照寺라고도 하며, 지금의 진강성鎭江省 내 수구산壽丘山에 있다.

상방上房 : 남쪽으로 향한 정방正房.

2 기岐 : 갈림길. 이 시에서는 순조롭지 못한 인생 여정을 가리킨다. 최치원의 〈留別西京金少尹峻〉 주 3) 참고.

3 화각畵角 : 중국 고대 관악기管樂器. 서강西羌으로부터 전해온다. 형상은 참대통 같다. 본체는 가늘고 끝은 크다. 참대나무 혹은 가죽으로 만든다. 표면엔 채색 그림을 그렸기에 화각이라고 부른다. 음색은 몹시 슬프고 높고도 낭랑하다. 고대에 이로써 아침저녁에 군사들을 경계시켜 사기를 돕고 군용軍容을 정돈시켰다. 제왕이 밖에서 순찰할 때 이로써 경계시키고 백성들의 출입을 엄하게 통제하였다. 唐 陳子昂 〈和陸明府贈將軍重出塞〉 : "晩風吹畵角, 春色耀飛旌". 화각에 관한 연구는 일본인 상모하세녕上毛河世寧이 편찬한 《全唐詩逸》에도 수록되었는데 그 제목은 〈登慈和山〉이다. 아울러 〈東人詩話〉를 인용하여 이렇게 말한 구절이 있다. "崔文昌崔致遠入唐登第, 以文章著名, 〈題潤州慈和寺〉有'畵角'云云之句. 后鷄林賈客入唐購詩, 有以此句書示者".

4 최摧 : 원래의 작품엔 '催'라고 쓰였는데, 하명안何鳴雁이 '摧'라고 고쳤다.

옥수화玉樹花 : 즉 〈玉樹後庭花〉다. 악부樂府, '오나라 소리[吳聲]'란 가곡歌曲의 이름이다. 남조南朝 진후주陳后主가 지었다. 《陳書》〈皇后傳〉'后主張貴妃' : "后主引賓客對貴妃等游宴, 則使諸貴人及女學士与狎客共賦新詩, 互相贈答. 採其尤艶麗者以爲曲詞, 被以新聲. ……其曲有〈玉樹后庭花〉, 〈臨春樂〉等, 大指所歸, 皆美張貴妃, 孔貴嬪之容色也". 唐 胡曾 〈陳宮〉 詩 : "不知郎入宮中井, 犹自听吹'玉樹花".

5 금릉金陵 : 윤주潤州 관할管轄의 강녕江寧. 지금의 남경시南京市로 전국시대 초위왕楚威王 7년(기원전 333년)에 월越나라를 멸망시키고 지금의 남경시 청량산淸凉山, 즉 석성산石城山에 금릉읍金陵邑을 설치하였다.

6 사가謝家 : 사안謝安, 사령운謝靈運 등 사씨 가족을 가리킨다.

사안謝安 : 자는 안석安石으로 처음에는 동산에 은거하였다. 사십에 처음 출사하여 재상에까지 올라 삼공의 벼슬에 들었다. 정토대도독군征討大都督軍 부견符堅의 남하를 막았다. 후에 문무를 겸비한 장상의 재목을 가리킨다. 사안이 남긴 전고는 아주 많다. 예를 들어 사안령謝安呤, 사안주즙謝安舟楫, 사정상설謝庭賞雪, 사정비설謝庭飛雪, 사정비서謝庭飛絮, 사씨육출화謝氏六出花, 사가흥謝家興, 사가유상謝家幽賞, 사녀제시謝女題詩, 도온시道蘊詩, 사가경서謝家輕絮 등이다.

사령운謝靈運 : 저명한 산수시인으로 동진 대사족大士族 가정 출신이다. 사현謝玄의 손자. '강락공康樂公'을 세습한 후 후작侯爵으로 폄하되고, 또 영가태수永嘉太守로 폄하되었다. 그는 회계시녕현會稽始寧縣에 있는 장원莊園에서 산과 물을 곁에 두고 두루 꽃과 나무, 약초를 심어 은거의 아름다움을 다했다. 후에 '사가謝家', '사택謝宅'은 귀족 조경의 전고가 되었다. '사가루謝家樓', '사가풍광謝家風光' 등의 전고는 모두 사령운과 관련된 것이다.

경境 : 하명안何鳴雁이 '景'이라고 고쳤다.

7 시詩 : 하명안何鳴雁이 '詞'라고 고쳤다.

가을날 다시 찾은 우이현에서 이장관李長官에게

최치원

외로운 쑥처럼 굴러다니다 재차 은혜를 입고
가을바람 속에 서럽게 이별을 읊조리네
문 앞 버들은 이미 시들어 새 잎 돋건만
길손이 입은 옷은 작년 그대로여라
머나먼 타향에서 근심걱정으로 늙는데
고향은 바다에 막혀 꿈에서나 오가고
우습구나. 이내 몸은 봄날의 제비마냥
높고 화려한 대들보 찾아 또 날아오르네

秋日再經盱眙縣寄李長官[1]

崔致遠

孤蓬再次按恩輝[2]　吟對秋風恨有違[3]
門柳已凋新歲葉　旅人猶着去年衣
路迷霄漢愁中老[4]　家隔煙波夢裏歸[5]
自笑身如春社燕[6]　畫梁高處又來飛[7]

註

1 《고운최치원선생문집》, 고운최치원선생문집중간위원회, 1982, 527쪽.
閻琦《崔致遠佚詩箋證》引《孤雲先生文集》참고.
우이盱眙 : 지금의 강소성江蘇省에 있는 홍택호紅澤湖이다.

2 고봉孤蓬 : 바람에 굴러다니는 쑥. 외로운 몸으로 여기저기 돌아다님을 비유.

은휘恩輝 : 은광恩光. 은혜恩惠와 덕택德澤. 唐 王昌齡 〈送鄭判官〉 詩 : "東楚吳山驛路微, 軺車銜命奉恩輝".

3 한恨 : 하명안何鳴雁은 '悵'으로 고쳤다.

위違 : 떠남, 이별. 《詩》〈邶風〉'谷風' : "行道遲遲, 中心有違".

4 소霄 : 본래는 천하天河, 천공天空을 가리킨다. 여기서는 멀다, 요원하다, 아득하다는 것을 말한다. 唐 杜甫 〈送陵州路使君之任〉 : "霄漢瞻傳士, 泥途任此身".

5 연파烟波 : 구름과 안개가 창망蒼茫한 물 위〔水面〕, 여기서는 큰 바다를 가리킨다.

6 소笑 : 하명안何鳴雁이 '嘆'으로 고쳤다.

춘사春社 : 고대에 춘경春耕 전에 모든 토신土神에게 제사를 드리어 풍년을 기원했다. 이것을 '춘사春社'라고 하였다. 당나라 때는 갑甲 날을 택했으나 후에 입춘立春 지난 다섯째 무戊자 날을 택했다. 唐 王駕 〈社日〉 詩 : "桑柘影斜春社散, 家家扶得醉人歸".

춘사연春社燕 : 춘사春社 전후에 날아오는 제비. 여기에선 이곳을 지나면서 이장관李長官을 다시 알현謁見함을 비유한다. 옛 사람들은 '돌아온 제비'로 장관에 대한 의부심依附心을 비유했다. 〈雲溪友議〉 : "〔章孝標〕元和十三年下第, 時輩多爲詩以刺主司. 獨章君爲歸燕詩, 留獻庾侍郎承宣. 小宗伯得詩, 展轉吟諷, 誠恨遺才. 仍俟秋期, 必當薦荐引. 庾果重乘禮曹. 孝標來年擢第. 群議以爲二十八字而致大科, 則名路可遵, 遽相礱礪也". 章孝標 〈歸燕詩辭工部侍郎〉 : "旧壘危巢泥已落, 今年故向社前歸. 連云大厦无栖處, 更望誰家門戶飛".

7 화양畫梁 : 채색彩色 그림을 그려 장식한 집 들보. 南朝 陳 陰鏗 〈和樊晋侯傷妾〉 : "畫梁朝日盡, 芳草落花辭".

진사 오만吳巒을 강남으로 배웅하며

최치원

그대를 알고부터 헤어지길 몇 번이런가
서로 헤어지고 만날 때마다 한은 깊었지
도처에서 크게 싸우니 난리도 많네
어느 세월에 다시 만나 시와 술을 나눌까
강 언덕길에 멀리 나무들 들쭉날쭉
찬 구름은 말 앞의 산봉우리에 스러지네
가는 길 아름다운 경치 시詩 지어 나누세
혜강嵇康의 게으름은 배우지 말지어니

送吳進士巒歸江南[1]

崔致遠

自識君來幾度別　此回相別恨重重[2]
干戈到處方多事[3]　詩酒何時得再逢[4]
遠樹參差江畔路[5]　寒雲零落馬前峯[6]
行行遇景傳新作[7]　莫學嵇康盡放慵[8]

註

1 《고운최치원선생문집》, 고운최치원선생문집중간위원회, 1982, 527-528쪽.
閻琦《崔致遠佚詩箋證》引《孤雲先生文集》참고.
오만吳巒 : 사람 이름. 《桂苑筆耕集》에 〈酬吳巒秀才惜別二絶句〉가 있다. 시의 제목에서 오만이 이미 진사가 된 것으로 돼 있다. 미루어 이 시는 〈二絶句〉 이후에 지었음을 알 수 있다. 오만은 고병의 막부에서 일할 때의 동료인 것 같다.

2 중중重重 : 정도가 아주 깊음을 말한다. 漢 焦贛《易林》〈隨之感〉 : "受福重重, 子孫蕃功". 重重을 누차屢次라도 할 수 있다.

3 간과干戈 : 干과 戈는 고대 중국에서 일반적으로 쓰였던 무기이다. '干戈'는 무기의 총칭이다. 漢 桓寬《鹽鐵論》〈世務〉 : "兵設而不試, 干戈閉藏而不用".

4 재再 : 원래는 '중重'이라 하였는데 '再'라고 하명안何鳴雁이 고친 것이다. '重'은 문장에서 잘 어울리지 않는다. 陳貽焮 主編《增訂注釋全唐詩》 第5冊 1,139쪽 참고.

5 참차參差 : 길고 짧고 같지 않은 모양. 《詩》〈周南〉'關雎' : "參差荇菜, 左右流之".

6 한운寒雲 : 추운 날의 찬 구름. 晋 陶潛 〈歲暮積張常侍〉 詩 : "向夕長風起, 寒云沒西山".

7 행행行行 : 쉬지 않고 앞으로 간다. 〈古詩十九首〉'行行重行行' : "行行重行行, 与君生別离".

8 혜강嵇康 : 진晋나라 '죽림칠현竹林七賢'의 한 사람이다. 자는 숙야叔夜이고 성품은 노자, 장자를 좋아했던, 편안하고 고요하며 욕심이 적은 사람이었다. 나쁜 사람과 나쁜 일을 원수처럼 증오하였다. 벼슬은 중산대부中散大夫, 훗날 종회鐘會에게 모함을 당해 사마소司馬昭에게 살해당하였다.

방용放慵 : 게으르다. 태만하다. '혜강嵇康'의 경우 태만한 방식으로 예법禮法을 멸시하였다. 嵇叔夜〈與山巨源絶交書〉 : "少加孤露, 母兄見驕, 不涉經學, 性复疏懶, 筋駑肉緩, 頭面常一月十五日不洗, 不大悶痒, 不能沐也. 每常小便而忍不起, 命胞中略轉乃起耳. 又縱逸來久, 情意傲散, 簡与禮相背, 懶与慢相成". 이것을 후엔 작풍作風이 태만하다는 전고로 사용하였다.

늦은 봄날, 즉흥으로 지사支使 고운顧雲의 시에 화답하다

최치원

동풍에 실려 온 꽃향기에 두루 취하다가
길게 늘어진 버드나무에 마음을 주네
소무蘇武는 요새要塞에서 기러기로 편지 전하고
장주莊周는 꿈에서 나비가 되어 낙화를 좇기 바빴어라
늦은 봄 정취에 기대 아침마다 취하네
고향 그리는 마음 일일이 재기는 어려운 법
때는 기수沂水에서 목욕沐浴할 계절인데
옛 일 떠올리며 흰 구름 속에서 애만 끓이나니

暮春卽事和顧雲支使[1]

崔致遠

東風遍閱百般香[2]　意緒偏饒柳帶長[3]
蘇武書回深塞盡[4]　莊周夢逐落花忙[5]
好憑殘景朝朝醉　難把離心寸寸量[6]
正是欲沂時節日[7]　舊遊魂斷白雲鄉

註

1 《고운최치원선생문집》, 고운최치원선생문집중간위원회, 1982, 528쪽.
閻琦《崔致遠佚詩箋證》引《孤雲先生文集》참고.

고운顧雲 : 상세한 것은 顧雲 〈送別崔致遠〉 작가 소개 참고.

지사支使 : 원작은 '우사友使'로 돼 있으나 《續集》에 의거하여 고침. 당 때 절도사節度使, 관찰사觀察使 소속 관리다. 서열은 장서기掌書記와 비슷하다. 《通典》〈職官士〉와 《新唐書》〈百官志〉 四下 참고.

2 열閱 : 검열檢閱. 감상鑑賞. 보다. 唐 元稹 〈表夏〉 詩之二 : "旬時得休浣, 高臥閱清景".

3 의서意緒 : 정서情緖. 내심內心. 심의心意. 五代 徐鉉 〈柳枝辭〉 之十二 : "唯有美人多意緖, 解依芳態畵双眉".

4 이 어구는 소무蘇武의 안서雁書, '기러기 발에 편지를 매어서 전한다(雁足傳書)', '큰 기러기는 북쪽에서 온다(鴻雁北來)' 즉, 기러기 사신雁吏의 전고를 사용한 것이다. 《漢書》 卷54 〈蘇建傳〉 附 〈蘇武傳〉에 의하면 소무蘇武의 자는 자경子卿으로 서한西漢 두릉杜陵 사람이다. 한 무제武帝 천한天漢 연간, 중랑장中郎將 신분으로 어명을 받고 흉노匈奴에 사절로 갔다. 그때 흉노에 반란이 일어났는데 소무蘇武가 연루됐다. 그리하여 소무는 구금(囚禁)되어 북해를 떠돌게 되었다. 양 몰이를 하면서 온갖 고난을 다 겪었지만 그는 한나라 조정의 부절符節을 몸에 깊이 간직하고 19년 동안 항복하지 않았다. 소제昭帝가 즉위하자 소무蘇武 등을 되돌려 달라고 하였다. 흉노는 소무가 이미 죽었다고 거짓말하였다. 한나라는 다시 흉노에 사신을 보냈다. 상혜常惠는 소무를 지키는 사람을 청하여 저녁에 함께 한나라 사신을 만나고 사정 이야기를 하였다. 그리고 사신더러 흉노 왕 선우를 찾아가 보라고 하였다. 선우를 만나 천자天子가 숲 속에서 기러기를 쏘았는데 발에 소무의 비단 편지가 매달려 있었다고 전하길 부탁했다. 사신은 아주 기뻐하였다. 그리고 상혜의 말처럼 선우에게 전했다. 선우는 좌우를 돌아보며 크게 놀랐다. 그는 한나라 사신에게 사과하였다. 시詩의 내용은 '늦은 봄에 기러기는 다 날아가고 소무의 일은 역시 고운顧雲의 '지사支使' 신분과 알맞다(詩言暮春雁已飛盡, 蘇武事也切和顧雲 '支使' 身份)'는 뜻이다.

5 장주몽莊周夢 : 장주莊周의 꿈. 《莊子》〈齊物論〉 : "昔者莊周夢爲蝴蝶, 栩栩然胡蝶也. 自喩适志与! 不知周也. 俄然覺, 則蘧蘧然周也. 不知周之夢爲胡蝶与? 胡蝶之夢爲周与?" 이 어구는 '나비'의 전고를 이용하여 늦은 봄에 나비가 훨훨 날아서 환각에 들어온다는 것을 말한다. '장주의 꿈'이라는 전고를 이용하여 자기의 신세는 '떠다니는 신세'라는 뜻을 전달한 것이다.

6 이심離心 : 이별의 정. 친척과 고향을 그리는 정. 隋 楊素 〈增薛播州〉 詩 : "木落悲時暮, 時暮感离心 ; 离心多苦調, 詎假雍門琴".

7 욕기欲沂(浴沂) : 동자童子들과의 봄놀이. 고운顧雲과 작자는 동과同科 진사다. 《論語》〈先進〉 : "莫春者, 春服旣成……浴乎沂, 風乎舞雩, 詠而歸". 여기선 기수沂水에서 목욕하는 것을 말한다. 이것으로 기쁘게 세상을 대하는 고상한 정조情操를 비유한다. 기沂, 기수沂水는 산동성 곡부曲阜에 있다.

시골에서 와병 중인 진사 장교張喬의 시에 답하다

최치원

시 한 수가 온 천하를 진동시키니
낭선浪仙이 어찌 송년松年을 따라 잡으리?
《이소離騷》, 《시경詩經》을 새로운 격조로 써서
행장行藏으로 옛 성현의 뜻 이어 보리라
지팡이 짚고 걸으면 산엔 달이 뜨고
아침에 갈대 주렴 들추니 먼 숲에 안개가 끼었네
와병 중에 시를 읊어 글을 부쳐 왔는데
어부에게 부탁하여 곽태선郭泰船에 같이 오르자 하였네

和張進士喬村居病中見寄[1]

崔致遠

一種詩名四海傳[2]　浪仙爭得似松年[3]
不惟騷雅標新格[4]　能把行藏繼古賢[5]
藜杖夜携孤嶼月[6]　葦簾朝捲遠村烟[7]
病來吟寄漳濱句[8]　因付漁翁入郭船[9]

註

1 《고운최치원선생문집》, 고운최치원선생문집중간위원회, 1982, 529쪽.
閻琦《崔致遠佚詩箋證》引《孤雲先生文集》참고.

장교張喬 : 당 의종懿宗 함통咸通 연간에 진사에 급제. 張喬 〈送賓貢金夷吾奉使歸本國〉 참고.

화和 : 시詩와 사詞로 서로 증답하다. 다른 사람의 詩, 詞 체재體裁와 제재題材로 시를 짓다. 陸龜蒙 〈和襲美爲新羅弘惠上人撰靈鷲山周禪師碑送歸詩〉 주 1) 참고.

2 사해四海 : 천하, 전국 각지를 말한다. 《史記》〈高祖本紀〉 : "大王起微細, 誅暴逆, 平定四海, 有功者輒裂地而封王侯".

3 낭선浪仙 : 가도賈島의 자字. '낭선閬仙'이라고도 한다. 상세한 것은 賈島 高麗使 〈過海連句〉 참고.

쟁득爭得 : 어찌. 唐 白居易 〈潯陽春〉 '春去' 詩 : "四十六時三月盡, 送春爭得不殷勤".

송년松年 : 자는 백천伯遷. 이름은 '이사移徙한다'는 뜻으로 '교천喬遷'이라고 지었다. 여기서 언급한 자 송년松年은 만년에 교송喬松으로 고친 것으로 알려졌다. 교송은 선인仙人 왕자교王子喬의 교喬, 적송자赤松子의 송松과 함께 이름을 날리겠다는 뜻을 나타낸다. 陳貽焮 主編《增訂注釋全唐詩》第五冊 1,139頁, 据《永樂大典》引《池州府志》解釋.

4 소아騷雅 : 《離騷》와 《詩經》 중의 〈大雅〉와 〈小雅〉를 합병한 명칭이다. 이 시에선 《詩經》과 《離騷》가 닦아놓은 고시古詩의 우수한 풍격과 전통을 가리킨다. 또는 시와 문장의 뛰어난 재주를 비유한다. 〈陳拾遺故宅〉 詩 : "有才繼騷雅, 哲匠不比肩". 南唐 李中 〈離亭前思有寄〉 詩 : "若无騷雅分, 何計達相思".

신격新格 : 시문의 새로운 격조. 唐 殷文圭 〈寄賀杜荀鶴及第〉 詩 : "九子歸山增秀色, 二〈南〉 新格變風騷".

5 행장行藏 : 자신을 써 주면 행하고 버리면 감춘다. 도가 있으면 나타나고 도가 없으면 숨는다. 《論語》〈述而〉 : "子謂顔渊曰 : '用之則行, 舍之則藏, 唯我与爾是有夫".

6 여장藜杖 : 명아주 줄기로 만든 지팡이로 藜는 藜와 같다.

7 위렴葦帘 : 갈대로 짠 창문 발.

8 장빈漳濱 : 장수漳水 물가. 漢 劉楨 〈增五官中郎將〉 詩之二 : "余嬰沉痼疾, 竄身清漳濱". 후에 '누워 앓는다'는 전고가 되었다. 여기에선 장교張喬가 장수漳水가에서 누워 앓는다는 말이다. 唐 李商隱 《梓州羅吟寄同舍》 : "楚雨含情皆有託, 漳濱多病竟无憀".

9 곽선郭船 : 곽주郭舟라고도 한다. '곽태郭泰의 배'라는 뜻이다. 《後漢書》〈郭泰傳〉 : "郭泰, 字林宗, 太原界休人也. 家世貧賤……乃游於洛陽. 始見河南尹李膺, 膺大奇之, 遂相友善, 於是名震京師. 后歸鄉里, 衣冠諸儒送至河上, 車數千兩. 林宗唯与李膺同舟而濟, 衆賓望之, 以爲神仙焉". 후엔 곽태선郭泰船은 사회 명사들이 모여서 뱃놀이하는 전고가 되었다. 상고하건데 《後漢書》의 작자 범엽范曄의 부친 이름이 태당泰唐이므로, 이로 인하여 곽태郭太라고 불렀다. 李白 〈贈宣城宇太守兼呈崔侍御〉 詩 : "敢獻繞朝策, 思同郭泰船".

바다에 배를 띄워

최치원

돛 올리고 넓은 바다에 배 띄우니

긴 바람은 만리 길 다니게 하네

떼〔槎〕 탔던 한나라 사신 장건張騫이 떠오르고

약藥 캐던 진나라 동남동녀童男童女도 어른거린다

해와 달 바깥엔 아무 것도 없고

하늘과 땅은 태극太極 중에 노니나니

봉래도蓬萊島가 지척에 보이도다

나는 가서 신선이나 방문하려 한다네

泛海[1]

崔致遠

掛席泛滄海[2]
長風萬里通[3]
乘槎思漢使[4]
採藥憶秦童[5]
日月無何外[6]
乾坤太極中[7]
蓬萊看咫尺[8]
吾且訪仙翁[9]

註

1 《고운최치원선생문집》, 고운최치원선생문집중간위원회, 1982, 514쪽.
閻琦《崔致遠佚詩箋證》引《孤雲先生文集》참고.
범주泛舟 : 배를 타고 바다를 건너다. 《宋書》〈朱修之傳〉 : "〔朱修之〕泛海至東萊, 遇猛風柁析, 垂以長索, 船乃復正".

2 괘석挂席 : 돛을 올리다. 돛을 올려 바다로 나가다. 《文選》謝靈運〈游赤石進帆海〉詩 : "揚帆采石華, 挂席拾海月". 李善 注 : "揚帆, 挂席, 其義一也".

3 장풍長風 : 먼 바람. 《文選》左思〈吳都賦〉 : "習御長風, 狎翫靈胥". 劉逵 注 : "長風, 遠風也".

4 한사漢使 : 한漢대의 장건張騫을 가리킨다. 그는 중국과 서방 간의 연계를 개통한 위대한 탐험가, 여행가이자 외교가이다. 기원전 138년 백여 명을 인솔하여 서역에 사절로 갔다가 천신만고 끝에 떼를 타고 천하天河에 도달하였다.

5 진동秦童 : 진秦대의 서복徐福이 동남동녀童男童女를 데리고 바다 건너 장생불사長生不死한다는 선약仙藥을 구하러 간 일을 말한다. 《史記》卷6〈秦始皇本紀〉 : 二十八年, "齊上徐市等上書言海中有三神山, 名曰蓬萊, 方丈, 瀛洲, 仙人居之. 請得齋戒, 与童男女求之. 于是遣徐市發童南女數千人, 入海求仙人". 서시徐市는 서복徐福이다. 《史記》卷118〈淮南王安列傳〉참고.

6 무하無何 : 장자莊子가 말한 '아무 것도 없는 곳〔無何有之鄕〕'이란 뜻이다. 후엔 공상적 경계, 혹은 허황한 경계, 허황한 꿈 따위를 뜻하게 되었다. 《莊子》〈逍遙游〉 : "今子有大樹, 患其无用, 何不樹之于无何有之鄕, 广莫之野".

7 건곤乾坤 : 하늘과 땅, 즉 천지天地를 말한다. 《易》〈設卦〉 : 건乾은 하늘〔天〕, 곤坤은 땅〔地〕.

8 봉래蓬萊 : 봉래산. 전설에 나오는 바다 가운데 있는 삼신산三神山의 하나.
지척咫尺 : 주周나라 때의 길이 단위. 8치〔寸〕는 1지咫, 10치〔寸〕는 1자〔尺〕이다. 여기서는 거리가 아주 가깝다는 것을 뜻한다.

9 선옹仙翁 : 선인仙人, 즉 남성 선인. 唐 崔曙〈九日登望仙台呈劉明府〉詩 : "關門令尹誰能識? 河上仙翁去不回". 염기閻琦는 작가가 열두 살에 당나라로 올 때, 바다를 건너면서 이 시를 지었다고 하였다. 陳貽焮 主編《增訂銓釋全唐詩》: 認爲, 此詩精雅圓熟, 十二歲孩童難成此作. 當爲崔致遠于甲辰冬東歸泛海時所作.

호원상인顥源上人께 드림

최치원

종일 머리 숙여 붓을 놀려 보지만
사람마다 침묵하니 마음을 터놓기 어렵구나
세속을 벗어났으니 기뻐할 일이지만
어찌 풍정風情에 무르익지 않으랴?
단풍 든 오솔길엔 그림자와 맑은 노을이 어우러지고
흰 구름 뜬 여울엔 물소리와 밤비 소리가 이어지네
풍경을 읊는 시인의 혼엔 속박이 없다네
사해四海의 깊은 이치는 도안道安에게나 물어보세

寄顥源上人[1]

崔致遠

終日低頭弄筆端[2]　人人杜口話心難[3]
遠離塵世誰堪喜[4]　爭奈風情未宜闌[5]
影鬪晴霞紅葉逕　聲連夜雨白雲湍
吟魂對景無羈絆　四海深機憶道安[6]

註

1《고운최치원선생문집》, 고운최치원선생문집중간위원회, 1982, 530쪽.
閻琦《崔致遠佚詩箋證》引《孤雲先生文集》참고.
상인上人 : 불가에서는 계율戒律을 엄격하게 지키고 의학義學에도 정통한 스승을 가리킨다.

2 필단筆端 : 붓 끝. 여기에선 서화書畵, 시문詩文 작품을 가리킨다.

3 두구杜口 : 입을 다물고 말을 하지 않는다. 《漢書》〈杜周傳〉 : "天下莫不望風而靡, 自尙書近臣皆結舌杜口, 骨肉親屬, 莫不股栗".

화심話心 : 속을 털어놓고 이야기하다. 唐 皇甫冉 〈朝發中巖寺別契上人〉 詩 : "行役方如此, 逢師懶話心".

4 세진世塵 : 인간세상. 속세. 唐 元稹 〈度門寺〉 詩 : "心源雖了了, 塵世苦憧憧".

5 쟁내爭奈 : 아무 방법이 없음. 唐 顧況 〈從軍行〉 之一 : "風寒欲砭肌, 爭奈裘襖輕?"

풍정風情 : 세태. 세상의 인정, 풍기. 정사情思.

6 도안道安 : 진나라의 고승. 南朝 釋慧皎《高僧傳》卷5 : "釋道安姓衛氏, 常山扶柳人也. 家世英儒, 早失覆蔭, 爲外兄孔氏所養, 年七歲讀書, 再覽能誦, 鄕鄰嗟異. 至年十二出家, 神性聰敏…… 至鄴, 入中寺, 遇佛圖澄, 澄見面嗟嘆". 도안은 번樊, 면沔에 15년을 머물며 매년 《방광반야放光般若》를 다시 강의하였는데 하루도 거르지 않았다. 그 당시 부견符堅은 도안의 명성을 듣고 말하였다. "양양襄陽에 석도안釋道安이란 사람이 있는데 그는 신기한 인재다. 나는 그를 조정으로 불러들여 나의 정사政事를 돕게 하겠네" 하였다. 부견은 그를 '학사學士'로 칙명勅命하였다. 그리고 내외內外로 무슨 의문이 있으면 다 그에게 물었다. 그리하여 수도에서 사람들이 말하기를 '석도안에게 배우지 않으면 어려운 뜻을 이해할 수 없다'고 하였다. 당시唐詩 중에는 이것으로 당시의 스승을 비유하였다. 이 시에서는 석도안이 민첩하고 총명한 것을 말한다. 석도안과 착치鑿齒의 일을 빌어 표현했다. "(나는) 하늘에 꽉 찬(하늘의 이치를 아는) 석도안釋道安이다." 습착치習鑿齒는 양양襄陽 사람으로 변설辯說이다. 한번은 석도안을 보고 혼잣말하기를 "(나는) 사해四海가 다 아는 습착치習鑿齒이다." 그러자 석도안도 대꾸하였다. "온 천하에는 석도안이 있다네."

우강역芋江驛 정자에서

최치원

모래톱에 말 세우고 배를 기다린다
한 줄기 물안개는 만고萬古의 근심일세
산이 평지 되고 바닷물이 다 마른다면
인간세상 이별도 비로소 끝나겠지

題芋江驛亭[1]

崔致遠

沙汀立馬待回舟[2]
一帶烟波萬古愁[3]
直得山平兼水渴[4]
人間離別始應休

註

1 《고운최치원선생문집》, 고운최치원선생문집중간위원회, 1982, 519쪽.
閻琦《崔致遠佚詩箋證》引《孤雲先生文集》참고.
우강芋江 : 염기閻琦는 이 강이 중국의 강 이름에 없으니 신라의 강 이름이라 하였다. 진이흔陳貽焮은 《增訂注釋全唐詩》에서 '盱江'을 '芋江'으로 잘못 쓰지 않았는지 의문을 제기했다. 盱江은 지금의 강서江西 무주撫州에 있다. 최치원의 〈潘陽亭詩〉란 시가 있는 것으로 보아 무주에 종적을 남길 수도 있다고 본 것이다.
역정驛亭 : 역참의 정자. 수레가 다니는 역참에 길손들이 휴게하게 한 정자亭子. 唐 杜甫 〈秦州雜詩〉 詩之九 : "今日明人眼, 臨池好驛亭". 구조오仇兆鰲는 '우정郵亭'을 가리켜 《前漢》의 〈薛宣傳〉 예를 들면서 우郵

는 편지 같은 서류를 가지고 다닐 때 휴게하는 집, 혹은 여사旅舍. 즉 역참驛站과 비슷하다고 해석하였다. 이로 미루어 역정驛亭이란 이름은 당나라 때 지어진 것 같다.

2 사정沙汀 : 강가 혹은 강 속의 평평한 모래밭. 南朝 梁 江淹〈靈丘竹賦〉: "郁春華於石岸, 艷夏彩於沙汀".

3 연파烟波 : 안개가 자욱한 창망한 수면. 隋 江總〈秋日侍宴婁苑湖應詔〉詩 : "霧開樓闕近, 日迥煙波長".

4 갈渴 : 고대의 '竭' 자다. 수간조水干調, 즉 '물이 말랐다. 물이 없다'는 뜻. 《說文》〈水部〉: "渴, 盡也". 단옥재段玉裁는 '渴' 자는 고금古今의 '竭' 자다. 고대에 '竭' 자를 다 '渴' 자로 썼다고 해석하였다.

이전李展 장관의 '겨울 산사를 유람하며'에 화답함

최치원

잠시 놀던 선실禪室을 떠나려니 아쉽구나
계곡을 사랑함이 이러기도 드문 일
아름다운 경치를 오래 즐기지 못함이 한스럽지만
한가로이 시 읊으니 마치 집에 돌아온 듯하구나
스님은 샘을 찾아 얼음 깨어 물을 긷고
학은 소나무 가지를 떠나 퍼덕이며 구름으로 난다
옛적 도연명처럼 시와 술로 흥을 내 보니
세상의 명리名利 말끔히 잊었네

和李展長官冬日遊山寺[1]

崔致遠

暫遊禪室思依依[2]　爲愛溪上似此稀
勝境唯愁無計住　閑吟不覺有家歸[3]
僧尋泉脈敲冰汲[4]　鶴起松梢攞雲飛
曾接陶公詩酒興[5]　世途名利已忘機[6]

註

1 《고운최치원선생문집》, 고운최치원선생문집중간위원회, 1982, 531쪽.
閻琦《崔致遠佚詩箋證》引《孤雲先生文集》 참고.
화和 : 시詩로써 증답贈答하다. 다른 사람의 시詩, 사詞의 제재題材와 체제體裁에 따라 시사詩詞를 짓다.

陸龜蒙〈和襲美爲新羅弘惠上人撰靈鷲山周禪師碑送歸詩〉 주 1) 참고. 陳貽焮 主編《增訂注釋全唐詩》注云 : 이 시의 이장관은 최치원의 다른 시 〈가을날 다시 찾은 우이현에서 이장관李長官에게〉라는 시 속 이장관과 동일인으로 추측된다. 우이현에는 산이 있는데, 이름을 '우이산盱眙山'이라 하였다. 산에는 유산사游山寺라는 절이 있었다. 이 시의 제목에서 말하는 '산의 절'은 바로 이 절이다.

2 선실禪室 : 선실, 선방禪房. 불교 교도들이 고요히 공을 쌓는 곳. 唐 王勃《梓州通泉縣惠普寺碑》: "禪室安閑".
의의依依 : 헤어지기 서운해 하다. 唐 劉商 〈胡笳十八拍〉 詩 : "泪痕滿面對殘陽, 終日依依向南北".

3 한음부각유가귀閑吟不覺有家歸 : 손님으로 왔으나 마치 집에 돌아온 듯하구나.

4 천맥泉脈 : 천맥. 지하에서 숨어 흐르는 샘물. 인체의 맥脈과 같다 하여 이 같이 부름. 唐 王維 〈春中田園作〉 詩 : "持斧伐遠揚, 荷鋤覘泉脉".
급汲 : 땅에서 샘물을 푸다.

5 도공陶公 : 도잠陶潛. 자는 연명淵明 혹은 원량元亮이며, 세호世號는 정절선생靖節先生이라 불렸다. 동진東晋 심양潯陽 사람으로 팽택현령彭澤縣令을 지냈다. 그러나 쌀 다섯 말〔五斗〕 때문에 허리를 구부리기 싫다며 사직하고 농촌에 돌아와 밭일을 했다. 술을 좋아하고 전원시田園詩를 잘 지어 이름이 널리 퍼졌다. 당시唐詩에선 도연명陶淵明의 이름을 빌어 현령縣令, 고사高士 혹은 술을 좋아하는 사람을 비유하였다. 여기에선 현령縣令으로 이전李展 장관을 가리킨다.

6 망기忘機 : 기심機心을 잊다. 명리를 추구하지 않고 세상과 다투지 않다. 唐 王勃〈江曲孤鳧賦〉: "爾乃忘机絶慮, 怀聲弄影".

변하汴河의 옛일을 회고하다

최치원

나그네가 수레 세워 나루터를 묻네
수나라 제방둑은 적막하여 흔적이 없고
세상의 백성들은 새 주인 만나 태평하니
버들잎 색깔은 대업大業의 봄이 아니네
탁하고 거센 파도 속에 용주龍舟도 흔적 없나니
저녁노을만 헛되이 비단 돛처럼 새롭네
수隋 양제煬帝가 나라 망친 일은 꺼내지도 마세
예부터 사치와 영화는 모두 몸을 망치는 일이네

汴河懷古[1]

崔致遠

遊子停車試問津[2]　隋堤寂寞沒遺塵[3]
人生自屬昇平主[4]　柳色全非大業春[5]
濁浪不留龍舸迹[6]　暮霞空認錦帆新[7]
莫言煬帝曾亡國[8]　今古奢華盡敗身[9]

註

1 《고운최치원선생문집》, 고운최치원선생문집중간위원회, 1982, 532쪽.
閻琦《崔致遠佚詩箋證》引《孤雲先生文集》참고.
변汴 : 변하. 수나라의 '통제거通濟渠〔인공 수로〕'로 당나라 '광제 인공 수로〔廣濟渠〕'의 동쪽 지점이다. 하남성 형양현滎陽縣 북쪽에서 황하 물을 끌어와 동남쪽으로 흐르게 하였다. 물은 지금의 개봉시開封市와 기현杞縣, 수현睢縣, 영릉寧陵, 상구商丘, 하읍夏邑, 영성永城 등 현縣을 지나며 다시 동남쪽으로 지금의 안휘성安徽省 숙현宿縣, 영벽현靈壁縣, 사현泗縣과 강소성江蘇省과 사홍현泗洪縣을 거쳐 우이현의 대안對岸에 와서 회하淮河로 흘러든다. 수나라부터 북송대까지 중원에서 동남 연해지구沿海地區로 가는 주요한 수상 운수 간도幹道가 되었다.

2 문진問津 : 나루터가 있는 곳을 묻다. 《論語》〈微子〉 : "長沮, 桀溺耦而耕, 孔子過之, 使子路問津焉".

3 수제隋堤 : 수나라의 제방. 수隋 양제煬帝 때 통제인공수도〔通濟渠〕로 공구하邛沟河를 따라 수축修築한 어도御道. 길옆엔 버드나무를 심었다. 후세 사람들은 이를 '수나라 제방둑'이라 불렀다. 唐 韓琮 〈楊柳枝〉 詩 : "梁苑隋堤事已空, 万條犹舞旧東風".

적막寂寞 : 적막하다. 소리가 없다. 《南史》〈劉竣傳〉 : "余聲塵寂寞, 世不吾知, 魂魄一去, 將同秋草".

4 승평升平 : 승평하다. 태평하다. 南朝 梁 沈約 〈南郊思詔〉 之二 : "仰尋先烈, 思致升平".

5 대업大業 : 수 양제의 연호年號.

6 용주龍舟 : 단오절에 용머리를 뱃머리에 장식한 행사용 배. 임금이 타는 배. 唐 李白 〈上皇西巡南京歌〉 之六 : "濯錦淸江万里流, 云帆龍舸下揚州".

7 용가龍舸 : 금범錦帆. 금비단으로 아름답게 만든 돛배, 즉 금비단으로 돛을 만든 돛배. 唐 李商隱 〈隋宮〉 詩 : "玉璽不緣歸日角, 錦帆應是到天涯".

8 양제煬帝 : 수 양제. 《資治通鑑》〈隋紀〉 四 : 卽隋煬帝楊广. 中國歷史上最有名的暴君之一. 對外侵略, 對內强征暴斂, 建宮殿, 筑馳道, 以滿足其无窮的奢欲. 單從造龍舟巡游一事來說, 史書記載 : "東京官吏督役嚴急, 役丁死者什四五, 所司以車載死丁, 東至城皐, 北至河陽, 相望于道.". 수 양제는 황제 자리에서 십 년을 보냈고 그가 죽자 나라는 망했다.

9 사화奢華 : 사치와 부화를 누림. 돈을 물 쓰듯 하면서 향락을 좇다.

벗이 보낸 월장月杖에 보검으로 답하다

최치원

가뿐한 월장月杖은 조각달 같고
예리한 보검寶劍은 아침 서리마냥 차갑다
그대의 은혜 범상치 않으니 어찌 소홀하리?
마음으로 헤아리면 내 뜻을 아실지어니
어차피 장군 막하에 들어갔으니
보검 휘날리며 일찍 발탁되어 큰 장군되시게
당장當場에서 힘을 과시하였으니
거울로 마음속 비춰볼 일도 끝내 없으리

友人以毬杖見惠以寶刀爲答[1]

崔致遠

月杖輕輕片月彎[2]　霜刀凜凜曉霜寒[3]
感君恩豈尋常用[4]　知我心須仔細看
旣許驅馳終附驥[5]　只希提拔早登壇[6]
當場已見分餘力[7]　引鏡終無照膽難[8]

註

1 《고운최치원선생문집》, 고운최치원선생문집중간위원회, 1982, 532-533쪽.
閻琦《崔致遠佚詩箋證》引《孤雲先生文集》참고.
구장毬杖 : '毬杖' 또는 '月杖'이라고도 한다. 고대 격구擊毬를 치는 용구. 격구는 옛날 말을 타고 작대기로 공을 치던 마상 무예, 혹은 그런 운동의 한 가지다.

2 월장月杖 : 길이는 몇 자[尺]가 되고 말단은 반달 모양이므로 이렇게 불렀다.

3 상도霜刀 : 흰 눈같이 번쩍이는 예리한 칼. 唐 杜甫〈觀打魚歌〉: "饔子左右揮霜刀, 鱠飛金盤白雪高".

4 심상尋常 : 평범하고 일반적인, 보통의.

5 부기附驥 : 선배 혹은 명망과 지위가 높은 사람을 따라 자기 이름을 날리는 것을 가리킨다.《史記》〈伯夷列傳〉: "顔淵雖篤學, 附驥尾而行益顯". 司馬貞 索隱 : "按, 蒼蠅附驥尾而致千里, 以譬顔回因孔子而名彰也". 후엔 스스로 겸손한 행동을 이르는 말로 사용되었다. 이 시에서는 싸움터에서 말을 타고 뛰어다니며 공을 세우는 것을 마음속으로부터 기대한다는 뜻으로 쓰였다. 즉 자기는 다른 사람의 공에 기대어 일을 한다는 말이다.

6 등단登壇 : 단장壇場에 떠오르다. 고대 때 회맹會盟, 제사祭祀, 제왕帝王 즉위卽位, 장군 임명 시 흔히 단장壇場을 설치하고 성대한 의식을 거행했다. 여기에서는 장군을 임명하는 일을 가리킨다. 唐 皇甫曾〈送徐大夫赴南海〉詩 : "位重登壇后, 恩深弄印時". 이 어구의 뜻은 자기가 칼로서 벗에게 회증回贈하는 것은, 그 벗이 일찍이 단장壇場에 올라서 장군 임명을 받으라는 뜻이다.

7 당장當場 : 힘을 겨루다. 대결하다. 경쟁하다.

여력餘力 : 여유餘裕가 있는 힘. 역량.《論語》〈學易〉: "行有餘力, 則以學文". 刑昺 疏 : "能行以上諸事, 仍有閑暇餘力, 則可以學先王之遺文".

8 인경종무조담난引鏡終無照膽難 : '거울로 비춰보면 웅심장담雄心壯膽을 볼 수 있다.'

조담경照膽鏡 : 쓸개를 비춰내는 세경. 최치원의 〈古意〉 주 8) 참고.

신축년에 진사 오첨吳瞻께 드림

최치원

난세에 편히 앉았으니 부끄럽기 짝이 없네
어찌 살아서 흉악한 세상을 만났나
모두가 봄 꾀꼬리처럼 교묘한 말만을 좋아하고
도리어 가을 매처럼 위대한 성정을 싫어하는가
길을 잃어 묻지 않았다가 비웃음이나 사고
바로 행동해도 저절로 어리석게 되네
장한 뜻 일으켜 세우려면 어디다 말해야 하나
속인을 상대하자니 차라리 없느니만 못하네

辛丑年寄進士吳瞻[1]

崔致遠

危時端坐恨非夫[2]　爭奈生逢惡世途[3]
盡愛春鶯言語巧[4]　却嫌秋隼性靈麤[5]
迷津懶問從他笑[6]　直道能行要自愚[7]
壯志起來何處說[8]　俗人相對不如無[9]

註

1 《고운최치원선생문집》, 고운최치원선생문집중간위원회, 1982, 534쪽.
閻琦《崔致遠佚詩箋證》引《孤雲先生文集》참고.

신축년辛丑年 : 당 희종僖宗 중화中和 원년(881년), 당시 작가는 고병의 막부에서 일했다.

2 위시危時 : 혼란한 시대와 세상. 唐 韓偓 〈贈易卜崔江處士〉 詩 : "白首窮經通秘義, 青山養老度危時".

단좌端坐 : 편안히 앉아 있다. 어떤 일이든 적극적으로 하려 하지 않고 앉아서 편안하게 먹고 잔다. 《樂府詩集》 〈相和歌辭〉 三 '烏生' : "烏生八九子, 端坐秦氏桂樹間".

비부非夫 : 대장부가 아니다. 나약하다.

3 쟁내爭奈 : 어찌할까, 아무 방법도 없다. 최치원의 〈寄題源上人〉 주 6) 참고.

세도世途 : 인간 세상의 길. 인생의 길. 唐 李白 〈古風〉 詩之五十九 : "世途多翻覆, 交道方嶮巇".

4 춘앵春鶯 : 꾀꼬리를 가리킨다. 깃이 노랗고, 잘 지저귄다. '황리黃鸝', '창경倉庚' 등으로 불린다. 張華 《禽經》 : "倉庚, 黧黃, 黃鳥也". 晉 張華 注 : "今謂之黃鶯, 黃鸝是也". 南朝 梁 丘遲 〈與陳伯之書〉 : "暮春三月, 江南草長, 雜花生樹, 群鶯亂飛". 唐 溫庭筠 〈南歌子〉 詞 : "隔帘鶯百囀, 感君心".

5 준隼 : 매 종류 가운데 가장 작고 빠르며 공격성이 강하다. 사냥꾼들이 많이 키워 새나 토끼를 잡는 데 쓴다. 《易》 〈解〉 : "公用射隼于高墉之上, 獲之, 无不利".

추준秋隼 : 가을의 매. 특별히 용맹하고 민첩하다. 여기서는 자신을 매에 비유하는 것이다.

6 미진迷津 : 나루터를 잃다. 길을 잃다. 唐 孟浩然 〈南還舟中寄袁太祝〉 詩 : "桃源何處是? 游子正迷津".

7 자우自愚 : 자신의 걱정이 있는 바를 겸손히 칭한다.

8 장지壯志 : 웅장한 희망과 포부. 위대한 포부. 《后漢書》 〈党錮傳〉 '張儉傳論' : "而張儉見怒時王, 顚沛假命, 天下聞其風者, 莫不憐其壯志, 而爭爲之主".

9 속인俗人 : 평범한 사람. 비속한 사람. 《荀子》 〈儒效〉 : "不學問, 无正義, 以富利爲隆, 是俗人者也".

벗의 '봄날 야정野亭에서 노닐며'에 화답하며

최치원

늘 시와 술로 평생을 즐겼는데
하물며 무르익은 봄날 양제성煬帝城에서야
시야視野 넓어 무한경無限景 좇아가며
칠언시 지어 이때 감정을 적어 보니
꽃은 펼쳐진 비단 같고 나비는 돌아가기를 잊었네
늘어진 버들가지는 꾀꼬리 손발을 묶고
벗들끼리 서로 모여 술 마시며 동락同樂하니
환영桓榮의 고사古事도 부러워 마라

和友人春日遊野亭[1]

崔致遠

每將詩酒樂平生[2]
況値春濃煬帝城[3]
一望便驅無限景[4]
七言能寫此時情[5]
花鋪露錦留連蝶[6]
柳織煙絲惹絆鶯[7]
知己相邀歡醉處[8]
羡君稽古賽桓榮[9]

註

1 《고운최치원선생문집》, 고운최치원선생문집중간위원회, 1982, 534-535쪽.
閻琦《崔致遠佚詩箋證》引《孤雲先生文集》참고.
야정野亭 : 야외에서 사람들이 쉬는 정자. 《後漢書》〈郭伋傳〉: "(伋)遂止于野亭, 須期乃入".

2 평생平生 : 평소平素. 이 인생. 唐 杜甫〈夢李白〉詩 : "出門搔白首, 若負平生志". 唐 韓愈〈遣興連句〉詩 : "平生无百歲, 歧路有四方".

3 양제성煬帝城 : 수 양제의 성, 즉 양주揚州를 가리킨다. 수 양제는 양주를 강도江都로 고치고 궁전을 지었다. 그는 이곳에서 피살되어 능묘陵墓도 여기에 있다. 그리하여 이곳을 양제성이라고 부른다.

4 일망一望 : 널리 바라본다.

5 칠언七言 : 칠언시를 가리킨다. 시를 짓는 형식의 일종으로 매 구마다 일곱 자 혹은 일곱 자를 주로 한다. 칠언고시, 칠언율시, 칠언절구 등이 있다. 현대인들은 많은 경우 한위漢魏에서 비롯했다고 여긴다. 삼국시대 위나라 조비의 〈燕歌行〉을 빠른 칠언시로 본다.

6 노금露錦 : 아침 이슬이 묻은 수를 놓은 비단. 번다繁多하고 무성茂盛한 꽃을 비유한다.

7 앵鶯 : 꾀꼬리. 최치원의 〈辛丑年寄進士吳瞻〉 주 5) 참고.

8 지기知己 : 피차간 잘 알고 정의가 두터운 사람, 즉 벗, 친우.

9 계고稽古 : 옛일을 고찰하다. 연설을 하거나 문장을 쓸 때 경전 중의 어구 혹은 고사를 인용하다. 《晋書》〈裵頠傳〉: "博學稽古, 自少知名".
환영桓榮 : 《後漢書》〈桓榮本傳〉에 나오는 환영은 동한인이고 경학을 잘한다. 태학박사를 역임하고 경전을 분석했다는 내용이 있다.

뛰어난 지략

최치원

큰일 이루려고《춘추春秋》고사古史를 숙독하고
일찍부터 웅심雄心을 품고 나라의 원수들을 물리쳤노라
지난 이십 년간의 천하대사天下大事 살펴보면
한 고조高祖가 베개 높이 베고 근심 없이 지낸 것도
유후留侯 장량張良을 믿었기 때문이로다

兵機[1]

崔致遠

惟將志業練春秋[2]
早蓄雄心剗國讎[3]
二十年來天下事[4]
漢皇高枕倚留侯[5]

註

1《고운최치원선생문집》, 고운최치원선생문집중간위원회, 1982, 397쪽.
이 시는 최치원의〈사도삼공께 드리는 칠언기덕시 30수〔七言紀德詩三十首謹獻司徒相公〕〉중 첫 번째 시다. 자세한 것은《桂苑筆耕集》卷17 참고.〈七言紀德詩三十首謹獻司徒相公〉30수는 모두《桂苑筆耕集》에 수록되어 있다.
칠언七言 : 칠언시七言詩. 시체詩體의 한 종류. 매개 어구는 일곱 자를 위주로 한다. 칠언고시七言古詩, 칠언율시七言律詩, 칠언절시七言紀詩 등이 있는데, 칠언시는《詩經》〈離騷〉를 출발로 삼기도 하고 혹은 한漢 〈栢梁臺〉를 시초로 보기도 한다. 근래의 사람들은 한漢, 위魏 때부터 시작되었다고 주장한다. 삼국三國 위魏 조비曹丕의 〈燕歌行〉을 남아 있는 가장 오래된 순수한 칠언시로 보기도 한다.

사도상공司徒相公 : 사도(관명) 상공. 여기에선 고병高駢을 가리킨다.

고병高駢(821-887년) : 자는 천리千里, 유주幽州 사람이다. 남평군왕南平郡王 고충문高充文의 손자. 조상은 대대로 금위군禁衛軍 장령將令을 지냈다. 초기엔 영무靈武 절도사節度使 주숙명朱叔明을 시중하여 좌사마左司馬를 하였고, 후엔 신책군神策軍 도위후都尉候, 진주秦州 자사刺史 등의 직무를 역임하였다. 함통咸通 5년(864년)에 안남安南 도위都尉를 맡고, 함통 7년엔 정해군靜海軍을 안남에 설치하자 고병은 절도사節度使 직무를 받았다. 희종僖宗이 즉위하자마자 동중서문하同中書門下 평장사平章事 직을 추가하고 검남서천劍南西川 절도사에 제수되었다. 건부乾符 5년(878년)엔 형남荊南 진해절도사鎭海節度使로 자리를 옮기고, 6년에 회남절도사淮南節度使가 되었다. 후엔 동남東南 도통都統, 시중侍中을 겸하였고, 발해渤海 군왕郡王으로 책봉되었다. 광계光啓 3년(887년) 부하인 장군 필사탁畢師鐸이 그를 가두고 살해하였다. 시詩 한 권이 있다. 《舊唐書》 卷182, 《新唐書》 卷224 下, 《高駢本傳》과 《唐方鎭事表》 등 참고.

2 유惟 : 유독, 오직, 그뿐. 《論語》 〈述而〉 : "子謂顔渊曰 : '用之則行, 舍之則藏, 惟我与爾有是夫".

연練 : 잘 안다. 익숙하다. 숙련되다. 《漢書》 〈薛宣傳〉 : "〔翟方進〕荐宣明習文法, 練國制度".

춘추春秋 : 고대 편년사編年史의 통칭通稱. 주周의 《春秋》, 연燕의 《春秋》, 한漢 이후엔 《楚漢春秋》, 《吳越春秋》 등이 있다. 또는 사책史冊, 역사歷史를 가리킨다. 《史記》 〈樂毅列傳〉 : "臣聞賢圣之君, 功立而不廢, 故著於春秋".

3 잔剗 : 산鏟과 같다. 깎다. 치다. 깎아서 평정케 하다.

4 고병은 함통咸通 원년元年에 진주秦州 자사刺史 겸 방어사防禦使를 시작으로 21년간 줄곧 각지의 군정장관軍政長官을 지냈다.

5 한황漢皇 : 한조漢朝 때의 황제. 唐 李白 〈古風〉 詩之四十三 : "周穆八荒意, 漢皇万乘尊". 당나라 황제를 비유한다. 唐 白居易 〈長恨歌〉 : "漢皇重色思傾國, 御宇多年求不得".

고침高枕 : 높이 베개를 베고 근심걱정 없이 자다.

유후留侯 : 장량張良. 《史記》 卷55 〈留侯世家〉 : "沛公拜良爲廐將. 良數以《太公兵法》說沛公……張良多病, 未嘗特將也, 常爲畫策臣, 時時從王" "漢六年正月, 封功臣. 良未嘗有戰斗功, 高帝曰 : '運籌策帷帳中, 決胜千里外, 子房功也. 自擇齊三万戶'".

신묘한 필법

최치원

듣건대 글씨는 창문에 용이 잠시 누운 듯하고
정묘精妙한 솜씨는 기이한 산봉우리 같네
외국인도 소문 듣고 서로 다투어 배우려 하니
연고 없어 그의 필적筆迹 구하지 못함이 유감이어라

筆法[1]

崔致遠

見說書窓暫臥龍[2]
神傳妙訣助奇鋒[3]
也知外國人爭學
惟恨無因乞手蹤[4]

註

1 《고운최치원선생문집》, 고운최치원선생문집중간위원회, 1982, 397쪽.
이 시는 최치원의 〈사도삼공께 드리는 칠언기덕시 30수〔七言紀德詩三十首謹獻司徒相公〕〉 중 두 번째 시다. 자세한 것은 《桂苑筆耕集》 卷17 참고. 〈七言紀德詩三十首謹獻司徒相公〉 30수는 모두 《桂苑筆耕集》에 수록되어 있다.
필법筆法 : 글을 쓸 때 붓을 사용하는 방법. 글을 쓰는 방법엔 집필執筆, 용필用筆, 점획点劃, 결구結构, 분포分布 등이 있다. 예를 들면, 집필執筆은 붓을 쥘 때 손바닥은 실實해야 하고, 발바닥은 허虛해야 하고, 다섯 손가락으로 가지런히 붓을 쥐어야 되고, 용필用筆은 붓의 중봉中鋒, 즉 붓의 앞 끝을 고르게 펴서 쓴다. 점과 획〔点劃〕은 완벽하고 세밀하여야 한다. 결구結构가 상하, 가로세로 고르고 의미가 어울려야 한다. 분포分布는, 여기저기 뒤엉켜 변화가 많은데 마땅한 간격을 두어야 하고 총체는 관통되어야 한다. 시인詩人은 "남조南朝 소자운蕭子雲은 서예를 잘하여 명필이었다. 백제百濟 사람들은 그의 필체를 국보國寶로 간직하며 얻으려고 숱한 애를 썼다"고 주를 달고 있다.

소자운蕭子雲(487-549년) : 남조南朝 양梁대의 남란릉南蘭陵, 지금의 강소성江蘇省 상주시常州市 서북西北 사람이다. 자는 경교景喬, 남제南齊의 종실宗室. 문사文史에 정통하고 초서草書, 행서行書, 작은 전자篆字를 각별히 잘 썼다. 국자제주國子祭酒, 영남嶺南 서주徐州 대중정大中正을 역임하였다. 후경侯景이 궁전宮殿을 불태우자 진릉晋陵으로 도망치다가 어느 절에서 굶어죽었다. 저작으로는《晉書》110권,《東宮新紀》20권이 있었다.《晉書》에 집본輯味 한 권이 전한다.

수종手蹤 : 필적筆迹.

2 견설見說 : 듣건대. 貫休〈送新羅人及第歸〉주 6) 참고.

와룡臥龍 : 은거하고 아직 두각을 나타내지 않은 걸출한 인재를 말한다.《三國志》〈蜀志〉'諸葛亮傳' : "(徐庶)謂先生曰 : '諸葛孔明者, 臥龍也, 將軍豈愿見乎?" 이 글에선 글 쓰는 필적筆迹, 필세筆勢를 말한다. 고병은 글을 잘 썼다.

3 묘결妙訣 : 영묘한 비결, 방법. 고병의 고명하고 신묘한 서예 기교를 말한다.

4 유惟 : 唯. 오직. 유독. 최치원의〈兵機〉주 3) 참고.

인생의 잠언

최치원

물결 가라앉은 성해性海엔 깊은 근원이 보이고
공허를 추구함은 도문道門을 여는 것이라
문장과 서예를 잘 전하여 모두 훌륭한 자취 남기면
《도덕경道德經》의 오천언五千言을 다시 베낄 필요 있는가

性箴[1]

崔致遠

波澄性海見深源[2],
理究希夷陀道門[3].
詞翰好傳雙美跡[4]
何須更寫五千言[5]

註

1 《고운최치원선생문집》, 고운최치원선생문집중간위원회, 1982, 398쪽.
이 시는 최치원의 〈사도삼공께 드리는 칠언기덕시 30수〔七言紀德詩三十首謹獻司徒相公〕〉 중 세 번째 시다. 자세한 것은《桂苑筆耕集》卷17 참고. 〈七言紀德詩三十首謹獻司徒相公〉 30수는 모두《桂苑筆耕集》에 수록되어 있다.
성잠性箴 : 인생의 잠언, 인생을 경계하는 말. 여기에선 고병이 지은 〈性箴〉을 말한다.
성性 : 사람의 본성, 천성. 《易》〈系辭〉上 : "一陰一陽之謂道. 繼之者善也, 成之者性也". 孔穎達 疏 : "若能成就此道者, 是人之本性".
잠箴 : 경계警戒. 일깨워주다.

2 성해性海 : 불교어. 진여眞如 : 진리의 이성理性은 바다같이 넓고 깊다. 唐 敬播〈大唐西域記序〉: "廓群疑於性海, 啓妙覺於迷津".

3 이理 : 본성, 본질을 가리킨다.《禮記》〈樂記〉: "好惡无節於內, 知誘於外, 而不能反躬, 天理滅矣". 鄭玄注 : 理, 犹性也.

희이希夷 :《老子》: "視之不見名曰夷, 听之不聞名曰希". 河上公 疏 : "无色曰夷, 无聲曰希". 후엔 희이希夷로 텅 비어 적막하고 오묘한 것을 가리켰다. 唐 權德與〈奉和鄭賓客相公攝官豊陵扈從之作〉詩 : "莫究希夷理, 空怀渙汗恩".

도문道門 : 입도入道의 지름길. 漢 嚴遵《道德指歸論》〈上士聞道〉: "靜爲虛戶, 虛爲道門, 泊爲神木, 寂爲和根".

4 쌍미雙美 : 문장과 서예가 다 아름답다. 훌륭하다. 뛰어나다.

5 오천언五千言 :《史記》〈老子韓非列傳〉: "老子乃著書上下篇, 言道德之意五千余言而去, 莫知所終". 후에 오천언은 노자의《道德經》을 대칭代稱하게 되었다. 唐 白居易〈養拙〉詩 : "迢遙无所爲, 時窺五千言". 여기에선 노자의《道德經》으로〈性箴〉을 비유하는 것이다.

흰 눈을 노래하다

최치원

오색 채필彩筆로 눈꽃〔雪花〕 그리어
삼동三冬 노래하며 사방에 이름 떨치노라
절구絶句가 연구聯句보다 나음을 알게 되었으니
이제부터 명성이 사가謝家를 능가하리라

雪詠[1]

崔致遠

五色毫編六出花[2]
三冬吟徹四方誇[3]
始知絶句勝聯句[4]
從此芳名掩謝家[5]

註

1 《고운최치원선생문집》, 고운최치원선생문집중간위원회, 1982, 398쪽.
이 시는 최치원의 〈사도삼공께 드리는 칠언기덕시 30수〔七言紀德詩三十首謹獻司徒相公〕〉 중 네 번째 시다. 자세한 것은 《桂苑筆耕集》 卷17 참고. 〈七言紀德詩三十首謹獻司徒相公〉 30수는 모두 《桂苑筆耕集》에 수록되어 있다.
영설詠雪 : 고병이 눈〔雪〕을 읊은 〈對雪〉이란 절구絶句를 가리킨다.

2 오색호五色毫 : 그림물감. 색채. 붓. 채필彩筆. 唐 方干 〈再題路支使南亭〉 詩 : "睡時分得江淹夢, 五色毫端弄逸才".

육출화六出花 : '육출공六出公'이라고도 한다. 눈꽃〔雪花〕의 별칭. 唐宋之問〈奉和春日玩秋應制〉詩 : "琼章定少千人和, 銀樹長芳六出花". 고병의 시 첫마디는 '눈꽃이 집 안에 휘날려 들어올 때〔六出飛花入戶時〕'다.

3 삼동三冬 : 겨울의 석 달. 唐 楊炯〈李舍人山亭詩序〉: "三冬事隙, 五日歸休".
과夸 : 찬미讚美하다. 唐 皮日休〈惜義鳥〉詩 : "吾聞鳳之貴, 仁義亦足夸".

4 절구絶句 : 시詩 체재體裁의 한 명칭. 모든 시는 네 마디 어구〔四句〕이고, 매 마디〔每句〕는 다섯 글자〔五字〕이다. 이것을 오절시五絶詩라고 한다. 모든 마디가 일곱 자면 칠절시七絶詩라고 한다. 또는 매 마디에 여섯 자인 절구도 있다. 결구結句는 근체절구近體絶句와 고체절구古體絶句 두 종류가 있다. 근체近體 결구結句는 당唐 때부터 시작되어 율시律詩가 산생産生한 후, 율시律詩 여덟 마디〔八句〕를 네 마디〔四句〕로 뭉텅 끊어서 절구絶句가 된 것이다. 절구截句라고도 한다. 고체절구古體絶句는 실제로 아주 간단하고도 짧은 고시古詩로 율시律詩가 산생하기 전에 산생하였다. 〈玉臺新詠〉에 이미 고절구古絶句가 기재돼 있다. 당 이후, 시인이 창작한 古體絶句를 일반적으로 고풍古風이라 하였다.
연구聯句 : 가도賈島의 고려사절高麗使節〈過海聯句〉주 1) 참고.

5 사가謝家 : 사안謝安과 그의 자식, 조카들이 눈〔雪〕을 읊으며 연구聯句를 지은 일을 말한다. 《世說新語》〈言語〉참고.

독수리를 쏘다

최치원

화살 하나로 두 마리 독수리를 쏘아 떨구니
만리 밖 이족異族의 먼지 즉시 가라앉노라
사막에 널리 위엄 떨치니
걸왕桀王의 개도 요堯 임금을 보고 다시 짖지 못하리라

射雕[1]

崔致遠

能將一箭落雙雕
萬里胡塵當日銷[2]
永使威名振沙漠
犬戎無復吠唐堯[3]

註

1 《고운최치원선생문집》, 고운최치원선생문집중간위원회, 1982, 399쪽.
이 시는 최치원의 〈사도삼공께 드리는 칠언기덕시 30수(七言紀德詩三十首謹獻司徒相公)〉 중 다섯 번째 시다. 자세한 것은 《桂苑筆耕集》 卷17 참고. 〈七言紀德詩三十首謹獻司徒相公〉 30수는 모두 《桂苑筆耕集》에 수록되어 있다.
《新唐書》〈本傳〉에 기재되기를 선종宣宗 대중大中 연간에 고병이 영주靈州, 즉 지금의 영하寧夏 영무靈武에서 대도독大都督 좌사마左司馬를 할 때, 활을 한 번 쏴서 두 마리 독수리(雕)를 동시에 떨어뜨렸다. 이 일은 《太平廣記》 卷138에 인용된 〈感定錄〉에 기재돼 있다. 이 시는 당시 일을 언급한 것이다.

2 호胡 : 중국 고대 북방과 서방의 민족 등을 호胡라고 하였다. 서역西域의 뭇 나라 중 인도印度, 파사波斯, 대진大秦 등을 포함하여 한漢, 위魏, 진晋 남북조南北朝 때부터 호胡라고 불렀다. 그러나 당나라 사람은 인도印度를 호胡라고 하지 않았다. 여기서 말한 호인胡人은 북방 변강지역과 서역西域 각 민족을 가리킨다. 수당 때, 특히 중아시아(中亞) 속특인粟特人을 호인이라고 하였다. 여기에선 북방 혹은 서북방 민족을 말하는 것이다.

3 견융犬戎 : 중국 고대 민족으로 융인戎人의 한 갈래다. 견이畎夷, 견이犬夷, 곤이昆夷, 곤이緄夷 등이라고 칭한다. 《史記》〈宋微子世家〉 : "周幽王爲犬戎所殺, 秦始列爲諸侯". 이 말 속엔 소수민족에 대한 멸시가 내포되었다. 唐 薛逢〈開元后樂〉 : "一自犬戎生薊北, 便從征戰老汾陽". 여기에서는 당나라 때 소수민족을 가리킨다.

당효唐堯 : 전설 중 고대의 황제 도당陶唐 씨의 호號. 《易》〈繫辭〉下 : "神農氏沒, 黃帝, 堯, 舜氏作". 전설에 의하면 걸桀은 하夏대의 폭군이고, 요堯는 뛰어난 임금이었다. 걸견폐요桀犬吠堯, 즉 걸 왕의 개가 요 임금을 보고 짖는다는 전고로, 나쁜 사람과 그의 앞잡이들이 좋은 사람을 공격하는 것을 비유하였다. 여기서는 이족異族의 침범과 교란함을 비유하고 있다.

안화安化에서

최치원

반초班超마냥 붓대 던지고 종군하여

외적을 몰아내고 제후를 책봉 받으려네

군郡 이름은 안화安化이니 널리 덕화를 펴서

다시 하황河湟 인근 땅들이 곧 수복됨을 뜻하네

安化[1]

崔致遠

班筆由來不暗投[2]

旋驅熊隼待封侯[3]

郡名安化能宣化[4]

更指河湟地欲收[5]

註

1 《고운최치원선생문집》, 고운최치원선생문집중간위원회, 1982, 399쪽.

이 시는 최치원의 〈사도삼공께 드리는 칠언기덕시 30수〔七言紀德詩三十首謹獻司徒相公〕〉 중 여섯 번째 시다. 자세한 것은《桂苑筆耕集》卷17 참고. 〈七言紀德詩三十首謹獻司徒相公〉 30수는 모두《桂苑筆耕集》에 수록되어 있다.

안화安化 : 즉 경주慶州. 지금 감숙성甘肅省 경양慶陽 일대. 이 시는 당항党項(중국 고대 강족의 한 갈래가 일으킨 반란을 평정)의 일을 쓴 것이다. 강족羌族을 당항강족當項羌族이라고도 하였다. 남북조 시기 지금의 청해青海, 감숙甘肅, 사천四川 변원지대에 분포하여 축목업畜牧業에 종사하였다. 당나라 때 지금의 감숙甘肅,

영하寧夏, 섬북陝北 일대로 이주하여 거주하더니, 북송北宋 때 이원호李元昊가 황제로 추대되어 당항족을 중심으로 나라를 건립하였다. 역사적으로 서하국西夏國이라고 한다. 그들의 반란叛亂과 관련되어 고병은 당시 금병禁兵 만여 명을 통솔하여 장무長武에서 적을 수비하였다. 《唐書》〈本傳〉 참고.

2 반필班筆 : 붓을 던지고 종군하여 싸움터로 나간 일을 이른다. 《後漢書》 卷47 〈班超傳〉 '班超' : "家貧, 常爲官佣書以供養. 久勞苦, 嘗輟業投筆嘆曰 : '大丈夫无他志略, 犹當效傅介子, 張騫立功異域, 以取封侯, 安能久事筆研間乎?" 반초班超는 후에 붓을 던지고 무기를 들고 종군하였다.

3 웅준熊隼 : 웅위용맹熊威勇猛한 매. 여기에선 최정예의 용감한 군대, 즉 고병의 신책군神策軍을 가리킨다. 신책군은 당의 금위군禁衛軍 명칭 중의 하나이다. 천보天寶 연간 농우절도사隴右節度使였던 가서한哥舒翰이 신책군을 만들었다. '금군禁軍' 편제로 좌우상左右廂을 설치, 의복, 양식 등 공급이 후하여 그 지위는 뭇 금군보다 높았다. 당조가 망하면서 폐제되었다. 후엔 관병官兵의 아름다운 명칭이 되었다.
봉후封侯 : 이 전고는 《後漢書》에서 나왔다. 반초는 서역西域에 종군하여 늙어 '정원후定遠侯'로 책봉되었다. 그가 젊었을 때 관상쟁이가 말하기를 '제비의 턱〔燕頷〕에 범의 목〔虎頸〕'이니 제후를 책봉 받을 관상官相이라고 하였다. 이는 후에 사람들이 변강에서 공을 세워서 벼슬을 책봉 받는 것을 칭송하는 전고가 되었다.

4 선화宣化 : 임금이 은혜를 널리 베풀어 백성을 교화한다는 뜻이다. 唐 皮日休 〈秦穆謚謬論〉 : "夫重耳之賢也, 天下知之, 又其從者足以相人國. 如先立之, 必能誅亂公子, 去暴大夫, 翼德於成周, 宣化於汾晋".

5 하황河湟 : 황하黃河와 황수湟水의 병칭竝稱. 즉 하황河湟 일대로 지금의 감숙성甘肅省, 청해성青海省 일대. 당시 이족異族들이 점거하였다.

군사훈련

최치원

농수隴水는 가을을 맞고 변방의 풀도 휴식을 취하니
곽거병霍去病 장군도 잠시 장안으로 돌아왔네
태평천자太平天子는 그의 재략才略을 어여삐 여겨
군사훈련을 당부하고 하루 종일 검열하였네

練兵[1]

崔致遠

隴水聲秋塞草閒[2]
霍將軍暫入長安[3]
太平天子憐才略[4]
曾請陳兵盡日看[5]

註

1 《고운최치원선생문집》, 고운최치원선생문집중간위원회, 1982, 399쪽.
이 시는 최치원의 〈사도삼공께 드리는 칠언기덕시 30수〔七言紀德詩三十首謹獻司徒相公〕〉 중 일곱 번째 시다. 자세한 것은《桂苑筆耕集》卷17 참고. 〈七言紀德詩三十首謹獻司徒相公〉 30수는 모두《桂苑筆耕集》에 수록되어 있다.
연병練兵 : 군사훈련. 여기서는 황제에게 검열을 받는 군사 활동을 가리킨다.

2 농수隴水 : 농산隴山에서 발원한 강물. 北魏 酈道元《水經注》〈謂水〉一 : "渭水又東与新陽崖水合, 卽隴水也. 東出北隴山, 其水西流". 唐 李白〈秋浦歌〉之二 "青溪非隴水, 翻作斷腸流". 王琦 引〈隴頭歌〉"隴頭

流水, 鳴聲幽咽 ; 遙望秦川, 肝腸斷絶".

새塞 : 변새邊塞, 변경 지구. 일반적으로 북방과 서북방 변경 지구를 가리킨다.

3 곽거병霍去病 : 즉 곽거병 장군을 가리킨다. 그는 한 무제武帝 때 몇 차례나 위청衛青을 따라서 흉노匈奴를 격파하였다. 그는 활을 잘 쏘았으며 18세에 천자의 시중侍中을 하였고, 후엔 위청 대장군을 따라 표요교위剽姚校尉, 표기장군驃騎將軍을 하여 여러 차례 공을 세웠다. 후엔 이것으로 변강장군邊疆將軍을 읊는 전고를 만들었다. 여기에선 고병을 가리킨다.

4 태평천자太平天子 : 나라를 안정시켜 능히 천하 백성들을 화목하게 다스리는 황제. 여기에선 당 의종懿宗 이최李漼의 재간과 책략을 가리킨다.

5 진병陳兵 : 병사를 사열시키다. 군사훈련 활동을 하다.

반계에서

최치원

돌에 새긴 글귀, 그 절묘함에 사람마다 넋 잃도다
살펴보고 살펴봐도 볼 때마다 새롭구나
천자天子의 군사가 능히 뜻을 이루는 날
복숭아와 오얏은 만고萬古의 봄을 맞이하리니

磻溪[1]

崔致遠

刻石書蹤妙入神[2]
一廻窺覽一廻新[3]
况能早遂王師業[4]
桃李終成萬代春[5]

註

1 《고운최치원선생문집》, 고운최치원선생문집중간위원회, 1982, 400쪽.
이 시는 최치원의 〈사도삼공께 드리는 칠언기덕시 30수(七言紀德詩三十首謹獻司徒相公)〉 중 여덟 번째 시다. 자세한 것은《桂苑筆耕集》卷17 참고. 〈七言紀德詩三十首謹獻司徒相公〉 30수는 모두《桂苑筆耕集》에 수록되어 있다.
반계磻溪 : 위수渭水의 한 개 지류. 전하는 말에 의하면 여상呂尙, 즉 강태공姜太公은 늙고도 빈궁하였다. 늘 위수 강가인 반계에서 고기를 낚았다. 그리고 여기에서 주周 문왕文王을 만났다. 《史記》 卷32 〈齊太公世家〉 참고. 여기서는 고병이 지은 〈太公廟〉도 가리킨다. 자신의 해석에 의하면, 〈磻溪〉 시의 두 번째 어구 '一回窺覽一回新'은 고병 〈太公廟〉 시의 어구를 인용하여 만들어 낸 말이라고 하였다. 高騈 〈太公廟〉 詩 : "青山長在境長新, 寂寞持竿一水濱. 及得王師身已老, 不知辛苦爲何人?" 시詩 밑에 자기가 친히 주를 달아 다음과 같이 썼다. "엎드려 그대의 〈磻溪〉 시를 배독拜讀합니다. 시의 '及到王師身已老, 不知辛苦爲何人'은 아주 지당한 말씀입니다." 〈經虢縣〉 詩 : "手栽桃李十餘春, 今日經過重建勛".

2 서종書蹤 : 서적書迹, 필적筆迹을 가리키며, 서적書跡, 필적筆跡이라고도 한다. 唐 白居易 〈祭弟文〉 : "嗚呼! 詞意書跡, 无不宛然".

3 규람窺覽 : 열람, 관찰하다. 《東觀漢記》〈班超傳〉"〔超〕有口辯, 而涉獵書傳, 持〈公羊春秋〉, 多所窺覽".

4 왕사王師 : 제왕帝王, 천자天子의 군대. 唐 杜甫 〈新安吏〉 詩 : "况乃王師順, 撫養甚分明. 送行勿泣血, 仆射如父兄".

5 도리桃李 : 복숭아와 오얏. 고병은 괵현虢縣, 지금의 섬서성陝西省 보계시寶溪市에서 관직을 맡았고 뛰어난 업적도 남겼다.

범을 쏘다

최치원

딱딱한 어금니, 갈고리 발톱으로 왕정王程을 막아서니
화살 한 대로 범을 거꾸러뜨려 세상을 놀라게 했네
백호는 앞으로 달리다가 쓸개가 툭 터져 버렸으니
범 모양의 돌을 쏘았다는 게 헛소리임을 알게 되겠지

射虎[1]

崔致遠

鉅牙鉤爪礙王程[2]
一箭摧班四海驚[3]
白額前驅羑膽碎[4]
方知破石是虛聲[5]

註

1 《고운최치원선생문집》, 고운최치원선생문집중간위원회, 1982, 400쪽.
이 시는 최치원의 〈사도삼공께 드리는 칠언기덕시 30수〔七言紀德詩三十首謹獻司徒相公〕〉 중 아홉 번째 시다. 자세한 것은 《桂苑筆耕集》 卷17 참고. 〈七言紀德詩三十首謹獻司徒相公〉 30수는 모두 《桂苑筆耕集》에 수록되어 있다.
이 시는 고병이 범을 쏘아 죽인 일을 쓴 것이다.

2 왕정王程 : 왕정, 조정의 명을 받고 출장하여 가는 노정路程. 唐 岑參 〈送江陵黎少府〉 詩 : "王程不敢往, 豈是愛荊州?"

3 최반摧班 : 摧斑. 범을 쏴 죽인 일을 말하다. '班'은 '斑'이다. '얼룩점'이라는 뜻이다. 범은 얼룩덜룩하기에 '얼룩점'을 표시하는 '斑'으로 범〔虎〕을 가리킨다. '班'은 범의 별칭이다. 《太平廣記》卷428 引 唐 戴孚 《廣異記》〈斑子〉"中夜, 有二虎欲至其所, 山魈下樹, 以手撫虎頭曰 : '斑子, 我客在, 宜速去也.' 二虎遂去". 고대 방언方言에 '斑'은 호랑이를 일컫는다. 《漢書》〈敍傳〉上 : "楚人得虎'班". 唐 元稹〈觀兵部馬射賦〉: "砉爾摧班, 示偏工於小者 ; 安然飛鞚, 故无憂於殆而".

4 백액白額 : 흰 이마. 맹호猛虎. 唐 李白〈大獵賦〉: "雖鑿齒磨牙而對伉, 誰謂南山白額之足覩" 王琦 注 : "白額虎盖虎之老者, 力雄勢猛, 人所難禦".

강담姜膽 : 대담하다. 단胆이 크다. 삼국시대 촉나라 장군 강유姜維는 쓸개〔膽〕가 한 말〔斗〕 정도로 유달리 대담大膽하였다. 그리하여 대담한 것을 강담姜膽이 있다고 한다.

5 방지파석시허성方知破石是虛聲 : 이광李廣이 난전蘭田에서 사냥을 나가 풀 속의 돌을 범으로 보고 활을 쏘았는데 화살이 돌 속으로 사라졌다. 후엔 우북평右北平에서 범을 쐈는데 범에게 상해를 입었다. 이로써 돌을 활로 쏘아서 깨뜨린 것을 범을 쏘아 죽였다고 추켜세웠다. 《史記》〈李將軍列傳〉 참고.

진성秦城에서

최치원

용천검龍泉劍 빼 들고 변강요새邊疆要塞 수비하니
집집마다 대문 걸 필요가 없어졌다네
전쟁을 말끔히 쓸어 냈으니 변방은 더욱 태평하고
해질녘 나팔 소린 취흥에 들떠 시를 읊듯 하누나

秦城[1]

崔致遠

遠提龍劍鎭龍庭[2]
外戶從兹永罷扃[3]
掃盡兵塵更無事
暮天寒角醉吟聽[4]

註

1 《고운최치원선생문집》, 고운최치원선생문집중간위원회, 1982, 401쪽.
이 시는 최치원의 〈사도삼공께 드리는 칠언기덕시 30수〔七言紀德詩三十首謹獻司徒相公〕〉 중 열 번째 시다. 자세한 것은《桂苑筆耕集》卷17 참고. 〈七言紀德詩三十首謹獻司徒相公〉 30수는 모두《桂苑筆耕集》에 수록되어 있다.
이 시는 고병이 진주秦州 자사刺史로 있을 때의 일을 소재로 삼았다.

2 용검龍劍 : 용천검龍泉劍. 보검은 대부분 용천검, 혹은 용문검이라고 불렀다.
용정龍庭 : 흉노匈奴 단우單於가 천지 귀신에게 제사를 드리던 장소를 가리킨다. 후에 흉노와 변강의 소수민족을 비유했다. 唐 李白 〈古風〉 之六 : "昔別雁門關, 今戍龍庭前". 용정龍庭은 '변경요새'라는 의미이다.

3 외호外戶 : 밖의 대문. 《宋書》〈索虜傳〉 : "邊城之下, 外戶不閉".
파경罷扃 : 닫지 않다. 닫을 필요 없다. 진성秦城에선 천하가 태평하니 밤에도 문을 닫지 않는다는 뜻이다.

4 이 어구는 고병의 〈邊塞吹角〉 시와 연계시켜서 한 말이다. 〈邊塞吹角〉 詩 : "席箕風起雁聲秋, 隴水邊沙滿目愁, 三會五更欲吹盡, 不知凡白幾人頭".

산 사람을 모시는 사당

최치원

자고로 소수민족 교화가 가장 어려운 법인데
오령五嶺 이남에서, 그 누굴 이처럼 그리워한 적 있나
만고성대萬古聖代 빛나는 역사에서
오직 계동溪洞에만 고병의 사당이 전한다네

生祠[1]

崔致遠

古來難化是蠻夷[2]
交趾何人得去思[3]
萬代聖朝靑史上[4]
獨傳溪洞立生祠[5]

註

1 《고운최치원선생문집》, 고운최치원선생문집중간위원회, 1982, 401쪽.
이 시는 최치원의 〈사도삼공께 드리는 칠언기덕시 30수〔七言紀德詩三十首謹獻司徒相公〕〉 중 열한 번째 시다. 자세한 것은 《桂苑筆耕集》 卷17 참고. 〈七言紀德詩三十首謹獻司徒相公〉 30수는 모두 《桂苑筆耕集》에 수록되어 있다.
사祠 : 사당祠堂, 조상祖上 혹은 선현先賢에게 제사 드리는 묘당廟堂. 《漢書》〈巡吏傳〉'文翁' : "文翁終于蜀, 吏民爲立祠堂, 歲時祭祀不絶". 후세에는 종족宗族의 종사宗祠도 사당이라고 통칭했다.
생사生祠 : 살아 있는 사람의 공덕을 칭송하기 위하여 지은 사당. 여기에선 고병을 위하여 지은 사당을 가리킨다.

2 만이蠻夷 : 고대 변방 지역 소수민족에 대한 총칭이다. 남방 소수민족을 가리키기도 한다. 《書》〈舜典〉 : "柔遠能邇, 惇德允元, 而難任人, 蠻夷率服".

3 교지交趾 : 오령五嶺 이남을 가리킨다. 한 무제武帝 때 설치한 13자사부刺史部 중의 하나이다. 관할 범위는 지금의 광동廣東, 광서廣西 대부분 지구와 월남越南의 북부, 중부 지역에 이르기까지 상당하였다. 당 때 안남도호부安南都護府를 설치하고 교주交州(현재 월남의 하노이)도 다스렸다.

거사去思 : 회념懷念. 그리다. 여기선 이직移職한 관원을 기리며 세운 비석을 가리킨다.

4 청사青史 : 고대엔 죽간에 역사적 사실을 기록하였다. 그리하여 역사 서적을 청사青史라고 하였다. 唐 溫庭筠 〈過陳琳墓〉 詩 : "曾於青史見遺文, 今日飄蓬過此墳".

5 계동溪洞 : 교지交趾 및 남방 소수민족이 집단 거주한 지역을 가리킨다.

활 쏘아 채찍을 맞히다

최치원

활 쏘아 미늘창戟 명중키 어렵다 말고
활 쏘아 버들잎 꿰뚫기는 더더욱 어렵다 말라
반드시 사막 위에 절의節義 세움을 보고
채찍에 활을 쏘면 백발백중, 변강의 안정도 영원하게 되리

射鞭[1]

崔致遠

休說戟枝非易中[2]
莫言楊葉是難穿[3]
須看立節沙場上[4]
永得安邊爲射鞭[5]

註

1 《고운최치원선생문집》, 고운최치원선생문집중간위원회, 1982, 402쪽.
이 시는 최치원의 〈사도삼공께 드리는 칠언기덕시 30수〔七言紀德詩三十首謹獻司徒相公〕〉 중 열두 번째 시다. 자세한 것은《桂苑筆耕集》卷17 참고. 〈七言紀德詩三十首謹獻司徒相公〉 30수는 모두《桂苑筆耕集》에 수록되어 있다.
사편射鞭 : 활을 쏘아 채찍을 맞히다. 고병의 일을 말한다.

2 휴설극기비이중休說戟技非易中 : 이 어구는 활을 쏘아 미늘창을 맞힌 일을 가리킨다. 즉, 후한後漢의 여포呂布가 활을 쏴 방천화극方天畫戟을 맞혀 유비劉備를 구해 준 이야기다. 《後漢書》〈呂布傳〉에 자세

한 이야기가 나온다. 원술袁述이 장군 기령紀靈에게 보병과 기병 3만여 명을 주어 유비를 치게 하였다. 유비가 구원을 청하자 여포는 패성沛城 밖에 군대를 주둔시키고 유비와 기령을 청했다. 술좌석에서 여포는 기령에게 현덕玄德은 나의 아우다. 나는 싸우는 것을 원치 않고 싸우지 않고 화해하는 것을 원한다. 때문에 한 가지 방법을 청한다. 나는 이미 부하들에게 명을 내려 미늘창을 영문營門 앞에 세워 놓고 대기하라 하였다. 내가 활을 쏘아 만약 미늘창을 맞히면 각기 파병罷兵하여 흩어져 가고, 맞히지 못하면 서로 결투決鬪를 하라. 말을 끝낸 여포가 활을 쏘는 데 단번에 미늘창을 맞혔다. 기령은 매우 놀라워하며 여포 장군은 천하위력을 갖고 있다고 말하였다. 이튿날 다시 연회를 베풀었으며 끝난 후 각기 파병하고 돌아갔다.

3 막언양엽시수천莫言楊葉是誰穿 : 이것은 버드나무 잎을 꿰뚫는 전고를 말한다. 즉 활을 쏘아 먼 곳의 버드나무 잎까지 능히 맞힌다는 것을 말한다. 《戰國策》〈西周策〉: "楚有養由基者, 善射 ; 去柳葉者百步而射之, 百發百中".

4 입절立節 : 절조節操를 세우다. 절개節概를 견지하여 지키다. 唐 聶夷中 〈胡無人行〉 詩 : "男儿徇大義, 立節不沽名".

5 안변安邊 : 변경을 안정시키다. 《漢書》〈趙充國傳〉: "選擇良吏知其俗者, 拊循和輯, 此全師保胜安邊之策".

안남安南 원정

최치원

서융西戎이 비로소 안정되니 남만南蠻이 세상을 어지럽히네
도위都尉가 남만의 여러 나라를 정복하고
만리 변강 만 호戶 인구를
비바람 무릅쓰고 원정하여 단번에 수복收復하였네

安南[1]

崔致遠

西戎始定南蠻起[2]
都護能摧驃信威[3]
萬里封疆萬戶口[4]
一麾風雨盡收歸[5]

註

1 《고운최치원선생문집》, 고운최치원선생문집중간위원회, 1982, 402쪽.
이 시는 최치원의 〈사도삼공께 드리는 칠언기덕시 30수〔七言紀德詩三十首謹獻司徒相公〕〉 중 열세 번째 시다. 자세한 것은 《桂苑筆耕集》 卷17 참고. 〈七言紀德詩三十首謹獻司徒相公〉 30수는 모두 《桂苑筆耕集》에 수록되어 있다.
이 시는 고병이 안남을 남조南詔의 점령 지역에서 해방시켰던 일을 말한다.

2 서융西戎 : 중국 고대 서북 융민족〔戎族〕의 총칭이다. 《史記》〈匈奴列傳〉 : 서융은 면제綿諸, 곤융緄戎, 의거義渠, 대려大荔, 오씨烏氏, 구연朐衍 등의 민족이 건립한 정권을 포함하며, 초기엔 황하黃河 상류와

감숙甘肅 서북부에 있다가 점차 동천東遷하여 춘추시대에 진秦과 진晋 등의 나라에 귀속되었다.

남만南蠻 : 고대에 남방의 민족과 그들이 거주하고 있던 곳. 《禮記》〈曲禮〉下 : "其在東夷, 北狄, 西戎, 南蛮, 雖大曰子".

3 표신驃信 : 고대 남만南蠻 뭇 나라 국왕을 가리켰다. 후엔 남조南詔 국왕을 가리켰다. 《新唐書》〈南蠻傳〉中, '南詔' 下 : "子尋閣勸立, 或謂夢湊, 自称'驃信', 夷語君也". 남조는 당조가 왕성旺盛할 당시에 건립되었다. 그는 오만烏蠻을 주체로 하고 백만白蠻 등 민족을 포함하여 노예제 정권을 건립한 연후, 당의 책봉까지 받았다. 모두 13대 왕을 거쳤으며, 당조 말년에 귀족 정매사鄭買嗣에게 소멸되었다. 남조가 가장 흥성할 때 운남雲南 전역, 사천四川 남부, 귀주貴州 서부 등의 지역을 관할하였다. 《新唐書》〈南蠻傳〉上, '南詔' 上 : "蒙舍詔在諸部南, 故称南詔".

4 봉강封疆 : 강토疆土, 강역疆域. 즉 변강지대의 토지 혹은 구역. 《周禮》〈地官〉'太司徒' : "諸公之地, 封疆方五百里".

5 일휘풍우一麾風雨 : 풍우風雨 속에서 군대가 원정한다는 뜻이다.

휘麾 : 고대 군대를 지휘할 때 쓰는 깃발. 《谷梁傳》〈莊公二十五年〉 : "置五麾, 陳五兵五鼓". 范寧 注 : "麾, 旌幡也".

길을 뚫으며

최치원

용문龍門 뚫고 길 닦으니 몸은 고달픈데

화악華岳을 가르고 물이 흐르니 신기하구나

어떻게 강을 메우고 산을 쪼개서 해산도海山道를 만들었을까

앉아서 호령하니 팔방 제후들이 다투어 복종하네

天威徑[1]

崔致遠

鑿開龍門猶勞身[2]
擘分華嶽徒稱神[3]
如何劈開海山道[4]
坐令八國爭來賓[5]

註

1 《고운최치원선생문집》, 고운최치원선생문집중간위원회, 1982, 402쪽.
이 시는 최치원의 〈사도삼공께 드리는 칠언기덕시 30수〔七言紀德詩三十首謹獻司徒相公〕〉 중 열네 번째 시다. 자세한 것은《桂苑筆耕集》卷17 참고. 〈七言紀德詩三十首謹獻司徒相公〉 30수는 모두《桂苑筆耕集》에 수록되어 있다.
천위경天威徑 : 《新唐書》〈高駢本傳〉 云 : 안남安南부터 광주廣州까지 강과 운하가 창통暢通치 않고 험로도 많다. 강에는 큰 돌들이 높고 낮고 고르지 않다. 고병이 안남도호安南都護를 맡은 후, 민공民工을 모집하여 깎고 뚫고 막힌 물을 터서 통하게 하여 도로를 뚫게 되었다. 이것을 천위天威라고 하였다. 《地理誌》

七에는 천위天威가 백주白洲 박백博白, 지금의 광서廣西에 있다고 적혀 있다. 高駢〈過天威徑〉詩 : "豺狼坑盡却朝天, 戰馬休嘶瘴嶺烟. 歸路嶮巇今坦蕩, 一條千里直如弦".

2 착단용문鑿斷龍門 : 《漢書》〈溝洫志〉 : "昔大禹治水, 山陵当路皆毁之, 故鑿龍門, 辟伊闕". 唐 李白〈漢東紫陽先生碑銘〉 : "王公卿士送及龍門, 入叶縣, 次王喬之祠". 王琦 注 : "《文章正宗》 : '龍門在河南縣'. 《地志》曰 : '闕塞山, 一名伊闕, 而俗名龍門《文章正宗》". 《地志》에서는 궐새산闕塞山, 이궐伊闕이라 부르고 있기도 하다. 용문龍門이라고도 한다.

유猶 : 오직.

3 벽擘 : 떨어지다. 쪼개다. 갈라지다.

화악華嶽 : 華岳이라고도 한다. 北魏 酈道元《水經注》〈河水〉四 : "華岳本一山當河, 河水過而曲行, 河神巨灵靈, 手蕩脚蹋, 開而爲兩, 今掌足之跡仍存".

4 벽劈 : 깨지다. 唐 白居易〈自蜀江至洞庭湖有感而作〉詩 : "長波逐若瀉, 連山鑿如劈".

5 빈賓 : 귀순歸順, 빈복賓服하다. 《管子》〈小匡〉 : "故東夷, 西戎, 南蛮, 北狄, 中諸侯國, 莫不賓服".

험로를 개척하다

최치원

천하를 구제하여 조물주의 마음을 돌려놓고
산 옮기고 바다 메워 큰 공 세웠노라
안남安南을 안남계安南界까지 넓혔으니
이제부터 남방의 병사들, 감히 침범치 못하리라

岝口徑[1]

崔致遠

濟物能廻造化心[2]
驅山偃海立功深[3]
安南眞得安南界[4]
從此蠻兵不敢侵[5]

註

1 《고운최치원선생문집》, 고운최치원선생문집중간위원회, 1982, 403쪽.
이 시는 최치원의 〈사도삼공께 드리는 칠언기덕시 30수〔七言紀德詩三十首謹獻司徒相公〕〉 중 열다섯 번째 시다. 자세한 것은《桂苑筆耕集》卷17 참고. 〈七言紀德詩三十首謹獻司徒相公〉 30수는 모두《桂苑筆耕集》에 수록되어 있다.
작岝 : 산이 높고 험악한 모양.
작구경岝口徑 : 고병이 뚫어 낸 통도通道.

2 제물濟物 : 천하 사람을 구제하다. 三國 魏 嵇康〈與山巨源絶交書〉 : "子文无欲卿相而三登令尹, 是乃君

子思濟物之意也".

조화造化 : 자연계의 창조자. 자연自然을 가리키기도 한다. 《莊子》〈大宗師〉: "今一以天地爲大鑪, 以造化爲大治, 惡乎往而不可哉?"

3 언偃 : 덮다. 가리다. 씌우다. 메우다. 채우다. 唐 張喬 〈尋桃源〉 詩 : "水垂青靄斷, 松偃綠夢低".

4 안남安南 : 당조의 한 개 행정구역. 남조南詔가 침범 교란하여 다년간 점령하였다. 당 의종懿宗 함통咸通 6년에 고병을 출전시켜 안남부安南府를 되찾았다. 《舊唐書》〈懿宗記〉 참고.

5 만병蠻兵 : 여기에서는 남조 및 남방의 기타 소수민족 군대를 가리킨다.

수성비收城碑

최치원

북방 원정의 공훈은 시로 칭송되고
명망은 남방 진남비鎭南碑에 처음 기재되었도다
경계境界는 동주銅柱처럼 영원히 썩지 않으리니
업적은 유자儒者들의 문장 속에 엮여 천추만대 빛나리라

收城碑[1]

崔致遠

功業已標征北賦[2]
威名初建鎭南碑[3]
終知不朽齊銅柱[4]
况是儒宗綴色絲[5]

註

1 《고운최치원선생문집》, 고운최치원선생문집중간위원회, 1982, 403쪽.
이 시는 최치원의 〈사도삼공께 드리는 칠언기덕시 30수〔七言紀德詩三十首謹獻司徒相公〕〉 중 열여섯 번째 시다. 자세한 것은《桂苑筆耕集》卷17 참고. 〈七言紀德詩三十首謹獻司徒相公〉 30수는 모두《桂苑筆耕集》에 수록되어 있다.
안남부安南府, 즉 현재 월남越南의 하노이를 수복한 것을 말한다. 안남은 본래는 교주도호부交州都護府였다. 조로調露 원년에 안남도위부安南都尉府라고 고쳤다. 부소府所는 지금의 월남 하노이에 설치했다. 《舊唐書》〈高駢傳〉: "先是李琢爲安南都護, 貪于貨賄, 虐賦夷獠, 人多怨叛, 遂結蛮軍 (南詔) 合勢征

安南, 陷之. ……(咸通)五年(864), 移駢爲安南都護. 至則匡合五管之兵, 期年之內, 招怀溪洞, 誅其首惡, 一戰則蛮卒遁去, 收復交州郡邑".

2 정북征北 : 고병이 서북 지구에서 당항족党項族을 토벌한 일을 말한다.

3 진남鎭南 : 고병이 안남에서 남조를 토벌한 일을 말한다.

4 동주銅柱 : 동銅으로 만든 변경 말뚝. 국가 변계선의 표지. 《後漢書》〈馬援傳〉: "援到交阯, 立銅柱, 爲漢之極界也".

5 유종儒宗 : 유학儒學의 종사宗師, 즉 한漢 이후 독서인讀書人이 높이 모시는 학자를 가리킨다. 《漢書》〈蕭望之傳贊〉: "望之堂堂, 折而不橈, 身爲儒宗, 有輔佐之能, 近古社稷臣也". 즉 배철裵澈을 가리킨다.

배철裵澈(?-887년) : 자는 심원深源. 선종宣宗 당시 재상 배휴裵休의 조카이자 간의대부諫議大夫 배구裵俅의 아들. 맹주孟州 제원濟源, 즉 지금의 하남河南 제원濟源 사람이다. 함통咸通 연간 진사에 급제를 하였고, 광명廣明 원년(880년)에 한림학사翰林學士로 재상宰相이 되었다. 광계光啓 3년(887년) 이온李熅을 황제皇帝에 즉위시키려고 하다가 피살당했다. 《舊唐書》 卷19 〈僖宗記〉, 《新唐書》 卷71 上, 《唐詩紀事》 卷68 참고.

색사色絲 : 절묘한 문장을 가리킨다. 《世說新語》〈捷語〉 '曹娥碑'에서 나온 전고다. 동한東漢에 효녀孝女 조아曹娥가 있었는데, 그는 회계會稽 상우上虞 사람으로 부친을 따라 죽으려고 강에 몸을 던졌다. 삼국시대 위魏나라 감단邯鄲의 순자례淳子禮가 조아曹娥의 비석문〔碑文〕을 썼는데 문장이 아주 훌륭하였다. 진류陳留, 채옹蔡邕이 피난避難하여 오吳를 지나면서 이 비석문을 읽고 어느 한 시인이 쓴 것이 아닌가 하면서 크게 칭송하였다. 비석문엔 '황견黃絹' 여덟 자의 은어隱語가 내포되었기에 이를 절묘한 좋은 문장이라고 하였다. 후에 '황견黃絹', '색사色絲'는 시문의 가작佳作을 찬미하는 전고로 사용되었다.

집금오執金吾

최치원

한바탕 바람과 우레로 여덟 오랑캐를 평정하고
우뚝 솟은 궁전에 엎드려 임금을 기쁘게 하네
왕손으로 벼슬하여 영화와 부귀를 많이 얻었지만
임금을 위하는 마음에 잠시도 쉴 틈이 없구나

執金吾[1]

崔致遠

一陣風雷定八蠻[2]
來趨雲陛悅天顔[3]
王孫仁宦多榮貴[4]
心爲匡君不暫閒[5]

註

1 《고운최치원선생문집》, 고운최치원선생문집중간위원회, 1982, 404쪽.
이 시는 최치원의 〈사도삼공께 드리는 칠언기덕시 30수〔七言紀德詩三十首謹獻司徒相公〕〉 중 열일곱 번째 시다. 자세한 것은 《桂苑筆耕集》 卷17 참고. 〈七言紀德詩三十首謹獻司徒相公〉 30수는 모두 《桂苑筆耕集》에 수록되어 있다.
집금오執金吾 : 금군禁軍을 관장하는 관명이다. 황제, 대신의 경비, 의장倚仗과 수도의 질서 치안을 관장하는 무직武職 관원이다. 그의 명칭 체제, 권한은 시대에 따라 각기 다르다. 한漢 때는 집금오執金吾라 하였고 당송唐宋 때는 금오위金吾衛, 금오장군金吾將軍, 금오교위金吾校尉 등이라 하였다. 《漢書》〈百官公

卿表〉上："中尉, 春官, 掌徼循京師, 有兩丞侯, 司馬千人.武帝太初元年更名：執金吾". 顔師古 注：應劭曰："吾者, 禦也, 掌執金革以禦非常. 金吾, 鳥鳴業, 主辟不詳. 无子出行, 職主先導, 以禦非常, 故執此鳥之象, 故以名官". 안사고顔師古의 주석에 의하면 응소應劭가 말을 하기를 '오吾는 어禦다. 그의 의미대로 무기와 갑옷을 관장하고 비상非常을 방어防禦하는 것이다.' 금오金吾는 새의 이름이다. 무슨 새인지 상세치 않다. 그러나 천자가 출행出行하면 앞에서 길을 이끌고 위급 상황을 방어해야 한다. 그리하여 그 새처럼 역할을 하여야 한다 하여 벼슬 이름을 이와 같이 지은 것이다. 《唐書》〈高駢傳〉에는 고병이 조년早年에 신책군神策軍 도우후都虞侯 직을 역임하였다는 기록이 있다. 이 시는 그가 안남安南에서 조정에 돌아온 후의 일을 쓴 것이다. 그러나 그의 구체적인 직무는 역사에 기록돼 있지 않다.

2 팔만八蠻：남방 뭇 소수민족을 가리킨다.

3 운폐雲陛：높이 우뚝 솟은 장대한 궁전. 南朝 齊 謝眺〈始出尙書省〉詩："唯昔逢休明, 十載朝云陛".

4 왕손王孫：고병은 고숭문高崇文(747-809년)의 손자이기에 왕손王孫이라고 부른다. 고숭문의 조상은 발해渤海에서 유주幽州, 즉 지금의 북경北京으로 이사하였다. 그는 일찍이 평로군막平爐軍幕에서 근무하였다. 정원貞元 연간 누차 승급하여 금오장군金吾將軍이 되었다. 장무성長武城 도지병마사都知兵馬使도 역임했다. 원화元和 원년(806년) 검남동천劍南東川 절도사節度使로서 유벽劉辟을 토벌, 평정시키고 검남서천劍南西川 절도사로 임명을 받았다가 '남평군南平郡 왕王'으로 책봉되었다. 원화元和 2년 겨울, 그에게 '중서문하평장사中書門下平章事'와 같은 직무를 추가하였고, '빈녕절도사邠寧節度使'로 책봉하였다. 사망 후 천자는 그에게 사도司徒를 증송贈送하였고, 위무威武라고 시호謚號를 주었다.《舊唐書》卷151, 《新唐書》卷170〈本傳〉참고.

5 광군匡君：임금, 제왕을 보좌하다.《史記》〈范雎蔡譯列傳〉："今臣羈旅之臣也, 交疏於五, 而所愿陳者皆匡君之事".

천하태평

최치원

발해渤海 태산泰山의 안개가 운성鄆城을 둘러쌀 제

멀리서 보검 휘둘러 참창성攙搶星을 단박에 떨어뜨렸네

원정군遠征軍 깃발 정연히 휘날리니 투항군 깃발 맥없이 꺾이었네

하늘은 태평, 땅도 태평, 온 천하가 영원히 태평하게 하리라

天平[1]

崔致遠

海岱烟塵匝鄆城[2]

遙揮一劍落攙搶[3]

征旗不動降旗盡[4]

永使天平地亦平[5]

註

1 《고운최치원선생문집》, 고운최치원선생문집중간위원회, 1982, 405쪽.
이 시는 최치원의 〈사도삼공께 드리는 칠언기덕시 30수(七言紀德詩三十首謹獻司徒相公)〉 중 열여덟 번째 시다. 자세한 것은 《桂苑筆耕集》 卷17 참고. 〈七言紀德詩三十首謹獻司徒相公〉 30수는 모두 《桂苑筆耕集》에 수록되어 있다.
태평太平 : 천평. 이 시는 고병이 운주절도사鄆州節度使, 천평군天平軍 절도사를 할 때의 일을 썼다.

2 해대海岱 : 해海는 발해渤海, 대岱는 태산泰山. 발해에서 태산 사이의 지대. 《書》〈禹貢〉 : "海岱惟青州", 〈孔傳〉 : "東北据海, 西南距岱".

잡匝 : 돌다. 두르다. 唐 元結 〈招陶別駕家陽華作〉 詩 : "淸渠匝庭堂, 出門仍灌田".

운성鄆城 : 당나라 때 운주鄆州의 소재지로 지금의 산동山東 운성鄆城.

3 참창欃槍 : 혜성彗星의 이름. 즉 천참天欃 천창天槍이란 별이다. 《淮南子》〈俶眞訓〉 : "古之人處混冥之中……欃槍衡杓之气, 莫不弥靡, 而不能爲害". 明 梅鼎祚 〈昆侖奴〉 第一折 : "眞个是戈揮太白, 劍掃欃槍". 옛날에 참창을 요성妖星으로 보았는데, 병화兵禍를 주관한다.

4 정기부동강기진征旗不動降氣盡 : 이 어구는 고병이 운성鄆城에서 군대를 다스린 일을 말한다. 그러나 사료史料가 상세치 못하다. 다른 곳에 '군민이 탄복하였다'는 뜻이 있는 것으로 미루어 반란을 토벌한 것으로 짐작된다.

5 천평天平 : 천평군天平軍의 '天平'을 빌려 영원히 천지가 태평하고 세상을 평안하게 하라는 뜻이다.

고기 낚는 정자

최치원

꽃 아래 화려한 연회, 앵무잔을 주고받으며
비단옷 소매 바람은 〈자고곡鷓鴣曲〉을 연주하는 듯
시와 술이 여흥을 돋우니 신선이 따로 없는데
한가히 안개 속의 달을 읊으며 봉래산蓬萊山을 그리노라

釣魚亭[1]

崔致遠

錦筵花下飛鸚鵡[2]
羅袖風前唱鷓鴣[3]
占得仙家詩酒興
閒吟烟月憶蓬壺[4]

註

1 《고운최치원선생문집》, 고운최치원선생문집중간위원회, 1982, 405쪽.
이 시는 최치원의 〈사도상공께 드리는 칠언기덕시 30수〔七言紀德詩三十首謹獻司徒相公〕〉 중 열아홉 번째 시다. 자세한 것은 《桂苑筆耕集》 卷17 참고. 〈七言紀德詩三十首謹獻司徒相公〉 30수는 모두 《桂苑筆耕集》에 수록되어 있다.
이 시는 고병이 운주鄆州에 있을 때의 일을 묘사했다. 최치원은 스스로 자신의 시에 주注를 달아, 상공相公의 〈在鄆州〉에 나오는 "酒滿金船花滿枝, 双娥齊唱鷓鴣〔금배에는 술이 가득하고, 가지엔 꽃도 가득 폈다네. 두 미녀는 같이 '자고사鷓鴣詞'를 부르네〕"와 〈釣魚亭〉의 "水急魚難釣, 風吹柳易低〔물살이 거세기에 고기를 낚기 어렵고,

바람이 부니 버드나무는 쉽게 구부려 낮아지누나)" 하는 어구를 배독拜讀한다고 적었다. 지금 보존되는 고병의 〈在鄆州〉 시는 〈贈歌者二首〉와 유사하다. 첫 시의 내용은 "酒滿金尊花滿枝, 雙娥齊唱鷓鴣, 淸聲揭人雲間去, 駐得春風花落遲.(술은 잔에 가득 차고 꽃은 가지에 가득 폈네, 두 미녀는 자고사를 부른다네. 맑은 노래 소리는 사람의 마음을 뜰어 놓고, 구름 속으로 떠오르고 봄바람은 멈춰서니 꽃은 늦게 떨어진다네)"이다. 그러나 이 어떤 판본에는 "酒滿金船花滿枝, 佳人立唱慘愁眉. 一聲直入青雲去, 多少悲歌起此時(금배엔 술이 가득하고, 나뭇가지엔 꽃도 가득 폈다네. 미인은 서서 슬픈 노래를 부르네. 노래 소리는 하늘에 떠오르네. 이때, 인간엔 슬픔과 쾌락은 얼마나 많을까?)"로 이루어져 다르다. 〈釣魚亭〉 시는 실전失傳되었다.

2 금연錦筵 : 풍요한 연회석. 唐 岑參 〈敦煌太守後庭歌〉 : "城頭月出星滿天, 曲房置酒張錦筵".

앵무鸚鵡 : 앵무새를 새긴 소라 술잔. 唐 駱賓王 〈蕩子從軍賦〉 : "鳳凰落上罷吹簫, 鸚鵡杯中休勸酒".

3 나수羅袖 : 비단 옷소매. 화려한 옷소매.

자고鷓鴣 : 자고사鷓鴣詞. 노래 곡조의 명칭.

4 연월烟月 : 구름과 안개에 싸인 달. 희미한 달빛. 後蜀 鹿虔扆 〈臨江仙〉 詞之一 : "烟月不知人事改, 夜闌還照深宮".

봉호蓬壺 : 즉 봉래산蓬萊山. 고대 전설상 바다의 세 선산仙山 중 하나. 다른 두 산은 방호方壺 즉, 방장산方丈山과 영호瀛壺 즉, 영주산瀛州山이다. 산형山形이 주전자(壺) 같다 하여 이 같이 불렀다.

승상丞相의 인수印綬

최치원

예로부터 말하길 허리에 찬 칼은 상서로운 징조라네
삼태성三台星 별빛은 높이 장성將星에 서렸는데
황궁에 돌아가 천자의 은택 받고자
요사한 기운을 제거하고 병법 묘책을 펴게 됨을 보리라

相印[1]

崔致遠

早說休徵應佩刀[2]
台星光接將星高[3]
欲迎霖雨歸龍闕[4]
看滅妖氛展豹韜[5]

註

1 《고운최치원선생문집》, 고운최치원선생문집중간위원회, 1982, 405쪽.
이 시는 최치원의 〈사도삼공께 드리는 칠언기덕시 30수〔七言紀德詩三十首謹獻司徒相公〕〉 중 스무 번째 시다. 자세한 것은《桂苑筆耕集》卷17 참고. 〈七言紀德詩三十首謹獻司徒相公〉 30수는 모두《桂苑筆耕集》에 수록되어 있다.
상인相印 : 승상丞相 인감印鑑. 《史記》〈張儀列傳〉 : "乃以相印授張儀, 厚賂之". 이 시는 고병이 천평절도사天平節度使로부터 진급하여 승상이 된 일을 말한다. 《新唐書》〈高駢傳〉 참고.

2 휴징休徵 : 상서로운 징조.

패도佩刀 : 허리에 찬 칼. 고대 남자 복식服飾의 하나. 칼을 차고 남자의 위엄을 뽐낸다. 이것은 역시 상서로운 징조로, 칼을 차면 점차 삼공三公이 된다는 의미이다. 《晉書》〈王祥傳〉 : "呂虔有佩刀, 工相之, 以爲必登三公, 可服此刀".

3 태성台星 : 삼태성三台星. 《晉書》〈天文志〉 上 : "三台六星, 兩兩而居, 起文昌, 列抵台微. 一曰天柱, 三台之位也. 在人曰三公, 在天曰三台, 主開德宣符也". 이것으로 황제를 보좌하는 승상 혹은 보정대신輔政大臣, 또는 삼공三公을 가리킨다. 즉 중앙 최고 관직의 합칭合稱이다. 주周대에는 태사太師, 태부太傅, 태보太保를 삼공三公, 혹은 사마司馬, 사도司徒, 사공司空을 삼공이라고 하였다. 서한西漢 때는 승상〔大司徒〕, 태위〔大司馬〕, 어사대부〔大司空〕를 삼공이라고 하였다. 동한東漢 때는 태위太尉, 사도司徒, 사공司空을 삼공이라고 하였다. 당송唐宋 때는 동한東漢의 제도를 이어받아 태위太尉 사도司徒, 사공司空을 삼공으로 하였으나 그들은 별로 실권은 없었다. 《新唐書》〈職官〉 之一 : "太尉, 司徒, 司空, 各一人, 是爲三公".

4 임우霖雨 : 단비. 은殷 고종高宗이 부열傅說을 얻고 기뻐서 말하기를, "만약 세월이 가물면 나는 너를 단비로 쓸 것이다"라고 하였다. 이것은 조정을 보좌하는 승상과 보정대신을 비유한다. 《漢書》〈說命〉 上 참고.

용궐龍闕 : 제왕의 궁궐. 貫休 〈讀玄宗幸蜀記〉 詩 : "火從龍闕起, 泪向馬嵬垂".

5 요분妖氛 : 요괴한 안개. 상서롭지 않은 안개. 흉재凶災, 병란兵亂 등을 가리킨다. 《隋書》〈衛玄傳〉 : "近者妖氛充斥, 扰動關河".

표도豹韜 : 고대 병서兵書. 《六韜》의 편명篇名 중의 하나. 전하는 말에 의하면 주周 여상呂尙 '호號 태공망太公望'이 썼다 한다. 《淮南子》〈精神訓〉 : "故通許由之意, 《〈金縢〉, 〈豹韜〉》 廢矣!" 여기에서는 용병用兵 도략韜略을 비유한다. 이 어구는 남조南詔가 서천西川을 침범하고 교란하기에 조정에선 고병을 검남서천劍南西川 절도사로 임명하여 곧바로 가서 방어하게 하였다는 뜻이다.

서천西川에서

최치원

멀리서 용 깃발 펄럭이며 거북성〔龜城〕을 구하려니
남왕南王은 미리 겁먹고 전쟁을 영원히 그만두려하네
난파欒巴가 술 뿜어 먼 곳의 불 끄려 하니 가소롭다
우사雨師, 풍백風伯이 이미 돌아오지 않았느냐

西川[1]

崔致遠

遠持龍旆活龜城[2]
威慑蒙王永罷兵[3]
應笑欒巴噀杯酒[4]
雨師風伯自歸行[5]

註

1 《고운최치원선생문집》, 고운최치원선생문집중간위원회, 1982, 406쪽.
이 시는 최치원의 〈사도삼공께 드리는 칠언기덕시 30수〔七言紀德詩三十首謹獻司徒相公〕〉 중 스물한 번째 시다. 자세한 것은《桂苑筆耕集》 卷17 참고. 〈七言紀德詩三十首謹獻司徒相公〉 30수는 모두《桂苑筆耕集》에 수록되어 있다.
남조南詔국은 서천西川 일대를 침범하고 교란하였다. 조정은 고병을 검남 서천 절도사로 보내어 방어케 하였다. 이 시는 이 일을 반영한 것이다.

2 용패龍旆 : 늘어뜨린 용기龍旗. 정벌하러 가는 장수의 깃발. 唐 韓愈 張籍 〈會合聯句〉 : "龍旆垂天衛,

云韶凝禁甬". 唐 岑參〈獻奉大夫破播仙凱歌〉之三："丈夫鵲印搖邊月, 大將龍旗掣海云".

구성龜城 : 귀화성龜化城. 사천성四川省 성도成都의 별칭別稱. 晋 干寶《收神記》卷13 : 진혜왕秦惠王 27년 장의張儀를 파견하여 성도성成都城을 짓게 하였으나 여러 차례 허물어졌다. 갑자기 큰 거북이 강 위에 떠올랐다. 그는 동자성東子城 동남쪽에서 죽었다. 장의는 점쟁이에게 물었다. 점쟁이는 거북이 죽은 곳에다 건축을 하라고 말하였다. 장의는 점쟁이의 말대로 그곳에 건축하여 목적을 이루었다. 이로부터 이름을 구화성龜化城이라 하였다. 간략히 구성龜城이라고도 한다. 唐 戎昱〈成都暮兩秋〉詩："九月龜城暮, 愁人閉草堂".

3 몽왕蒙王 : 남조국南詔國 왕을 가리킨다. 몽蒙, 몽사성蒙舍城. 즉 지금의 운남雲南 외산巍山을 가리키며, 당시 남조의 수도였다.《舊唐書》〈西南蠻傳〉'南詔傳' : 남조만南詔蠻, 본래는 오만烏蠻의 다른 종류이다. 성姓은 몽蒙씨다. 만蠻인들은 왕王을 조詔라고 부른다. 자기는 애뢰哀牢의 후대라고 자칭한다. 대대로 몽사주蒙舍州에 거주하였다. 그를 거수渠帥라고 하였다. 그곳은 한漢 때, 영창永昌 옛 군郡의 동쪽, 요주姚州의 서쪽에 위치하였다. 그의 전에 거수가 여섯이 있었다. 그리하여 육조六詔라고 하였다. 병력은 동등했는데 각기 군장君長만 있고 통수統帥는 없었다.

4 난파欒巴 : 즉 '난파손주欒巴噀酒'란 전고다. 동한東漢 성도成都 사람 난파는 도술에 정통하다. 한번 조정의 연회宴會에서 황제가 은사한 술을 들이마시고 서남쪽에 내뿜었다. 조정에선 그의 거만한 죄를 다스리려 하였다. 그는 말하였다. 내가 방금 보니 성도시成都市에서 불이 일어났더라. 그리하여 나는 입에 머금은 술을 내뿜어서 비를 만들어 불을 끄자는 것인데, 거만한 것은 아니다. 알아 보니 과연 그러하였다. 보다 자세한 내용은 갈홍葛洪의《神仙傳》〈欒巴〉참고. 후엔 불을 끄는 전고로 사용하였다.

손噀 : 내뿜다.

5 우사풍백雨師風伯 : 바람과 비를 가리킨다.

우사雨師 : 전설상 비를 관장하는 신. 이로써 비를 가리킨다. 唐 白居易〈和徵之三月三十日〉："雨師習習洒, 云將飄飄翥".

풍백風伯 : 전설상 바람을 관장하는 신. 이로써 바람을 가리킨다.《史記》〈司馬相如列傳〉："時若薆薆將混濁兮, 召屛翳誅風伯而刑雨師". 張輯 曰："風伯字飛廉".

남만南蠻을 평정하고

최치원

공협관邛峽關 동쪽, 만蠻이 일으킨 먼지는 가라앉고
평정하여 굳게 지키니 오랑캐 땅은 조각조각 갈라졌다
나성羅城을 금성錦城으로 아름답게 건축했으니
만병蠻兵은 소멸되고 공훈功勛은 영원히 빛을 발하리라

平蠻[1]

崔致遠

邛峽關東蠻塵絶[2]
平夷鎭扼蠻地裂[3]
又築羅城變錦城[4]
蠻兵永滅功不滅

註

1 고운최치원선생문집, 고운최치원선생문집중간위원회, 1982, 406쪽.
이 시는 고병이 검남 서천 절도사를 할 때의 일을 쓴 시로, 최치원의 〈사도삼공께 드리는 칠언기덕시 30수〔七言紀德詩三十首謹獻司徒相公〕〉 중 스물두 번째 시다. 자세한 것은《桂苑筆耕集》卷17 참고. 〈七言紀德詩三十首謹獻司徒相公〉 30수는 모두《桂苑筆耕集》에 수록되어 있다.
만蠻 : 서남 소수민족.

2 공협관邛峽關 : 사천성四川省 형경현滎經縣 서남, 소수민족과 한족 간의 교충 요도로 공래관 또는 공관이라고도 한다. 陳貽焮 〈增訂注釋全唐詩〉 注 : 공래관邛崍關의 오기로 추측된다. 《新唐書》〈李德裕傳〉 : "復邛崍關, 徙嶲州 (越嶲) 治太登, 以奪蛮險". '공래관邛崍關'을 공관邛關이라고도 한다.

3 평이平夷 : 깎아서 평평케 하다.

4 나성羅城 : 안쪽 작은 성을 감싸는 바깥쪽 큰 성. 《資治通鑑》〈唐懿宗咸通九年〉: "不移時, 克羅城, 彦曾退保子城". 胡三省 注 : "羅城, 外大城也".

금성錦城 : 금관성錦官城. 옛 곳은 지금의 사천성四川省 성도成都 남쪽에 있었다. 성도는 그전부터 큰 성(大城)과 작은 성(小城) 두 개의 성으로 구성되었다. 그중 작은 성에 금성의 관원을 장관掌管하는 관서官署가 있었다. 그리하여 그를 금관성이라고도 불렀다. 후에 이는 성도의 별명이 되었다. 唐 杜甫〈春夜喜雨〉詩 : "曉看紅濕處, 花重錦官城". 성도의 원래 성지城池는 완전치 못했다. 고병은 사방 30여 리씩 넓혀서 나성을 건설했다.

성을 쌓으며

최치원

어진 마음으로 만중萬衆을 감동케 하니
높고 높은 철옹성이 검각관劍閣關을 삼켜 버렸네
산화관散花關에 올라 자주 바라보나니
강가가 주는 시의 영감은 다함이 없네

築城[1]

崔致遠

一心能感衆心齊[2]
鐵甕高呑劒閣低[3]
多上散花樓上望[4]
江上供盡好詩題[5]

註

1 《고운최치원선생문집》, 고운최치원선생문집중간위원회, 1982, 406쪽.
이 시는 고병이 성도에 나성을 건축한 일을 쓴 것으로 최치원의 〈사도삼공께 드리는 칠언기덕시 30수(七言紀德詩三十首謹獻司徒相公)〉 중 스물세 번째 시다. 자세한 것은 《桂苑筆耕集》 卷17 참고. 〈七言紀德詩三十首謹獻司徒相公〉 30수는 모두 《桂苑筆耕集》에 수록되어 있다.

2 일심一心 : 마음을 다하고 뜻을 다하다. 충심. 《尙書》〈盤庚〉 下 : "式敷民德, 永肩一心". 孔穎達 疏 : "長任一心以事君, 不得怀二意".

3 철옹鐵甕 : 철옹성. 견고한 옹성으로 강성한 국세國勢를 비유한다. 唐 秦韜玉 〈陳官〉 詩 : "金城暗逐歌聲碎, 鐵瓮潛隨舞勢休", '금성'은 남모르게 여인들 노랫소리 따라 부서지고 철옹성이 춤추는 소맷자락 따라

은근히 망했다.

옹성甕城 : 성문 밖의 작은 월성月城이다. 성은 원형이거나 사각형 형태를 띠고, 지형에 따라 높이와 두께도 다르다. 《新五代史》〈梁臣傳〉'朱珍' : "鄆人從城上礫石以投之, 珍軍皆死甕城中".

4 산화루散花樓 : 산화루는 성도成都 마하지摩訶池라는 못가 위에 있다. 수나라 말기 촉왕蜀王 양수楊秀가 건축하였다. 唐 李白 〈登金城散花樓〉 詩 : "日照錦城頭, 朝光散花樓".

5 고병은 성도에 있었을 때 많은 시를 지었다. 예를 들면 〈錦城寫望〉, 〈殘春遣興〉 등이 있다.

형남荊南에서

최치원

군사들은 기세등등氣勢騰騰 협곡을 나오고
복성福星이 비추니 전장戰場의 먹구름은 간 곳이 없네
옛적 굴원屈原과 송옥宋玉의 의로운 넋〔魂〕 에 계시니
마땅히 바람을 향해 술 한잔 올려야 하리

荊南[1]

崔致遠

虎吼龍驤出峽來[2]
福星才照陳雲開[3]
遙思屈宋忠魂在[4]
應向風前奠一杯[5]

註

1 《고운최치원선생문집》, 고운최치원선생문집중간위원회, 1982, 407쪽.
이 시는 고병이 검남 서천 절도사로부터 형남 절도사로 이직移職한 일을 쓴 것으로 최치원의 〈사도삼공께 드리는 칠언기덕시 30수〔七言紀德詩三十首謹獻司徒相公〕〉 중 스물네 번째 시다. 자세한 것은《桂苑筆耕集》卷17 참고. 〈七言紀德詩三十首謹獻司徒相公〉 30수는 모두《桂苑筆耕集》에 수록되어 있다.
형남荊南 : 형주荊州 일대를 가리킨다. 당나라 때 지방의 병권을 쥐고 한 지방을 관리하는 곳, 즉 방진方鎭의 명칭이다. 그 관할 지역은 지금의 호북湖北, 호남湖南, 사천四川 중경重慶 사이 일부 지역이었다.

2 호후용양虎吼龍驤 : 범이 울부짖고 용이 머리를 쳐들고 질주한다는 뜻. 군대의 위풍이 늠름하고 아주 웅장하다. 기세가 등등하고 동작에 활력이 넘친다. 기세가 비범하다는 의미다.

3 복성福星 : 복福이 많은 장군이기에 늘 승리를 한다는 뜻이다. 복성은 원래 사람들에게 행복, 희망을 가져다주는 사람을 비유했다.

4 굴송屈宋 : 굴원屈原과 송옥宋玉을 가리킨다.

굴원屈原 : 이름은 평平, 초 회왕懷王의 좌도左徒로 삼려대부三閭大夫를 하였다. 나라를 사랑하고 직언권고直言勸告하였기에 참소를 받고 쫓겨났다. 부패한 정치와 위태한 나라 운명을 맞대고 그는 많은 침통한 시가詩歌를 썼다. 최후엔 초나라의 위험이 조석에 달려 있는 것을 보고 절망, 음력 5월 5일 멱라강汨羅江에 투신하여 자살하였다. 단오절端午節은 이 위대한 애국 시인을 기념하는 날로 지금까지 전해져 오고 있다.

송옥宋玉 : 초나라 시인으로 역시 당시 정치에 대해 불만을 가졌던 문인이다.

5 전奠 : 제전祭奠. 제사상을 차리고 망령 혹은 귀신에게 제사를 드리는 것을 말한다. 여기에서는 술 같은 제수를 장만하여 굴원과 송옥의 충혼에 제사를 드리는 것을 가리킨다. 南朝 宋 顔延之 〈皇太子釋奠會〉 詩 : "敬躬祀典, 告奠圣灵".

뱃길을 열다

최치원

천자를 보좌하여 해산업을 발전시키고
바닷물 끓여 소금 만들어 나라를 부흥시켰네
그대처럼 느긋하게 침식寢食 잊고 국사에 심혈을 기울여
그 큰 뜻을 사방에 떨쳐 보려네

漕運[1]

崔致遠

濟川已展爲舟業[2]
煮海終成富國功[3]
能與吾君緩宵旰[4]
爲資心計四方通[5]

註

1 《고운최치원선생문집》, 고운최치원선생문집중간위원회, 1982, 407쪽.
이 시는 고병이 강회염철전운사江淮鹽鐵轉運使를 할 때의 일을 쓴 것으로, 최치원의 〈사도삼공께 드리는 칠언기덕시 30수〔七言紀德詩三十首謹獻司徒相公〕〉 중 스물다섯 번째 시다. 자세한 것은 《桂苑筆耕集》 卷17 참고.
조운漕運 : 수로水路를 이용해 양식, 곡물 등을 수도로 운송하여 공급하거나, 또는 필수 군수품을 운송한다는 뜻이다.

2 제천濟川 : 강을 건너다. 《書》〈說命〉 上 : 어느 곳에서나 왕은 그들을 재상宰相으로 삼고, 늘 자기

옆에서 정사를 보좌케 하였다. 그는 그들에게 명을 내렸다. "너희들은 반드시 아침저녁으로 가르침을 깊이 간직하고 나를 보좌하여 덕을 베풀어야 한다. 만약 내가 금金이라면 나는 너희들을 숫돌로 쓸 것이고, 만약 내가 강을 건널 경우엔 너희들을 배와 노로 쓸 것이다." 후엔 '강을 건너다(濟川)'로 제왕을 보좌하는 것을 비유하였다. 唐 獨孤及 〈庚子歲避地至玉山酬韓司馬所贈〉 詩 : "已无濟川分, 甘作乘桴人". 여기서 강을 건너는 배(濟川舟)는 나라를 다스리는 큰 재간才干을 비유하며, 재상의 보좌하는 직무를 가리킨다.

3 자해煮海 : 바닷물을 끓여 소금을 만든다. 唐 陸贄 〈儀減鹽价詔〉 : "專煮海之利, 以爲贍國之術".

4 소간宵旰 : 소의간식宵衣旰食, 날이 새기 전에 옷을 입고 해 진 뒤에야 밥을 먹다. 침식을 잊고 나라 일에 열중하다는 의미로 흔히 제왕이 정사에 부지런함을 칭송하는 말이다. 唐 陸贄 〈論兩河及淮西利害狀〉 : "今師興三年, 可謂久矣 ; 稅及百物, 可謂繁矣, 陛下爲之宵以旰食, 可謂憂勤矣".

5 자資 : 기반삼다. 의지하다. 《三國志》 〈魏志〉 '荀攸傳' : "董卓无道, 甚於桀紂, 天下皆怨之, 雖資彊兵, 實一匹夫耳".

심계心計 : 모략. 계략. 唐 張巡 〈守睢陽作〉 詩 : "无人報天子, 心計欲何施".

절강浙江 서쪽에서

최치원

구강九江의 적은 그대의 소문만 들어도 혼비백산이어라
천가만호千家萬戶 근심에 찌푸린 눈썹 햇빛 받아 펴지니
초나라는 춤추고 오나라는 노래 부르며
모두 나와 그대의 광림光臨을 환호하노라

浙西[1]

崔致遠

九江賊膽望風摧[2]
萬戶愁眉向日開[3]
楚舞吳歌一何樂[4]
相逢相賀相公來[5]

註

1 《고운최치원선생문집》, 고운최치원선생문집중간위원회, 1982, 408쪽.
이 시는 고병이 절서절도사浙西節度使를 할 때의 일을 쓴 것으로 최치원의 〈사도삼공께 드리는 칠언기덕시 30수〔七言紀德詩三十首謹獻司徒相公〕〉 중 스물여섯 번째 시다. 자세한 것은《桂苑筆耕集》卷17 참고.

2 구강九江 : 지금의 강서성江西省 구강시九江市, 장강長江 중하류 지역을 가리킨다.
적賊 : 도적. 왕선지王仙芝의 농민기의군農民起義軍을 멸시하여 칭하는 말. 건부乾符 4년 희종僖宗은 왕선지에 수속된 농민기의군이 경구京口로 강을 건널 것을 예측하고 고병에게 절서절도사를 수여하고 운주鄆州를 다스리도록 파견하였다. 이로써 왕선지를 놀라게 하였으며 서행西行을 가로막게 했다.

3 수미愁眉 : 근심걱정을 할 때 두 눈썹을 찡그리다. 唐 白居易〈晩春沽酒〉詩 : "不如貧賤日, 隨分開愁眉".

향일向日 : 해를 향하다. 은혜, 덕택을 받는다는 것을 비유한다.

4 초무오가楚舞吳歌 : 초楚에서 춤을 추고 오吳에서 노래를 부른다. 강남 지역의 민간 가무歌舞를 가리킨다.

5 상공相公 : 재상에 대한 존칭. 일반적으로 관리를 가리킨다. 여기에서는 고병에 대한 존칭이다.

적의 항복을 받다

최치원

덕德으로 적의 군사를 어루만지고 백성으로 귀화시키도다
장평에서 매장당한 조괄趙括의 사십만 대군, 참으로 어리석었네
생각해 보건대 진식陳寔처럼 작은 선심을 베풀어
어느 세월에 천하 백성을 빨리 다 구할 수 있으랴?

降寇[1]

崔致遠

唯將德化欲銷兵[2]
長笑長平姿意坑[3]
更想太丘行小惠[4]
何如言下濟衆生[5]

註

1 《고운최치원선생문집》, 고운최치원선생문집중간위원회, 1982, 408쪽.
고병이 연하게 어루만지는 술법과 어진 마음으로 왕선지의 농민기의군 대장 필사탁畢師鐸을 항복시킨 일을 쓴 시로, 최치원의 〈사도삼공께 드리는 칠언기덕시 30수〔七言紀德詩三十首謹獻司徒相公〕〉 중 스물일곱 번째 시다. 자세한 것은 《桂苑筆耕集》 卷17 참고.

2 덕화德化 : 덕행德行으로 감화시킨다. 《韓非子》〈難一〉 : "舜其信仁乎! 乃躬籍處苦而民從之. 故曰 : 圣人之德化乎!" 여기에선 고병의 부드럽게 어루만지는 책략을 가리킨다.

3 장평長平 : 장평원기長平寃氣, 장평고長平苦를 말한다. 《史記》 卷43 〈趙世家〉 : 조수趙遂는 군사를 일으

켜 상당上党을 쳤다. 염파廉頗 장군은 장평의 군대를 통솔하였다. 그러나 염파를 면직시키고 조괄趙括을 장군 대리로 삼았다. 진秦의 군대는 조괄을 포위하였고, 조괄의 군사는 투항하였으며 40여 만 군사들은 생매장 당했다. 왕은 조표趙豹의 계책을 아니 들어 이 같은 장평의 비참한 재화災禍를 빚었다고 후회막급하였다. 이 글에 나오는 고성古城 장평은 지금의 산서성山西省 고평현高平縣 서북에 있었다. 이곳은 전국시대 진나라 장군이었던 백기白起가 조나라의 투항병 40만을 생매장한 곳이다. 후에 장평원기는 억울하고 원통한 안건案件을 가리키는 전고가 되었다.

4 태구太丘 : 후한後漢 시대의 진식陳寔을 가리킨다. 그는 태구령太丘令을 역임했다. 그리하여 진태구陳太丘라고 부른다.

행소혜行小惠 : 작은 은혜를 베풀다. 진식유도陳寔遺盜의 전고를 말한다. 《後漢書》 卷62 〈陳寔傳〉 : 동한東漢의 진식陳寔은 품덕이 고상하여 당시 세상 사람들의 존경을 받았다. 그는 자손들에 대한 교육을 통하여 자기 집 대들보 위에 숨어 든 도둑을 사람을 좋은 사람이 되도록 일깨워 줬다. 그 당시 재해災害를 입고 백성들의 생활은 아주 어려웠다. 한 도둑이 밤에 진식의 집에 뛰어들어 대들보 위에 숨어 있었다. 진식은 이를 발견하고 가만히 일어나서 옷의 먼지를 털어내면서 자손들을 불러 일으켜 엄숙하게 훈계하였다. "사람으로서 스스로 힘을 써서 부지런해야지, 게으르면 안 돼! 불량한 사람도 본질이 다 나쁜 것은 아니야. 습관을 잘못 들이면 도적이 되는 법이야. 저 대들보 위에 있는 사람이 그렇다네!" 도둑이 크게 놀라 스스로 땅에 내려와 이마를 땅에 박으면서 죄를 청하였다. 진식은 천천히 그의 팔을 쥐고 말을 하였다. "그대의 모습을 보니 악한 사람 같지 않네. 잘 억제하여 고치면 도리어 착한 사람이 될 수 있네. 지금 이 같은 것은 하도 빈곤한 까닭이네" 하고 비단 두 필을 갖다 주라고 아내에게 일렀다. 이로부터 전 현縣에 다시 도둑이 들지 않았다. '양상군자梁上君子'란 어구도 여기에서 나왔다. 이후엔 덕을 베풀어 사람을 감화시키는 전고가 되었다.

5 언하言下 : 말을 하는 가운데. 눈 깜짝할 사이. 매우 짧은 순식간. 唐 劉禹錫 〈和東川王相公新漲驛池八韻〉 詩 : "變化生言下, 蓬瀛落眼前".

제濟 : 구제하다. 도와주다.

회남淮南에서

최치원

팔군八郡을 통수統帥한 영예는 도태위陶太尉를 초월하고
삼변三邊을 안정시킨 공은 곽거병霍嫖姚 장군을 능가하니
옥황玉皇께선 금정金鼎을 꺼내 놓고 나날이 지켜보며
고병이 돌아오면 친히 음식을 끓여 주려 기다리시네

淮南[1]

崔致遠

八郡榮超陶太尉[2]
三邊靜掩霍嫖姚[3]
玉皇終日留金鼎[4]
應待淮王手自調[5]

註

1 《고운최치원선생문집》, 고운최치원선생문집중간위원회, 1982, 409쪽.
이 시는 고병이 회남절도사를 할 때의 일을 쓴 것으로, 최치원의 〈사도삼공께 드리는 칠언기덕시 30수(七言紀德詩三十首謹獻司徒相公)〉 중 스물여덟 번째 시다. 자세한 것은 《桂苑筆耕集》 卷17 참고.
회남淮南 : 회하淮河 이남. 장강長江 이북 지구. 지금의 안휘성安徽省의 중부를 가리킨다. 작자 주注에 따르면, "검남劍南, 형남荊南, 회남淮南, 모두 천하 저명한 방진方鎭인데, 상공相公은 여러 차례 이직하여 주둔하고 수비守備하였다. 서융西戎, 남만南蠻 동비東鄙의 적賊들이 일어났을 때, 상공은 그들을 모두 토벌하여 없애 버렸다."

2 팔군八郡 : 즉 팔주八州. 상세한 것은《晉書》〈陶侃傳〉 참고. 고병도 팔군 벼슬을 하였다. 그는 진주秦州에서 시작하여 안남安南 옹관邕管, 천평天平, 검남劍南, 형남荊南, 절서浙西, 회남淮南 등에서 관직을 역임했다.

도태위陶太尉 : 동진東晉의 도간陶侃을 가리킨다. 그는 연이어 시중侍中, 태위太尉를 하였고, 형荊, 강江, 옹雍, 양梁, 교交, 광廣, 익益, 영寧 등 팔주八州의 군사 총도독總都督를 하였고 형주荊州와 강주江州의 자사刺史도 하였다.

3 삼변三邊 : 원주原注에 따르면 서융西戎, 남만南蠻, 동비東鄙 변강지대를 가리킨다. 서융은 고대 서북 지역 융족戎族의 총칭이다.《史記》〈匈奴列傳〉에 따르면, 곤융緄戎, 면제棉諸, 오씨烏氏, 대려大荔, 의거義渠, 구연朐衍, 적환翟獂 등을 가리킨다. 그들은 처음에 황하黃河 상류와 감숙甘肅 서북부에 거주하였다가, 후에 동쪽으로 이전하여 춘추시대에 진秦, 진晉 등의 나라로 갈라졌다. 후엔 중국 서북방 토번족吐蕃族 등 소수민족도 서융西戎이라 불렀다. 唐 杜甫〈秦州雜詩〉之十八 : "西戎外甥國, 何得迕天威".

남만南蠻 : 중국 고대 남방의 민족과 그들의 거주지를 남만이라고 불렀다.

동비東鄙 : 동부 변경.《左傳》〈昭公五年〉: "豎牛取東鄙三事邑, 以与南遷". 동부의 편원偏遠 지대도 동비東鄙라고 불렀다. 南齊 孔稚珪〈謝賜生荔支啓〉: "信西岷之嘉珍, 諒東鄙之未識".

정靜 : 평정하다. 고요하다.

엄掩 : 가리다. 숨기다. 감추듯이 덮다. 닫다. 초과하다.《國語》〈晉語〉五 : "爾童子, 而三掩人於朝". 韋照 注 : "掩, 盖也".

곽표요霍嫖姚 : 곽거병霍去病 장군, 곽표기霍驃騎라고도 한다. 한 무제 때 곽거병은 수차 위청衛青 장군을 따라서 흉노匈奴를 격파하고 여러 번 공을 세웠다. 그는 표요교위嫖姚校尉와 표기장군驃騎將軍 직을 임명 받았다. 후에 그는 변강의 장군을 칭송하는 전고가 되었다. 杜甫〈陪柏中丞觀宴將士二首〉其二 : "漢朝頻選將, 應拜霍嫖姚".

4 옥황玉皇 : 당 희종僖宗을 가리킨다. 唐 無本〈馬嵬〉詩 : "一自玉皇惆悵后, 至今來往馬蹄腥".

금정金鼎 : 금 솥. 옛날에 음식을 익히는 데 사용하던 발이 셋 있고 귀가 둘 달린 솥. 즉 '調鼎和羹'이란 전고다.《尚書》〈商書〉'說命' 下 : "王曰 : '來汝說……若作和羹, 爾惟鹽梅". 상왕商王 무정武丁이 부열傅說을 재상으로 임명할 때, 부열이 나라 다스리는 것을 마치 소금과 매실을 잘 조화하여 국물을 만드는 듯 하라고 말하였다. 후엔 '솥에 넣어서 잘 조화하라〔調羹〕'는 것으로 나라를 잘 다스리는 것을 비유하고 아울러 재상을 칭송하는 전고가 되었다.

5 회왕淮王 : 고병을 가리킨다. 여기에선 두 가지 의미가 내포된다. 옥황玉皇, 도교의 옥황대제玉皇大帝, 즉 옥제玉帝, 신군神君을 가리킨다. 李白〈贈別舍人台卿之江南〉: "入洞過天地, 登眞朝玉皇". 회왕淮王, 회남왕淮南王 유안劉安에 대한 전고를 쓴 것이다. 유안은 도교를 믿었다. 여기서는 고병이 신선이 되기를 바란다는 뜻이다. 전설에 의하면 한나라 회남왕 유안은 약을 먹고 신선이 되기를 원하고 팔공八公과 손을 잡고 득도하여 신선이 되었다. 후엔 신선이 될 것을 희망하고 참답게 도道를 닦는다는 전고가 되었다.

자조自調 : 친히 고기 같은 재료를 솥에 넣고 삶아서 조리하여 국을 끓인다.

상청궁上淸宮에 올라

최치원

한마음으로 꾸준히 노력하면 자연히 도道를 얻는데
어찌 신선을 초청하여 세상사람 구원하려 하는가
천상의 향기가 초楚 땅 호택湖澤까지 불어오니
강남江南 강북江北엔 오래도록 봄날이 머물겠네

朝上淸[1]

崔致遠

齊心不倦自朝眞[2]
豈爲修仙欲濟人[3]
天上香風吹楚澤[4]
江南江北鎭成春[5]

註

1 《고운최치원선생문집》, 고운최치원선생문집중간위원회, 1982, 409쪽.
이 시는 최치원의 〈사도삼공께 드리는 칠언기덕시 30수(七言紀德詩三十首謹獻司徒相公)〉 중 스물아홉 번째 시다. 자세한 것은 《桂苑筆耕集》 卷17 참고.
조상청朝上淸 : 상청上淸, 즉 상청궁上淸宮. 도교 정일도正一道의 저명한 사원寺院(道院) 중의 하나. 강서성江西省 계현溪縣 상청진上淸鎭에 있다. 당나라 때엔 진선관眞仙觀이라고 불렀고, 송나라 대중상부大中祥符 연간 상청관上淸觀으로 개칭改稱하고, 정화政和 연간 상청정일궁上淸正一宮이라고 고쳤으며, 후엔 정일만수궁正一萬壽宮이라고 고쳤다. 청나라 때 대상청궁大上淸宮이라고 고쳤는데, 약칭으로 상청궁上淸宮

이라 하였다. 도가는 이를 신선의 거처라고 불렀다. 그리하여 도가의 기타 도원道院(寺院)도 흔히 '상청上淸'으로 명명하기에 이른다.

조상청朝上淸 : 진인眞人, 천선天仙을 알현하다, 참배하다. 唐 呂巖〈兩中花〉詞 : "願逢一粒, 九霞光里, 相繼朝眞". 여기에선 고병이 양주揚州에서 영선루迎仙樓, 연화각延和閣을 짓고 약을 먹고 신선이 되려고 한 일을 말한다.

2 제심齊心 : 동심同心, 재심齋心. 다 같이 한 뜻으로 우려를 씻어 버리고 잡념을 제거하여 심신을 고요하게 함을 가리킨다.《列子》〈炎帝〉: "退而閒居大廳之館, 齋心服形".

3 제인濟人 : 타인을 도와주다. 唐 裵鉶《傳奇》〈韋自東〉: "某一生濟人之急, 何爲不可?"

4 향풍香風 : 향기로운 바람. 南朝 梁 簡文帝《六根忏文》: "香風淨土之聲, 宝樹鏗鏘之響, 於一念中, 悦然入悟".

초택楚澤 : 본래는 고대의 초楚 지역에 있는 운몽택雲夢澤 등 일곱 개 못(湖澤)을 가리켰는데, 후에는 초 지역과 초 지역에 있는 모든 못을 가리켰다. 唐 劉長卿〈觀校列上淮西相公〉詩 : "龍驤校獵邵陵東, 野火初燒楚澤空". 여기서의 초 지역은 회해淮海, 즉 양주揚州 일대를 가리킨다.

5 강남강북江南江北 : 양주揚州의 장강長江 남북 일대 지역을 말한다.

속마음을 토로하다

최치원

범속한 눈으로 빙결옥청氷潔玉淸 알아보기 어려워라
종일 함께 〈소산사小山詞〉 짓고 노래만 부르고파라
이 몸도 신선 따라 하늘에 오른 닭과 개 되고 싶소
훗날 승천하면 버려져 남지 않도록

陳情[1]

崔致遠

俗眼難窺氷雪姿[2]
終期共詠小山詞[3]
此身依托同鷄犬[4]
他日昇天莫棄遺

註

1 《고운최치원선생문집》, 고운최치원선생문집중간위원회, 1982, 409쪽.
이 시는 최치원의 〈사도삼공께 드리는 칠언기덕시 30수〔七言紀德詩三十首謹獻司徒相公〕〉 중 서른 번째 시다. 자세한 것은 《桂苑筆耕集》 卷17 참고.
진정陳情 : 속마음을 토로하다. 《楚辭》〈九章〉 '惜往日' : "順陳情以白行兮, 得罪過之不意" 王逸 注 : "列己忠心, 所趨務也".

2 속안俗眼 : 세상 사람의 눈. 평범한 사람. 唐 薛用弱《集異記》〈王渙之〉 : "諸伶競拜曰 : '俗眼不識神仙, 乞降淸重, 俯就筵席".
빙설자冰雪姿 : 빙결옥청氷潔玉淸. 얼음처럼 깨끗하고 구슬같이 맑은 신선의 자태, 즉 고병을 가리킨다.

3 소산사小山詞 : 《楚辭》〈招隱士〉를 가리킨다. 전설에 의하면 이는 한漢 회남왕淮南王의 문객門客인 회남

淮南 소산小山이 쓴 문장이다. 여기에선 고병과 함께 산수 경치를 유람하며 안일하게 은거, 신선이 될 것을 바라는 심정의 시와 문장을 읊고자 하는 저자의 바람을 표현하고 있다.

4 此身依托同鷄犬, 他日升天莫棄遺 : 이 두 어구는 '계견승천鷄犬昇天'이란 전고를 말하는 것이다. 漢 王充 《論衡》: "淮南王劉安坐反而死, 天下幷聞, 當時幷見, 儒書尙有言其得道仙去", "王遂得道, 擧家升天, 畜産皆仙, 犬吠于天上, 鷄鳴于云中".

태위에게 드리는 글

최치원

그 누가 타국인을 가엾게 여기리?
나루터 통하는 길은 찾을 수가 없네
식록食祿은 바랐어도 재물을 구하진 않았네
가문을 빛내려 할 뿐 이내 몸 위함이 아니어라
나그네 길 이별의 슬픔 강가에는 비가 내리고
고향으로 돌아가는 꿈 하늘 끝엔 봄이 어렸네
바다 건너와 큰 은택 받았으니 감개무량할 뿐
갓 끈의 십 년 묵은 때 씻고 그대 위해 힘 다하리라

陳情上太尉[1]

崔致遠

海內誰憐海外人[2]
問津何處是通津[3]
本求食祿非求利[4]
只爲榮親不爲身[5]
客路離愁江上雨[6]
故園歸夢日邊春[7]
濟川幸遇恩波廣[8]
願濯凡纓十載塵[9]

註

1《고운최치원선생문집》, 고운최치원선생문집중간위원회, 1982, 497쪽.
이 시는《桂苑筆耕集》권20에서 선택하였다.
태위太尉 : 고병을 가리킨다.

2 해외인海外人 : 작가 본인을 가리킨다.

3 문진問津 : 나루터가 있는 곳을 묻다. 즉 길을 묻다. 찾아 방문하고 문제를 탐구한다는 뜻도 내포한다. 南朝 梁 沈約〈桐柏山金庭館碑〉: "尋師講道, 結友問津".
통진通津 : 사통팔달四通八達한 나루터. 평탄하고 넓은 앞 길.《梁書》〈武帝紀〉上 : "追奔逐北, 奄有通津". 이것은 중요하고 높은 관직을 말한다. 唐 司空圖〈榜下〉詩 : "三十功名志未伸, 初將文字競通津".

4 식록食祿 : 벼슬을 하여 봉록俸祿을 타 먹다.《史記》〈循吏列傳〉: "食祿者, 不得与下民爭利".

5 영친榮親 : 부모, 친지, 벗, 동네 사람을 영광스럽게 한다.

6 객로客路 : 타향의 길. 이역타국의 길. 唐 皇甫冉〈赴李少甫壯失路〉詩 : "月照烟花迷客路, 蒼蒼何處是伊川?"

7 고원故園 : 옛 집, 옛 고향. 前蜀 貫休〈淮上逢故人〉: "故園离亂后, 十載始逢君".

8 제천濟川 : 강을 건너다. 최치원의〈漕運〉주 2) 참고.
은파恩波 : 은혜, 혜택. 단비와 이슬 같은 은혜가 만물에 미친다는 뜻이다. 제왕이나 조정이 신하에게 끼친 은혜를 가리킨다. 또한 일반적인 은혜와 우정도 가리킨다. 唐 劉駕〈長門怨〉詩 : "御泉長繞鳳皇樓, 只是恩波別處流".

9 원탁범영십재진願濯凡纓十載塵 : 이 어구는 '탁영濯纓'이란 전고를 활용한 것이다. 자기는 고병의 막부에서 임직하며 몇 해 동안 쌓인 먼지를 깨끗하게 씻겠다는 뜻을 담고 있다.
십재十載 : 십 년. 작가가 당에 온 지 이미 십 년이나 되었다는 뜻이다.
탁영濯纓 : 갓 끈을 씻다.《孟子》〈離婁〉上 : "滄浪之水淸兮, 可以濯我纓". 탁영은 세속을 초월하여 고상하고 순결한 품성을 지킨다는 것을 비유한다.

양주에 피난 중인 상서尙書의 시에 회답하여 지은 3수

최치원

(1)

유가儒家 문원文苑엔 매년 가시덤불만 돋고
싸움터엔 가는 곳마다 연기와 먼지가 자욱한데
오늘 뜻밖에 공자孔子를 알현케 되어
문장을 보니 범속한 눈이 활짝 트였네

(2)

혼란한 시기엔 슬픔 아닌 일 없구나
난봉鸞鳳은 놀라 수도를 벗어나는데
기수沂水에서 목욕하던 옛 제자들이 그리울 뿐
봄마다 이별의 슬픔 금할 길 없네

(3)

강 건너며 바라네, 뜻 이루지 못한 현사賢士가 구제되기를
기꺼이 맑은 글 받들며 속된 마음 씻으려 하네
바다 건너 돌아가는 길 회한을 노래하누나
교인鮫人마냥 눈물 진주珍珠 만들어 은혜 갚을 날 언제이런가

奉和座主尙書避難過維揚寵示絶句三首[1]

崔致遠

其一

年年荊棘侵儒苑[2]

處處烟塵滿戰場

豈料今朝覰宣父[3]

豁開凡眼睹文章[4]

其二

亂時無事不悲傷

鸞鳳驚飛出帝鄕[5]

應念浴沂諸弟子[6]

每逢春色耿離腸[7]

其三

濟川終望拯煙沉[8]

喜捧淸詞浣俗襟[9]

惟恨吟歸滄海去[10]

泣珠何計報恩深[11]

註

1 《고운최치원선생문집》, 고운최치원선생문집중간위원회, 1982, 497-498쪽.

이 시는《桂苑筆耕集》권20에서 선택하였다. 이 시는 최치원이 좌주座主인 상서尙書가 양주에 피난 갔을 때 보여 준 절구 3수에 대하여 화답하는 형식으로 쓴 시이다.

좌주상서座主尙書 : 배찬裵瓚을 가리킨다. 배찬은 희종僖宗 건부乾符 원년, 예부시랑지공거禮部侍郎知貢擧에 올랐다. 최치원은 이 해에 진사에 급제하였다. 배찬은 후에 호남관찰사湖南觀察使, 예부상서禮部尙書를 거쳤다. 《郎官石柱題名考》 권2 참고.

좌주座主 : 당송唐宋 시대 진사들이 과거심사위원을 가리켜 좌주라고 칭했다.

유양維揚 : 양주揚州의 별칭이다. 《尙書》〈禹貢〉: "淮海惟揚州". 惟와 維는 같이 쓰인다. 惟揚을 維揚으로도 쓴다. 唐 劉希夷 〈江南曲〉 之五 : "潮平見楚甸, 天際望維揚".

2 유원儒苑 : 유림儒林 배움 터, 학원學苑. 이 어구의 뜻은 해마다 전쟁이 멈추지 아니하여 작가의 학업도 소홀해졌다는 뜻을 말한다.

3 선부宣父 : 공자에 대한 존칭. 《新唐書》〈禮義志〉 五 : "〔貞觀〕十一年詔尊孔子爲宣父, 作廟於兗州". 여기에선 그의 은사恩師, 배찬裵瓚을 가리킨다.

4 범안凡眼 : 보통 사람의 눈빛.

문장文章 : 절구시絶句詩를 가리킨다.

5 난봉鸞凰 : 난새와 봉황. 이 두 새는 신화, 전설에 등장하는 상서로움을 상징하는 신조神鳥다. 이로써 현사賢士와 숙녀淑女들을 비유한다. 《楚辭》〈離騷〉: "鸞皇爲余先戒兮, 雷師告余以未具". 王逸 注 : "鸞皇, 俊鳥也. 皇, 雌鳳也. 以喩仁智之士". 여기에선 배찬裵瓚을 가리킨다. 황소黃巢 기의군起義軍이 장안을 침범하여 입성하자 그는 수도에서 도망하여 나왔다.

제향帝鄕 : 경성京城, 황제가 거주하는 곳. 唐 杜甫 〈承聞河北諸道節度入朝歡喜口號〉 詩 : "衣冠是日朝天子, 草奏何時入帝鄕".

6 욕기浴沂 : 학자學子, 즉 학생들이 봄 유람하는 것을 말한다. 최치원의 〈暮春卽事和顧雲支使〉 주 7) 참고.

浴沂諸第子 : 배찬의 문생門生을 가리킨다. 당시 고병의 막부에서 임직하고 있던 동료 중 작가와 함께 배찬의 문하생이었던 동년의 벗으로 고운顧雲이 있었다.

7 경耿 : 비상悲傷하다. 슬프다. 唐 杜甫 〈遣悶〉 詩 : "百年從万事, 故國耿難忘".

이복離腹(離腸) : 슬픔이 가득한 심정. 唐 武元衡 〈南徐別業早春有懷〉 詩 : "虛度年華不相見, 离腸怀土幷關情".

8 제천濟川 : 강을 건너다. 최치원의 〈漕運〉 주 3) 참고.

연침煙沉 : 함락되다. 아직 파묻혀 있으며 뜻을 이루지 못한 현사賢士들을 비유한다. 宋 曾鞏 〈贈張濟〉 詩 : "憶初蘭渚訪沉淪, 一畝蕭然里舍貧".

9 청사淸詞 : 맑고 고운 시구. 배찬의 절구시絶句詩를 가리킨다.

완浣 : 씻다.

속금俗襟 : 속세의 흉금. 보통 사람의 생각이나 회포. 宋 文同 詩 〈入谷馬上〉 之四 : "愛此嵓泉好, 臨流浣俗襟".

10 귀창해歸滄海 : 바다 건너 귀국한다는 뜻이다.

창해滄海 : 고대 중국의 동해東海, 즉 신라의 서해에 대한 별칭이다.

11 읍주하계보사심泣珠何計報思深 : '교인읍주鮫人泣珠'와 '지어보은池魚報恩' 두 전고를 쓴 것이다.

교인읍주鮫人泣珠 : 신화 전설상 바다에 '교인실鮫人室'이란 것이 있다. 교인은 고기와 비슷하며 물속에서 산다. 그의 눈물은 방울마다 진주珍珠가 된다. 陶翰 〈送金卿歸新羅〉 주 7) 참고.

지어보은池魚報恩 : 이 전고는 신씨辛氏의 《三秦記》에서 나온 전설이다. 전설에 의하면 한 무제武帝가 곤명호昆明湖에서 낚시질을 하는데 뭇 고기들은 진주를 한 무제에게 드리며 은혜를 갚았다.

돌아온 제비를 시로 읊어 태위께 드림

최치원

가을에 떠났다가 봄이면 어김없이 돌아오네
따스한 바람과 차가운 비 두루 겪었네
대하大厦에 의지해 살길 허락받았으나
화려한 대들보 더럽힐까 부끄러워하네
매〔鷹〕를 피해 섬으로 뛰어들다가
물가의 원앙 백로 부러워한다만
황조黃鳥처럼 명품名品 물고 와
은혜 갚을 뜻 잠시도 잊지 않누나

歸燕吟獻太尉[1]

崔致遠

秋去春來能守信[2]
暖風凉雨飽相諳[3]
再依大厦雖知許[4]
久汚雕梁却自慙[5]
深避鷹鸇投海島[6]
羡他鴛鷺戯江潭[7]
只將名品齊黃雀[8]
獨讓銜環意未甘[9]

註

1 《고운최치원선생문집》, 고운최치원선생문집중간위원회, 1982, 498쪽.
이 시는《桂苑筆耕集》 권20에서 선택하였다.
귀연歸燕 : 갔다 돌아오는 제비. 기후 변화에 따라 봄에는 북방으로 날아가고, 가을이면 남방으로 날아간다. 그리하여 갔다 돌아오는 제비를 귀연이라고 한다.
태위太尉 : 고병을 가리킨다.

2 여기에서 집제비는 가을에 갔다가 봄에 돌아온다. 시간을 지키고 믿음을 준다.

3 암諳 : 겪다. 경력을 쌓다. 唐 白居易 〈憶江南〉 詞之一 : "江南好, 風景旧曾諳".

4 허許 : 윤허하다. 허가하다. 唐 韓愈 〈董府君墓誌銘〉 : "明年立皇太子, 有赦令, 許歸葬".

5 구오조양각자참久汚雕梁却自慚 : 제비가 기둥과 대들보에 둥지를 짓기에 집을 더럽혀 죄송해 한다는 뜻이다.

6 응전鷹鸇 : 매 혹은 매와 비슷한 새. 흉악하고 잔인한 사람을 비유한다. 이것은 고병 막부에서 작가를 모해하였던 사람을 비유한다.
투해도投海島 : 신라로 귀환한다는 뜻이다.

7 원로鵷鷺(鴛鷺) : 원앙새와 백로. 동료同僚와 벗. 고병 막부 중 동료와 빈객賓客을 비유.

8 지장명품제황최只將名品齊黃崔, 독양함환의미심獨讓銜環意未甚 : 꾀꼬리가 은혜를 갚는 전고다. 南朝梁 吳均《續齊諧記》: 양보楊寶가 아홉 살 때 화음산華陰山에서 꾀꼬리 한 마리가 올빼미(鴟鴞)에게 붙잡혀 땅에 떨어졌다. 양보는 새를 안아다가 새장에 넣고 황화꽃(黃花)만 먹여 길렀다. 백여 일이 되니 깃털이 다 돋고 날아갔다. 그날 밤 한 황화동자黃花童子가 양보에게 말을 하였다. "나는 서왕모西王母의 사자使者입니다. 그대는 어진 마음으로 세상 사람을 구해 주니 실로 감사합니다. 백옥 고리 네 개를 드리니 받아주십시오" 하면서 말을 잇기를 "그대의 자손들은 꼭 삼공三公 높은 관직에 오를 것입니다. 만사는 이 옥고리 같을 것입니다". 후엔 이 전고로 은혜를 잊지 않고 꼭 보답하는 것을 비유하였다.

9 감甘 : 족하다. 끝까지.

은혜를 잊지 않고 꼭 보답하

수재 양섬楊贍이 나를 전송하며 지은 시에 화답

최치원

배 타고 떠나며 내년에 돌아온다 하누나
재간이 부족하니 금의환향 어렵다 하며
무성蕪城을 하직하니 때는 잎 지는 가을이어라
머나먼 봉래도蓬萊島 찾아들 때는 꽃피는 봄이려니
산골의 꾀꼬리는 높이 날아오르길 꿈꾸지만
요동의 흰 돼지를 선물로 바치듯 재주 없음이 한이로다
낙심落心은 말게, 웅심雄心 키워 노력하면 꼭 성공하리니
광릉廣陵의 풍월일랑 두었다가 다시 만나 술 나누며 시로 읊으세

酬楊贍秀才送別[1]

崔致遠

海槎雖定隔年廻[2]
衣錦還鄉愧不才[3]
暫別蕪城當葉落[4]
遠尋蓬島趁花開[5]
谷鶯遙想高飛去[6]
(時楊生有隨計之計)[7]
遼豕寧慙再獻來[8]
好把壯心謀後會[9]

廣陵風月待銜杯[10]

註

1 《고운최치원선생문집》, 고운최치원선생문집중간위원회, 1982, 499쪽.
이 시는 《桂苑筆耕集》 권20에서 선택하였다.
수酬 : 시문詩文으로 증답을 한다. 唐 李群玉 〈洞庭驛樓雪夜燕集奉贈前湘州張員外〉 詩 : "擲筆落郢曲, 巴人部能酬".

2 해사海槎 : 참대나무를 엮어 만든 떼. 바다의 배를 가리킨다.

3 의금환양衣錦還鄉 : 금의환향. 출세하여 고향에 돌아가다. 고향 친우에게 뽐낸다는 뜻도 내포한다. 이것은 《史記》 〈項羽本紀〉에서 나온 말이다. 唐 黃滔 〈送翁員外承贊〉 詩 : "衣錦還鄉翻是客, 迴車謁帝却爲歸".

4 무성蕪城 : 옛 도시 이름으로 광릉성廣陵城을 가리킨다. 옛터는 지금의 강소성江蘇省 강도현江都縣 경내에 있다. 서한西漢의 오왕吳王 유비劉備는 이곳에 건도建都하면서 광릉성을 건축하였다. 남조南朝 송宋 경릉왕竟陵王 유탄劉誕은 광릉에 의거하여 군사반란을 일으켰고, 실패한 후 이곳에서 죽었다. 그리하여 도시는 황폐되었다. 포조鮑照가 쓴 〈蕪城賦〉란 풍자시는 이로써 이름을 얻었다.

5 봉도蓬島 : 전설 중의 봉래선도蓬萊仙島, 즉 봉호蓬壺를 가리킨다. 여기에선 동해東海 삼신산三神山을 말한다. 신라를 비유한다. 章孝標 〈送金可記歸新羅〉 주 8) 참고.

6 곡앵谷鶯 : 양생揚生을 가리킨다. 바로 양섬楊贍. 그가 더 좋은 곳으로 이사를 하거나 혹은 승진할 뜻이 있다는 것을 말한다.
산곡지앵山谷之鶯 : 산곡의 꾀꼬리. 이 어구는 《詩經》 〈伐木〉에서 나온 것이다.

7 수계隨計 : 회계를 담당하는 관리. 《史記》 〈儒林列傳〉 : "二千石謹察可者, 當与計偕, 詣太常, 得受業如弟子". 司馬貞 索隱 : "計, 計吏也". 여기서는 회계를 담당하는 관리를 따라다니다 경성에 가서 공거貢擧에 참가한다는 뜻이다. 양섬楊贍이 수재로 지칭되고 있는 점으로 미루어 그가 아직 진사에 급제를 하지 못한 때임을 알 수 있다.

8 요시遼豕 : '요동 돼지'이다. 《後漢書》 卷33 〈朱浮傳〉 : 백통伯通이 스스로 토벌에 나섰다. 그는 자기의 공로는 천하에서 제일 높다고 생각하였다. 돌아갈 때 그는 요동에서 한 돼지가 흰 새끼를 낳은 것을 보았다. 그가 보니 아주 희귀하여 갖다가 선물로 헌납하려 하였다. 그러나 하동에 당도하여 보니 모든 돼지는 다 흰 것이었다. 그는 부끄러운 마음으로 돌아왔다. 이 글은 훗날 견문이 좁고, 모든 것이 신기해 보이고, 세상일에 어둡고 멋대로 공로를 뽐내는 것을 풍자하는 전고가 되었다. 그리고 자기가 드린 것이 극히 미박微薄하다고 스스로 겸손한 태도를 표할 때도 쓰였다. 여기에선 자기가 뛰어난 재간도 없으니 경성京城으로 돌아가서 이름과 직위를 다시 얻기 싫다는 것을 겸손하게 말한 것이다.

9 후회後會 : 다른 날 서로 만나다. 唐 朱放 〈江上送別〉 詩 : "惆悵空知思後會, 艱難不敢料前期".

10 함배銜杯 : 입에 술잔을 품고 있다. 술을 마시다. 唐 李白 〈廣陵送別〉 詩 : "系馬垂楊下, 銜杯大道間".

예물을 보내 준 태위의 은혜에 감사를 표하는 시

최치원

예로부터 대낮에 비단옷 입고 공명부귀 뽐들 내지만
사마장경司馬長卿이 명망 높은들 허명뿐이다
나는 국신사國信寺로 나라 소식 전하고 집에 문안도 드리니
이는 가문의 영광이요, 나라의 영광이로다
만리 길 떠나 신라로 돌아가게 되었으니
속으로 돌아오는 노정 헤아리게 되누나
멀리 바라보며 깊은 은혜 어찌하랴 사색하는데
세 선산仙山은 눈 옆에 가로 누워 잘 가라고 손짓하누나

行次山陽續家太尉寄賜衣段令充歸覲續壽信物謹以詩謝[1]

崔致遠

自古雖誇晝錦行[2]
長卿翁子占虛名[3]
旣傳國信兼家信
不獨家榮國亦榮
萬里始成歸去計
一心先算却來程[4]
望中遙想深恩處
三朶仙山目畔橫[5]

註

1 《고운최치원선생문집》, 고운최치원선생문집중간위원회, 1982, 500쪽.

이 시는《桂苑筆耕集》권20에서 선택하였다.

차次 : 머무르다. 밤을 지나다. 숙박하다. 唐 李白〈永王東巡歌〉之七 : "王出三江按五湖, 樓船跨海次揚都".

산양山陽 : 즉 초주楚州, 지금의 강소江蘇 회안淮安이다.

속續 : 전傳하다. 전달하다.《淮南子》〈修務訓〉: "教順施續, 而知能流通". 高誘 注 : "續, 猶傳也".

가家 : 고대에 열후列侯들을 가家라고 불렀다. 열후를 분봉分封한다는 것도 가리킨다.《史記》〈三王世家〉: "朕之部德, 海內未洽, 乃以未教成者彊君連城, 卽股肱何勸? 其更議以列侯家之", "今諸侯支子封至諸侯王, 而家皇子爲列侯".

가태위家太尉 : 고병을 가리킨다. 당시 고병은 이미 발해군渤海郡 왕에 책봉되었다.

충充 : 맡다. 담당하다.《書》〈冏命〉: "爾无昵于憸人, 充耳目之官, 迪上以非先王之典". 孔傳 : "汝无親近於恰利小子之人, 充備侍從在視听之官, 道君上以非先王之法".

귀근歸覲 : 군왕의 부모를 알현하다. 唐 賈島〈送書璟校書〉詩 : "賓佐兼歸覲, 此行江漢心." 작가가 당나라 국신사國信寺로 신라에 돌아가는 것을 말한다.

수壽 : 예품禮品. 즉 생일 예물.

신물信物 : 사신의 신분 증거와 증서.

2 주금晝錦 : 대낮에 비단 옷을 입다. 고향에 돌아가 공명부귀를 뽐냄을 비유. 최치원의〈酬楊贍秀才送別〉주 3) 참고.

3 장경長卿 : 사마상여司馬相如, 자는 장경長卿. 한 무제武帝 때 서남西南 이족夷族 지역에 사절로 갔다. 네 마리 말이 끄는 마차에 앉아 고향에 돌아가니 장인 탁왕손卓王孫이 아주 영예롭게 생각하였다.《史記》〈司馬相如列傳〉참고. 여기에선 헛소문만 있지 실상 자기가 사절을 역임하고 고향에 돌아가는 것만 못하고, 비길 수도 없다는 의미를 나타낸다.

4 각래정却來程 : 돌아오는 노정路程.

5 삼타선산三朶仙山 : 봉래산蓬萊山 신선神仙, 곧 봉래蓬萊, 삼도三島를 가리킨다. 상세한 것은 장효표의〈送金可紀歸新羅〉주 8) 참고. 陳貽焮 主編《增訂注釋全唐詩》注曰 : "時高駢篤慕仙道, 故云".

여도사女道士와 작별하며

최치원

세상 벼슬길 재난災難 많음을 한탄하다가
마고선녀麻姑仙女 만나 몇 년을 기쁨 속에 보냈노라
이별을 앞에 두고 그대에게 진심으로 묻나니
저 바닷물은 어느 때야 다 마르리오?

留別女道士[1]

崔致遠

每恨塵中厄宦途[2]
數年深喜識麻姑[3]
臨行與爲眞心說[4]
海水何時得盡枯[5]

註

1 《고운최치원선생문집》, 고운최치원선생문집중간위원회, 1982, 500쪽.
이 시는《桂苑筆耕集》권20에서 선택하였다.
유별留別 : 떠나는 사람이 남은 사람과 이별하다.
도사道士 : 연단煉丹을 제련하여 약을 먹으며 도를 닦아 신선이 될 것을 바라는 사람, 혹은 도교 제자들을 가리킨다. 郭璞〈游仙詩〉之二 : "青谿千余仞, 中有一道士. 云生梁棟間, 風出窗戶里. 借問此何誰, 云是鬼谷子".《資治通鑑》〈梁敬帝紹泰元年〉: "齊王還鄴, 以佛, 道二教不同, 欲去其一, 集二家論難於前, 遂敕道士皆剃髮爲沙門". 胡三省 注 : "道家雖曰宗老子, 而西漢以前未嘗以道士自名, 至東漢始有道士張

道陵, 于吉等, 其實与佛教皆起于東漢之時".

2 액厄 : 간난곤고艱難困苦.

환도宦途 : 관도官途. 벼슬길. 《梁書》〈蕭子范傳〉: "子范少与弟子顯, 子云才略相比, 而風采容止不逮, 故宦途有优劣".

3 마고麻姑 : 중국 신화에 나오는 선녀의 이름. 전설에 그는 동한東漢 환제桓帝 때 선인仙人 왕원王遠(字 方平)의 초청에 응하여 채경蔡經의 집에 내려왔다. 그는 예쁜 여자로 나이는 십팔구 세였고, 손은 새 발톱처럼 가늘고 길었다. 채경은 그를 보자마자 '등이 가려울 때, 손톱으로 긁으면 아주 좋겠다'고 속으로 생각하였다. 방평方平이 채경의 속마음을 알아채고 채찍질하며 말하였다. "마고麻姑는 신선이다. 너는 어찌 감히 신선의 손으로 너의 뒷잔등을 긁으려 하느냐?" 이에 마고가 말하기를 "내가 세상에 내려와서 직접 사람들을 접대한 이래, 동해東海가 세 번이나 상전桑田으로 변한 것을 직접 봤네" 하였다. 마고는 또 능히 아무것이나 뿌려 진주珍珠가 되게 하는 등 여러 조화의 능력을 갖고 있었다. 자세한 것은 晋 葛洪《神仙傳》을 참고 바람. 여기에선 여도사女道士를 비유하는 것이다.

4 진심眞心 : 본심. 여기에서는 진정하고도 진실하다는 뜻이다.

5 해수하시득진고海水何時得盡枯 : 이 구는 마고가 바다가 상전으로 변한 것을 몇 번이나 친히 보았다는 것을 뜻하는 말로, "그러면 큰 바다는 도대체 어느 때야 물이 말라서 평탄한 길이 될까?"라는 뜻이다.

진사 양섬楊贍의 송별시에 화답하며

최치원

멀리 바라보니 바닷물엔 아침 안개 자욱한데
백여 폭 돛 활짝 펴 바람 타고 만리 길 떠난다
아녀자처럼 슬퍼하지 말지니
떠나면서 속상해도 말아야 할지니

酬進士楊贍送別[1]

崔致遠

海山遙望曉煙濃
百幅帆張萬里風
悲莫悲兮兒女事[2]
不須惆悵別離中[3]

註

1 《고운최치원선생문집》, 고운최치원선생문집중간위원회, 1982, 501쪽.
이 시는 《桂苑筆耕集》 卷20에서 선택하였다.

2 비막비혜悲莫悲兮 : 楚辭《九歌》〈少司命〉 가운데 '悲莫悲兮生別離'의 의미로 쓴 것이다. 이별을 슬퍼하다.
아녀사兒女事 : 陳貽焮 注編 《增訂注釋全唐詩》 注云 : 謂傷別爲儿女子之情. 此句及下句又化用王勃〈送杜少府之任蜀州〉 中 : '无爲在歧路, 儿女共沾巾'. 이 어구는 '헤어질 때 슬퍼하는 것은 아이들과 여자의 감정'이란 의미이다.

3 추창惆悵 : 초창怊悵이란 의미로 실망, 낙담하는 모양, 슬퍼하는 모양을 가리킨다. 唐 皎然 〈奉送陸中丞長源詔征八朝〉 詩 : "歸心夏何奈, 怊悵在江濱".

초주 강변에서 장상서張尙書의 영접에 시로 감사드림

최치원

가을 초주楚州의 하늘은 맑고 바람은 찬데
깃발 속 매는 높이 날아 쪽배를 방문하도다
배들이 이곳을 지나 만리 길 떠나려는데
사공루謝公樓 관사에서 넋 놓은 채 미리 근심을 달래네

楚州張尙書水郭相迎因以詩謝[1]

崔致遠

楚天蕭瑟碧雲秋[2]
旗隼高飛訪葉舟[3]
萬里乘槎從此去[4]
預愁魂斷謝公樓[5]

註

1 고운최치원선생문집, 고운최치원선생문집중간위원회, 1982, 501쪽.
이 시는《桂苑筆耕集》권20에서 선택하였다.
초주楚州 : '산양山陽'이라고도 한다. 지금의 강소성江蘇省 회안淮安이다.
장상서張尙書 : 즉 장의부張義府. 당시 그는 초주楚州 자사刺史를 역임했다.
수곽水郭 : 강을 끼고 있는 성곽. 唐 許渾〈贈蕭兵曹先輩〉詩 : "潮生水郭兼葭響, 雨過山城桔柚疏".

2 소슬蕭瑟 : 바람이 나무를 치는 소리. 초목이 시들어 떨어지다. 권력이 쇠진하다.《楚辭》〈九辨〉: "悲哉! 秋之爲气也. 蕭瑟兮, 草木搖落而變衰".

3 여준旟隼 : 준여隼旟. 매를 그린 군기軍旗. 고대 주州, 군郡 장관의 깃발. 장관이 출행할 때의 의장倚仗 깃발. 《周禮》〈春官〉'司常' : "鳥隼爲旟, 龜蛇爲旐……州里建旟, 縣里建旐".

준隼 : 매〔鷹〕 중에 가장 작은 매로 빠르게 날며 공격에 능하다. 사냥꾼들이 널리 사육하여 새와 토끼를 잡는 데 썼다.

엽주葉舟 : 한 조각의 배.

4 사槎 : 참대나무를 엮어 만든 떼. 여기에선 바다의 배를 말한다.

5 예預 : 미리. 사전에.

사공루謝公樓 : 사조謝朓가 선성宣城 태수太守로 있을 때 건축한 고재지高齋地다. 북루北樓라고도 한다. 당唐 함통咸通 연간 자사刺史 독고림獨孤霖이 고쳐 지어 첩장루疊嶂樓라고 하였다. 唐 張九齡〈謝公樓〉詩 : "謝公樓上好醇酒, 二百青蚨買一斗". 여기에서는 장상서張尙書의 부제府第를 가리킨다.

수재 오만吳巒의 '석별惜別' 두 절구에 화답하며

최치원

(1)

공명이록功名利祿의 길 아직 멀지만
갈림길에서 몸만 고달프다 원망은 마세
만리 길 앞에 두고 달리 할 말은 없으니
유념하여 일편단심 부끄럽지 않게 해 주게

(2)

기러기는 변방을 지나 저녁 해 사이로 멀어지고
물가의 나무들은 저물녘 안개 너머로 한들거린다
돌이켜 생각하니 인정에 어찌 경계를 지으리오
쪽배만 하늘 끝으로 파도를 쪼개며 날아가누나

酬吳巒秀才惜別二絶句(絶句二首)[1]

崔致遠

其一
榮祿危時未及親[2]
莫嗟歧路暫勞身[3]
今朝遠別無他語

一片心須不愧人

其二

殘日塞鴻高的的[4]

暮烟汀樹遠依依[5]

此時回首情何限

天際孤帆破浪飛[6]

註

1《고운최치원선생문집》, 고운최치원선생문집중간위원회, 1982, 501-502쪽.
이 시는《桂苑筆耕集》권20에서 선택하였다.
석별惜別 : 애잔하게 갈라지다. 唐 岑參〈冬宵家會餞李郎司兵赴同州〉詩 : "惜別冬夜短, 務歡杯行遲".

2 영록榮祿 : 공명이록功名利祿.《列子》〈楊朱〉: "欲以說辭亂我之心, 榮祿喜我之意, 不亦鄙而可怜哉?"

3 차嗟 : 감탄. 탄식하다. 三國 魏 曹丕〈短歌行〉: "嗟我白髮, 生一何早".
노신勞身 : 신체를 피로케 하다.

4 새홍塞鴻 : 변방의 기러기. 변방의 기러기는 가을철에 남쪽으로 오고, 봄이면 북쪽으로 간다. 옛 사람들은 이를 빌려 멀리 떨어져 있는 친지와 벗에 대한 그리움을 표현했다. 唐 白居易〈贈江客〉詩 : "江柳影寒新雨地, 塞鴻聲急欲霜天".
적적的的 : 심원深遠하다. 선명鮮明하다.

5 정汀 : 강가의 평지平地, 혹은 강물 속의 작은 모래밭.《說文》〈水部〉: "汀, 平也". 殷玉裁 注 : "謂水之平也. 水平謂之汀, 因之洲渚之平謂之汀".
정수汀樹 : 물가의 나무.
의의依依 : 연약한 나뭇가지가 바람에 한들거리는 모양. 아쉬워하는 모양. 그리는 모양. 사모하는 모양.《詩》〈小雅〉'采薇' : "昔我往矣, 楊柳依依 ; 今我來思, 雨雪霏霏".

6 파破 : 스쳐 지나가다. 南唐 李從善〈薔薇詩呈東海侍郎徐弦〉: "嫩刺牽衣細, 新條窣草垂".

뾰족하게 솟은 바위 봉우리

최치원

험준한 바위 봉우린 하늘에 잇닿았고
바다로 치솟는 아침 해는 한 송이 연꽃일세
날카로운 산봉에 수목樹木은 범접치 못하고
다만 구름 안개와 격조 높게 즐기노라
황백색 찬 그림자는 방금 내린 흰 눈으로 단장한 듯
옥같이 맑은 소리는 졸졸 흐르는 샘물 소리일세
조용히 생각하니 봉래산蓬萊山도 이와 같으리
달 밝은 밤에 꼭 가서 뭇 신선을 만나 보리라

石峰[1]

崔致遠

巉巖絶頂欲摩天[2]
海日初開一朶蓮[3]
勢削不容凡樹木[4]
格高惟惹好雲煙
点蘇寒影粧新雪[5]
戛玉淸音噴細泉[6]
靜想蓬萊只如此[7]
應當月夜會群仙[8]

註

1 《고운최치원선생문집》, 고운최치원선생문집중간위원회, 1982, 502쪽.

이 시는《桂苑筆耕集》권20에서 뽑았다.

갑진년甲辰年 겨울, 10월〔唐 僖宗〕, 중화中和 4년, 최치원은 어명을 받고 동방에 사절로 갔다. 도중에 그는 대주산大珠山, 지금의 산동山東 교현膠縣 교주만膠州灣에 정박하게 되었다. 그때 눈에 들어오는 것을 모두 문장 제목으로 명명하고, 달과 바람을 시로 읊어 10수를 지어 고원외高員外에게 부쳤다. 고원외는 당시 밀주密州의 자사였다.

석봉石峰 : 산 정상에 뾰족하게 솟은 바위 봉우리.

2 참암巉巖 : 험준한 산암山巖. 唐 李白 〈北上行〉: "磴道攀日峻, 巉岩凌穹蒼".

절정絶頂 : 산의 최고봉. 南朝 梁 沈約 〈早發定山〉: "傾壁忽斜竪, 絶頂復孤圓".

3 해일海日 : 바다의 태양. 張素 〈渤海中口占〉 詩 : "海日三更曉, 齊烟九点蒼". 이 어구는 태양이 큰 바다, 파도 속에서 힘차게 솟아오르는 것이 마치 한 송이 연화蓮花가 막 피는 것과 닮았다는 뜻이다.

4 범수목凡樹木 : 평범한 나무. 唐 劉禹錫 〈華山歌〉 詩 : "凡木部敢生, 神仙聿來託".

5 점소点蘇 : 황백색黃白色 칠을 한다. 宋 蘇軾 〈臘梅贈趙景貺〉 詩 : "天工点酥作梅花, 此有蜡梅禪老家".

6 알옥戛玉 : 옥을 두드린다. 소리가 낭랑하여 듣기 좋다. 唐 白居易 〈聽田順歌〉 詩 : "戛玉敲冰聲未停, 嫌云不遏入青冥".

7 봉래蓬萊 : 봉래산 전설에 선인仙人이 거처하는 곳.《山海經》〈海內北經〉: "蓬萊山在海中".《後漢書》〈竇章傳〉: "是時學者称東觀爲老氏藏室, 道家蓬萊山". 李賢 注 : "蓬萊, 海中仙山, 爲仙府, 幽經祕彔幷皆在焉".

8 군선群仙 : 봉래蓬萊 등의 뭇 선인.

밀물은 파도치고

최치원

밀물은 폭설마냥 뒤번지고 파도는 흰서리처럼 첩첩이 쌓이는데
들고 남이 이즈러졌다다 다시 차는 달과 같네
그대를 하루 종일 만나 보면 믿을 만한데
이내 몸은 게을러 늘 허송세월하니 참으로 부끄럽네
돌벼랑 부딪치는 파도소리는 벽력霹靂 같고
구름 걸린 봉우리 반사된 그림자는 흔들리는 연꽃이네
종각宗慤의 '바람 타고 파도 헤쳐 전진하자'는 고사를 생각하니
장대한 기운 끓어 넘치는 제갈량이 떠오르누나

潮浪[1]

崔致遠

驟雪翻霜千萬重[2]
往來弦望躡前蹤[3]
見君終日能懷信[4]
慙我趨時盡放慵[5]
石壁戰聲飛霹靂[6]
雲峰倒影撼芙蓉[7]
因思宗慤長風語[8]
壯氣橫生憶臥龍[9]

註

1 《고운최치원선생문집》, 고운최치원선생문집중간위원회, 1982, 503쪽.
이 시는 《桂苑筆耕集》 권20에서 선택하였다. 대주산大珠山에서 밀물을 감상하면서 지은 것이다.

2 취驟 : 급하고도 맹렬하다.
취설驟雪 : 폭설暴雪.

3 현망弦望 : 음력 매달 초 7, 8일, 22, 23일과 15일(어떤 때는 16, 17일)을 가리킨다. 漢 王充《論衡》〈四諱〉 : "팔일八日 달은 절반씩 갈라진다. 이것을 현弦이라고 한다. 15일 해와 달은 서로 쳐다본다. 이것을 망望이라고 한다. 30일 해와 달은 합숙合宿한다. 이것을 회晦라고 한다. 회와 현, 망은 실상 한 개의 실체實體이다." 달이 찬 것과 이지러진 것을 가리키며 바다 밀물이 달이 찰 때와 이지러짐에 따라 물이 불었다 줄었다 하는 변화를 말한다.
섭躡 : 추적追跡하다. 혹은 내쫓다, 추방追放하다.

4 군君 : 여기에서는 밀물을 가리키는 것 같다.
회신懷信 : 신의를 품다. 밀물이 불고 줄어드는 것은 종래로 규율規律을 어기지 않는다.

5 방용放慵 : 게으르다. 나태하다. 나른하다. 노근하다. 唐 白居易 〈妻初授邑號告身〉 詩 : "倚得聲名便慵懶, 日高犹睡綠窗中".

6 벽력霹靂 : 천둥. 진동하는 우레 소리. 唐 韓愈 〈送高上人序〉 : "日月列星, 風雨水火, 雷霆霹靂"

7 운봉雲峰 : 구름 위로 치솟은 높은 산봉.

8 종각宗慤 : 남조南朝 송나라 사람으로 예주豫州 자사刺史를 지냈으며, 그는 어려서부터 큰 뜻을 품었다. 《宋書》〈宗慤傳〉 : 각慤이 어렸을 때 병炳(각의 숙부)이 그에게 뜻을 물었다. 각은 회답하기를 '거센 바람을 타고 만리 파도를 돌파하렵니다'라고 하였다. 후엔 이것을 포부가 원대하고 기백이 웅위하고, 힘차게 전진하는 상태를 비유하였다. 唐 李白 〈行路難〉 詩之一 : "長風破浪會有時, 直掛云帆濟滄海".

9 와룡臥龍 : 누워 있는 용. 제갈량諸葛亮을 가리킨다. 《三國志》〈蜀志〉 '諸葛亮傳' : "〔徐庶〕謂先主曰 : '諸葛孔明者, 臥龍也, 將軍豈願見之乎?"

모래톱

최치원

멀리서 바라보니 휘날리는 눈꽃이어라
체질이 나약하여 자제自制치 못하나니
모이고 흩어짐은 조수의 출렁임에 달렸고
높고 낮음은 해풍의 강약에 결정되노라
안개가 비단처럼 섬을 덮으니 종적은 끊어지고
햇살 엉긴 서리를 비추니 학(鶴)은 걸음이 더디구나
가슴 가득한 이별의 한 밤이 되도록 읊어
달 밝은 그 어느 날 우리 다시 만나지려나

沙汀[1]

崔致遠

遠看還似雪花飛
弱質由來不自持[2]
聚散只憑潮浪簸[3]
高低況被海風吹[4]
煙籠靜練人行絶[5]
日射凝霜鶴步遲[6]
別恨滿懷吟到夜
那堪又値月圓時

註

1 《고운최치원선생문집》, 고운최치원선생문집중간위원회, 1982, 503쪽.
이 시는 《桂苑筆耕集》 권20에서 선택하였다.
사정沙汀 : 물가 혹은 물속의 평탄한 모래밭. 南朝 梁 江淹 〈靈丘竹賦〉 : "郁春華於石岸, 絶夏彩於沙汀".

2 자지自持 : 스스로 억제하다. 자제하다. 晉 羊祜 〈請伐吳疏〉 : "吳沿江爲國, 无有內外, 東西數千里, 以藩籬自持, 所敵者大, 无有宁息".

3 파簸 : 요동하다. 전동顫動하다. 《漢書》 〈揚雄傳〉 上 : "簸丘跳巒, 涌渭躍涇".

4 황況 : 마침, 바로, 꼭. 정황을 말한다.

5 정련靜練 : 평정하게 펼쳐놓은 비단. 강가의 평정한 모래밭을 비유한다. 陳貽焮 〈增訂注釋全唐詩〉 注 : "此句 由謝朓〈晚登三山還望京邑〉 中 '澄江靜如練' 化出".

6 응상凝霜 : 짙은 서리. 강 속의 평평한 모래밭은 햇볕 아래 짙게 내린 서리와 같다는 것을 비유한다. 唐 韓偓 〈夜船〉 詩 : "野云低迷烟蒼蒼, 平坡揮目如凝霜".

들판의 불길

최치원

바라보니 들불이 깃발 휘날리듯 하다
장병들이 요새要塞를 벗어나 출격하는 듯
거센 불길 하늘로 치솟아 석양 노을을 능가하고
날뛰는 연기는 들판을 뒤덮어 구름마저 싣고 가누나
우마牛馬 방목에 방해된다 꺼리지 마세
여우와 삵이 함께 불타니 어이 아니 기쁘랴
다만 두려운 건 바람이 산 위로 몰고 가
공연히 옥석玉石 구별 없이 함께 태울까 함이다

野燒[1]

崔致遠

望中旌旆忽繽粉[2]
疑是橫行出塞軍[3]
猛焰燎空欺落日[4]
狂烟遮野截歸雲
莫嫌牛馬皆妨牧
須喜狐狸盡喪群
只恐風驅上山去
虛敎玉石一時焚[5]

註

1 《고운최치원선생문집》, 고운최치원선생문집중간위원회, 1982, 504쪽.

이 시는 《桂苑筆耕集》 권20에서 선택하였다.

야소野燒 : 들판의 불. 唐 嚴維 〈荊溪館呈丘義星〉 詩 : "野燒明山郭, 寒更出縣樓".

2 정패旌旆 : 기치旗幟. 소의 털, 혹은 오색의 깃털로 깃대를 장식한 고대의 깃발.

패旆 : 즉 깃발. 들불[野火] 같은 어지러운 깃발. 唐 高適 〈燕歌行〉 : "摐金伐鼓下榆關, 旌旆逶迤碣石間".

3 색군塞軍 : 맹렬히 타오르는 들불은 군기가 펄럭이는 것과 같다.

4 요燎 : 소燒. 일반적으로 연소를 가리킨다. 《書》 〈盤庚〉 上 : "若火之燎於原, 不可嚮邇".

5 옥석일시분玉石一時焚 : 옥玉과 석石이 불에 타다. 산 위의 모든 것이 다 불에 타다. 《書》 〈胤征〉 : "火炎崐岡, 玉石俱焚".

두견화

최치원

바위틈에 뿌리 내려 잎은 마르기 쉽고
바람 서리에 꺾이고 상하기도 쉽네
많고 많은 들국화 가을 자태 뽐내건만
엄동설한 소나무 절개만 흠모하니
바닷가의 고운 향기 애잔하기 그지없는데
그 누가 부잣집 붉은 난간으로 옮겨 심으랴
여느 초목과는 도리어 품격부터 다른데
나무꾼이 풀이나 한가지로 보아 버릴까 걱정이네

杜鵑[1]

崔致遠

石罅根危葉易乾[2]
風霜偏覺見摧殘[3]
已饒野菊誇秋艷
應羡巖松保歲寒
可惜含芳臨碧海
誰能移植到朱欄[4]
與凡草木還殊品[5]
只恐樵夫一倒看[6]

註

1 《고운최치원선생문집》, 고운최치원선생문집중간위원회, 1982, 504-505쪽.

이 시는《桂苑筆耕集》 권20에서 선택하였다.

두견杜鵑 : 두견화. 영산홍映山紅이라고도 한다. 唐 白居易〈兩中赴劉十九 二林之期及到寺劉已先去因以四韻寄之〉: "最喜杜鵑花爛熳, 春風吹盡不同攀".

2 석하石罅 : 돌 사이의 틈.

하罅 : 틈. 사이. 韓愈〈縣齋有懷〉詩 : "湖波翻石車, 嶺石坼天罅". 唐 韋應物〈同無錫題琅琊寺〉詩 : "山中清景多, 石罅寒泉洁".

3 편偏 : 공정치 못하다. 현실과 희망은 같지 않다. 부사副詞로 정도 범위를 표시한다. 여기에서의 '偏'은 이상의 두 가지 의미를 다 같이 나타낸다.

4 주란朱欄 : 붉은 난간欄干. 唐 李嘉祐〈同皇甫冉登重元閣〉詩 : "高閣朱欄不厭游, 蒹葭白水繞長洲".

5 수품殊品 : 다른 품류品類. 三國 魏 應璩〈與廣川長岑文瑜書〉: "得无賢圣殊品, 优劣異姿".

6 초부樵夫 : 땔나무를 하는 사람, 나무꾼.《漢書》〈楊雄傳〉下 : "士有不談王道者則樵夫笑之". 顔師古注 : "樵夫, 采樵之人 樵夫, 采樵之人".

갈매기

최치원

꽃물결 따라 이리저리 훨날리며
가볍게 털옷 흔드니 정녕 물 위의 신선이라
세상 안팎을 자유로이 드나들고
높은 하늘 선계仙界도 뜻대로 오가노라
맛 좋은 오곡잡량五穀雜粮 아는 체 아니하고
풍월에만 성정性情 드리워 깊이 사랑하나니
장주莊周는 칠원漆園 꿈에 나비가 되었는데
나도 그처럼 갈매기와 짝 되는 꿈을 꾸리라

海鷗[1]

崔致遠

慢隨花浪飄飄然[2]
輕擺毛衣眞水仙[3]
出沒自由塵外境[4]
往來何妨洞中天
稻粱滋味好不識
風月性靈深可憐[5]
想得漆園蝴蝶夢[6]
只應如我對君眠[7]

註

1 《고운최치원선생문집》, 고운최치원선생문집중간위원회, 1982, 505쪽.
이 시는 《桂苑筆耕集》 권20에서 선택하였다.
해구海鷗 : 바다 갈매기.

2 표표연飄飄然 : 훨훨 나는 모양.

3 수선水仙 : 전설 속의 수중 신선. 唐 司馬承順《天隱子》〈神解八〉: "在人謂之人仙, 在天曰天仙, 在地曰地仙, 在水曰水仙, 能變通之曰神仙".

4 진외塵外 : 세상 밖에서. 漢 張衡 〈思玄賦〉: "游塵外而瞥天兮, 据冥翳而哀鳴".

5 성령性靈 : 唐 元積 〈有鳥〉 詩二 : "有鳥有鳥毛似鶴, 行步雖遲性灵惡".

6 칠원호접몽漆園蝴蝶夢 : 장주莊周는 칠원리漆園吏, 즉 칠원이란 곳에서 작은 관리를 하였다. 《莊子》〈齊物論〉: 옛날 장주는 꿈에서 나비가 되었다. 춤추며 훨훨 나는 나비였다. 과연 자기의 뜻대로 이뤄진 것인가? 장주가 꿈에 나비가 되었는지, 혹은 나비가 꿈에 장주가 되었는지 알 수 없었다. 후엔 '장주莊周 꿈', 혹은 '나비 꿈'으로 환상적인 꿈 세계를 비유하여 나비 꿈과 모든 꿈을 노래하는 전고가 되었다.

7 군君 : 바다 갈매기를 가리킨다. 이 어구는 위의 어구와 연계하여 장주가 꿈에 나비가 된 것처럼 나도 꿈에서 갈매기와 한 몸이 되겠다는 것이다.

산정의 높이 솟은 돌

최치원

예부터 천연의 돌이 인공으로 다듬은 돌보다 나았네
높은 산꼭대기 위에 푸른 고둥〔螺〕처럼 솟았는데
흐르는 폭포는 영원히 다가서지 못하고
구름만 한가로이 그 곁을 만지며 지나간다네
험준한 그림자가 바다에 솟는 해를 맨 먼저 맞고
우뚝 솟은 그 모습 밀물에 떨어질까 두렵구나
속에 진주를 품었다 한들 누가 감히 범접하랴
세인들, 제 살길만 찾으며 변화卞和의 옥을 비웃누나

山頂危石[1]

崔致遠

萬古天成勝琢磨[2]
高高頂上立青螺[3]
永無飛溜侵凌得[4]
唯有閒雲撥觸多[5]
峻影每先迎海日[6]
危形長恐墜潮波[7]
縱饒蘊玉誰回顧[8]
擧世謀生笑卞和[9]

註

1 《고운최치원선생문집》, 고운최치원선생문집중간위원회, 1982, 505쪽.
이 시는《桂苑筆耕集》권20에서 선택하였다.

2 천성天成 : 인공을 거치지 않고 자연적으로 형성된 천연 물질. 《莊子》〈寓言〉: "顔成子游謂東郭子綦曰 : '自吾聞子之言, 一年而野, 二年而從……七年而天成".

3 청나青螺 : 산 위에 푸른 고둥의 형상처럼 세워 있는 돌.

4 비류飛溜 : 폭포. 唐 劉憲〈奉和幸韋嗣立山莊侍宴應制〉: "崖懸飛溜直, 岸轉綠潭寬".
침릉侵陵 : 침범하여 얕보다. 괴롭게 하다. 여기에선 침범, 공격한다는 뜻이다.
득得 : 도착, 도달하다. 唐 杜甫〈宿花石戍〉詩 : "午辭空灵岭, 夕得花石戍".

5 발촉撥觸 : 마주치다. 부딪히다. 접촉하다.

6 준영峻影 : 높고 험한 산의 그림자. 南朝 劉勰《文心雕龍》〈夸飾〉: "是以言峻則嵩高极天, 論狹則河不容舠".

7 위형危形 : 위험한 형상. 산꼭대기에 높이 솟은 돌을 가리킨다.

8 온옥蘊玉 : 저장된 옥. 《後漢書》〈宦者傳〉'周榮': "蘊匵古今, 博物多聞". 李賢 注 : "蘊, 藏也".

9 변화卞和 : 변화가 왕에게 옥을 드린 일을 말한다. 《韓非子》卷4〈和氏〉載 : 춘추春秋 시기 초나라 사람 변화가 연이어 이대二代의 초왕楚王에게 옥을 드렸다. 그러나 돌 속에 감춰진 옥을 알아보지 못한 조정은 임금을 속인다는 죄로 그에게 형벌을 가하여 두 발을 잘랐다. 새 임금이 즉위하자 변화는 옥을 안고 3일 동안 끊임없이 울었다. 삼대 초왕이 변화를 불러 이유를 물은 뒤 돌을 세공하게 하자 영롱한 옥이 모습을 드러냈다. 왕은 후한 상을 내리고 옥을 '화씨지벽和氏之璧'이라고 불렀다. 후에 이 일화는 뛰어난 재간을 갖고도 포부를 이루지 못한 사람을 비유하는 전고가 되었다.

바위 위 낮은 소나무

최치원

재목이 되지 못한 채 안개 속에 늙어 가는 소나무
물가의 작은 소나무, 어찌 바닷가에서 자라났을까
저녁 해가 지자 그늘은 돌 위 소나무와 가지런하고
바람 거친 밤에 솔방울은 조수에 밀려 모래에 닿네
반석 위에 뿌리 내렸으니 영원히 장고하리라
하늘로 치솟은 소나무와 차이 있음을 어찌 한스럽게 여기리
키 작아 못난 나무 부끄러움 없다 놀리지 마라
안영晏嬰 같은 인물의 집 대들보 되어 크게 쓰일 날 있으리니

石上矮松[1]

崔致遠

不材終得老烟霞[2]
澗底何如在海涯[3]
日引暮陰齊島樹
風敲夜子落潮沙[4]
自能盤石根長固[5]
豈恨凌雲路尙賒[6]
莫訝低顔無所愧[7]
棟梁堪入晏嬰家[8]

註

1 《고운최치원선생문집》, 고운최치원선생문집중간위원회, 1982, 506쪽.
이 시는《桂苑筆耕集》권20에서 선택하였다.

2 부성재不成材 : 재목이 못 된다.
연하烟霞 : 산수山水, 산림山林을 가리킨다. 唐 楊炯〈原州百泉縣令李昌神道碑〉: "不掃一空, 自怀包括之心 ; 獨守太玄, 且忘名利之境……并以江海相期, 烟霞相許". 이 어구는 낮은 소나무가 비록 재목은 못 되나 천수天壽는 행복하게 누릴 것이라는 의미를 갖는다.

3 간저澗底 : 산골짝의 소나무. 인간 세상에서 허리를 굽혀 사는 사람. 左思〈咏史八首〉其二 : "郁郁澗底松, 离离山上苗. 以彼徑寸莖, 蔭此百尺條". 이 어구 '산골짝 소나무'는 후에 출신이 빈한한 사람들의 감개感慨를 담았다는 전고로 사용되었다.

4 자子 : 솔방울.

5 반석盤石 : 깊이 뿌리 박혀 흔들리지 않는 돌.《史記》〈孝文本記〉: "高帝封王子弟, 地犬牙相制, 此所謂盤石之宗也".

6 능운凌雲 : 하늘 높이 솟아오르다.
사賒 : 거리가 멀다. 唐 呂巖〈七言〉詩 : "常憂白日光陰促, 每恨青天道路賒".

7 아訝 : 놀라며 의아하게 생각하다. 이상하게 생각하다. 南朝 梁 簡文帝〈采桑〉詩 : "寄語采桑伴, 訝今春日短".

8 안영晏嬰 : 춘추시대 제齊나라 승상을 지낸 인물로 키는 작았지만 정치적 업적은 뛰어났다.《史記》卷62〈晏子列傳〉참고. 여기서의 의미는 키가 작고 높이가 낮은 소나무도 안영같이 가히 동량지재棟梁之材, 즉 국가의 기둥이 될 수 있다는 것이다.

붉은 단풍나무

최치원

흰 구름 낀 바위 옆에 선녀가 서 있는 듯
한 떨기 안개에 쌓인 덩굴 그림 그대로이네
고운 빛 세상에 있는 줄 알았으랴
한가로운 마음 아무리 구해도 너 같은 것 없네
간밤 단장에 이슬 내리니 눈물 흘린 듯하고
바람에 취한 모습은 부축을 기다리는 듯
찬바람 부는 수풀에 서서 쓸쓸히 읊조리노라
초목은 스스로 영고성쇠할 뿐인 것을

紅葉樹[1]

崔致遠

白雲巖畔立仙姝[2]
一簇煙夢依畵圖[3]
麗色也知如世有[4]
閑情長得似君無[5]
宿妝含露疑垂泣[6]
醉態迎風欲待扶[7]
吟對寒林却惆悵[8]
山中猶自辨榮枯[9]

註

1 《고운최치원선생문집》, 고운최치원선생문집중간위원회, 1982, 506쪽.

이 시는 《桂苑筆耕集》 권20에서 선택하였다.

홍엽수紅葉樹 : 가을 날 단풍나무의 잎이 모두 붉은색으로 변한 것을 홍엽이라 한다. 이 시는 홍엽의 계절인 10월에 지어졌다.

2 선주仙姝 : 아름다운 선녀. 唐 裵鉶《傳奇》〈封陟〉: "見一仙姝, 侍從華麗, 玉珮敲磬, 羅裙曳雲". 붉은 단풍나무가 아름다운 선녀 같다는 뜻이다.

3 연라烟蘿 : 덩굴성 식물.

4 여색麗色 : 아름다운 색.

5 한정閑情 : 한산한 심정.

6 숙장宿妝 : 숙장宿粧이라고도 한다. 단장하다. 岑參〈醉戲竇子美人〉詩 : "朱唇一点桃花殷, 宿妝嬌羞偏髻鬟".

7 취태醉態 : 취한 후의 자태. 唐 白居易〈早春西湖閑游〉詩 : "野情遺世累, 醉態任天眞".

8 추창惆悵 : 실망이나 실의에 빠져 마음에 상심이 되고 고민스럽다. 晉 陶潛〈歸去來兮辭〉: "旣自以心爲形役, 奚惆悵而獨悲".

9 영고榮枯 : 나무의 빛깔을 말한다. 붉은 단풍잎은 빛깔이 깊고 얕고, 진하고 연하고, 사이가 멀고 가까워 모두 같지 않다. 인간세상의 홍망과 쇠퇴, 관도官道에서의 득실을 가리킨다.

바위틈에 흐르는 샘물

최치원

아름다운 거문고 소리도 사람의 손재주일 뿐이라며
옥패玉佩 같은 쨍쨍한 소리로 구름 아래 메아리치네
금경金鏡처럼 맑은 물엔 티끌 하나 끼지 않았고
바람은 솔솔 불어 옥玉 소반을 어루만지나니
울부짖는 물소리에 장량張良의 고사가 무슨 소용이며
흐르는 샘물 베개 베던 손초孫楚는 또 얼마나 차가웠으랴?
생각하니 애잔하구나! 저 맑은 물빛을 어이하리오
큰 바다로 흘러들면 보통 물과 매한가지인 것을

石上流泉[1]

崔致遠

琴曲雖誇妙手彈
遠輸雲底響珊珊[2]
靜無纖垢侵金鏡[3]
時有輕颸觸玉盤[4]
嗚咽張良言未用[5]
潺湲孫楚枕應寒[6]
尋思堪惜淸冷色[7]
流入滄溟便一般[8]

註

1 《고운최치원선생문집》, 고운최치원선생문집중간위원회, 1982, 507쪽.
이 시는 《桂苑筆耕集》 권20에서 선택하였다.

2 산산珊珊 : 옥패玉佩의 소리. 《文選》 〈宋玉〉 '神女賦' : "動霧縠以徐步兮, 拂墀聲之珊珊".

3 금경金鏡 : 물속 달그림자를 비유한다. 唐 元稹 〈泛江玩月〉 詩 : "遠樹懸金鏡, 深潭倒玉幢".

4 경시輕颸 : 살살 부는 찬바람.
시颸 : 찬바람. 晉 陶淵明 〈和胡西曹示顧賊曹〉 詩 : "蕤賓五月中, 淸朝起南颸".
옥반玉盤 : 옥 접시. 물속 달그림자를 비유한다. 唐 李白 〈古朗月行〉 詩 : "小時不識月, 呼作白玉盤".

5 장량張良 : 자는 자방子房. 한 고조高祖 유방劉邦의 모사. 한나라 초의 유명한 정치가. 한조 건립 후, 공功으로 유후留侯로 책봉되었다. 만년엔 세상을 버리고 신선을 따라 장생불사長生不死를 추구하였다. 이 어구는 장량이 제북濟北의 황석黃石이 말한 "공功을 이루었으면 즉시 은거隱居하여라"는 말을 듣지 않았다는 것을 말한다. 《史記》 〈留侯世家〉 참고.

6 손초孫楚 : 손초의 자는 자형子荊이며, 진晉 태원太原 중도中都 사람이다. 글 짓는 재간이 뛰어나고 성격이 호방했다. 벼슬은 참군參軍 태수太守를 하였다. 손초는 어렸을 때 은거를 결심하고 왕제王濟에게 말했다. "나는 돌로써 양치질 하고 흐르는 물을 베개로 베련다." 왕제가 대답했다. "흐르는 물은 베개로 베지 못하고, 돌로써 양치질을 못한다." 손초가 말을 이었다. "흐르는 물을 베개로 베는 것은 귀를 씻으려는 것이고, 돌로써 양치질 하려는 것은 이를 더욱 닦는 것이다." 《晉書》 〈孫楚傳〉 참고.

7 심사尋思 : 사색. 唐 白居易 〈南池早春有懷〉 : "倚棹忽尋思, 去年池上伴".

8 창명滄溟 : 큰 바다. 唐 元稹 〈俠客行〉 詩 : "此客此心師海鯨, 海鯨露背橫滄溟".

벗이 제야除夜에 보내 준 시에 화답하며

최치원

그대를 만나 이처럼 시와 노래로 즐기니
지난 세월 큰 뜻 좌절됐다 후회는 마세
다행히 봄바람이 우릴 길로 마중 나왔으니
꽃 피는 호시절 계림鷄林엔들 못 닿으랴

和友人除夜見寄[1]

崔致遠

與君相見且歌吟[2]
莫恨流年挫壯心[3]
幸得東風已迎路[4]
好花時節到鷄林[5]

註

1 《고운최치원선생문집》, 고운최치원선생문집중간위원회, 1982, 507-508쪽.
화和 : 시가로 증답贈答하다. 다른 사람의 시에 제재와 체재에 맞춰서 시가를 짓다. 육구몽의 〈和襲美爲新羅弘惠上人撰靈鷲山周禪師碑送歸詩〉 주 1) 참고.
제야除夜 : 즉 섣달 그믐날. 한 해의 마지막 날 밤. 이튿날이면 설날, 새해가 된다. 唐 張說 〈岳州守歲〉詩 : "除夜淸樽滿, 寒庭燎火多".

2 가음歌吟 : 가금歌唫. 唫의 고자는 옛날의 吟자이다. 노래하고 시를 읊는다. 前蜀 韋庄莊 〈哭麻處士〉詩 : "却到歌吟地, 閑門草色中".

3 유년流年 : 물소리같이 흐르는 광음, 세월. 南朝 宋 鮑照 〈登雲陽九里埭〉詩 : "宿心不復歸, 流年抱衰疾".

4 동풍東風 : 봄바람을 가리킨다. 唐 李白 〈春日獨酌〉詩一 : "東風扇淑氣, 水木榮春暉".

5 계림鷄林 : 신라를 가리킨다. 劉禹錫 〈送源中丞充新羅冊立使〉 주 7) 참고.

봄바람

최치원

동풍이 바다를 건너와 방금 도착하였네
아침 창가에 앉아 읊조리니 문장 짓기 어려워라
철마다 찾아와 서실의 휘장을 흔드니 어여뻐
마치 고향 동산의 꽃소식 알리는 듯하구나

東風[1]

崔致遠

知爾新從海外來[2]
曉窓吟座思難裁[3]
堪憐時復撼書幌
似報故國花欲開[4]

註

1 《고운최치원선생문집》, 고운최치원선생문집중간위원회, 1982, 508쪽.
동풍東風 : 동쪽 바다 위로부터 불어오는 바람. 봄바람이란 의미도 있다. 唐 杜牧 〈赤壁〉 詩 : "東風不與周郎便, 銅雀春深鎖二喬".

2 이爾 : 니你, 너. 동풍東風을 가리킨다.

3 재裁 : 창작, 즉 시를 짓는 것. 南朝 宋 鮑照 〈奉始興王白紵舞曲啓〉 : "謹竭庸陋, 裁爲四區".

4 고원故園 : 고향 옛 집의 정원. 前蜀 貫休 〈淮上逢故人〉 詩 : "故園離亂後, 十載始相逢".

봄 바다에서 멀리 바라보다

최치원

갈매기와 백로는 각기 떼 지어 위아래로 날고
먼 곳 바닷가엔 풀들이 검푸르게 우거져 있네
지금 천리만리 헤아려 보지만
멀리 저녁 구름 뒤번져 흐르니 저절로 아득하여라

海邊春望

崔致遠

鷗鷺分飛高復低[1]
遠汀幽草欲萋萋[2]
此時千里萬里意
目極暮雲翻自迷[3]

註

1 《고운최치원선생문집》, 고운최치원선생문집중간위원회, 1982, 508쪽.
구취鷗鷺 : 갈매기(海鷗)와 백로白鷺.

2 정汀 : 물가의 평지, 혹은 수중에 퇴적하여 수면에 드러난 땅.
유초幽草 : 짙은 청초青草. 검푸른 청초. 《詩》〈小雅〉'隰桑' : "隰桑有阿, 其葉有幽". 鄭玄 注 : "幽, 黑色".
처처萋萋 : 초목이 무성한 모양. 《詩》〈周南〉'葛覃' : "葛之覃兮, 施于中谷, 維葉萋萋". 毛傳 : "萋萋, 茂盛貌".

3 목극目極 : 눈 놓아 멀리 바라보다. 《楚辭》〈招魂〉 : "目極千里兮傷春心, 魂兮歸來哀江南".

봄날 새벽 한가로이 바라보며

최치원

산과 맞댄 게으른 구름 바람이 어지럽게 쫓고
해는 언덕의 두터운 백설을 가차 없이 녹이네
홀로 풍광을 읊자니 심정 어쩌지 못해
갈매기와 더불어 적막을 벗 삼네

春曉閑望[1]

崔致遠

山面嬾雲風惱散
岸頭頑雪日欺銷[2]
獨吟光景情何限
猶賴沙鷗伴寂寥[3]

註

1 《고운최치원선생문집》, 고운최치원선생문집중간위원회, 1982, 508-509쪽.
한망閑望 : 여유롭게 멀리 바라보는 것. 아무 일 없이 멀리 조망하는 것. 唐 劉禹錫〈覽董評事思歸之什因以詩贈〉:“攲枕醉眠成戲蝶, 抱琴閑望送歸鴻”.

2 안두岸頭 : 강가. 唐 薛能〈蒲中霽后晩望〉詩 :“河邊霽色无人見, 身帶春風立岸頭”.
소銷 : 돌아서 없어진다. 용화熔化되다. 唐 韓愈〈春雪〉詩: “拂花輕尙起, 落地暖初銷”.

3 사구沙鷗 : 모래밭, 혹은 강가 모래밭에서 서식하는 갈매기. 唐 孟浩然〈夜泊宣城界〉詩 “离家夏水宿, 相伴賴沙鷗”.
적요寂寥 : 고요하다. 적정하다. 아무 소리 없다. 唐 柳宗元〈至小丘西小石潭記〉:“坐潭上, 四面竹樹環合, 寂寥无人”.

해변을 한가로이 거닐며

최치원

조수 밀려간 모랫벌 조용히 걷는데
해는 산 뒤로 떨어지고 한 떨기 저녁노을
봄앓이가 오래가진 않겠지만
보고 또 보노라니 곧 고향 동산의 꽃에 취해 버린 듯

海邊閒步[1]

崔致遠

潮波靜退步登沙
落日山頭簇暮霞[2]
春色不應長惱我
看看卽醉故園花[3]

註

1 《고운최치원선생문집》, 고운최치원선생문집중간위원회, 1982, 509쪽.
한閑(閒) : 한보閑步. 산보散步. 한가롭게 거닐다. 발길 닿는 대로 걷다. 三國 魏 曹植 〈七啓〉 : "雍容散步, 周旋馳燿".

2 족簇 : 뭉쳐 모이다. 前蜀 韋莊 〈聽趙秀才彈琴〉 : "蜂簇野花吟細韻, 蟬移高柳迸殘聲".

3 고원故園 : 옛날 고향 집의 정원. 최치원 〈東風〉 주 5) 참고.

귀국을 앞두고 참산巉山의 봄을 읊다

최치원

넓은 바다 저 멀리 안개 자욱한데
새벽 새 날아가는 곳이 고향이려니
이제부터 나그네 수심에 살쩍은 세었다 말고
행색은 두루 웃도록 해야 하리라
파도는 모래사장 몰려오고 꽃은 언덕에 만발한데
구름은 바위 끝을 꾸미고 나뭇잎은 산을 덮었네
오가는 장사꾼 범려范蠡에게 물어보세
누가 천금으로 한가閑暇함 사겠는가 하고

將歸海東巉山春望[1]

崔致遠

目極煙波浩渺間[2]
曉鳥飛處認鄉關[3]
旅愁從此休凋鬢[4]
行色偏能助破顏[5]
浪蹙沙頭花撲岸[6]
雲粧石頂葉籠山
寄言來往鴟夷子[7]
誰把千金解買閑

註

1 《고운최치원선생문집》, 고운최치원선생문집중간위원회, 1982, 509쪽.

해동海東 : 큰 바다의 동쪽 지방. 신라를 가리킨다.

참산巉山 : 지금의 산동성山東省 즉묵시卽墨市, 동쪽으로 바다와 인접해 있다.

2 극목極目 : 눈 놓아 멀리 본다. 최치원 〈海邊春望〉 주 4) 참고.

연파烟波 : 연기 혹은 안개가 창망한 넓은 수면. 隋 江總 〈秋日侍宴樓范湖應詔〉 詩 : "霧開樓闕近, 日迥烟波長".

호묘浩渺(浩淼) : 끝없는 수면. 李益 〈送歸中丞使新羅冊立弔祭〉 주 7) 참고.

3 오烏 : 태양을 가리킨다. 중국 고대 신화 전설 중엔 발이 셋인 까마귀가 있었다. 그 까마귀로 태양을 대칭代稱했다. 《山海經》〈大荒東經〉 : "一日方至, 一日方出, 皆載於烏". 郭璞 注 : "中有三足烏". 《文選》 左思 〈蜀都賦〉 : "羲和假道於峻歧, 陽烏迴翼乎高標". 李善 注 : 引 〈春秋元命包〉 : "陽成於三, 故日中有三足烏. 烏者, 陽精".

향관鄕關 : 고향. 唐 崔顥 〈黃鶴樓〉 詩 : "日暮鄕關何處是, 煙波江上使人愁". 이 어구의 의미는 해가 뜨는 곳이 바로 고향, 즉 신라라는 뜻이다. 고대에 해가 뜨는 동방의 나라는 흔히 일본을 가리켰지만 여기서는 신라를 가리킨다.

4 조빈凋鬢 : 살쩍이 희끗희끗하다. 王玉峯 《焚香記》〈登程〉 : "風霜鬢易凋, 着眼前歧路".

5 행색行色 : 출발 전후의 상태나 정경, 또는 분위기. 《莊子》〈盜跖〉 : "今者闕然數日不見, 車馬有行色, 得微往見跖耶?"

파안破顔 : 웃다. 웃는 용모를 보이다. 唐 宋之問 〈發端州初入西江〉 詩 : "破顔看鵲喜, 拭淚听猿聲".

6 축蹙 : 접근. 임박하다. 박두하다. 唐 羅隱 〈廣陵開元寺客上作〉 詩 : "江蹙海門帆散去, 地吞淮口樹相依".

사두沙頭 : 사주沙洲. 모래톱. 백사장 가. 北周 庾信 〈春賦〉 詩 : "樹下流杯客, 沙頭渡水人".

7 치이자鴟夷子 : 술을 담는 가죽 부대, 즉 치이자피鴟夷子皮. 춘추시대 범려范蠡의 호號이다. 《史記》〈越王勾踐世家〉 : "范蠡浮海出齊, 變姓名, 自謂鴟夷子皮, 耕于海畔, 苦身戮力, 父子治産". 司馬貞 索隱 : "范蠡自謂也. 盖以吳王殺子胥而盛于鴟夷, 今蠡自以有罪, 故爲号也. 韋昭曰 : '鴟夷, 革囊也.' 或曰生牛皮也". 唐 李德祐 〈洛中士君子多以平泉見呼愧穫方外之名因以此詩爲報奉寄劉賓客〉 : "不及鴟夷子, 悠悠烟水間". 여기서 치이자는 해상무역을 하는 상인을 가리킨다.

김원외金員外가 참산 청상인에게 보낸 시에 화답

최치원

해변 암자는 푸른 암벽에 고동〔螺〕처럼 기대었네
속세를 멀리 떠나왔으니 승려의 집이로다
인생이 짧고도 허망함을 묻지 마세
봄바람에 흔들리는 물거품을 보면 알 수 있으니

和金員外贈巉山淸上人[1]

崔致遠

海畔雲菴倚碧螺[2]
遠離塵土稱僧家[3]
勸君休問芭蕉喩[4]
看取春風撼浪花[5]

註

1 《고운최치원선생문집》, 고운최치원선생문집중간위원회, 1982, 510쪽.
화和 : 시가로써 증답하다. 다른 사람의 시가 체재와 제재로 시사를 쓰다. 陸龜蒙 〈和襲美爲新羅弘惠上人撰靈鷲山周 禪師碑送歸詩〉 주 1) 참고.
원외員外 : 본래는 정원正員 이외의 관원을 가리켰다. 후세엔 이 같은 관직을 돈으로 살 수 있었다. 그리하여 부가호신富家豪紳들을 원외員外라고 불렀다.
참산巉山 : 최치원 〈將歸海東巉〉 주 1) 참고.
상인上人 : 불교 명사. 상덕지인上德之人을 가리킨다. 皮日休 〈庚寅歲十一月新羅弘惠上人與本國同書

淸日休爲靈鷲山周禪師碑將還以詩送之〉 주 1) 참고.

2 해반海畔 : 해변. 三國 魏 曹植〈與揚德祖書〉: "人各有好尙, 蘭茝蓀蕙之芳, 衆人所好, 而海畔有逐臭之夫". 운암雲庵 : 높은 산 위의 암자, 초가집, 방사房舍. 唐 陸龜蒙〈秋日讀懷十六韻寄道侶〉: "藥鼎高低鑄, 雲庵早晩苫".

3 진토塵土 : 속세. 티끌세상. 세상사. 唐 沈亞之〈送文穎上人游天台〉詩 : "莫說人間事, 崎嶇塵土中". 승가僧家 : 승인僧人. 화상和尙. 唐 崔峒〈題崇福寺禪師院〉詩 : "僧家競何事, 掃地与焚香".

4 파초유芭蕉喩 : 불교에서는 인생을 파초에 비유하여 인생의 짧고 허망함을 나타낸다.《涅槃經》참고.

5 간취看取 : 보다. '取'는 조사助詞로 아무 의미 없음. 唐 孟浩然〈題大禹寺義公禪房〉詩 : "看取蓮花淨, 應知不染心".

해문사海門寺 버들

최치원

광릉성廣陵城 밖에서 아미娥眉 같은 너와 이별하고
이 바다 끝에서 다시 만날 줄 누가 알았으랴?
관음보살觀音菩薩이 너를 귀히 여기는 게 두려워
떠나며 한 가지도 꺾지 못하였네

題海門蘭若柳[1]

崔致遠

廣陵城畔別蛾眉[2]
豈料相逢在海涯[3]
只恐觀音菩薩惜[4]
臨行不敢折纖枝[5]

註

1 《고운최치원선생문집》, 고운최치원선생문집중간위원회, 1982, 510쪽.
해문난약海門蘭若 : 즉 해문사海門寺. 지금의 절강성浙江省 해염현海鹽縣 남쪽에 있다.
난약蘭若 : 사원寺院. 승인僧人들이 고요히 수행하는 장소. 최치원 〈贈雲門蘭若智光上人〉 주 1) 참고.

2 광릉廣陵 : 옛 성터는 지금의 강소성江蘇省 강도현江都縣 경내에 있었다. 최치원 〈酬楊贍秀才送別〉 주 4) 참고.
아미娥眉 : 버드나무를 가리킨다. 버드나무 잎은 가늘며 길고 굽는다. 이것으로 여자의 가늘고 긴 눈썹을 상징한다. 여기에서 '유엽미柳葉眉'란 말이 나왔다.

3 해애海涯 : 해변.

4 관음觀音 : 관세음觀世音. 불교 보살菩薩의 이름. 《法華經》〈普門品〉 참조 : 그는 자비慈悲의 화신으로 고난에 빠진 중생을 건져 주는 신이다. 당 때는 당 태종太宗 이세민李世民의 이름 자 '세世' 자를 회피하여 관세음觀世音을 '관음觀音'이라고 간략簡略하여 불렀다. 관자재觀自在 혹은 관음대사觀音大士라고 부르기도 한다. 불교에서는 중생衆生이 고난에 봉착하면 오직 관음이 명호名號만 암송하여 읽으면 보살은 그 음성에 따라 즉시 만구挽救하여, 고난에서 해탈케 한다고 한다. 중국 불교 사대보살四大菩薩 중 하나이다. 전설에 의하면 그가 현령顯靈하여 신통력을 발휘하는 장소〔道場〕는 절강성浙江省 보타산普陀山이라고 하였다. 이 어구는 관음이 버드나무〔柳樹〕를 애석愛惜해 한다는 말이다. 또는 관음이 일반적으로 물을 뿌리어 중생을 보우保佑하여 그들이 재해를 피하고 건강 장수케 함을 가리킨다. 明 李時珍《本草綱目》〈木〉二 '檉柳' : "今俗称長壽仙人柳, 謂觀音用此洒水也".

5 섬지纖枝 : 섬세한 가지.

연주에 체류하며 이원외李員外께 드림

최치원

못 속 연꽃은 가을비 속에 시들고
언덕의 버드나무 새벽바람 속에 스산해지네
마음을 오직 책 읽기에 기울이며
세월은 술잔 속으로 흘려보내세

兗州留獻李員外[1]

崔致遠

芙蓉零落秋池雨[2]
楊柳蕭疏曉岸風[3]
神思只勞書卷上[4]
年光任過酒杯中[5]

註

1 이 시와 아래 단구斷句 여섯 수는 모두 일본인 상모하세녕上毛河世寧의 《全唐詩逸》 중 〈千載佳句〉를 인용한 데서 선택하였다.
연주兗州 : 지금의 산동성 연주시兗州市.
이원외李員外 : 陳貽焮《增訂注釋全唐詩》注云 李員外, 當爲李係 : "이원외란 사람은 반드시 이계李係여야 한다." 그는 건부乾符 말년에 연주兗州 자사刺史를 지냈다. 《唐刺史考》 권12에는 소의小儀 예부원외랑 이계李係라고 씌어 있는데, 이원외李員外는 이계李係가 틀림없다.

2 부용芙蓉 : 연꽃〔荷花〕의 별칭 《楚辭》〈離騷〉 : "制芰荷以爲衣兮, 集芙蓉以爲裳". 洪興祖 補注 : "《本草》云 : 其叶名荷, 其華未發爲菡萏, 已發爲芙蓉".

3 소소蕭疏 : 蕭疎라고도 한다. 회소. 唐 唐彦謙 〈齋夜吟寄友人〉 詩 : "槐柳蕭疏溽署收, 金商頻伏火西流".

4 신사神思 : 정신. 심정. 唐 薛用弱《集異集》〈蔡少霞〉: "(少霞)於一日沿溪獨行, 忽得美溪, 因就憩焉, 神思昏然, 不覺成寐".

서권書卷 : 서적書籍. 중국 고대의 책들은 권축卷軸을 많이 썼기에 서권書卷이라고 하였다. 《南史》〈藏嚴傳〉: "孤貧勤學, 行止書卷不离手".

5 연광年光 : 세월. 연화年華. 南朝 陳 徐陵 〈答李顒之書〉: "年光遒盡, 觸目崩心, 扶心含毫, 諸不申具".

시구詩句

최치원

저녁 안개는 교외의 버드나무에 첩첩이 걸려 있고
해 저물자 화려한 누각에서 노랫가락 들리네
〈장안의 버들〉

낙수 물결 소리 초목엔 새 움이 트고
숭산의 구름은 낡은 누각에 그림자 드리웠네
〈낙양의 벗에게 드림〉

구름은 높은 하늘에 용龍마냥 치달리며 흩어지고
가을 달 높이 떠 바람 타고 기러기 줄지어 나네
〈동생이 있는 관아에 보냄〉

꾀꼬리 우지짐 바람에 실려 좌중에 흩어지고
꽃 그림자 햇볕 따라 숲속에 닿네
〈봄날〉

술 취해 꽃밭에서 꽃을 흩으니 소매엔 향기가 그윽하고
오솔길 시 읊으며 돌아오니 길 달빛은 휘장에 걸렸네
〈진사 전인의를 만나 수작하며 보냄〉

먼 산 바라보니 저녁 연기 밖 노을이 지고
상심하네, 돌아가는 배 달 가에 머뭇거려
〈강가에서 봄날을 회상〉

먼 곳 나무는 강가 길을 따라 들쭉날쭉 뻗었고
겨울 구름은 앞 산봉우리에서 흩어지네
〈말 위에서 지음〉

詩句[1]

崔致遠

烟低紫陌千行柳[2]
日暮朱樓一曲歌[3]
〈長安柳〉

洛水波聲新草樹[4]
嵩山雲影舊樓台[5]
〈留贈洛中友人〉

雲布長天龍勢逸[6]
風高秋月雁行齊[7]
〈送舍弟嚴府〉

風遞鶯聲喧座上

日移花影到林中

〈春日〉

芳園醉散花盈袖

幽逕吟歸月在帷

〈成名後酬進士田仁義見贈〉[8]

極目遠山煙外暮[9]

傷心歸棹月邊遲[10]

〈江上春懷〉

遠樹參差江畔路

寒雲零落馬前峰[11]

〈馬上作〉

註

1 이 시구는 일본인 상모하세녕上毛河世寧의 《全唐詩逸》 중 〈千載佳句〉에서 인용.

2 자맥紫陌 : 성 밖 교외의 길. 唐 劉禹錫〈元和十一年自朗州召至京戱贈看花諸君子〉詩 : "紫陌紅塵拂面來, 无人不道看花回".

3 주루朱樓 : 화려하고 웅대한 누각. 唐 白居易〈驪宮高〉詩 : "高高驪山上有宮, 朱樓紫殿三四重".

4 낙수洛水 : 지금의 하남성河南省 낙하洛河. 北魏 酈道元《水經注》〈洛水〉: "洛水出京兆上洛縣讓擧山".

5 숭산嵩山 : 하남성河南省 등봉현登奉縣 북쪽에 있는 산으로 오악五岳 중 중악中岳이다. 고대엔 외방外方, 태실太室, 또는 숭고崇高, 숭고嵩高라고도 불렀다. 산봉山峰은 셋으로 동봉東峯은 태실산太室山, 중봉中峯은 준극산峻極山, 서봉西峯은 소실산少室山이다.

6 용세龍勢 : 용의 자태. 여기에선 구름층이 뒤번진다는 뜻, 또는 자신의 아우가 단번에 높은 자리에 오르고 분발하여 희망이 무한함을 암시한다. 晉 王嘉《拾遺記》〈少昊》: "有水屈曲亦如龍鳳之狀, 有山盤紆亦如屈龍之勢". 후에 '용세龍勢'는 꾸불꾸불 구부러져 하늘의 용 같은 형상을 가진 물체를 가리키는 말이 되었다.

7 안행雁行 : 기러기가 날아가다. 기러기로 형제兄弟를 비유한다. 《周禮》〈王制〉: 父之齒隨行, 兄之齒雁行, 朋友不相踰". 수행隨行은 '그 뒤를 따르다', 안행은 '병행하되 약간 뒤에 떨어지다'란 뜻이다. 이것으로

형제 관계를 비유한다.

8 성명成名 : 과거급제란 말. 唐 張籍〈送李余及第后歸蜀〉詩 : "十年人泳好詩章, 今日成名出擧場".

9 극목極目 : 안력(目力)을 다하여 멀리 바라보다. 唐 杜甫〈自京赴奉先縣詠懷五百字〉詩 : "群水從西下, 极目高崒兀".

10 도棹 : '櫂'와 같다. 배의 노. 여기에선 배를 가리킨다. 唐 徐彦伯〈采蓮曲〉: "春歌弄明月, 歸櫂落花前".

11 이 어구는 閻琦《崔致遠佚詩箋證》引《孤雲先生續集》참고.

작가별 색인

주요 참고문헌

《全唐詩》. 上海古籍出版社. 1986.

《全唐詩》. 中州古籍出版社. 1986.

《東國通鑑》. 景仁文化社. 1989.

《이백 오칠언절구》. 황선재. (주)문학과지성사. 2006.

《全唐文》. 上海古籍出版社. 1990.

《詩淵》. 書目文獻出版社.

《朝鮮史略》. 이건식품문화재단. 1996.

《韓國의 詩僧》. 로담. 문혜관. 2007.

《舊唐書》.

《혜초의 왕오천축국전》. 정수일. 학고재. 2004.

《全唐詩逸》. 河世寧. 1966.

《고운최치원선생문집》. 고운최치원선생문집중간위원회. 1982.

고대 한·중 교유시

초판 발행 2010년 3월 19일
초판 1쇄 2010년 3월 25일
편역자 이충양
펴낸곳 고려대학교출판부
www.kupress.com
kupress@korea.ac.kr
136-701 서울특별시 성북구 안암동
02-3290-4230, 4232
Fax 923-6311
찍은곳 한국컴퓨터인쇄정보

ISBN 978-89-7641-716-9 03810

값 19,000원